中华当代学术著作辑要

拜占庭帝国史

陈志强 著

商务印书馆
The Commercial Press

图书在版编目(CIP)数据

拜占庭帝国史/陈志强著.—北京:商务印书馆,2017
(2022.11 重印)
(中华当代学术著作辑要)
ISBN 978-7-100-12715-8

Ⅰ.①拜… Ⅱ.①陈… Ⅲ.①拜占庭帝国—历史—通俗读物 Ⅳ.①K134-49

中国版本图书馆 CIP 数据核字(2016)第 273117 号

权利保留,侵权必究。

中华当代学术著作辑要
拜占庭帝国史
陈志强 著

商 务 印 书 馆 出 版
(北京王府井大街36号 邮政编码100710)
商 务 印 书 馆 发 行
北 京 冠 中 印 刷 厂 印 刷
ISBN 978-7-100-12715-8

2017年4月第1版 开本 710×1000 1/16
2022年11月北京第3次印刷 印张 31
定价:138.00元

中华当代学术著作辑要

出 版 说 明

学术升降，代有沉浮。中华学术，继近现代大量吸纳西学、涤荡本土体系以来，至上世纪八十年代，因重开国门，迎来了学术发展的又一个高峰期。在中西文化的相互激荡之下，中华大地集中迸发出学术创新、思想创新、文化创新的强大力量，产生了一大批卓有影响的学术成果。这些出自新一代学人的著作，充分体现了当代学术精神，不仅与中国近现代学术成就先后辉映，也成为激荡未来社会发展的文化力量。

为展现改革开放以来中国学术所取得的标志性成就，我馆组织出版"中华当代学术著作辑要"，旨在系统整理当代学人的学术成果，展现当代中国学术的演进与突破，更立足于向世界展示中华学人立足本土、独立思考的思想结晶与学术智慧，使其不仅并立于世界学术之林，更成为滋养中国乃至人类文明的宝贵资源。

"中华当代学术著作辑要"主要收录改革开放以来中国大陆学者、兼及港澳台地区和海外华人学者的原创名著，涵盖文学、历史、哲学、政治、经济、法律、社会学和文艺理论等众多学科。丛书选目遵循优中选精的原则，所收须为立意高远、见解独到，在相关学科领域具有重要影响的专著或论文集；须经历时间的积淀，具有定评，且侧重于首次出版十年以上的著作；须在当时具有广泛的学术影响，并至今仍富于生命力。

自1897年始创起，本馆以"昌明教育、开启民智"为己任，近年又确立了"服务教育，引领学术，担当文化，激动潮流"的出版宗旨，继上世纪八十年代以来系统出版"汉译世界学术名著丛书"后,近期又有"中华现代学术名著丛书"等大型学术经典丛书陆续推出,"中华当代学术著作辑要"为又一重要接续,冀彼此间相互辉映,促成域外经典、中华现代与当代经典的聚首,全景式展示世界学术发展的整体脉络。尤其寄望于这套丛书的出版,不仅仅服务于当下学术,更成为引领未来学术的基础,并让经典激发思想,激荡社会,推动文明滚滚向前。

商务印书馆编辑部
2016 年 1 月

前　　言

　　拜占庭帝国是中古欧洲历史最长久的专制君主制国家,在其延续千余年的历史中,对中世纪欧洲的政治、经济、文化和宗教发挥了重要作用。其都城君士坦丁堡曾是中古欧洲和地中海世界最主要的商品集散地和学术文化中心。拜占庭帝国对当时周边各民族产生的强大影响至今犹存。此外,拜占庭文化在中古欧洲特殊的历史环境中成为古代文化的保护地,这使拜占庭人不自觉地成为文艺复兴时代古典文明的传播者,拜占庭文化也成为古希腊罗马时代到意大利文艺复兴时代的桥梁,对近现代西方文明的意义相当重要。因此,拜占庭帝国在世界历史上占有重要的地位。

　　长期以来,国际学术界,特别是欧美学术界充分认识到拜占庭学研究的重要性,他们摆脱了前辈人"玩赏"拜占庭古物和文献的影响,把拜占庭研究当作一门严肃的科学,以近现代学术标准予以重新整理,使拜占庭学迅速发展,成为一门"显学"。目前,在世界各主要国家均设有高水平的拜占庭学研究中心,出版专门的拜占庭学学术刊物,设立拜占庭学博士和硕士学位,为不同层次的学生开设系统课程。国际拜占庭学研究会几乎每年均举行大型国际研讨会和定期年会,是国际拜占庭学发展的直接组织者。拜占庭学研究的强国一直在欧洲,美国的拜占庭学自二战后迅速崛起,目前拥有数十名一流学者、数百名拜占庭学家和世界上最好的专业图书馆,以及大大小小的拜占庭学研究中心。在雄厚的经济力量和先进的科技力量支持下,美国建立起拜占庭学大型资料数据库,已成为国际拜占庭学的"大哥大"。

我国学术界在这个领域的研究由于深受苏联拜占庭学界的影响,列夫臣柯的一部《拜占庭简史》在我国使用了近40年。在我国高校历史教学中使用的各种教材中,尚无拜占庭帝国历史的完整叙述,至今还基本沿用已经被放弃了的苏俄学者的观点。但是这种状况近年来已得到了改变。20世纪80年代中期以来,在国家教育部和有关高等院校的支持下,我国部分历史工作者开始致力于拜占庭学研究和教学,先后为本科、硕士和博士生开设拜占庭历史文化课程,指导拜占庭学硕士和博士研究生从事该学科的研究。他们充分发挥了多年留学获得的语言和资料优势,出版了有关拜占庭历史文化的著作,发表了多篇相关论文,对拜占庭学中的重大问题,初步形成了独自的看法。在我国相关学者的共同努力下建立的中国东欧拜占庭研究会,在20世纪末成为国际拜占庭学研究学术组织的正式成员。应该说,我国拜占庭学研究刚刚取得初步进展,为该学科在新世纪的发展奠定了基础。

本书以王朝为序写作的原因,旨在便于读者学习和阅读。在拜占庭帝国历史发展中,王朝的兴衰起着标志性作用。皇帝在,王朝便得以延续;王朝在,则帝国气数不绝。当君士坦丁十一世战死沙场,帕列奥列格王朝后继无人时,拜占庭帝国即最终灭亡,拜占庭的历史也因此结束。每个社会成员因所处的环境不同,其承担的责任不同,对所在社会发挥的作用也不同。拜占庭历代的君主和普通的臣民可能在智力与能力方面没有太大的差别,但是他们对帝国的兴衰所发挥的作用差异极大。杰出的领导者"一言以兴邦",能在困境中找到摆脱危机的途径,使社会繁荣,国家强盛,而平庸的君主则可能使强国衰败,百姓遭殃。拜占庭帝国强盛时期的皇帝都有值得一书的过人之处,而杰出的军事家、外交家、医生、教师和学者也无不被后世千古传颂。拜占庭帝国与古代世界许多帝国一样,是以农为本的社会,在这个社会里,无数的普通民众构成了支撑整个帝国大厦的基础,他们的生活方式同样是本书关注的内容。

　　作者衷心希望,本书能够给读者带来更多有关拜占庭帝国的知识,引起读者对拜占庭历史兴衰的更大的兴趣和更深的思考,进而使更多的人关心、支持或致力于我国拜占庭学的研究。

目 录

绪 论 …………………………………………………………… 1
　一、基本概念 ……………………………………………… 1
　二、主要文献资料 ………………………………………… 13

第一章　君士坦丁时代 ……………………………………… 53
　第一节　艰难的过渡时期 ………………………………… 53
　　一、晚期罗马帝国的危机 ……………………………… 53
　　二、"蛮族入侵" ………………………………………… 56
　　三、东西罗马帝国的差异 ……………………………… 59
　第二节　君士坦丁王朝的统治 …………………………… 62
　　一、君士坦丁王朝的建立 ……………………………… 62
　　二、君士坦丁的争霸战争 ……………………………… 66
　　三、统一战争 …………………………………………… 71
　　四、基督教政策 ………………………………………… 76
　　五、"新罗马"的建成 …………………………………… 82
　　六、内政改革 …………………………………………… 88
　　七、蛮族问题 …………………………………………… 91
　第三节　塞奥多西王朝 …………………………………… 93
　　一、内政 ………………………………………………… 94
　　二、立法活动 …………………………………………… 99
　　三、王朝外交与哥特人问题 …………………………… 101

第四节　利奥王朝…………………………………… 104
　　第五节　精神文化生活……………………………… 106
第二章　查士丁尼时代……………………………………… 111
　第一节　查士丁尼一世……………………………………… 111
　　一、查士丁尼其人………………………………… 111
　　二、《罗马民法大全》……………………………… 115
　　三、强化皇权……………………………………… 119
　　四、经济改革……………………………………… 123
　　五、宗教政策……………………………………… 128
　第二节　查士丁尼时代的对外战争………………………… 131
　　一、重建君士坦丁堡……………………………… 131
　　二、波斯战争……………………………………… 132
　　三、汪达尔战争…………………………………… 135
　　四、东哥特战争…………………………………… 140
　　五、拜占庭帝国的危机…………………………… 143
　第三节　查士丁尼时代的文化成就………………………… 147
第三章　伊拉克略时代……………………………………… 151
　第一节　伊拉克略王朝的统治……………………………… 151
　　一、伊拉克略王朝………………………………… 151
　　二、军区制改革…………………………………… 156
　　三、农兵和小农经济的发展……………………… 164
　　四、波斯战争……………………………………… 167
　第二节　阿拉伯战争………………………………………… 171
　　一、伊斯兰教的兴起和阿拉伯人的扩张………… 171
　　二、拜占庭人的抗战……………………………… 178

第四章 毁坏圣像运动时代 ……………………………………… 183
第一节 伊苏里亚王朝的统治 …………………………………… 183
一、伊苏里亚王朝 ……………………………………………… 183
二、抵抗阿拉伯人入侵 ………………………………………… 186
三、对外扩张 …………………………………………………… 187
第二节 毁坏圣像运动 …………………………………………… 190
一、复杂的背景 ………………………………………………… 190
二、曲折的过程 ………………………………………………… 195
三、深远的影响 ………………………………………………… 199
第三节 立法活动及《农业法》反映的农村社会 ……………… 202
一、立法活动 …………………………………………………… 202
二、8、9世纪的农村 …………………………………………… 203
第四节 阿莫利王朝 ……………………………………………… 209
一、无王朝时期 ………………………………………………… 209
二、阿莫利王朝的统治 ………………………………………… 212

第五章 马其顿王朝的统治 …………………………………… 216
第一节 马其顿王朝的兴起 ……………………………………… 216
第二节 保加利亚战争 …………………………………………… 224
一、马其顿王朝以前的保加利亚人 …………………………… 224
二、第四次保加利亚战争 ……………………………………… 226
三、瓦西里二世的内政改革 …………………………………… 229
四、保加利亚王国的灭亡 ……………………………………… 230
第三节 对外扩张 ………………………………………………… 235
第四节 "拜占庭帝国的黄金时代" ……………………………… 239

第六章 拜占庭帝国的衰落和十字军运动 ………………… 244
第一节 拜占庭帝国的衰败 ……………………………………… 244
一、衰败的根源 ………………………………………………… 244

二、科穆宁-杜卡斯王朝 ……………………………………… 247
　　三、十字军狂潮的泛起 ………………………………………… 252
　　四、安茁鲁斯王朝的内讧 ……………………………………… 258
　第二节　十字军占领君士坦丁堡 …………………………………… 263
　　一、第四次十字军东侵的阴谋 ………………………………… 263
　　二、西欧骑士洗劫君士坦丁堡 ………………………………… 267
　　三、西欧骑士对拜占庭帝国的分赃 …………………………… 270
　　四、拉丁帝国的统治 …………………………………………… 273

第七章　尼西亚流亡政府 ………………………………………………… 276
　第一节　拉斯卡利斯王朝 …………………………………………… 276
　　一、在流亡中崛起的政府 ……………………………………… 276
　　二、改革和重建军区 …………………………………………… 279
　　三、文化救亡运动 ……………………………………………… 282
　第二节　推翻拉丁帝国的斗争 ……………………………………… 285

第八章　拜占庭末代王朝统治及灭亡 …………………………………… 290
　第一节　帕列奥列格王朝的统治 …………………………………… 290
　　一、帕列奥列格王朝 …………………………………………… 290
　　二、末代王朝的窘迫 …………………………………………… 295
　　三、皇族内战 …………………………………………………… 299
　　四、"二等小国" ………………………………………………… 303
　　五、王朝内战的后果 …………………………………………… 307
　第二节　拜占庭帝国的灭亡 ………………………………………… 311
　　一、奥斯曼土耳其人的准备 …………………………………… 311
　　二、君士坦丁堡的陷落 ………………………………………… 313

第九章　拜占庭社会生活 ………………………………………………… 321
　第一节　皇族和贵族 ………………………………………………… 321
　　一、首都君士坦丁堡 …………………………………………… 321

二、皇帝及其家族 ………………………………………… 326

　　三、贵族和官吏 …………………………………………… 334

第二节　农业和农民 …………………………………………… 346

　　一、农村生活 ……………………………………………… 346

　　二、农业 …………………………………………………… 351

　　三、拜占庭封建化问题 …………………………………… 354

　　四、农民 …………………………………………………… 358

第三节　教会和教士 …………………………………………… 361

　　一、正统神学和异端 ……………………………………… 361

　　二、教会与国家 …………………………………………… 368

　　三、修道生活 ……………………………………………… 380

　　四、教士 …………………………………………………… 390

第四节　军队和军人 …………………………………………… 393

　　一、军队的组成 …………………………………………… 393

　　二、军事改革与技术发展 ………………………………… 401

　　三、水上武装力量 ………………………………………… 408

　　四、军事家 ………………………………………………… 412

第五节　商人和工匠 …………………………………………… 414

　　一、城市生活 ……………………………………………… 414

　　二、活跃的国际贸易 ……………………………………… 421

　　三、繁荣的国内工商业 …………………………………… 427

第六节　知识分子 ……………………………………………… 433

　　一、知识分子的培养 ……………………………………… 433

　　二、学者 …………………………………………………… 442

　　三、通俗文化中人 ………………………………………… 446

附录一　主要参考书目 ………………………………………… 452

附录二 拜占庭帝国皇帝年表…………………………………… 467
附录三 拜占庭帝国重要历史地图…………………………… 470
附录四 拜占庭帝国疆域变化图……………………………… 471
人名地名索引………………………………………………… 472

绪 论

一、基本概念

(一)"拜占庭"名称的来源

"拜占庭"(Byzantium)这一名称最初是指位于博斯普鲁斯海峡的古城拜占庭。公元前7世纪前半期,希腊人广泛开拓海外殖民城邦,在博斯普鲁斯海峡的亚洲一侧建立了察尔西顿城,后来又在该城对面的欧洲一侧建立起新的据点,并使用其首领柏扎思的名字为新城命名,称拜占庭城。欧洲"历史之父"希腊历史学家希罗多德(Herodotus,公元前485—前425年)、地理学家斯特拉波(Strabo,公元前63—公元21年)和古罗马史家塔西佗(Tacitus,约56—120年)等古典作家都在其作品中提到拜占庭城。沧海桑田世事变迁,在数百年的历史中,拜占庭城几经沉浮,直到4世纪,君士坦丁大帝(Constantine the Great,324—337年在位)在古城旧址上扩建罗马帝国的东都,才使拜占庭城迅速发展,成为欧洲和地中海第一大都市,而拜占庭这个名字也因此闻名于世。

然而,在中古欧洲并不存在所谓"拜占庭帝国",也没有任何民族自称为"拜占庭人"。当时,原罗马帝国东部被称为"东罗马帝国"(the Eastern Roman Empire),其君主自称为"罗马皇帝",当地的居民则自称"罗马人",连他们的首都也冠以"新罗马"或君士坦丁堡。那么,我们使用的"拜占庭帝国"、"拜占庭国家"和"拜占庭人"等名称究竟从何而来?这些称谓实际上是近代学者在其研究工作中开始采用的。德国奥格斯堡富格尔家族的秘书、著名学者赫罗尼姆斯·沃尔夫(Hieronymus Wolf,1516—1580年)在整理、注释拜占庭历史家的手稿时，发现中世纪的希腊文献与古典时代的希腊文献有重要区别，他认为从中世纪希腊文献中可以得出许多有关拜占庭帝国的历史知识，呼吁学术界给以足够的注意，并应充分认识拜占庭历史在欧洲历史发展中的特殊地位。为了区别拜占庭作家和古希腊作家，他以德国人特有的严谨态度在1526年开始给前者的作品冠以"拜占庭的"(the Byzantine)字样。这样，他就成为开创拜占庭研究工作的第一位学者，而拜占庭研究工作也从此开始迅速发展，获得显著成就。

沃尔夫的首创在当时拜占庭研究的重要阵地法国得到承认。1680年，法国著名历史学家、古币学家和考古学家西维奥尔·杜康(Du Cange,1610—1688年)也使用这一名称作为其《拜占庭史》一书的题目，用来说明这个以古城拜占庭为首都的东地中海国家的历史。杜康涉猎广泛，文学和艺术兼通，大器晚成，45岁以后才开始发表作品，并积极参与领导拜占庭历史资料全集编辑工作。他对拜占庭语言学、系谱学、地形学和古币学的研究卓有成效，对拜占庭社会生活、君士坦丁堡地理和地貌以及中世纪希腊语所做的研究具有特别重要的学术价值，他的作品使"拜占庭"一词正式为国际学术界所公认。从此，学者们就把凡涉及这个古国的事物都冠以"拜占庭的"，东罗马帝国也被称为"拜占庭帝国"。

(二) 拜占庭帝国历史开端[①]

本书采用330年作为拜占庭史的开端，这一年，皇帝君士坦丁一世正式启用古城拜占庭为东都"新罗马"，后改称为君士坦丁堡，意为"君士坦丁之城"。长期以来拜占庭历史起始年代一直是史学界聚讼不休

---

① 笔者曾对此问题做过专题研究，提出的观点由《新华文摘》1988年第1期摘要转载。

绪 论 3

的问题,由于它涉及本书的时间断限,有必要详细阐述。

学者们对拜占庭历史开端的年代判断相去甚远,概括起来有以下几种说法:其一,德国拜占庭学者斯坦因把拜占庭史的上限确定在284年,即罗马帝国皇帝戴克里先(284—305年在位)登基之年。① 其二,主张"4世纪说"的意见可分为美籍俄裔拜占庭学家瓦西列夫、前南斯拉夫学者奥斯特洛格尔斯基、希腊拜占庭学家卡拉扬诺布鲁斯教授、赫里斯托菲洛布鲁和法国学者基鲁②等主张的"君士坦丁一世324年统一帝国说",英国拜占庭学家仁西曼、《剑桥中世纪史》、《最新不列颠百科全书》、《大美百科全书》、苏联科学院主编的《世界通史》、《世界文明史》作者杜兰和《世界文明史》作者伯恩斯等人③主张的"330年启用新都说",美国学者汤普逊、法国拜占庭学家布莱赫尔等人④主张的"塞奥多西一世395年将罗马帝国一分为二说"。最后一种意见在我国影响最大,周一良和吴于廑主编的《世界通史》、朱寰主编的《世界中古史》、孙秉莹等主编的《世界通史纲要》、上海辞书出版社出版的《辞海》、马克垚主编的《世界历史》(中古部分)以及吴于廑和齐世荣主编的《世界

---

① 文中所举各种意见之代表作均为我国学者所熟知,其作品可在国内找到。〔德〕斯坦因:《晚期罗马帝国史》,巴黎1949年版,第1章。
② 〔美〕瓦西列夫:《拜占庭帝国史》第1卷,维斯康辛1970年版,第1章;〔南斯拉夫〕奥斯特洛格尔斯基:《拜占庭国家史》,牛津1956年版,第1章;〔希〕卡拉扬诺布鲁斯:《拜占庭国家》第1卷,塞萨洛尼基1983年版,第27—31页;〔希〕赫里斯托菲洛布鲁:《拜占庭史》,雅典1988年版,第97页;〔法〕基鲁:《拜占庭文明》,巴黎1974年版,第19页。
③ 〔英〕仁西曼:《拜占庭文明》,伦敦1959年版,第14—30页;《剑桥中世纪史》第4卷,第1册,剑桥1978年版,第1章;《最新不列颠百科全书》第3卷,芝加哥1982年版,第547—572页;《大美百科全书》第5卷,华盛顿1980年版,第100页;苏联科学院主编:《世界通史》第3卷上册,北京编译社等译,生活·读书·新知三联书店1961年版,第86页;〔美〕杜兰:《世界文明史》第4卷上册,孙兴民等译,东方出版社1999年版,第1章;〔美〕伯恩斯和拉尔夫:《世界文明史》第1卷,罗经国等译,商务印书馆1955年版,第423页。
④ 〔美〕汤普逊:《中世纪经济社会史》上册,耿淡如译,商务印书馆1984年版,第195页;〔法〕布莱赫尔:《拜占庭帝国的兴亡》,阿姆斯特丹1977年版,第1章。

史》等均持此说①。其三,英国史学家韦尔斯和法国史学家布瓦松纳②主张"476年西罗马帝国灭亡说"。其四,德国拜占庭学家科隆巴赫尔、《世界史编年手册》的编纂者兰格,美国作家海斯、穆恩和科拉克等主张的"527年查士丁尼一世登基说"③。其五,日本拜占庭学家井上浩一主张的"7世纪说"④。其六,美国出版的《全球通史》的作者斯达夫利亚努主张的"8世纪说"⑤。

对拜占庭历史起始年代问题长期存在众多不同的意见,充分说明拜占庭历史发展的复杂性和特殊性。拜占庭帝国是在罗马帝国陷入危机和分崩离析的时代产生的,既与罗马帝国有着千丝万缕的联系,又是一个与罗马帝国有诸多区别的国家。在政治上,拜占庭帝国似乎完全承袭了中央集权制的统治形式,甚至连皇帝的称号也继承下来,但是其国家机构的组成、皇帝制度以及官职的称谓等方面却与古罗马帝国又有很大的差异。在经济上,古代地中海世界的奴隶制似乎在拜占庭帝国没有完全消失,昔日罗马奴隶制商业活动在拜占庭城乡也有巨大发展,但是,拜占庭社会经济结构却与罗马时代有极大区别。在文化上,拜占庭国家既是古代希腊罗马文化的继承者,又是属于新型中古文化

---

① 朱寰主编:《世界中古史》,吉林人民出版社1981年版,第123页;《辞海》,上海辞书出版社1980年版,第1451页;马克垚主编:《世界历史(中古部分)》,北京大学出版社1994年版,第21页;吴于廑、齐世荣主编:《世界史》"古代史"下卷,高等教育出版社1996年版,第156页。

② 〔英〕韦尔斯:《世界史纲》,吴文藻等译,人民出版社1982年版;〔法〕布瓦松纳:《中世纪欧洲生活和劳动(五至十五世纪)》,潘源来译,商务印书馆1985年版。

③ 〔德〕科隆巴赫尔:《拜占庭文献史》第1卷,雅典1974年版;〔德〕兰格:《世界史编年手册》,伦敦1972年第5版;〔美〕海斯、科拉克:《中世纪和近代早期》,纽约1966年版,第45页;〔美〕海斯、穆恩韦兰:《世界史》中册,中央民族学院研究室译,生活·读书·新知三联书店1975年版。

④ 参见《世界史研究动态》1985年,第3期,第60页。

⑤ 〔美〕斯达夫利亚努:《全球通史(1500年以前的世界)》上卷,伦敦1970年版,第288页。

的创造者,拜占庭文化是中世纪欧洲独特的文化之一。在宗教、社会风俗等方面,拜占庭帝国都表现出与罗马帝国既有联系又有区别的特点,这无疑增加了后人解读拜占庭历史的难度。另外,学者们在各自的研究工作中,因不同的价值取向和对同一事件判断标准不一,得出的答案多种多样。1453年拜占庭帝国灭亡后,它作为一个政治实体已经不复存在,在原拜占庭帝国疆域内出现了许多新国家,希腊、南斯拉夫、阿尔巴尼亚、保加利亚、罗马尼亚、土耳其、黎巴嫩、叙利亚、巴勒斯坦、埃及、塞浦路斯、突尼斯和南意大利所在的地区,在历史上都曾是拜占庭帝国的辖区。这些国家的学者在研究中所持的态度和观察问题的角度互有区别,造成对同一问题的多种意见。这种情况显然对拜占庭历史研究,特别是给初学者造成一定困难。从事文化研究的学者注重考虑文化因素,从事宗教研究的学者重视宗教因素,仁者见仁智者见智,当是学术研究的正常情况。

作为历史研究者,笔者认为应确定一个考察拜占庭史起始年代的基本标准和观察问题的原则,即确定比较全面的多方位的考察标准,不仅涉及政治、经济、文化和宗教等方面,而且也应考虑民族成分、疆域变化等因素,在对比中确定具有标志性的事件。依据这一原则,拜占庭历史的起始年代应当确定在330年。

从政治上看,拜占庭帝国在330年时已经形成比较完整的政治实体。在"3世纪危机"动荡的形势中,东罗马帝国(也称作拜占庭帝国)保持着相对稳定,不仅不再是罗马帝国中央政府的附属区,而且其地位逐渐超过了以罗马为中心的西部帝国,"新罗马"(即君士坦丁堡)成为帝国新的政治中心。新都于330年的正式启用表明,拜占庭帝国从过去罗马帝国的一个大区演变为独立的政治实体。拜占庭帝国的形成具有几个最显著的政治标志。首先,330年"新罗马"被正式启用,标志着东罗马帝国新的政治中心的出现,此后,新都发挥了上千年的政治中心的作用。其次,君士坦丁一世确定并开始推行以皇帝为权力核心的中央集权制,并正式实行皇帝血亲世袭继承制度,王朝由此开始。拜占庭帝国的皇权开始其专制化过程,皇帝成为拜占庭君主专制主义的最高代表,被神化为国家意志的最高主宰,集政治、军事、司法、宗教等各种最高权力于一身。再者,在皇帝最高权力的绝对控制下,开始形成只对皇帝个人负责的、严格区别于一般民众的庞大官僚阶层,由皇帝任命,对皇帝宣誓效忠并领取薪俸。他们组成了从中央到地方的各级官僚政府机构,等级森严。这些都是拜占庭皇权专制化的结果,与古罗马帝国有本质区别。

从经济上看,以君士坦丁堡为中心的东地中海经济区在330年时已经形成,该经济区不是西罗马帝国经济的附属部分,而是一个有其内部独立结构和外部鲜明特征的经济体系。首先,自"3世纪危机"爆发以来,罗马帝国东西两部分即出现了较大的经济差异。东罗马帝国的奴隶制经济原来就不似意大利半岛那样发达,并存着多种形式的经济关系和生产方式。就土地占有制而言,东罗马帝国不仅存在着农村公社占有制、自由农占有制和隶农制,而且其奴隶主控制的大庄园也没有采取西部大庄园普遍流行的那种典型的奴隶制。多元经济结构使东罗马帝国的社会生产方式具有较大的灵活性和应变能力。特别是在农业较为发达的埃及、小亚细亚和叙利亚,早就出现了隶农制这种在此后经济发展中具有重要意义的生产制度。这不仅对稳定东部帝国的经济生活起了重要的作用,而且为此后拜占庭帝国进一步的经济变化打下了基础。其次,活跃的商业贸易是东地中海经济的重要组成部分,是此后拜占庭帝国重要的经济来源之一。古代世界开始的海外商业传统有助于4世纪前后东地中海贸易活动的发展,特别是东西方贸易商道的开通使该地区占有举世无双的贸易优势。东部的相对稳定和安宁,特别是君士坦丁堡地区具有的经济地理优势,也为这里的商业活动提供了明显的方便条件,使这里成为整个欧洲和地中海世界的商业中心,马克思形象地将这个城市比喻为"沟通东西方的金桥"。再者,东部帝国人力资源比西部更充足,人口数量逐渐超过西部,这是因为,"3世纪危机"之后,西部帝国局势动乱,人口中很大一部分流亡到相对安定的东部地区。西欧地区人口,特别是通晓农业技术的人口虽然经过数百年的发展仍然未能恢复到日耳曼民族大迁徙以前的水平。中世纪西欧最大的城市米兰和威尼斯在13世纪发展的鼎盛时期,人口不过20万,巴黎仅有10万,而4世纪的君士坦丁堡的人口则高达50万—100万。[①]从西部帝国人口不断减少和东部帝国人口不断增长的两种趋势中,可以清楚地看到东罗马帝国经济发展的情况。总之,此时期拜占庭帝国已经形成独立的经济实体。

拜占庭帝国核心疆域相对稳定,以君士坦丁堡为中心,包括色雷斯、马其顿、希腊以及小亚细亚区域成为拜占庭帝国的心腹地带。正是在这里,自4世纪初以后逐渐形成了以希腊人和希腊化的斯拉夫人、伊苏里亚人等为主的拜占庭人。330年以后,东罗马帝国居民的主要成分发生重要变化,其主要成分是讲希腊语的"东方人",他们不再是被西方罗马人统治的民族。这个时期官方文件虽然继续使用拉丁语,但是,希腊语拥有广泛的民族基础,是东地中海世界的"国际语言"。[②] 它不仅在民间流行,而且很快成为官方语,并最终取代了拉丁语的正统地位。新国家的居民或是希腊人,或是希腊化的小亚细亚人,他们占据着拜占庭帝国的统治地位。拜占庭社会以这些居民为主体,不断融合新的成分,吸收融合了斯拉夫人和亚美尼亚人等,逐渐形成了由多民族构

---

① 学者们对于君士坦丁堡人口问题持有不同的估计,其中估计人口数最高的达到100万,最低的25万。参见〔英〕仁西曼《拜占庭文明》和〔英〕吉本《罗马帝国衰亡史》相关部分。

② 最有力的证据是《圣经·新约》,其原始文本为希腊语。

成的国家。拜占庭帝国与以拉丁人为统治阶层主体的罗马帝国在民族构成上有很大区别。

从宗教信仰上看,此时基督教已经成为新国家的国教,皇帝君士坦丁一世于325年亲自主持召开了尼西亚宗教大会,强行确立"三位一体"为正统教义,通过了基督教的基本信经《尼西亚信经》,并划定教区,明确皇帝与教会的关系,规定皇帝是基督教的最高首脑,拥有召集宗教大会和解释教义等权力。尼西亚会议是原始基督教质变的标志,表明基督教已经成为统治当局的官方机构,实质上已经成为拜占庭帝国的国教,并为392年进一步成为排斥其他宗教的正统国教奠定了基础。基督教最初的活动范围主要在东罗马帝国,当时出现的"五大教区",除罗马教区外,其他如亚历山大、安条克、耶路撒冷、君士坦丁堡等教区都集中在帝国东部境内。随着君士坦丁堡政治、经济、文化地位的迅速提高,君士坦丁堡大教长逐步上升到东部教会的最高地位。可以说,330年的拜占庭帝国与罗马帝国在宗教方面已经完全不同,因此将这一年当作拜占庭史的起点,从宗教方面考察也是合适的。

最后,从文化上看,拜占庭文化也是从这一时期开始其独特的发展历程。拜占庭文化以希腊和希腊化的拜占庭人为主体,以希腊语为传播媒介,以古典时代的希腊罗马文化为基础,兼收并蓄古代东方文化和基督教文化,经过千余年的发展,形成了独立的、特点鲜明的、内容丰富的文化体系。拜占庭文化不仅以哲学和神学、史学和文学见长,而且在教育和科技、艺术和建筑、道德风俗和生活方式等方面也独具特色。其高度发展使之得以在中世纪地中海世界发挥重要作用,它以中古基督教的特殊方式保护古典文化不为历史的尘积所埋没,通过传教的方式启蒙了整个斯拉夫世界,极大地影响了中古东地中海沿岸各民族文化和西欧文化的发展,并给意大利文艺复兴运动提供了珍贵的文化素材和资源,为新兴资产阶级提供了表达新思想的理想方式,因而在世界文化发展史上占有极其重要的地位。拜占庭文化发展史应以330年为起点。如果没有君士坦丁堡提供的军事保护,拜占庭文化不仅得不到发展,而且也注定要遭到西罗马帝国文化的厄运。同样,如果没有君士坦丁堡繁荣的经济提供雄厚的物质基础,拜占庭文化也必定因为缺少必要的物质条件而难以发展。如果没有君士坦丁堡创造出来的崇尚知识的风尚、浓厚的学术气氛和优雅舒适的环境,那么地中海世界的知识分子就不会被吸引到这个文化中心来,拜占庭文化也必然失去其发展的动力。

(三) **拜占庭历史分期**

拜占庭历史长达1123年,起自330年,止于1453年君士坦丁堡被奥斯曼土耳其军队攻陷。在此期间,拜占庭历史发展大体可以划分为三个阶段:330—610年社会转型的早期历史阶段,610—1056年发展强盛的中期历史阶段和1056—1453年衰亡的晚期历史阶段。

在拜占庭帝国早期历史中,其社会经历了由上古向中古社会的转变。为了能够在普遍的混乱和动荡中找到摆脱危机维持统治的出路,拜占庭帝国皇帝进行了多种尝试,其中以君士坦丁一世和查士丁尼一世(Justinian Ⅰ,527—565年在位)的改革为突出代表。前者奠定了拜占庭帝国后来发展的基础,确定了其发展方向;而后者以其毕生精力企图重建罗马帝国昔日的辉煌,力图恢复古代罗马帝国的旧疆界。查士丁尼一世努力的最终失败标志着在旧体制的框架内寻求建立新秩序时代的结束。565年查士丁尼一世去世后,拜占庭帝国陷入内外交困的危机,宫廷政变不断,外敌大举入侵,包括大地主和小农在内的农业经济一起瓦解,斯拉夫人、阿瓦尔人、波斯人、阿拉伯人、伦巴底人等周边民族的四面围攻加剧了帝国形势的恶化。

拜占庭帝国中期历史从伊拉克略一世(Heraclios Ⅰ,610—641年在位)登上帝国皇位开始。在此之后,拜占庭统治者推行以军区制为中心的社会改革,加速社会组织的军事化。这一制度适合当时形势发展的需要,为缓解危机形势,稳定局势,加强国力提供了有力的保障。在拜占庭帝国国力不断增强的基础上,拜占庭军队以巴尔干半岛和小亚细亚为基地,不断对外扩张。在马其顿王朝统治时期,拜占庭帝国势力达到鼎盛,瓦西里二世(Basil Ⅱ,976—1025年在位)发动的一系列成功的对外战争成为拜占庭国家强盛的外在标志。但是,曾经一度挽救拜占庭帝国危亡形势的军区制,在发展过程中暴露了大量内部无法克服的矛盾,军区制下兴起的大土地贵族日益强大,在经济和政治上与帝国中央集权相对抗,而军区制赖以存在的小农经济基础的瓦解便成了拜占庭帝国衰落的开端。马其顿王朝统治末期,拜占庭帝国再度陷入内外交困的境地,这标志拜占庭帝国晚期衰亡史的开始。

拜占庭帝国晚期历史是国力急剧衰落,直至灭亡的历史。11世纪末,军区制彻底瓦解,拜占庭帝国经济和军事实力急剧下降,国库空虚,以农兵为主体的小农经济的瓦解使拜占庭不仅陷入经济危机,而且兵源枯竭。以大地产为后盾的贵族,特别是军事贵族参与朝政,角逐皇位。他们相互残杀,引狼入室,致使君士坦丁堡于1204年失陷于十字军骑士之手。此后,拜占庭帝国国土分裂,中央集权瓦解,领土不断缩小,沦为东地中海的小国,在奥斯曼土耳其、塞尔维亚和保加利亚等强国之间周旋,苟延残喘。1453年奥斯曼土耳其帝国攻陷君士坦丁堡,末代皇帝君士坦丁十一世(Constantine Ⅺ,1449—1453年在位)阵亡。此后,末代王朝帕列奥列格家族男性成员被土耳其人尽数屠杀,拜占庭帝国最终灭亡。

(四)拜占庭帝国疆界

拜占庭帝国初期的疆域基本上囊括原罗马帝国的大部领土。337年君士坦丁一世去世时,其领土包括多瑙河以南的巴尔干半岛、黑海及其沿岸地区、幼发拉底河以西的小亚细亚、叙利亚、巴勒斯坦、尼罗河第二瀑布以北的埃及、北非的马格里布地区、西班牙南部沿海、高卢和意大利。上述疆域直到5世纪初仍然没有太大变化,拜占庭帝国设120个左右省份。

查士丁尼一世继位时,拜占庭帝国西部几乎全部失去控制,日耳曼人各小王国相继建立。而拜占庭帝国的领土仅包括巴尔干半岛、黑海南岸、小亚细亚、叙利亚、巴勒斯坦和埃及。他在位期间致力于恢复罗马帝国昔日的疆域,多次对西地中海世界发动远征,灭亡了汪达尔和东哥特王国,西部领土部分得到恢复,重新控制意大利、北非马格里布沿地中海地区、西班牙南部和直布罗陀海峡。565年查士丁尼一世去世时,拜占庭帝国重新将地中海变为其内海。

6世纪末以后的一个世纪,拜占庭帝国领土变动较大。斯拉夫人和阿瓦尔人大举侵入巴尔干半岛,波斯军队进犯其亚洲领土,兵抵地中海东部沿海。伦巴底人的进攻也缩小了拜占庭在意大利的领土,使拜占庭军队龟缩于拉文纳总督区。至7世纪中期,阿拉伯人的凶猛进攻进一步导致拜占庭帝国丧失其在亚洲和非洲的大片领土。8世纪时,拜占庭帝国疆域仅包括以阿纳多利亚高原和幼发拉底河上游为东部界标的小亚细亚地区和以马其顿北部为边界的巴尔干半岛,以及爱琴海及其岛屿。此后,这一边界大体保持不变,构成拜占庭帝国版图。

9世纪是拜占庭帝国国力增强和对外扩张的时期,其疆域有所扩大。巴尔干半岛包括阿尔巴尼亚和伊庇鲁斯,直到多瑙河南岸地区尽为拜占庭帝国所属,意大利南部和西西里岛也重新为拜占庭人所控制,拜占庭帝国的海上势力远达塞浦路斯岛和克里特岛。10—11世纪帝国对外战争再度得手,其疆域向东推进到两河流域中、上游和美索不达米亚地区,向南推进到叙利亚和巴勒斯坦地区的恺撒利亚城。同时,拜占庭帝国西部疆界仍维持原状。

第四次十字军攻占拜占庭帝国首都君士坦丁堡是对拜占庭帝国致

命的沉重打击,开启了拜占庭人丢城失地、国家衰亡的历史。此后,在小亚细亚的尼西亚城流亡了半个多世纪的拜占庭政府励精图治,卧薪尝胆,从其控制的小亚细亚中部地区逐步发展,在分散各地的拜占庭人小政权实体中脱颖而出,重新将原有领土上的拉丁帝国封建骑士领地和各个希腊人政权统一起来。1261年拜占庭帝国帕列奥列格王朝入主君士坦丁堡后,其疆域包括京城附近地区、黑海南岸的特拉比仲德王国、伯罗奔尼撒半岛南部的莫利亚地区和伊庇鲁斯山区。但是,各地拜占庭人政权在承认拜占庭中央政府宗主权的同时,实行独立统治。这种情况一直持续到拜占庭帝国最后灭亡。

(五)拜占庭民族构成

最初,拜占庭帝国的居民基本上是由原罗马帝国东部地区各民族构成的。他们包括东地中海沿海地区各民族,即巴尔干半岛南部的希腊人、希腊化的埃及人、叙利亚人、约旦人、亚美尼亚人,以及小亚细亚地区的古老民族,如伊苏里亚人和卡帕多利亚人等,还包括西地中海的西班牙人和意大利人等。虽然拜占庭帝国的民族构成复杂,但希腊人和希腊化的各个民族则是拜占庭帝国的主要民族。这一时期,拜占庭帝国的官方语言是拉丁语,民间语言主要包括希腊语、叙利亚语、亚美尼亚语、柯普特语等。

6—7世纪时,早期拜占庭民族构成发生巨大变化。首先,拜占庭帝国非洲的全部领土和亚洲的部分领土被阿拉伯人占领,原来生活在这些领土上的民族脱离了拜占庭人的控制,成为阿拉伯哈里发国家的臣民,埃及人和约旦人从这一时期开始伊斯兰化。西班牙人也逐步摆脱了拜占庭帝国的控制,走上了独立发展的道路。其次,斯拉夫人大举迁徙进入巴尔干半岛,作为拜占庭帝国的臣民定居在拜占庭帝国各地,他们在与希腊民族融合的过程中逐渐成为拜占庭帝国的主要民族之一。这样,拜占庭帝国中期历史上的主要居民包括希腊人、小亚细亚地区各民族和斯拉夫人,他们使用的官方语言是希腊语和拉丁语。这里要特别指出的是,作为拜占庭帝国臣民的斯拉夫人与巴尔干半岛北部地区独立的斯拉夫人有很大区别。前者与希腊人融合,成为现代希腊人的祖先之一,后者则独立发展成为现代斯拉夫人的祖先;前者使用希腊语为母语,而后者以斯拉夫语为母语;前者使用的文字是从古希腊语发展而来的拜占庭希腊文字,而后者使用的文字是从拜占庭文字发展出来的希利尔文字。

12世纪以后,拜占庭帝国的主要民族成分基本上与拜占庭帝国中期历史上的民族成分一样,只是拉丁语不再为拜占庭人所使用,有关的语言知识只保留在少数官员和高级知识分子中。所谓"主要民族"是指在国家政治生活和文化生活中起主要作用的民族。在拜占庭帝国,统治阶层和贵族大多是由希腊人和希腊化的小亚细亚人,即希腊人和小亚细亚各民族构成。作为拜占庭帝国最高权力象征的皇帝和军政教会贵族大多来自这些民族,特别是6世纪以后,统治集团的成员几乎全部由希腊贵族和小亚细亚贵族组成。他们虽然自称为"罗马人",并在政治方面力图保持古代罗马帝国的传统,但是他们使用希腊语为母语,他们生活的文化环境也是东地中海的希腊化世界,即公元前4世纪到1世纪亚历山大大帝及其部将征服和统治的东地中海和近东地区。在这些地区,高度发展的古代希腊文化已经被当地各民族所接受,成为此后各自发展的文化基础。

二、主要文献资料

拜占庭人十分注意历史记载,这可能是受古典时期希腊作家的影响。拜占庭帝国的许多年代纪史家、编年史家、传记作家等为后人留下了大量珍贵的文字。其撰写史书的方式不同于中国古人,而是继承了古希腊历史家的写作风格,即在写作中围绕历史事件展开的叙述体例和注重民俗风气的社会文化视角。综观拜占庭历史作品,其共同点在于普遍关注王朝政治斗争和教俗重大事件。正是这些年代相继不绝的历史作品,使后人能够追寻到拜占庭帝国上千年历史的主要线索,得以了解这个千年帝国上演的一幕幕悲喜剧,使我们可以窥见当时人的生活和思想。拜占庭历史文献非常丰富,保留至今的数量也极多,在世界范围内是仅次于我国的文献资料"大户"。这些文献资料在拜占庭历史文化的研究和学习中起着极为重要的作用,因此,在正式开始叙述拜占庭帝国历史前,有必要对最主要的拜占庭历史作家及其作品作简要介绍。这里所谓"最主要的"历史作品是指那些经文献学研究证明记述可靠、涉及年代相互衔接连贯并能够为我国大多数读者直接阅读的拜占庭史书。事实上,拜占庭历史作品中最重要的文献大多被翻译为西方主要文字,其中英文版本可以为我国更多读者所接受。①

最早的拜占庭历史文献出自恺撒利亚人尤西比乌斯(Eusebios of Caesarea,260—340年)之手。他于260年生在巴勒斯坦地区的恺撒利亚城,少年时即师从当地著名的教会学者潘非罗斯(Pamphilos),深受其影响,甚至在后者入狱的两年间继续帮助其师著书立说,直到潘非罗斯被处死,他被迫流亡。他经历了拜占庭帝国初期剧烈的政治宗教动荡,53岁得到平反,当选为家乡的主教,并与皇帝君士坦丁成为好友。他一生著述不断,身后留下大量作品,其中有三部最重要,即《教会史》、《编年史》和《君士坦丁传》。尤西比乌斯在其多卷本的作品中大量地使用了前代文献,结合他所经历的各种事件,阐明了这样的道理:只有遵循上帝意旨办事才能获得最终胜利,而获得最后胜利的人都是

---

① 目前,我国引进的希腊文古籍数据库建立在南开大学东欧拜占庭研究中心,其中包括现已整理出来的所有拜占庭文献。本文介绍的拜占庭学原始资料原文均可在该数据库中查询到。

在上帝指引下,君士坦丁皇帝是杰出的代表。现存10.2万余字的《教会史》的内容涉及早期基督教的历史,直到324年,而总字数24万余字的《编年史》则从圣经传说的亚当一直到3世纪末。这些作品目前均有英文译本,其中比较权威的版本有"劳埃布古典丛书"、"企鹅丛书"、克鲁塞、威廉姆斯、迈克基夫特等译本,其中迈克基夫特的译本全文可在"互联网中世纪资料书籍"(http://www.fordham.edu/halsall/sbook.html)中查到。①

撒尔迪斯人尤纳比欧斯(Eunapios of Sardis,345—420年)的《历史》与尤西比乌斯的作品衔接。尤纳比欧斯生在撒尔迪斯,但是在古典文化传统极为强大的雅典接受教育,深受非基督教学术的影响,笃信新柏拉图哲学,并因此成为皇帝"背教者"朱利安的好友。在14卷的《历史》中,他记述了270—414年的大量人物和历史事件,但是,全书缺乏连贯性,似乎是人物故事和事件记载的汇编。该书散佚较严重,404年以后部分缺损,现存1.6万余字。因其重要的史料价值,而被翻译成多种文字。其英译本中比较权威的有布罗克雷和瑞特的译本。②

《朱利安皇帝传》是专门记载这位有着传奇生涯的皇帝的作品。据现代学者研究,该书是由索卓门诺斯(Sozomenos,约400—450年)收集整理的各种传说,由约翰·马拉拉斯(John Malalas,490—574年)丰富内容完成全书。朱利安332年生于君士坦丁堡,是拜占庭帝国首位皇帝君士坦丁一世的侄子。他五岁时君士坦丁去世,皇家从此陷入血腥的争夺皇权的斗争,其父和其他男性亲属均成为斗争的牺牲品,他则因年幼免遭劫难。他是在恐惧中长大成人,先后在皇宫和雅典接受系

---

① 〔英〕布罗克雷等整理:《尤纳比欧斯、奥林匹多罗斯、普里斯哥和马尔库斯作品残卷》,利物浦1981—1983年版;《诡辩家传记》,W.瑞特译,伦敦1922年版。
② 〔英〕布罗克雷等整理:《尤纳比欧斯、奥林匹多罗斯、普里斯哥和马尔库斯作品残卷》,《诡辩家传记》。

统教育。幼年的经历使他对基督教心存反感,秘密接受了多神教信仰。当君士坦丁王朝只剩下他一个男性继承人时,他便继承了皇位。他在位仅三年,期间全面恢复了多神教,公开参加崇拜阿波罗的宗教仪式,引起基督徒的反对,最终在远征波斯的进攻战中,被狂热的基督徒暗害,其时年仅31岁。朱利安一直是信奉正统基督教的拜占庭作家笔下的反面人物,被冠以"背教者"的绰号,因此没有人愿意冠名为之作传。这部书直到9世纪才被其他史书提及。目前该书被编入劳埃布古典丛书。①

阿米安努斯·马赛林努斯(Ammianus Marcellinus,330—392年)出生在安条克的贵族家庭,年轻时即从军,参与多次战争,随皇帝朱利安出征波斯。退役后,他对东地中海沿岸文化重镇,如希腊、埃及、罗马等地方进行学术访问,为日后的写作积累资料。其《史绩》涉及96—378年间的历史事件,全书共31卷,包括257年的前13卷目前已经散佚,后18卷的叙述更详细,以亚得里亚纳堡战役作为全书结尾。该书基本上保持了罗马史家的写作风格,尤以塔西佗为榜样。其明显的史学倾向是充满着爱国情绪,以及对"蛮族"的蔑视,对民众"暴乱"的指责和腐败堕落的抨击等方面。在宗教问题上,他作为非基督教作家,特别推崇朱利安皇帝,将其当作英雄和主人公来描写。该作品还涉及大量基督教兴起的资料。②

底比斯人奥林匹多罗斯(Olympidoros of Thebes,约4—5世纪)的生卒确切时间不详,但是根据其作品,人们知道他出生在埃及的底比斯,后来携带能歌善舞的鹦鹉云游地中海各地达二十年之久。大约在412年,他随一个使团出访匈牙利,后被怀疑对匈牙利王做手脚,致使

---

① 〔古罗马〕索卓门诺斯、约翰·马拉拉斯:《朱利安皇帝的世界》,W.瑞特译,伦敦1913—1923年版。

② 〔古罗马〕阿米安努斯·马赛林努斯:《罗马史》,C.扬译,伦敦1862年版。

后者突然死亡。此后，他在雅典供职十年，并以希腊语写作了22卷的《历史》一书。该书涉及407年以后二十年的拜占庭帝国历史，特别是塞奥多西二世统治时期的重大事件。与当时渐成气候的基督教作家有所不同的是，奥林匹多罗斯崇尚古典希腊文明，不仅拒绝使用拉丁语写作，而且行文模仿古代作家，在历史叙述中使用诗歌和富有哲理的语言。其权威的英译本为布罗克雷译本。①

左西莫斯（Zosimos，5世纪人）的《新历史》与奥林匹多罗斯的作品相印证，主要涉及410年以前的历史。他的生平至今尚无确切说法，一些学者认为，他与历史上有名的雄辩家加沙人左西莫斯为同一人。他早年的活动不为人知，但是后来官至圣库伯爵和国库法官。其六卷本《新历史》现存6.2万余字，其第一卷为全书的引言，在介绍了自古希腊到奥古斯都期间的历史后，其他几卷重点分析罗马帝国，特别是4、5世纪拜占庭帝国历史的重大事件，预言君士坦丁堡将成为繁荣的城市。他与其他作家的重要区别在于，不仅客观叙述各个事件，而且点评它们对帝国国势的影响。他被后代拜占庭学家称作"最后的非基督教史家"。他的作品有多种英译本，其中布查南译本和瑞德雷译本比较权威。②

苏克拉底（Sokrates Scholastikos，379—440年）与奥林匹多罗斯和左西莫斯为同时代人，其作品也主要涉及4—5世纪的历史。他生于拜占庭帝国首都君士坦丁堡，自幼接受系统的教育，后师从著名的非基督教学者，当时从亚历山大城流亡到京城的阿莫尼欧斯和海拉迪欧斯，成为小有名气的文法家和律师。其代表作品为7卷本的《教会史》，该书第一次问世后曾受到一些当代作家的质疑，认为其原始资料存在诸多

---

① 〔英〕布罗克雷等整理：《尤纳比欧斯、奥林匹多罗斯、普里斯哥和马尔库斯作品残卷》；另见〔加〕C.D.戈登《阿提拉时代：5世纪的拜占庭和蛮族》，密执安1960年版。

② 〔古罗马〕左西莫斯：《历史》，布查南等译，圣安东尼1967年版，该版本后为瑞德雷本（堪培拉1982年版）取代。

可疑点。为此,苏克拉底重新修改,多年后完成了第二个版本,后者即是流传至今的版本。《教会史》的内容不局限于基督教事务,而是广泛涉及305—439年的重要历史事件,特别注重那些对君士坦丁堡政治影响较大的地方性事件,视野比同时的教会史作品更开阔。该书每卷以一位皇帝在位时间为范围,自戴克里先开始,依次谈及君士坦丁一世、君士坦提乌斯二世、朱利安、瓦伦斯、塞奥多西一世和塞奥多西二世等皇帝统治时期的历史。全书现存10.4万余字,其权威的英文译本为米涅本。①

与苏克拉底同时的作家索卓门诺斯也是一位教会史家。他出生在加沙附近的贝塞利亚,后在君士坦丁堡学习法律。他深受早期拜占庭作家恺撒利亚人尤西比乌斯的影响,因此写了《教会史》作为后者作品的续篇。该书从尤西比乌斯《教会史》中断的324年写起,直到443年,内容涉及一百二十四年间的历史。索卓门诺斯是皇帝塞奥多西二世的好友,在他写作之初,皇帝就其写作内容提出了要求,以纠正和补充奥林匹多罗斯《历史》中有关其统治期间的历史。据说,后来塞奥多西皇帝仔细阅读了该书,并认可了其内容。全书共九卷,但涉及425—443年的最后一卷散佚,原书最后叙述的443年塞奥多西巡视贝撒尼亚地区一事仅保留在后来其他史家的作品中。《教会史》对苏克拉底作品中关于教义和神迹的批判,以及对基督教在波斯、亚美尼亚、阿拉伯和哥特人中间的传播的叙述凸显了该书重要的史料价值。该书权威英译本为沃尔富特译本。②

塞奥多利特(Theodoret of Cyrrhus,393—466年)大概也可以算是上述几位作家的同时代人,生于文化重镇叙利亚的安条克,自幼遵从父

---

① 〔古罗马〕苏克拉底:《教会史》,米涅整理,伦敦1853年版。
② 〔古罗马〕索卓门诺斯:《九卷本教会史,324—440年》,E.沃尔富特译,伦敦1846年版。

母之命献身教会事业,进入当地的修道院。但是,如同当时大多数知识分子,他同时也接受了系统的古典文化教育,对古希腊罗马文史作品十分精通。由于他坚持聂斯脱利派教义,与亚历山大教区的希利尔派尖锐对立,遂名声大噪,423年当选为塞鲁斯教区主教。431年以弗所宗教会议宣布聂斯脱利派为异端教派,他因此被罢免,449年被流放。几经沉浮,他最终回到家乡叙利亚,并在此度过了最后的十五年。塞奥多利特在激烈的宗教争论中写下的大量神学论文多成为正统教会的禁书,其《教会史》是最有史料价值的。该书共分五卷,现存7万余字,涉及323—428年正统基督教对阿里乌派异端斗争的细节,因此为后人提供了大量有关叙利亚地区宗教和政治史的信息。他留下的数百封书信则广泛地反映了当时拜占庭帝国的社会生活。塞奥多利特作品权威的英译本为杰克森译本和法拉尔译本。①

普里斯哥(Priskos,410—472年)生于色雷斯的潘农,早年生平不详,后入仕为官,曾随外交使团出访匈奴王阿提拉,并出使罗马,访问埃及,入朝做官后,官至马尔西安皇帝首相秘书。他的八卷本《拜占庭史》(此名称为近代编辑者所加)仅留下残部,现存近1.9万字,涉及433—468年的历史。其作品最重要的价值表现在关于阿提拉的叙述,为后代史家反复引用。但是,他刻意追求语言的华丽和韵律,特别是将其个人好恶加入历史叙述,影响了记述的可靠性。他对匈奴人的看法基本上沿袭了古代的传统,蔑称其他民族为"蛮族"。普里斯哥作品的权威英译本保留在布罗克雷译本和格登的专题著作中。②

---

① "塞奥多利特的《教会史》,对话和书信",载《尼西亚和后尼西亚教父》,纽约1893年版;另见〔古罗马〕塞奥多利特《教会史》,伦敦1843年版。
② 前引《尤纳比欧斯、奥林匹多罗斯、普里斯哥和马尔库斯作品残卷》;另见前引C. D.戈登《阿提拉时代:5世纪的拜占庭和蛮族》。

普罗柯比(Procopios,？—565年)是6世纪拜占庭帝国最重要的历史作家。他生于巴勒斯坦地区的恺撒利亚的贵族家庭,接受过系统的教育,后来赴京城寻求发展,结识了青年军官贝利撒留。当后者因突出的军事才能而跃升为拜占庭帝国东部前线司令时,普罗柯比受聘为他的秘书和法律顾问。自527年以后,普罗柯比随军南北转战,东征西讨,亲身参加了查士丁尼一世发动的各次战争。这些经历对于他后来的写作帮助极大。542年,他受贝利撒留的牵连,被迫回到宫廷,处于皇帝的直接监督下,此后再没有离开君士坦丁堡,直到去世。他的主要作品有记载三次重大战争的《战记》,歌颂查士丁尼修建京都功德的《建筑》和抨击时政并对皇帝和皇后进行猛烈人身攻击的《秘史》。八卷《战记》详细描述了拜占庭帝国对波斯人、汪达尔人和东哥特人的战争,不仅对影响战争进程的各次战役进行评述,而且还涉及了相关民族和地区的历史。他对战事胜负原因的分析基本摆脱了神学的影响,但是对于拜占庭军队战胜"蛮族"抱着明显的颂扬的态度。《建筑》中充满了对查士丁尼肉麻的吹捧,有学者认为,该书是作者在被"软禁"期间,迫于查士丁尼的淫威完成的,其价值在于提供了当时君士坦丁堡公共建筑和社会生活的宝贵信息。最有争议的作品是《秘史》,因为作者在书中一反常态,全面否定了查士丁尼时代的各项政策,并对皇帝皇后的人格人品大肆诋毁,语言刻毒粗俗,以至于后代人怀疑普氏不是《秘史》的作者。从书中描写的宫廷秘史和写作风格看,这种怀疑并不成立。唯一的解释是作者后半生遭受的冤屈改变了他原有的思想观点。无论如何,普罗柯比的作品为我们展示了查士丁尼时代广阔的历史画卷,是这一时期最重要的史料,它们涉及查士丁尼开始主政直到552年的历史。其作品被整理问世后,先后被翻译成世界各主要文字,其中数十万字的《战记》篇幅最长,《建筑》现存23万余字,《秘史》现存3.3万余字。它们权威的英文译本包括劳埃布古典丛书中的译本、卡迈隆删节本、威廉森译本和阿特沃特译本。①

阿嘎塞阿斯(Agathias,532—580年)与普罗柯比是同时代人，比后者年轻。他是小亚细亚地区米利纳人，早年经历不详，曾是斯米尔纳地方负责公共建筑的官员，后来成为君士坦丁堡有名的法学家和诗人，写过一些六步韵律诗和情诗，以及散文和法学作品，还编辑过一本小有名气的时事讽刺诗集，其中包括他自己的上百首诗歌。该书最抢眼之处是他致查士丁尼皇帝的前言，反映了当时崇尚古希腊文化的知识阶层的心声。但是，使阿嘎塞阿斯青史留名的作品是其《历史》一书，因为他明确指出其写作目的是续写普罗柯比未完成的历史记叙。在五卷本的《历史》中，他从普罗柯比中断的552年写起，详细描述了此后三十七年的政治军事事件，刻意追求普罗柯比的写作风格，注重发生在帝国东、西部的各次战争、查士丁尼皇帝晚年的神经质，以及当时拜占庭社会政治和文化生活，而教会的事务却被有意或无意地省略或简化了。总字数为6万余字的《历史》最初被收入柏林出版的《拜占庭史籍大全》中，其权威英文译本为富伦多所译，另有卡迈隆删节本可供参考。②

埃瓦格留斯(Evagrios Scholastikos,536—595年)可以算作阿嘎塞阿斯的同代人，他生于叙利亚的埃比发尼亚，曾是拜占庭帝国文化重镇安条克的法学家，可能还担任过地方行政官员。其六卷本《教会史》涉及431—594年的历史事件，时间范围超过阿嘎塞阿斯的《历史》。该书名为《教会史》，但无论取材还是描述都不局限于教会事务，资料来源广泛，描写生动，语言比较华丽。他是一位持正统教义的作家，但是

---

① 有关普罗柯比及著作，见《建筑》和《秘史》，H.戴文译，伦敦1914—1935年版；另见《战史》，A.卡迈隆译，纽约1967年版；《秘史》，威廉森译，哈蒙斯沃什1981年版；《秘史》，R.阿特沃特译，纽约1927年版。

② 〔古罗马〕阿嘎塞阿斯：《历史》，富伦多译，柏林1975年版；A.卡迈隆：“阿嘎塞阿斯论波斯人"，载《顿巴登橡树园学报》，1969年第67—183页。

对其他教派采取宽容态度。他对拜占庭王朝事务的叙述不受信仰的束缚,特别推崇马尔西安、提比略和莫里斯等皇帝的功绩和能力。可能是对安条克更熟悉的原因,他的《教会史》对这个城市倾注了比对君士坦丁堡更多的笔墨。值得注意的是,他作为教会史家并不完全采用传统的教会史写作方法,而是交替使用教会和古典文史写作风格。总字数达到 5.6 万余字的《教会史》的重要价值还表现在他记载了许多他在安条克亲身经历的事件,以及详细列出的参考书目。该书权威的英文译本为沃尔富特译本。① 埃瓦格留斯有一位表弟值得一提,他叫约翰(John of Epiphaneia,6—7 世纪),是安条克地方的名人,不仅活跃在知识界,而且担任安条克教区大主教乔治的顾问。约翰著有《历史》一部,目的在于续写埃瓦格留斯的《教会史》,但是其破损严重,现存 1.5 万余字。根据目前保留下来的前言等残部,人们了解《历史》的重点在描写拜占庭帝国和波斯帝国之间长期的战争,特别是波斯国王与拜占庭皇帝莫里斯对西亚地区的反复争夺。可惜这部书仅有少量篇章传于后代,目前尚无英文译本。

马赛林努斯·戈麦斯(Marcellinus Comes,6 世纪人)出生在伊利里亚的斯科普杰,属于拉丁人,但却前往君士坦丁堡寻求发展。他在查士丁尼一世任恺撒时就成为这位未来皇帝的亲随,后来授公爵名号,位列贵族。他的《编年纪事》涉及 379—534 年的历史,重点在帝国东方事务,提供了许多细节。该书的价值是它为拜占庭帝国史书提供了拉丁作家的旁证,其英文和原文对照本在悉尼问世。②

塞奥发尼斯(Theophanes of Byzantium,6 世纪人)与同时代人曼南德尔(Menander Protector,6 世纪人)的事情令后人不解,因为两人的作

---

① 〔古罗马〕埃瓦格留斯:《六卷本教会史,431—594 年》,沃尔富特译,伦敦 1854 年版。
② 有关马赛林努斯·戈麦斯,见《编年纪事》,悉尼 1995 年版。

品不仅同名,而且内容几乎相同,前者十卷本《历史》涉及566—581年的历史,而后者的作品涉及558—582年的事件,时间范围和叙述对象雷同。至今人们难以确定谁是原创者,谁是抄袭者。塞奥发尼斯在该书前言中追溯历史到562年,其内容侧重于外交关系和对外战争,对拜占庭帝国东部地区相邻民族,如波斯人、亚美尼亚人和高加索地区各民族社会风俗都有记述。该书资料来源独特,为同时代其他历史书籍所未见。例如有关突厥人的资料就极为珍贵,以提比利斯为都的埃伯利安人的资料也是其他同时代作品中缺少的。他对有关中亚僧侣从中国贩运养蚕育桑技术到拜占庭帝国的叙述是关于这一问题史料的原始出处,后经普罗柯比引用,广为流传,至今成为中国古代文化西传的一段佳话。该书残卷不足千字,但其续编近10万字。曼南德尔生于君士坦丁堡贵族家庭,据他自己说,早年遵从父命,在首都学习法律,因为这是为官的必要条件。后来,他和其他寻求仕途生涯的贵族子弟一样,进入宫廷侍卫队,曾任御林军军官,一度卷入当时流行在君士坦丁堡等大都市的"竞技党"活动。① 莫里斯皇帝掌权后,他受命写作历史,并负责接待各路学者。由于他随和的性格和写作才能,他一直与当朝皇帝保持良好的关系,不仅为查士丁二世和提比略一世所赏识,而且是莫里斯的好友。这些特殊的经历有助于他了解拜占庭帝国高层事务,接近宫廷文件。他对多次拜占庭帝国皇帝与波斯国王和其他君主谈判细节的描写说明了这一点。值得一提的是,这两位作家特别注重对不同民族风

---

① 竞技党最初产生于君士坦丁堡经常举行的战车竞技,依据蓝、绿、红、白色坐区组成赛区"车迷协会",后来发展成为"吉莫"(意为赛区)党,不仅组织本区民众,而且表达政治意见。其中,蓝党代表元老院贵族和上层居民的利益,绿党则代表商人和富裕居民的要求,而红、白两派因势力较弱附属于蓝、绿两党。各党民众经常利用赛场表达政治意愿、发泄对当局政策的不满。蓝党在宗教方面代表信奉《尼西亚信经》的信众,而绿党代表"一性论派"信徒。

土习俗的描述,观察独到细微,记载翔实具体,并注意对叙述对象所在的地理地貌进行准确的描写。他们的作品为后代作家广泛引用。目前该书有两个古代版本,但是两个本子并不完全一致。最好的英文译本为布罗克雷译本。①

塞奥非拉克特(Theophylaktos of Simokattes,580—641年)的生平不详,后人只知道他出生在埃及,曾任察尔西顿主教的助手。其主要著作为八卷本《历史》,涉及莫里斯皇帝统治时期的拜占庭历史。这部书与曼南德尔的《历史》相接,重点叙述莫里斯时期君士坦丁堡的重要事件。正是由于他观察的重点在首都,特别是在宫廷,所以书中有大量有关京城庆典和宫廷仪式的细节描写,这是同时代其他作品中缺乏的内容。他对拜占庭帝国东部地理的记载一直伸延到古代中国,表现出作者对古代地理学家斯特拉波的推崇和熟悉。特别有意思的是,他在《历史》的前言中采用了拟人式的对话,让历史与哲学各自阐述观点,以突出历史写作的独特风格。全书充满了他对这位皇帝的颂扬,语言夸张,有许多历史年代错误,并很少涉及邻国或其他民族的事务。另外,他在写作中带有强烈的基督教信仰色彩,特别注意描述所谓的神迹和上帝的"奇迹"。塞奥非拉克特作品现存6.5万余字,其英文译本以怀特比译本为最好。②

尼基弗鲁斯(Nikephoros I Patriarch,750—828年)出生在君士坦丁堡的教会贵族家庭,当时毁坏圣像运动正处于高潮,其父因坚持崇拜圣像而被皇帝君士坦丁五世驱逐流放,他随父亲流亡。伊琳尼皇后摄政期间重申崇拜圣像,他才得以返回京城,并得到平反重用,官拜皇帝的

---

① 〔古罗马〕曼南德尔:《历史》,布罗克雷译,利物浦1985年版;塞奥发尼斯作品的残部见C.缪勒整理《希腊历史资料残卷》第4卷,巴黎1959年版。
② 〔古罗马〕塞奥非拉克特:《历史》,怀特比译,牛津1986年版。

秘书。退休后,他周游帝国各地,在小亚细亚建立多所修道院。802后,他重新回到京城,被任命主管首都最大的救济中心。四年后担任君士坦丁堡大教长,达九年之久。在此期间,他不遗余力地以温和手段平息毁坏圣像派残余势力,积极维护皇帝权威,但是未能成功。当朝廷以强制手段镇压反对派时,他拒绝签署迫害决定,愤然辞职。尼基弗鲁斯一生著述丰硕,留下了多部批驳毁坏圣像派主张的著作和长篇论文。他写作《简史》的目的在于批判毁坏圣像派作家"错误"引用和解释前代历史。该书现存 1.7 万余字,涉及 602—769 年拜占庭帝国的历史,从崇拜圣像派的立场叙述当时的重大历史事件。他不是按照年代顺序,而是遵循事件发展写作,对涉及的地理地貌有更准确的描写。他还完成了一部《编年史》和一部《教会史》,但前者更像是一部年表,包括自上帝创造万物以后直到 828 年间"世界"的统治者年表。《编年史》在当时的影响似乎更大些,被翻译成拉丁语和斯拉夫语,流行于地中海世界。尼基弗鲁斯作品的英文译本由曼戈完成。①

尼基弗鲁斯之后,拜占庭年代纪似乎沉寂了相当长一段时间,作品少的原因是历史家普遍青睐编年史的写作。而接续尼氏《简史》的作家是在他之后近一个世纪才出现的,这位作家就是约瑟夫(Joseph Genesios,912—?)。约瑟夫出生在君士坦丁堡高级官宦之家,自幼接受系统的贵族式教育,学识渊博,与皇帝君士坦丁七世关系密切,是聚集在后者皇宫中的文人学者圈子里的重要成员,也是"马其顿文艺复兴"热潮的积极推动者和参与者。他的《列皇纪》就是根据他在宫廷中接触到的大量文档和书信写成的,涉及 813—886 年的多位皇帝,包括利奥五世、米哈伊尔二世、塞奥非罗斯、米哈伊尔三世和瓦西里一世。该书的资料来源主要是前代和当代作家完成的编年史和基督教圣徒传记,

---

① 〔古罗马〕尼基弗鲁斯:《简史》,C. 曼戈译,华盛顿特区 1990 年版。

例如修道士乔治的作品。《列皇纪》的近代版本早在近两百年以前就被德、法学者整理出来，共2.3万余字，最新的权威原文版出现在1973年，其最新原文与德文对照版本出现在1989年。①

　　拜占庭历史上第一位亲自撰写文史书的皇帝是君士坦丁七世（Constantine Ⅶ,905—959年），他虽然是皇帝利奥六世和贵族出身之宫女邹伊的亲生儿子，但是命运坎坷。其父生前多次结婚，一直希望有男性皇位继承人。君士坦丁是利奥第四次婚姻所生之子。由于这次婚姻违反了基督教婚姻法规而导致严重的政治危机，邹伊的皇后地位未能得到教会的承认，君士坦丁也因此被排斥在王朝权力中心之外长达四十年。可能是他的这种特殊经历为他提供了生活条件优越而又置身权力斗争之外的环境，还可能是他继承了其父学者的天赋，君士坦丁一生向学，热爱古代文化，大力支持学术研究，褒奖各种文化活动，吸引大批学者在其周围，推动"马其顿文艺复兴"。客观而言，他算不上杰出的拜占庭皇帝，但却是真正的学者。在其多部关于拜占庭帝国军区、政府、宫廷礼仪的著作之外，他主持编纂的《皇帝历史》属于史籍类。该书共分四卷，共20万字，涉及813—961年的王朝政治史。第一卷的内容以813—867年利奥五世、米哈伊尔二世、塞奥非罗斯、米哈伊尔三世等皇帝统治事件为主，可能是作为著名编年史家塞奥发尼斯作品的续写，因此《皇帝历史》有时又被冠以《塞奥发尼斯作品的续篇》的名字。第二卷单独记载君士坦丁的祖父、马其顿王朝的创建人瓦西里一世的生平，极力歌颂这位皇帝的文治武功，肯定军事将领的作用，贬低商贾。第三卷涉及886—948年六位皇帝在位时期的历史事件。可能直到君士坦丁去世时，该书的编辑工作仍在进行，因此最后一卷是在他死后两年完成的。全书充满了对皇族和福卡斯家族、布林加斯家族、库

---

①〔古罗马〕约瑟夫：《列皇纪》，C.拉赫蒙整理，波恩1828年版。

尔库阿斯等军事贵族的欣赏和崇敬,其视野因而受到限制。目前,该书只有德文和原文对照本。①

与《皇帝历史》衔接的作品是利奥的《历史》。利奥(Leo the Deacon,950—994年),小亚细亚人,早年受教育于君士坦丁堡,后任宫廷执事,随瓦西里二世出征。利奥的《历史》涉及959—976年的历史事件,重点叙述王朝政治和对外战争,特别是对保加利亚人的多次战事,包括成功的和失败的战斗经历。他使用的资料可能来自目前尚未发现的福卡斯家族史,因此他在写作中表现出对出自福卡斯家族的皇帝尼基弗鲁斯二世的敬佩。利奥笃信上帝的力量,确信命运是无法摆脱、不能对抗的,而一切成功都体现了神意的肯定,而所有的失败和灾难都是上帝对人的惩罚。这使他的作品具有浓厚的悲观主义色彩。利奥是位尚古作家,他将歌颂的对象比喻为古代的英雄,认为他们不仅具有古代英雄的人格品行,而且简直就是古代英雄下凡,战无不胜。利奥笔下的皇帝尼基弗鲁斯成为再世的赫拉克利特,皇帝约翰则变为复生的提丢斯,基辅大公斯维亚托斯拉夫被视为阿喀琉斯的后裔。② 总之,现存约3.5万字的《历史》的文学色彩浓厚,影响了历史写作的可靠性。该书的英文译本为塔尔伯特译本。③

普塞罗斯(Michael Psellos,1018—1080年)是拜占庭历史上著名的学者和作家,他的《编年史》实为年代纪,是为续写利奥的《历史》而作。他出生于君士坦丁堡中等的殷实之家,其父母极为重视对他的系统教

---

① 〔古罗马〕君士坦丁七世:《马其顿王朝皇帝史》(又名《塞奥发尼斯作品的续篇》),L. 布雷耶译,格拉兹1981年版。

② 赫拉克勒斯是宙斯之子,力大无穷,做出了12件英雄业绩;提丢斯是古希腊神话中著名的战将,在远征底比斯的战争中阵亡;阿喀琉斯是特洛伊战争中的英雄,使希腊联军取得胜利。

③ 〔古罗马〕利奥:《历史》,塔尔伯特译,即将问世。

育,师从当时多位学者,教俗知识兼通,奠定了日后发展的基础。他属于当时思想活跃、学识渊博的学术新星,在首都知识界脱颖而出。他在36岁时因其庇护人退出政坛而被迫进入奥林匹斯山修道院。不久,他重返首都政界,成为宫廷学者,在君士坦丁九世、罗曼努斯四世和米哈伊尔七世统治期间发挥了重要的政治和学术作用,曾任帝国哲学院院长(类似我国古代"翰林院大学士")。他晚年失势,在贫穷和失落中去世。普塞罗斯是一位多产作家,其大量作品涉及历史、哲学、神学和法学,还写作了大量韵律诗歌、散文、札记和书信。其《编年史》按照当时流行的传统,首先根据《圣经》的记载对上帝创造世界以后的历史进行简介,而后进入正文,主要涉及976—1078年的政治和军事大事。古希腊历史作家对他的写作产生深刻影响,他在叙述中始终强调大自然的作用,注意从现世事物中寻找事件发生的原因,而很少描写神迹。他根据自己的观察和分析,而不是从神学的角度理解历史事件,因此,在他的书中没有正义和邪恶、光明与黑暗、善与恶的鲜明对立,他笔下的人物和事物几乎都是矛盾的,因为他力图从人性的缺陷中追寻失败的原因。普塞罗斯的作品得益于他丰富的经历,许多关于皇帝和宫廷生活的描写来自其亲身近距离的观察,因而比较可靠,成为后人反复引用的资料来源。现存7.8万余字,《编年史》被翻译为多种文字,其中权威英文版本为邵特尔译本。[1]

小亚细亚阿塔利亚人米哈伊尔(Michael Attaliates,约1020—1085年)是普塞罗斯的同代人,他的《历史》可以与后者《编年史》相互印证。米哈伊尔出生在阿塔利亚的中等家庭,但是自幼聪明,在君士坦丁堡受到的系统教育使他在仕途上发展顺利,曾任法官和元老,以及主管京都

---

[1] 〔古罗马〕普塞罗斯:《拜占庭十四帝王编年史》,邵特尔译,纽约1966年版;另见〔英〕J. B. 布瑞主编的《普塞罗斯的〈历史〉》,伦敦1899年版。

供水工作。这些职位不仅使他跻身拜占庭帝国上层社会,而且为他带来可观的财富。他的作品涉及多方面的知识,包括他根据自己的了解完成的历史作品、个人传记、为他建立的修道院制定的法规制度以及从罗马共和国到马其顿王朝的法学发展历程的法书,等等。其中,《历史》是其主要的代表作。该书涉及 1034—1080 年拜占庭帝国重大历史事件,与普塞罗斯的作品相比,更为客观,没有个人对事件的价值评论,而主要是从第三者角度记述事件的原委,即使在不得不涉及其本人参与的过程时,也绝少自我吹嘘,这在拜占庭历史作家中是不多见的。然而,他还是不自觉地表现出他对皇帝尼基弗鲁斯三世的青睐,将后者描写成具有帝王的天赋和美德,勇猛果敢,极有军事天才和卓越的组织能力。他的关注点主要集中在君士坦丁堡等城市生活,其笔下的人物大多与城市民众活动相关。由于尼基弗鲁斯皇帝以 80 岁高龄退位时,《历史》尚未完成,后代学者认为,本书对他的肯定反映了作者的政治倾向,而不掺杂阿谀奉承的成分。应该说,《历史》的资料是可靠的。可贵的是作者对大自然产生的浓厚兴趣使他对诸如大象和长颈鹿作了细致的描写。该书现存约 6.2 万字,目前有权威的德文和法文本,部分内容的英文译本由邓尼斯完成。①

科穆宁王朝公主安娜(Anna Komnene,1083—1154 年)为其父皇阿莱克修斯一世写作的传记《阿莱克修斯传》恰好衔接了米哈伊尔的《历史》。她是皇帝阿莱克修斯的长女,生长在皇宫中,接受全面的皇家教育,后嫁给前朝皇帝米哈伊尔七世·杜卡斯的儿子君士坦丁。这次婚姻实际上是阿莱克修斯加强统治地位的举措,但是她误以为这是自己成为皇后的机会。1118 年其父去世其弟即位时,她在母后杜凯纳的支持下阴谋发动宫廷政变,被其弟约翰二世挫败,被迫成为修女。其后半

---

① 〔古罗马〕米哈伊尔:《历史》,邓尼斯译,打印本,存顿巴登橡树园图书馆。

生三十余年被软禁在修道院里,这使她有可能撰写《阿莱克修斯传》。该书不仅仅记载了阿莱克修斯的业绩,而且广泛涉及 1069—1118 年的拜占庭帝国发生的重大事件,特别是有关军事和外交方面的细节。全书充满了她对父亲的歌颂,开篇就描写了阿莱克修斯的胜利,并从后者的活动中解释这个时期拜占庭人对外战争胜利的原因。作为古典文化的爱好者,安娜不仅在写作中随时引用古希腊诗人的名句,而且对当代的基督教狂热思潮持批判和否定态度。她对古希腊作家的作品和前代拜占庭人取得的成就深感自豪,特别对阿莱克修斯治下的社会生活推崇备至,因此对约翰及其后继者曼努埃尔一世的统治持批评态度。由于该作品大部分是她亲身经历事件的记录,因此其资料价值极高。她文笔细腻,一些场面的描写生动感人,这在拜占庭作家中是不多见的。该书属于拜占庭历史作品中的上乘之作,总字数约 15.2 万字,被现代学者翻译为欧洲多种文字,其中英译本有大维斯和索特尔两种版本。①

安娜公主的第二个丈夫也是位作家,他的名字叫小尼基弗鲁斯(Nikephoros the Younger Bryennios,1064—1137 年)。根据他的自传《历史素材》记载,他同名的父亲是米哈伊尔七世时期著名的军事将领,曾任保加利亚地区军队司令,和多瑙河下游地区总督,后发动政变推翻了米哈伊尔的统治。尼基弗鲁斯三世登基后,他不接受恺撒称号,继续军事反叛,终被阿莱克修斯击败受刑,后得到皇帝的赦免,晚年以盲目成功指挥对库曼人作战而闻名。小尼基弗鲁斯娶安娜为妻后,成为军事将领,一直希望夺取皇权,并参与了安娜的宫廷政变。失败后,继续参与指挥帝国军队,曾随约翰二世远征安条克。他的《历史素材》

---

① 〔古罗马〕安娜·科穆宁:《阿莱克修斯传》,戴维斯译,伦敦 1928 年版;另见 E. 索特尔版本,纽约 1969 年版。

是部未完成的作品,涉及1057—1080年拜占庭帝国的军事外交活动。与安娜不同的是,他特别注重当时几个势力极大的家族为争夺皇权进行的斗争,包括科穆宁、杜卡斯和布雷恩努斯等军事贵族势力集团的政治活动。在表面上歌颂阿莱克修斯一世的字里行间,他含蓄地批评和否定这位皇帝的人格,而对其父亲加以肯定。他认为其父具有贵族的一切优秀品行和条件,即高贵的血统、万贯家财、为理想献身的勇气和军事天赋。该书现存3.1万余字,目前只有原文与德文和法文对照本。①

约翰·金纳莫斯(John Kinnamos,约1143—1203年)的《约翰和曼努埃尔功德纪》在时间上接续了安娜公主的作品,其涉及的历史为1118—1176年。金纳莫斯的生平不详,从其他同时代作家得知,他曾任皇帝曼努埃尔一世的秘书,参加过多次对外战争,在皇帝阿纳斯塔修斯一世短暂统治期间,卷入神学争论。其作品原始文本多有破损,书名为后人所加,内容重点叙述科穆宁王朝两位皇帝的事迹。他对曼努埃尔的文治武功极为推崇,特别是对其具有的英雄气质十分欣赏。根据现代学者的观点,曼努埃尔是拜占庭帝国第一位"西欧化"的皇帝,曾长期生活在意大利西西里。因此,金纳莫斯对这位皇帝的肯定表明了作者在思想上倾向于东、西欧联合的"世界帝国"的政治主张。这种政治倾向也决定了他对十字军战争的看法,认为这个战争有助于基督教世界的联合。金纳莫斯的历史观是上帝决定论,命运和神意决定历史的发展和事件的过程。他还高度评价曼努埃尔的军事组织改革和对改造军事技术的支持。该文献现存6.3万余字,英文译本由布兰德完成②。

在以年代纪和编年史为主要历史编纂体裁的拜占庭帝国,塞萨洛

---

① 〔古罗马〕小尼基弗鲁斯:《历史素材》,P.高提埃尔译,布鲁塞尔1975年版。
② 〔古罗马〕约翰·金纳莫斯:《约翰和曼努埃尔功德纪》,布兰德译,纽约1976年版。

尼基人尤斯塔修斯(Eustathios of Thessalonika,1115—1196年)的《塞萨洛尼基陷落记》可谓独树一帜,是记述单一事件的史籍。他生在塞萨洛尼基的贵族家庭,在首都接受系统教育,后进入教会任职,当过大教长米哈伊尔三世的秘书,并升任副执事和教区常务总管,1178年担任塞萨洛尼基大主教。他崇尚古希腊文化,对《荷马史诗》极为精通,曾对这部古典名著做过详细注释。此外,他组织收集整理古希腊文史作品,使一大批古籍得以保存下来。作为一位具有原发性思维的思想家和作家,他在《塞萨洛尼基陷落记》中对皇帝曼努埃尔的政策做出诸多价值评估,基本上肯定这位皇帝的所作所为,但同时也大胆指出这位皇帝在试图调和基督教与伊斯兰教教义等政策上的失误,敢于褒贬时政,公开指责官僚作风和腐败堕落的修道士,否定役使奴隶的现象,认为这是邪恶和反自然的制度。他认为人类社会经历着从低级向文明的高级社会的进步过程,人们之间的关系将日益紧密,其重要性必然超越包括宗教仪式在内的各种外在的公共活动。1185年,作为当时拜占庭帝国第二大商业贸易中心的塞萨洛尼基一度被来自意大利的诺曼人占领。尤斯塔修斯身临其境,对这一事件进行了详细描写,特别是对各种类型的居民在突发灾难面前的表现做了生动的刻画,该作品被后人称作拜占庭人"百态图"。该书近3万字,其英文译本由迈尔维勒-詹尼斯完成。①

侯尼雅迪斯(Niketas Choniates,1155—1217年)的《记事》也是接续安娜公主的作品。他出生在小亚细亚西部地区,在君士坦丁堡接受教育,受其在雅典任主教的兄长影响,曾赴黑海地区任地方官员。任满回都后,一度成为宫廷高官。1204年,第四次十字军攻陷君士坦丁堡后,他随大批贵族官吏逃亡尼西亚。他的《记事》真实记录了这一重大

---

① 〔古罗马〕尤斯塔修斯:《塞萨洛尼基陷落记》,迈尔维勒-詹尼斯译,堪培拉1988年版。

历史事件,涉及1118—1207年的历史,是有关该时期最重要的史料。他以散文的风格,近距离地观察当时拜占庭帝国各阶层民众,他们是善恶混杂的矛盾体,是历史的主题和最活跃的因素,而上帝则提供了最完美的道德准则。他将皇帝安德罗尼库斯的统治视为残暴、堕落的灾难时期,并歌颂处于困苦环境中的人类尊严、财富和人生乐趣。但是,这次灾难性事件给他带来的心理震撼远远超过了肉体痛苦,反映出当时拜占庭知识阶层中普遍存在的自信心的瓦解。宿命论体现在其作品的字里行间,全书充满了灾难降临的预兆,突如其来的风暴、损失严重的海难、无法控制的火灾、野兽血腥的扑食场面、流行病和瘟疫等都被他赋予神启的含义,冷嘲热讽,脏话满篇,甚至不时开些残酷的玩笑,而在夸大的心理观察中突出了性的描写。这些使《记事》成为拜占庭文史作品中不多见的"颓废"之作。该书现存 16.3 万余字,其英文译本为马古里亚斯译本。①

阿克罗包利迪斯(George Akropolites,1217—1282年)是拜占庭人在尼西亚流亡期间最著名的历史家。他出生在被第四次十字军占领下的君士坦丁堡。作为原拜占庭贵族的父母,对他施以严格的家教,并在其16岁时将他送往尼西亚宫廷,使他在当时最著名的大学者布雷米狄斯等人门下全面学习古代教俗知识,学业大长。1240年,年仅23岁的阿克罗包利迪斯成为皇子的老师,并以大学士身份主持皇家法庭,以皇帝特使身份从事外交活动。皇子塞奥多利二世即位后,他出任军政要职,监察驻扎在马其顿地区的拜占庭军队。由于他是皇帝米哈伊尔八世的亲戚,君士坦丁堡重新被拜占庭人控制后,他立即被委以重任,负责全面恢复拜占庭皇家教育和学术。作为皇家大学的哲学、几何学、修辞学教授,他培养出许多出色的弟子,有些成为后来的拜占庭文化名

---

① 〔古罗马〕侯尼雅迪斯:《记事》,马古里亚斯译,底特律1984年版。

人。他的《当代编年史》全面记载了拜占庭人在尼西亚励精图治、积聚力量、东山再起的过程,特别对米哈伊尔皇帝充满敬佩甚至吹嘘。该书还广泛涉及当时占领君士坦丁堡的拉丁帝国的历史,其时间范围大约为1203—1261年。这部作品现存近4万字,其英文译本由马格达林诺完成。①

涉及拜占庭帝国末代王朝的史家有多位,首先应该提到乔治·帕西迈利斯(George Pachymeres,1242—1310年)。帕西迈利斯生于尼西亚,其少年时代是在拜占庭帝国流亡政府卧薪尝胆、努力恢复统治的氛围中度过的,接受了具有强烈爱国主义情绪的系统教育,19岁时随老师阿克罗包利迪斯到君士坦丁堡,后进入教会阶层,其教职不断升迁,成为教俗高级官吏。他的代表作品名为《帕列奥列格王朝的米哈伊尔和安德罗尼库斯》,涉及这两位皇帝1260—1308年在位时的拜占庭帝国历史。由于该书记述的事件大多为其本人的亲身经历或目睹,来自他的观察和体验,所以内容比较可靠。他注重当时引起拜占庭社会分裂的宗教冲突和教义争论,虽然力图不带个人意见,比较客观地叙述历史,但是对米哈伊尔的人品和政策仍提出批评,认为这位皇帝脾气暴躁,虚伪做作,对教会人士粗鲁敌视,这种倾向显然受到其教会立场的影响。他在写作中的尚古倾向得益于其渊博的古典知识和坚实的古希腊学识,大量典故随笔而出,甚至使用古代的历法名称记载当时的年代和月份,但是这也使他的作品比较难读。他敏锐地感到末代王朝统治下的拜占庭帝国已经日暮途穷,衰败之象处处显露。因此,他对国家和人民的前途充满忧虑,其悲观主义的历史观体现在上帝决定一切的宿命论叙述中。正因为如此,他十分注意在追寻人物动机和事件原因中表现神意。该书目前只有德文和法

---

① 〔古罗马〕阿克罗包利迪斯:《当代编年史》,马格达林诺译,正在排印。

文译本。①

哥里高拉斯(Nikephoras Gregoras,1290—1361年)撰写的37卷本《罗马史》在涉及的时间跨度上远远超过帕西迈利斯的作品,其内容包括1204年第四次十字军占领君士坦丁堡直到1359年一个半世纪的历史事件。他幼年丧失双亲,由时任伊拉克略城主教的叔叔约翰养育成人,接受良好的教育,后被送到君士坦丁堡,师从大学者格雷基斯学逻辑与修辞,跟塞奥多利学习天文和哲学。在王朝内战期间,他支持老皇帝,但是并未因此而得罪与老皇帝作战的小皇帝,后来因学识超群而得到后者的重用。在安德罗尼库斯三世统治时期,他成为皇帝心腹重臣坎塔库震努斯(即后来的约翰六世)的死党,并在后来的王朝战争中支持约翰六世。这对他晚年的失势有极大影响,他不仅遭到宗教大会的谴责,而且被当局拘禁在家中,其作品被列入禁书,死后被焚尸,骨灰遍撒京城,让万人践踏。哥里高拉斯多才多艺,完成多种文学、哲学、艺术、史学作品,其中《罗马史》具有最重要的史料价值。他在写作中采用了严格的资料考证方法,对前代史书中记载的事件进行认真考核,特别是将主要的笔墨用于其亲身的经历。作为教会领袖,他对教会内的争议和斗争极为关注。值得注意的是,他不相信宿命论,更反对以神意解释历史事件,强调人世的邪恶不能归于上帝。《罗马史》是研究14世纪上半期最重要的古籍,该书现存35.3万余字,目前只有原文和德文对照本。②

接续哥里高拉斯历史写作的是著名的约翰六世(John Kantakouzenos,1292—1383年)。他出身古老世家坎塔库震努斯家族,其父为巴尔干半岛南部伯罗奔尼撒地区总督,故与皇家关系密切。他与后来成为

---

① 〔古罗马〕乔治·帕西迈利斯:《帕列奥列格王朝的米哈伊尔和安德罗尼库斯》,I. 贝克整理,巴黎1984年版。

② 〔古罗马〕哥里高拉斯:《罗马史》,L. 斯浩番和I. 贝克整理,斯图加特1973年版。

皇帝的安德罗尼库斯同龄,且结为终生挚友。当安德罗尼库斯反叛其祖父时,约翰坚定地站在好友一边,甚至当其战场失利时也不惜家财,倾力支持。后来,他成为安德罗尼库斯三世的宰相和大将军。安德罗尼库斯三世死后,约翰受先帝托孤,成为九岁的约翰五世的监护人,摄政帝国军政。后因遭到外戚贵族集团的排挤,发动内战,并于1347年击败对手,自立为共治皇帝,同时将女儿嫁给约翰五世。凭借其万贯家财和大地主的支持,以及塞尔维亚和土耳其人的支持,他巩固了统治地位,在位七年,直到被约翰五世推翻,被迫进入修道院。在修道院度过的近三十年的后半生成为他潜心写作的时期,其间完成了大量作品。他的代表性作品是四卷本《历史》,该书涉及1320—1357年的历史事件,几乎都是他本人亲身经历的事件,资料来源主要是他的私人日记。他熟练地驾驭历史材料,举凡这个时期的大小事件都在其关注中,无一遗漏。但是,他在写作中将自己放在事件的中心,吹嘘其在位期间政策的英明,自我标榜为运筹帷幄的战略家。尽管如此,由于他身处拜占庭政治生活的核心,其总字数达31.6万的《历史》具有极高的资料价值,是后人了解14世纪上半期拜占庭政治、军事、宗教史的最重要依据。作为接受过良好系统教育的贵族,他崇尚古希腊文史作家的风格,特别推崇修昔底德,《历史》便深受《伯罗奔尼撒战争史》的影响。但是,他与古典作家最主要的区别在于,他笃信上帝决定人的命运,认为他的最后失败不是人为的,而是天意。该书最权威的版本为德文和原文对照本,而英文译本大多是部分内容的翻译。①

拜占庭帝国衰亡时期的历史记载是由杜卡斯(Doukas,约1400—1470年)完成的。他的生平一直不为后人所知,至今也没有发现有关的资料。但是,人们从其作品中了解到,其祖父是约翰六世的拥护者,

---

① 〔古罗马〕约翰六世:《历史》,G. 法杜鲁斯等译,斯图加特1982—1986年版。

内战期间流亡小亚细亚重镇以弗所,托庇于当地土耳其埃米尔。杜卡斯年轻时曾任拜占庭地方高官的秘书,后服务于莱斯伯斯岛大贵族加提鲁修家族。由于他通晓意大利语和土耳其语,故以代表身份多次造访土耳其苏丹国和意大利。杜卡斯的《历史》涉及1341—1462年拜占庭帝国衰亡史,许多事件为其亲身经历,记述虽然可靠准确,但带有政治倾向。该书不仅使用希腊文资料,而且使用意大利热那亚和土耳其方面资料,因此,比一般拜占庭作家的史书资料更加丰富。特别值得注意的是,书中描写了1416年发生在小亚细亚西部地区的农民起义,这在拜占庭史书中是绝无仅有的,其中注意到这次农民起义实行"人人平等"的制度,公开宣称穆斯林和基督徒是平等的兄弟。与大多数同时代作家赞扬苏丹穆罕默德二世不同,他严厉批评这位拜占庭帝国的"终结者"道德败坏、荒淫无耻、残酷无情,公开主张东正教应与罗马天主教联合,以争取西欧君主的援助,挽救拜占庭帝国。他认为土耳其军队攻占君士坦丁堡是上帝对拜占庭人违背神意和罪孽的惩罚,是人力无法改变的惩罚。《历史》现存7万余字,其英文译文由马古里亚斯完成。①

拜占庭帝国衰亡阶段的历史文献还包括大量记载各地地方性事件的史籍。塞萨洛尼基大主教西蒙(Symeon,？—1429年)的作品就记载了当时发生在这座拜占庭第二大城市的历史事件,叙述了15世纪20年代塞萨洛尼基城面临来自土耳其和威尼斯人两方面的巨大压力,最终投降威尼斯人的过程。他的长篇《谈话录》真实地反映了当时人的心态和宗教情绪,其中关于宗教生活的细节描写也具有较高的史料价值,他提到东正教教士的等级制度、洗礼的过程、圣餐的内容、忏悔的方式、涂油礼和葬礼的要求,等等,甚至具体列举了复活节庆典需要的物品、教堂中家具和圣器摆放的位置、各类参加者出场的顺序的清单。对

---

① 〔古罗马〕杜卡斯:《历史》,H.马古里亚斯,底特律1975年版。

于宗教生活的细腻描写,大概只有君士坦丁七世的作品可以与之媲美。其作品目前只有原文和德文对照本①。类似的作品还有利奥条斯·马克海罗斯(Leontios Makhairos,15世纪人)编纂的专门记载当时塞浦路斯历史的《塞浦路斯乐园叙事》(涉及1359—1432年的事件),约翰·卡诺那斯(John Kanonas,15世纪人)完成的重点叙述1422年土耳其苏丹穆拉德二世进攻君士坦丁堡的《编年纪》,约翰,阿纳哥斯迪斯(John Anagostes,15世纪人)记载1430年穆拉德二世击败威尼斯人夺取塞萨洛尼基事件的作品。这些反映拜占庭帝国各地情况的历史,极大地丰富了拜占庭历史研究的基本史料。②

  劳尼哥斯·查克孔迪利斯(Laonikos Chalkokondyles,1423—1490年)的十卷本史书以大量有关拜占庭帝国和土耳其苏丹国的外交资料补充这个时期的历史文献。劳尼哥斯为雅典人,青少年时代随父亲流亡希腊,师从隐居米斯特拉的大学者普莱松,后在爱琴海地区从事文化活动。他的《精粹历史》涉及1298—1463年的历史事件,特别是关于拜占庭帝国和土耳其等周边民族交往的历史,除了土耳其人,还包括阿拉伯穆斯林、俄罗斯人、德意志人、南斯拉夫人、西班牙人等,其中来自土耳其文的资料极为重要。劳尼哥斯宣称自己的写作目的就是记载"伟大的希腊帝国的衰亡"和奥斯曼土耳其帝国的兴起,这在自傲的拜占庭历史家中是十分少见的。可能是他早年受到的古代希腊文化的深刻影响,《精粹历史》带有浓厚的古典风格,例如其中关于其他民族的描写就充分体现出希罗多德的写作风格,而其中大段引用的演讲词又有修昔底德的文风,甚至不时使用古代雅典人常用的阿提卡方言。作为

---

  ① 〔古罗马〕西蒙:《谈话录》(又名《政治史》),D.巴佛尔译,维也纳1979年版。
  ② 〔古罗马〕利奥条斯·马克海罗斯:《塞浦路斯乐园叙事》,R.多金斯译,牛津1932年版;另见约翰·卡诺那斯《编年纪》,I.贝克整理,波恩1838年版;另见约翰·阿纳哥斯迪斯《历史》,I.贝克整理,波恩1838年版。

历史著作,该书最主要的不足是缺乏年代记载。该书目前现存 10.7 万字,其权威版本是德文与原文对照本。①

乔治·斯弗兰齐斯(George Sphrantzes,1401—1478 年)是末代王朝的宫廷史家,他还在青年时代就进入上流社会,成为曼努埃尔二世的朝臣,后来又是君士坦丁十一世的心腹大臣,特别是作为特使出访土耳其、热那亚、特拉比仲德和爱琴海诸多岛屿。1430 年,他被任命为希腊南部帕特拉地方总督,1446 年转任米斯特拉总督,1453 年土耳其占领君士坦丁堡时,被俘入狱。获释后,他出家修道,游历各地,浪迹天涯,足迹遍及意大利、巴尔干和地中海各岛屿,老死于科孚岛。他的《简明编年史》涉及 1413—1477 年的历史,主要依据他本人的日记,其中既有当时重大事件的年代记事,又有其子女生卒日期记录,属于私人回忆录。他在写作中放弃了拜占庭历史作品传统的文言体语言,而使用民间口语,其中夹杂许多土耳其和意大利方言和词汇,这在拜占庭文史作品中也是极少有的。该书现存近 2.5 万字,其准确的年代记录提高了其使用价值,被后人翻译为多种语言,其中权威的英文和原文对照本为菲力匹底斯本。②

塞尔维斯特(Sylvester Syropoulos,约 1400—1453 年)属于拜占庭帝国灭亡前夕的著名学者,他的《回忆录》真实记载了发生在 1438 年前后的宗教和政治事件。他是东正教高级教士,任君士坦丁堡教区总管和大教长的助手。当时拜占庭帝国面临土耳其人的巨大军事压力,灭亡在即。1438 年,他作为东正教代表团重要成员,前往意大利参加著名的费拉拉-佛罗伦萨宗教和解大会,并在《东西教会联合法令》上签

---

① 〔古罗马〕劳尼哥斯·查克孔迪利斯:《精粹历史》,格拉兹 1954 年版。
② 〔古罗马〕乔治·斯弗兰齐斯:《简明编年史》,M. 菲力匹底斯译,阿默斯特 1980 年版。

字。据他本人说,他是在被关押胁迫中不得不签字的。而这一法令在拜占庭帝国民众中产生了强烈的反响,大部分教士和信徒都反对两个教会的联合,认为这是罗马教会乘人之危迫使东正教屈服的阴谋。他回国后改变立场,公开支持反对联合派,斥责《东西教会联合法令》。尽管他本人并非朝廷命官,也非宫中常客,但是《回忆录》还是涉及许多宫廷秘史和逸闻趣事,特别是皇帝身边的大量阴谋诡计,是后人了解这一时期拜占庭政治生活的重要史料。该书只有意大利和原文对照本。除了记载某一重要事件的文献外,还有专门记载某位皇帝的传记,例如米哈伊尔·克利多布鲁斯的《穆罕默德二世传》。[1]

还有两部涉及拜占庭帝国末代王朝的匿名作家的书值得提出,其一是完成于16世纪的《君士坦丁堡的皇帝、大教长和苏丹》,叙述1391—1543年君士坦丁堡发生的历史事件,其中包括多位拜占庭帝国末代皇帝和东正教大教长,以及占领并统治君士坦丁堡的土耳其苏丹。另一部书名为《1373—1513年的拜占庭城、欧洲和奥斯曼帝国初期的苏丹》,完成于17世纪,涉及1373—1513年的历史。这两部书提供的珍贵资料使人们得以了解拜占庭帝国何以未能再次恢复,从此退出历史舞台。这两部书目前已经都被翻译为英文,它们的权威版本均由菲力匹底斯完成[2]。

与上述年代纪相比,编年史在拜占庭文献中的重要性显然差得多。因为,大多数编年史是从《圣经》中选取写作资料,并采取几乎相同的叙述风格。但是,编年史作者在涉及其所在时代历史事件时常常给以更多关注,这就使拜占庭编年史成为年代纪的补充和旁证。因此,我们

---

[1] 〔古罗马〕塞尔维斯特:《回忆录》,Ch. 里格译,罗马1971年版。
[2] 《君士坦丁堡的皇帝、大教长和苏丹》,菲力匹底斯译,布鲁克林1990年版;《1373—1513年的拜占庭城、欧洲和奥斯曼帝国初期的苏丹》,菲力匹底斯译,新罗歇尔,纽约1990年版。

对拜占庭编年史家及其作品也应加以注意。

约翰·马拉拉斯(John Malalas,490—574年)生于叙利亚,在当地文化重镇安条克接受系统教育,后成为当地官员,530年以后移居君士坦丁堡。其代表作品为18卷《编年史》,从上帝创造万物和亚当开始写起,前14卷大量引用前人作品,并具体注明原作者的姓名,使许多遗失的古代文献得以保存;后三卷则仿效修昔底德的文风,大量引用演讲词和布道词,并带有许多其本人经历的重大历史事件;最后一卷涉及作者所在的查士丁尼一世统治时期,特别对当时的宗教政策提出委婉的批评,表达了作者对受到迫害的"一性论派"的同情。《编年史》一直写到查士丁尼统治结束,后经他人续写到574年。值得注意的是,该作品是以通俗民间语写作的,在以阿提卡方言为主要语言的拜占庭文史作家圈内带来清新的变化。马拉拉斯作品对其他民族的巨大影响是在被翻译为其他语言后逐渐显现出来的,特别是对斯拉夫人和格鲁吉亚人的历史写作产生深刻影响。《编年史》约10万字,其英文译本和原文对照本由杰夫里斯完成。①

埃及尼基乌地方主教约翰(John of Nikiu,7世纪人)的生平不详,只知道他被任命为主教后,主管埃及教区的修道院和对修道士的管理,但是由于他的严厉和近乎残酷的训练导致修道士的死亡,他也因此被停职。其《编年史》完全承袭拜占庭编年史写作传统,即从上帝造人写起,亚当以后数千年的历史则完全依赖《圣经》的资料,一直写到阿拉伯军队攻占埃及。该书使用希腊语和在埃及流行的柯普特语写作,但是原书已经散佚,目前使用的古代版本为埃塞俄比亚本,该文本是17世纪初从阿拉伯文本转译整理而成。据现代学者研究,这个文本与原始文本有一些区别,因为其中有个别脱漏,有的章节标题与内容不符,

---

① 〔古罗马〕约翰·马拉拉斯:《编年史》,E.杰夫里斯译,墨尔本1986年版。

但是人们仍然不能确定区别在哪里。《编年史》最重要的价值在于,它是第一部涉及阿拉伯军事扩张,特别是对埃及征服的记述,比阿拉伯人的相关记载早大约两百年①。

《编年史纪》的作者"忏悔者"塞奥发尼斯(Theophanes the Confessor,752—818年)是8世纪后半期和9世纪前半期最重要的作家之一。他出生在君士坦丁堡,其父为掌控爱琴海军区的"将军",军事贵族家庭背景使他在青年时代即成为利奥四世宫中的官员,他不仅结交了一批上层人士,而且与贵族之女结婚。不知什么原因,可能是对过去生活的忏悔,新婚后他和新娘即进入修道院,他还在巴尔干北部西格兰山上建立了迈卡格罗修道院。当时拜占庭帝国正处于毁坏圣像运动的高潮,皇帝更迭导致政策多变。塞奥发尼斯支持主张调和两派的大教长塔拉修斯,反对支持迫害崇拜圣像的新大教长塞奥多利。他因为反对皇帝毁坏圣像的政策使他受到迫害,并客死流放地。塞奥发尼斯的《编年史纪》共13.5万余字,是以其前代学者乔治的作品为榜样,后者的《编年史》从亚当写到285年,《编年史纪》则从284年写到813年。该书取材广泛,引用了前代许多年代纪作品,例如普罗柯比、马拉拉斯、塞奥发尼斯、塞奥非拉克特等人的作品。一些现代学者批评他不加考证地大量引用,这从保存史料的角度看并非是缺点,可以为我们提供许多未加改动的珍贵的旁证材料。他在作品中一再申明,他记载的都是客观事件,其中许多内容虽然与他本人的观点不同,但是他忠实历史,不进行任何改动。由于他的作品是按照严格的年代顺序编写,因此成为后代作家的工具书。《编年史纪》的英文和原文对照本是由图特雷多夫完成的。② 续写《编年史纪》的是位匿名作家,他在四卷本的《编

---

① 〔古罗马〕约翰:《编年史》,R. 查尔斯译,牛津1916年版。
② 〔古罗马〕塞奥发尼斯:《编年史纪》,H. 图特雷多夫译,费城1982年版。另见《编年史纪》,A. 莫沙梅尔整理,莱比锡1984年版。

年史纪续编》第一卷中说明自己只是塞奥发尼斯的继承者,但是在写作体例上不是编年大事记,而是按照一系列皇家人物的传记编排813—963年的历史事件。第一卷涉及利奥五世、米哈伊尔二世、塞奥菲罗斯和米哈伊尔三世,第二卷仅涉及马其顿王朝创立者瓦西里一世,第三卷涉及利奥六世、亚历山大和君士坦丁七世,最后一卷涉及罗曼努斯一世及其两个儿子、罗曼努斯二世等四位皇帝。全书可能是多位作者的共同作品,其中各卷政治倾向不完全相同,但是,从其从始至终贯穿的对马其顿王朝皇帝的赞誉看,它应该是宫廷组织的编史活动的成果。据现代学者的研究,君士坦丁七世就组织过这样的工作。该书仅有德文和原文对照本。①

拜占庭历史上有许多位教士作家,其中还有修道士作家,修道士乔治(George Hamartolos,9世纪人)就是其中的佼佼者。他的生卒和生平不详,但是其作品《编年史》非常有名。该书从亚当写起,按编年顺序记述了直到842年的历史事件。其中古代历史的内容主要来自《圣经》,当涉及罗马帝国历史时,他主要关注教会事务,例如有关恺撒的内容只有20行,而关于"背教者"朱利安的内容仅10行,他对恺撒的叙述还主要与基督诞生相联系。该书大量引用教会文件,特别是主教大会决议和早期教父作品,而涉及拜占庭帝国历史的内容主要来自马拉拉斯和塞奥发尼斯的作品。属于他使用的独立资料大多是其经历的事件,然而他在这部分叙述中过多地加入了先入为主的看法,例如他以激烈刻薄的语言公开表达了对毁坏圣像派、伊斯兰教、摩尼教和偶像崇拜行为的憎恨。值得注意的是,他毫不隐讳自己对柏拉图学说的推崇,声称在阐述其哲学时绝无不懂装懂,宁可"磕磕巴巴地复述,也不弄虚作假"。乔治的作品被后人翻译为斯拉夫语和格鲁吉亚语,对相关民族

---

① I. 贝克整理:《编年史纪续编》,柏林1838年版。

的历史写作产生深刻影响。该书现存12.2万余字,目前只有德文和原文对照本。①

10世纪最著名的编年史家是"大官"西蒙(Symeon Logothete,10世纪人),其生平不详,从其绰号看,曾任高级官吏。西蒙的《编年史》首先以"绪言"开篇,遵从拜占庭编年史的传统写法,从《圣经》故事中的亚当开始,简略叙述到查士丁尼二世。该书第一部分大体与乔治的《编年史》相似,按编年顺序叙述7世纪末至842年的历史事件。第二部分涉及的时间范围为842—948年,由几个不同写作风格的部分组成,包括米哈伊尔三世和瓦西里一世的故事,以君士坦丁堡纪年录为基础的利奥六世和亚历山大的故事,只有913—948年的内容是以作者亲身的经历和亲自观察为基础。西蒙的《编年史》原文数十万字,现存3.5万余字,有多种版本,有的附有续写到963年的续编。该书后来被翻译成其他民族语言,目前的英文和原文对照本就是从古代斯拉夫语转译过来的。②

约翰·斯基利奇斯(John Skylitzes,11世纪人)的《简明编年史》与"忏悔者"塞奥发尼斯的《编年史纪》具有同等重要的价值。他的生平也不为后人所知,人们只是推测其主要活动年代在11世纪后半期,从其名称上还可以推测他曾担任过高级官职。其《简明编年史》的主要内容涉及811—1057年的大事,被认为是"忏悔者"塞奥发尼斯的《编年史纪》的续编。约翰在对比了前代历史家的作品后,赞扬塞奥发尼斯是最值得信赖的历史家。《简明编年史》的资料来源广泛,由于各家观点不一,其结论也多有相互矛盾之处。该书的写作风格多变,前后不统一。有关米哈伊尔四世统治时期的内容是按照塞奥发尼斯的写法处

---

① 〔古罗马〕乔治:《编年史》,波尔整理,莱比锡1905年版。
② 〔古罗马〕西蒙:《编年史》,哈纳克译,正在排印。

理的,即以年代顺序记述一系列相互并无关联零散的事件,而对君士坦丁九世时期的处理则无任何年代标记,只有大段的叙事,有时是不同年代事件的大汇编。该书最后一部分是作者对自己的亲身经历和观察的记录,其中对军事将领褒奖有加。作者对当时拜占庭军队的著名将领卡塔喀隆特别青睐,视其为心目中的英雄。卡塔喀隆是约翰同时代人,贫困家庭出身,从军后因战功卓著而不断升迁,曾胜利完成西西里远征,平息君士坦丁堡暴动,担任过多瑙河前线总司令和包括安条克在内的东部几个地区总督,成功地击溃了罗斯军队对君士坦丁堡的围困,因此被人称为"斯基泰人和匈牙利人的克星"。约翰的作品保持了拜占庭编年史的传统,故被后人续写。《简明编年史续编》(又称《斯基利奇斯编年史续编》)即是匿名作家完成的简明《编年史》,涉及1057—1079年的事件。这两部作品总字数达到15万字,已经被现代学者整理出版。①

约翰·仲纳拉斯(John Zonaras,12世纪人)的《精粹编年史》是12世纪拜占庭编年史中的代表作品。他的生卒年月和生平不详,但从其作品看,他曾担任阿莱克修斯一世朝廷高官,后因反对皇帝任人唯亲而被免职,1118年进入圣格雷克利亚修道院,在其后四十年的修道士生涯中,完成了《精粹编年史》。该书的前部与其他编年史一样,以《圣经》为依据,从亚当写起,按照编年体例一直写到1118年。书中大量使用了普塞罗斯的《编年史》和约翰·斯基利奇斯的《简明编年史》的材料,以充实811年以后的内容。关于阿莱克修斯一世统治期间的历史则主要取材于其本人的经历和见闻,带有明显的批判性,显然是针对安娜公主颂扬其父的《阿莱克修斯传》。他公开批评阿莱克修斯皇帝将

---

① 〔古罗马〕约翰·斯基利奇斯:《简明编年史》,H.图尔译,格拉兹1983年版;另见《简明编年史续编》(又称《斯基利奇斯编年史续编》),E.楚拉基斯整理,塞萨洛尼基1968年版。

公共的钱财分给皇亲国戚,他们有的因此发了大财,富可敌国,有的竟然拥有几个城市。他还指责这位皇帝过分放纵士兵,造成军纪散乱,将士专横跋扈,特别指责阿莱克修斯的几次远征是对国家物力和人力毫无意义的浪费。该书在一个半世纪以前就被整理出来,共 24 万字左右,其英文译本出现在 1977 年。①

与仲纳拉斯同为 12 世纪编年史作家的还有君士坦丁·曼纳萨斯(Constantine Manassas,1130—1187 年)和米哈伊尔·格雷卡斯(Michael Glykas,12 世纪人)。曼纳萨斯生于君士坦丁堡的贵族之家,成年后任宫廷高官,是科穆宁王朝的宫廷史家和作家,写过多种颂扬皇帝和大贵族的散文,以及浪漫题材的史诗,其中《简明编年史》对当时人影响深刻。该书的前部以《圣经》历史故事为主线,从亚当写到罗曼努斯四世登基的 1081 年。他以仲纳拉斯为榜样,以《精粹编年史》为蓝本。就其资料价值而言并无新奇之处,但是,其优美的文笔凸显出它的文学价值,他刻意模仿《荷马史诗》,遣词造句注意对仗和韵律,使作品读起来朗朗上口,颇受人们欢迎。可能是他的贵族出身决定了他的政治倾向,他尖锐批评尼基弗鲁斯三世的平民政策,认为其宽容金属匠、木匠、商人和其他手工工匠,而苛刻对待贵族的措施是导致其短命统治的重要原因。格雷卡斯生于希腊西部沿海的科孚岛,曾任宫廷大学士,因卷入推翻皇帝曼努埃尔一世的阴谋活动,被捕入狱,受到瞽目惩罚。其 12.2 万余字的《编年纪事》也是仿效仲纳拉斯的风格,其内容从亚当直到 1118 年。在这部作品中,他宣泄其反对科穆宁王朝的政治倾向,特别是对该王朝的创立者阿莱克修斯一世进行猛烈抨击,如同曼纳萨斯指责皇帝是色情狂一样,他攻击曼努埃尔是星相狂。值得注意的是,他

---

① 〔古罗马〕约翰·仲纳拉斯:《精粹编年史》,M. 品达尔整理,柏林 1841 年版;另见英文本,M. 迪迈欧译,密苏里—哥伦比亚 1977 年版。

明确反对神意决定论,并因此否定除亚里士多德以外的所有崇尚命运的古典文史作家。曼纳萨斯和格雷卡斯的作品可以作为仲纳拉斯的《精粹编年史》的补充和旁证,目前均被整理出版。①

13 世纪的三部重要编年史各有特点。《编年史精要》是由卓埃尔(Joel,13 世纪人)完成的,前半部是《圣经》年表,后半部主要由一系列君主年表组成,涉及犹太君主、东方君主、罗马君主和拜占庭皇帝,他们在位的年代和死因。作者认为,自曼努埃尔一世以后二十余年间的六个皇帝统治短暂,并不得善终,完全是上帝对拜占庭人罪恶的正义惩罚。这部书的价值在于,提供了拜占庭帝国和相关国家君主的准确年表。《编年史》是由塞奥多利·斯库塔留迪斯(Theodore Skoutariotes,1230—1300 年?)完成的。该书内容的时间范围从上帝创造世界到 1261 年,其资料价值有限,因为它的第一部分来自《圣经》,涉及拜占庭帝国早期历史的第二部分资料几乎完全和仲纳拉斯作品相同,而最后部分的资料来自侯尼雅迪斯和阿克罗包利迪斯的作品。唯一有价值的部分是全书的附录,其中包括某些经济史研究的资料。《莫利亚编年史》是匿名作家完成的作品。所谓莫利亚是指伯罗奔尼撒半岛。该书按照年代顺序记载自第一次十字军东征至 1292 年发生在该地区的重大事件,但是对伯罗奔尼撒地区以外的事件或者涉及很少,或者错误百出。从该书混用希腊语和拉丁语,以及敌视拜占庭人和东正教的情况分析,作者可能是西欧化的希腊人或是在希腊生长起来的西欧人。这三部作品也早有现代版本。②

14、15 世纪是拜占庭帝国苟延残喘和最后灭亡的悲惨时期,动荡

---

① 〔古罗马〕曼纳萨斯:《简明编年史》,I. 贝克整理,波恩 1837 年版;另见〔古罗马〕格雷卡斯《编年纪事》,I. 贝克整理,波恩 1836 年版。

② 〔古罗马〕卓埃尔:《编年史精要》,I. 贝克整理,波恩 1836 年版;另见〔古罗马〕塞奥多利·斯库塔留迪斯《编年史》,K. 撒沙斯整理,巴黎 1894 年版;另见《莫利亚编年史》,H. 鲁雷尔译,纽约 1964 年版。

的局势使学术和文化陷入迷乱的境地,一些学者为躲避战乱移居意大利,不愿意背井离乡的学者无可奈何地等待最后时刻的到来,历史创作也反映了学者们普遍的颓废心理。这一时期,除了个别地方编年史家外,还出现了许多匿名作品。首先要提到的是来自色雷斯埃诺斯地区的埃弗莱姆(Ephraim Ainios,13 世纪初—14 世纪初),其生平不详。他的《编年史》采用十二音节诗歌形式写作,涉及罗马帝国和拜占庭帝国君主帝王编年史,直到 1261 年帕列奥列格王朝重新占领君士坦丁堡。该编年史还附有基督教自使徒安德列建立教会到 1323 年大教长伊赛亚即位期间所有教会的主教名单。现代学者推测,伊赛亚可能是作者的同时代人。该书的资料来源主要是仲纳拉斯、侯尼雅迪斯和阿克罗包利迪斯的作品,其中叙述最详细的部分是西欧十字军占领君士坦丁堡的历史。该作品现存 5.4 万余字。米哈伊尔·潘纳雷多斯(Michael Panaretos,1320—1390 年)是埃弗莱姆的同时代人,出生在黑海南部地区,后来成为特拉比仲德的大科穆宁家族的高官和编年史家。从作品可知,他曾在该家族阿莱克修斯三世军中服役,担任过御林军队长一类的军职,参加过多次战争,并两度到访君士坦丁堡。潘纳雷多斯的《编年史》现存 10 万余字,是拜占庭古籍中唯一关于特拉比仲德(帝国)历史的文献,涉及 1204—1390 年的事件。该书前半部记述不详,后半部涉及 1340 年以后历史部分比较详细,因为其大部分出自作者亲身的经历和见闻。全书重点在于描写宫廷生活重大事件,例如婚丧嫁娶和军事远征。他以讲述故事的方式,按照编年体例进行写作,不时以第一人称和事件参加者的身份叙述,语言通俗易懂。由于该书的年代体系不同于其他拜占庭编年史,所以判断其内容的正确年代是很困难的事情。他们两人的作品均由兰普西迪斯整理出版。①

---

① 〔古罗马〕埃弗莱姆:《编年史》,O. 兰普西迪斯整理,雅典 1990 年版;另见〔古罗马〕潘纳雷多斯《编年史》,O. 兰普西迪斯整理,雅典 1958 年版。

这个时期出现的许多匿名作家的编年史大多简洁精练,篇幅短小,涉及的年代短暂,成为年代纪的补充。①

除了史学著作外,在拜占庭文献中还有大量政治类和法学类作品,它们可以为拜占庭历史研究提供资料。

有关拜占庭官僚制度和官职的文献分散在多种史书中,集中记载的书有几部,《职官录》、《教会职官录》和《君士坦丁堡职官录》是其中有代表性的文献。《职官录》是拜占庭帝国早期的作品,主要是由当时帝国东、西部文臣武将的官职清单组成的。该表的目的可能是为参加重大庆典的各级各类官员确定各自出场的顺序和位置,这种官职表很可能是在旧表基础上根据当时对个别官吏所做的调整修改而成。由于各个王朝甚至许多皇帝对文臣武将官职的调整不同,不同时期的《官职录》也不尽相同。目前相关研究中最出色的成果当属英国学者布瑞的《9世纪帝国政府制度》一书,其后附有原始文献的译文。《教会职官录》的数量比《职官录》多,它主要是由东正教教阶官职清单组成的,主要用途也是为宗教仪式服务的。根据目前保存的大量教会职官表,君士坦丁堡大教长的地位最高,其次是各大教区和大城市的教长,而后是大主教,主教排在最后。其他教会神职人员则分列在上层教会官职之下。目前发现最早的《教会职官录》是6世纪初完成的,此后陆续问世的教会职官表大约有20部。《君士坦丁堡职官录》主要反映首都各级文武官员的情况。这类职官表的价值在于,它们不仅提供了宫廷和教会活动的许多细节,而且提供了反映拜占庭政治状况和经济形势的信息。②

---

① 见《简明编年史》,S. 兰普罗斯整理,雅典1932年版;另见"14世纪重要的简明编年史",载《拜占庭研究》,总第13期,1938年,第335—362页;另见"1355—1428年简明编年史",载《莱斯伯斯研究》总第5期,1966年,第123—144页。

② 见〔英〕布瑞《9世纪帝国政府制度》,伦敦1911年版;另见《职官录》,W. 菲尔雷译,费城1899年版;另见《君士坦丁堡职官录》,O. 西克整理,柏林1876年版;另见《教会职官录》,E. 格兰德整理,伊斯坦布尔1931年版。

专门讨论拜占庭官职和宫廷活动的作品首推君士坦丁七世的《帝国政府》，该书十分详细地叙述了拜占庭官僚机构，包括中央和地方各级官吏的职责，以及他们的历史沿革。这本书是君士坦丁皇帝为其后人管理帝国朝廷和各级官员而专门写作的，其中保留了大量前代文献，具有极高的史料价值。其次应该提到约翰·莱多斯（John Lydos，490—565年）的《论罗马人民的官员》。莱多斯出生在里底亚，20岁以前接受系统教育，后到京都寻求发展，入宫为官四十年，对6世纪以前拜占庭帝国官制极为精通，曾受到查士丁尼皇帝的重用。他的作品涉及晚期罗马帝国政府结构和官职的变化，并广泛叙述了查士丁尼时代的政治生活，反映了当时知识分子的一般状况。它重点讨论从晚期罗马帝国到拜占庭帝国政府的变化，资料价值极高。① 类似的史料还有一些，但都不如这两部书。

拜占庭帝国继承罗马帝国的法律传统，历任皇帝均注重法律建设，为后人留下大量法律文献，其中除了近百位皇帝发布的法令外，比较重要的是一系列法典。法典中最著名且最有价值的当属查士丁尼主持下完成的《罗马民法大全》。查士丁尼一世即位之初，首先着手调整帝国社会关系，针对当时成文法律极为混乱的情况，下令组成法律编纂委员会，该委员会汇集了当时最著名的法学家特里波尼安、法律教授狄奥菲鲁斯等十名法学专家。529年4月，经过十多名法学家一年多努力编成的10卷本《查士丁尼法典》，正式颁布，其收编范围自罗马帝国皇帝哈德连（117—138年在位）到查士丁尼一世时期历代皇帝颁布的法律。该法典包括前言、法理一卷、私法七卷和刑法一卷，534年修订后又增加公法三卷。该法律颁布后立即取代其他与此矛盾的旧法，成为拜占庭帝国唯一具有权威性的法典。530年，特里波尼安

---

① 〔古罗马〕君士坦丁七世：《帝国政府》，J. 艮金斯译，华盛顿特区1967年版；另见〔古罗马〕约翰·莱多斯《论罗马人民的官员》，T. 卡尔奈译，劳伦斯1971年版。

再次指导扩大为16人的法学编辑委员会编辑《法学汇编》,并于三年后编成颁布。该书汇集古代法学家的论著,共分50卷,是学者们阅读参考约2000部古书编撰的包括300万行内容的巨著。由于编撰工作十分繁重,时间又相对仓促,这部法律汇编内容比较粗糙,一些古代法律相互矛盾,某些法律条文的注释概念模糊不清,还由于专家们在搜集和审阅此前所有公认的法学家的著作过程中,对古代文献进行摘录、节选、分类和评介,人多手杂,使个别总结性的评语存在明显错误。为了普及法律知识,培养法律人才,查士丁尼要求特里波尼安、狄奥菲鲁斯和法律教授多罗塞乌斯完成《法理概要》,并于533年发表。全书分为五卷,以通俗易懂的语言和明确的法学概念简明系统地总结《法学汇编》的全部内容。在查士丁尼统治末期,他又将自己在534年以后三十年期间颁布并没能收入法典的法令编辑成《查士丁尼新律》作为补充,《查士丁尼新律》使用希腊语完成。除了这部法典外,比较著名的还有438年颁布的《塞奥多西法典》、739年完成的《法律选编》、870年以后颁布的《法律指南》、880年前后修订的《法律手册》、利奥六世颁布的《皇帝法规》、1345年编成的《六书》,以及《农业法》、《士兵法》和《海洋法》等,它们都为历史研究提供了可靠的参考资料。①

此外还有大量拜占庭帝国财政档案、纸草文书、合同契约、税收记录、军事论文、圣人传记、旅行札记、神学文章、教会文件、会议决议、布

---

① 《法学汇编》,Th. 蒙森等译,费城1985年版;《法理概要》,A. 托马斯译,阿姆斯特丹1975年版;《民法大全》和《查士丁尼法典》,P. 克鲁埃格整理,柏林1895年版;《法律选编》,E. 富利什菲尔德译,剑桥1927年版;《罗马民法大全》,S. 斯科特译,辛辛那提1932年版;《法律指南》,E. 富利什菲尔德译,剑桥1928年版;《皇帝法规》,H. 斯舍特马等整理,格罗宁根1988年版;《农业法》,W. 阿什伯尼尔译,载《希腊研究学报》,总第32期,1912年,第87—95页;《海洋法》,E. 富利什菲尔德译,剑桥1927年版;《法律手册》,E. 富利什菲尔德译,剑桥1938年版。

道演讲词、悼词、诗歌集、小说、教会法、战争纪事、修道院制度、书信、请示报告,等等,这些文献都为学习和研究拜占庭历史文化提供了珍贵信息。据学者们的初步统计,目前已经整理出来的拜占庭历史文献总计达到2.2万余种,它们形成了拜占庭历史研究的巨大宝藏。

第一章　君士坦丁时代

第一节　艰难的过渡时期

一、晚期罗马帝国的危机

"3 世纪危机"是晚期罗马帝国遭到的最沉重的打击。这次影响深刻的危机是一场不可自救、无法逆转的危机，使罗马社会经济全面崩溃。古典时代繁荣的商品经济彻底瓦解，城市破败，商业凋敝，农村赤贫化，土地荒芜，人口锐减。同时，整个罗马帝国政治剧烈动荡，帝国将军自立为帝，军阀混战，内乱不断，武装割据。社会各阶层人人自危、朝不保夕、精神颓废、道德沦丧，宗教迷信盛行。虽然这次危机在帝国东、西部的表现形式和危害的程度有一定区别，但是，危机对整个帝国经济、政治、文化和社会物质和精神生活都产生了不利影响。当帝国西部地区在内部危机和外部日耳曼诸民族入侵的双重打击下迅速衰亡的时候，帝国东部地区也在危机中苦苦挣扎，寻求摆脱困境的出路。拜占庭国家即在这一过程中逐步形成。

按照罗马皇帝戴克里先（Diocletianus，284—305 年在位）施行的"四帝共治制"①，所谓罗马帝国东部包括伊利里亚省和今非洲苏尔特

---

① 戴克里先在其行政改革中首先任命马克西米安为帝国西部副皇帝，也称"奥古斯都"。而后，两位皇帝再各自任命一位"恺撒"，即伽勒利和君士坦提乌斯，分管伊利里亚、高卢、西班牙、不列颠群岛，这即是所谓"四帝共治制"。

湾以东直到两河流域的广大地区,其实际控制区包括巴尔干半岛西北部地区,即今阿尔巴尼亚、希腊和前南斯拉夫部分地区,以及小亚细亚、叙利亚、巴勒斯坦、埃及地区。这一地区和罗马帝国西部一样经历了普遍的社会危机,特别是在过去对罗马帝国经济生活有着重要意义的非洲从这一时期开始迅速衰落,其直接原因是残酷的政治斗争和血腥的内战。当时的希腊历史作家记载:

> 那些初登帝位就进行战争和多次屠杀的人残害了许多官员,并给另外一大群人带来了不可恢复的灾难,因此,外省许多城市都荒无人烟,大片土地任其荒废,许多人都死掉了。①

作为古代文明生活中心的城市经济瓦解得最为迅速。物价飞涨,货币贬值,贵金属货币逐渐消失,在盛产谷物的埃及,小麦的价格在数十年间上涨了数倍,以致一个成年手工工匠的收入不足以养活四口之家。商业贸易中猖狂的投机倒把活动和金融市场上活跃的黑市交易完全摧毁了城市经济生活的正常秩序。国际贸易关系几乎完全中断。经常不断的战争和军队的抢劫不仅使城市而且也使农村经济陷于破产。一封反映三四世纪埃及农村生活的书信要求军队将领:"制止士兵的暴行。不许其中任何一个人偷一只鸡或捉一只羊。不许任何人拿走葡萄或谷子,也不许任何人勒索橄榄油、盐和木材。……不要仗着挤外省人的眼泪过日子。"②正如美国历史学家汤普逊正确指出的,"罗马非洲省的衰落开始于第三世纪中期"③,其显著特征是人口迅速减少,灌溉系统毁坏,大片耕地荒芜。

---

① "献君王辞",转引自〔美〕罗斯托夫采夫《罗马帝国社会经济史》,马雍、厉以宁译,商务印书馆1985年版,第625页。
② 〔美〕罗斯托夫采夫:《罗马帝国社会经济史》,第653页。
③ 阿加狄亚是指伯罗奔尼撒半岛中部地区,见〔美〕汤普逊《中世纪经济社会史》,商务印书馆1984年版,第12页。

在小亚细亚和巴尔干半岛地区也发生着类似的经济困难,内战对当地城乡经济生活的破坏相当严重。古代东地中海世界最昌盛的雅典此时已经迅速衰落成为人口不多的小渔村。"在希腊有许多城市完全消灭;别的城市也人烟稀少。至于爱琴海上的岛屿大部变成一片荒凉的山岩。阿加狄亚几乎回到了自然状态。"①罗马帝国时代非常富庶的小亚细亚地区成为兵匪洗劫的对象,当地的皇家佃户集体向皇帝申诉他们遭受的不幸:

> 小人等深受那些职在护民者之欺压榨取……举凡官吏、士兵、城市权贵(长官)与陛下所派之办事人员,……均来到小人等之村庄,驱使小人等割舍正业,强征小人等之耕牛,勒索非分财物,故此小人等所受之冤屈与渔夺实在极为痛苦。②

经济危机和长期内战导致帝国广大领土内各个民族和社会各个阶层之间激烈的矛盾冲突。反对帝国政府的人民运动此起彼伏,不堪军队勒索和国家苛捐杂税盘剥的下层民众聚集山林、结草为寇,当时的文献普遍流露出对社会治安形势日趋恶化所表现的极大恐惧。国家的税收官员和公粮押运员经常被愤怒的民众打得遍体鳞伤。320年的一份诉讼状就清楚地表明农民和地主之间的激烈对抗。该诉讼状的原告是大地主、市议政会的议员,他们控告其田庄上的农民,在收获季节"拿出村民们常有的那种蛮横态度",阻止土地主人收获谷物。显然,农民们出于自身的利益,对长期剥削他们的豪强恶霸进行公开的斗争。

晚期罗马帝国的内战和军阀割据一度使帝国东部地区陷入混乱,

---

① 〔美〕汤普逊:《中世纪经济社会史》,第21页。
② 〔美〕罗斯托夫采夫:《罗马帝国社会经济史》,第657页。

恶劣的政治环境破坏了经济生活的正常秩序,而经济混乱进一步成为国家政治混乱的物质基础,上层军事将领和政客们乘机聚敛财富的行为和国家官吏的普遍贪污腐败不仅侵蚀着国家政治和经济机体,而且扩大了社会各阶层之间的贫富差距,激化了他们之间存在的深刻矛盾。社会环境的剧烈动荡和物质生活水平的普遍降低也使文化发展失去必要的基础,对现实生活失去信心和希望的民众丧失了对健康文化的需求,他们除了热衷于宗教和迷信活动,企图从中找寻心理上的安慰之外,普遍沉溺在颓废腐化的物质享受之中,道德败坏已成一时风气,这种精神状态对社会经济和政治生活的不断恶化起着推波助澜的作用。

总之,晚期罗马帝国已经病入膏肓,无可救药。但是,如果没有一种外力的打击或推动,垂死的罗马帝国还将继续挣扎,罗马帝国的社会转变仍然迟迟不会发生。这种外力就是日耳曼民族对罗马帝国的入侵,可以说"蛮族入侵"是罗马社会转变的最后推动力。蛮族入侵不仅使西罗马帝国最终灭亡,而且促使东罗马帝国加速发展成为独立的经济、政治、文化和宗教中心,使之逐渐发展为独立的拜占庭帝国。

二、"蛮族入侵"

"蛮族"(the Barbarians)一词来源于古希腊语,最初只是指"不说希腊语的人",并无贬义,但是,在罗马帝国时代,它成为罗马公民对周边落后民族的蔑称。公元前 3 世纪和前 2 世纪,生活在欧亚大陆北部地区的游牧民族即开始了长期的迁徙运动,逐渐变冷的气候和持续增长的人口压力①迫使他们举族南下,至 4、5 世纪,形成民族大迁徙的最

---

① 马基雅维里认为日耳曼人"繁殖很快;常常因为人口太多,一部分人被迫迁离乡土到别处寻求居住地"。〔意〕马基雅维里:《佛罗伦萨史》,李活译,商务印书馆 1997 年版,第 1 页。

高峰。其中属于日耳曼民族的哥特人首先与罗马帝国东部省份的居民发生接触。据史料记载,238年,他们便大批涌入罗马帝国的多瑙河下游、希腊和小亚细亚地区。273年,罗马帝国政府被迫允许他们在多瑙河下游的达吉亚省定居下来。从此以后,源源不断迁徙而来的哥特人即成为困扰东罗马帝国数百年的边患的根源。

哥特人最初随整个日耳曼民族从波罗的海南下俄罗斯平原,经维斯杜拉河流域,进入第涅伯河与顿河流域的草原定居,第涅伯河以东的哥特人被称为东哥特人(the Ostrogoths),以西的哥特人则称为西哥特人(the Visigoths)。公元初年,哥特人便与黑海北岸的希腊罗马人发生了接触,其原始的社会生活开始受到定居农业文化的影响,使他们逐渐成为日耳曼人中文明程度最高的部落。2世纪时,哥特人继续南下进入黑海,并经常洗劫沿岸富庶的城市和农村。到3世纪以后,他们定居在黑海北岸,控制了大部分克里米亚,并进入博斯普鲁斯海峡,频繁地袭击和洗劫黑海沿岸及小亚细亚地区的城市和农村,其活动范围最远达到爱琴海和多瑙河中游。像古城拜占庭、尼科米底亚、尼西亚、以弗所,甚至雅典和科林斯都遭受过他们的袭击,远在地中海的克里特、罗得和塞浦路斯诸岛也没能躲过哥特人的攻击。

罗马帝国强盛时,哥特人的袭击遭到罗马军队强有力的反击,罗马人多次清剿过他们在黑海地区的巢穴。但是,3世纪期间,被内部危机困扰得焦头烂额的罗马帝国已经无力对付日益强盛的哥特人,致使哥特人乘机向多瑙河南岸入侵。罗马帝国皇帝戈尔狄亚努斯(Marcus Antonius Gordianus,238—244年在位)曾被迫向哥特人纳贡求和;皇帝戴基乌斯(Messius Traianus Decius,249—251年在位)于251年亲自统兵与哥特人作战,失利阵亡;直到269年皇帝克劳狄(Marcus Aurelius Claudius,268—270年在位)重创哥特人后,蛮族迁徙的浪潮才稍微平息。日耳曼人各部落按照其传统的群居形式逐渐在帝国边境地区定居下来。

4世纪时,属于蒙古利亚人种的匈奴人(the Huns)大举西迁。他们逢人便杀、逢物便抢、逢村便烧的野蛮进军,迫使正在向农耕生活转化的哥特人为躲避屠杀而举族向西迁徙,大批渡过多瑙河。匈奴人首先从东方进入东哥特人地区,而后强迫被征服的东哥特人与他们一起进攻西哥特人。在匈奴人的压力下,绝望的哥特人向东罗马帝国派出使节,要求皇帝许可他们全体成为帝国的臣民,并许诺提供赋税和军队。

> 这样,四五十万蛮族人便正式被允许定居在帝国疆域内,其中半数可以从军作战。[1]

从此他们作为东罗马帝国的臣民和同盟者开始在帝国初期的历史上发挥重要的作用。一方面,他们整个部落的男女老幼,连同奴隶和牲畜定居在帝国边境那些人烟稀少的荒野和沼泽地带,将荒地开垦成为农田,不仅养活自己,还为帝国政府提供赋税,成为帝国经济生活的重要补充。另一方面,他们为帝国军队提供了相当充分的人力资源,部分缓解了因人口下降造成的兵源和劳力短缺。哥特人以其勇猛善战成为罗马军队重要的组成部分,他们组成哥特兵团,战斗力大大超过罗马军队。君士坦丁一世(Constantine Ⅰ,324—337年在位)在其统一帝国的战争中,即依靠哥特人军团击败军事对手李锡尼(Licinius)。据记载,他的军队中有4万哥特士兵,其中一些人还受到重用,担任罗马军队重要职务。他们在其居住的罗马边境地区形成了阻遏其他游牧民族侵入罗马帝国的屏障。

---

[1] 〔美〕瓦西列夫:《拜占庭帝国史》,第86页。

随着哥特人军事势力的增长,他们在东罗马帝国政治生活中开始发挥越来越大的作用,甚至影响帝国政府的内外政策。作为帝国边境地区的农民,他们越来越不能忍受帝国贪官污吏的无耻敲诈和对其妻室子女的侵害。起初,他们逃亡到小亚细亚,后来,则发动大规模起义,在阿兰人(the Alans)和匈奴人的帮助下向东罗马帝国腹地色雷斯进犯,直逼帝国都城。与此同时,在东罗马军队中供职的哥特人,特别是那些担任高级官职的哥特人对皇帝施加着影响,迫使朝廷相信用武力不能解决哥特人问题,而应实行和平的感化政策,即用先进的希腊罗马文化和更进步的生产生活方式影响他们,并给予他们与"罗马人"同样的政治权利;在经济方面则让他们拥有更多的自由和发财的机会。这一政策使东罗马帝国的哥特人势力进一步发展,特别是他们对帝国军队的影响迅速扩大,以致后来哥特人将领几乎完全控制了帝国军队。

除了哥特人对帝国构成的严重威胁外,诸如阿兰人和匈奴人也侵入帝国边境,抢劫帝国的边境居民。这些日益严重的外族入侵与晚期罗马帝国的内部危机相结合,推动古代罗马帝国社会逐步向中世纪转化。这一转化过程在帝国东部采取了长期的渐变的形式,而在西部则采取了相对短暂的突变的形式。人们不禁要问:同为罗马帝国的两个部分为何会出现不同的社会转化过程?为什么西罗马灭亡后东罗马又存在了近千年?要回答这类问题,就必须首先了解晚期罗马帝国东部和西部存在的差异。

三、东西罗马帝国的差异

和罗马帝国西部深刻的社会动荡相比,帝国东部的危机相对缓和,内外形势也相对稳定。在经济方面,自"3世纪危机"爆发之初,罗马帝国东西两部分的差异即迅速加大。当西部地区奴隶制经济全面崩溃之时,一种新型的隶农生产形式在东部地区逐渐发展起来。在东罗马帝国,特别是在盛产谷物的叙利亚和小亚细亚地区长期存在多种经济形态。甚至在罗马帝国经济鼎盛时期,奴隶制的大生产也从来没有在东部地区占据主导地位,不仅奴隶的数量少得多,而且使用奴隶劳动的庄园规模也小得多,这就极大地缓和了奴隶制经济危机造成的冲击。而在东部长期存在的诸如永佃制和代耕制等形式的自由小农租种土地的制度也有利于隶农经济和农村公社经济的迅速发展,隶农和自由小农的人数迅速增加,构成农村人口的多数。人身的部分解放和农民对相对独立的小农经济利益的追求激发了农村劳动力的积极性,提高了农业生产率,活跃了农村经济,从而为东部帝国渡过危机奠定了坚实的物质基础。

农业经济的稳定发展促进了东罗马帝国商业贸易的兴起,一方面,农业生产为城乡工商业提供了丰富的农副产品和原料,为集中在大小城镇的手工业、国内外商业快速发展创造了有利的条件;另一方面,城乡经济交流的加强和国内商品市场的形成也为国际商业贸易的兴起奠定了基础。早在百余年前就已经兴起的东西方贸易此时更加活跃,东地中海世界逐渐形成了以拜占庭城、亚历山大城和安条克等大城市为中心的国际商业贸易区,其中博斯普鲁斯海峡地区由于控制着东西南北海陆交通的汇合点而具有特别突出的重要性。来自中国、印度的丝绸、香料和宝石原料,埃及的纸草和谷物,叙利亚的兵器和织物,来自古罗斯平原的毛皮和蜂蜡以及来自撒哈拉以北非洲的动植物及其产品多在这些城市的集市上交换,并转运至欧亚各地。古城拜占庭优越的商业地理位置被形象地比喻为"东西方之间的一道金桥"[1]。罗马帝国东部相对多样化和稳定的经济状况使"3世纪危机"对社会的冲击大为缓解。

---

[1] 《马克思恩格斯全集》第9卷,人民出版社1985年版,第263页。

经济稳定也提高了东部地区的政治地位,晚期罗马帝国社会中上层分子,特别是富有的商人纷纷迁居到帝国东部,甚至帝国皇帝们也越来越喜欢其东方行宫,皇帝戴克里先生前大部分时间住在其博斯普鲁斯海峡亚洲一侧的尼科米底亚城行宫,其后的许多皇帝如马克西米安、伽勒俐和李锡尼也都把自己的行政中心搬到东部地区。帝国政治中心向东地中海转移的趋势在君士坦丁大帝将古城拜占庭改建为"新罗马"的宏伟计划中达到了顶峰。西罗马帝国在这一时期政局动荡,帝国故都罗马城屡遭蛮族洗劫,原有的帝国行政中心被迫先后迁移到米兰和拉文纳。晚期罗马帝国政治中心的东移绝不是由个别皇帝个人好恶决定的,而是东、西部政局演变的巨大差异使然。正是东罗马相对安定的生产生活环境吸引了罗马帝国统治阶层离开西部定居东部,而政治中心的东移也促进了东罗马帝国专制统治的形成与发展。

东地中海世界的古代文明有过极为辉煌的历史,特别是古希腊文化的发展曾达到这个地区文明发展的最高水平,随着马其顿扩张和亚历山大东侵,先进的希腊文化得以传遍整个东地中海世界,并得到该地区各民族的认同,从而形成了相对稳定的文化基础。这种文化的民族载体主要是希腊人和希腊化的民族,而希腊语则是其主要的交流工具。早在罗马帝国统治时期,被征服的东地中海民族就将罗马帝国当局视为敌对的外族统治,并经常发动起义,企图摆脱外族统治。尖锐的民族矛盾一直是令罗马帝国统治集团头痛的问题。帝国政治中心的东移极大地促进了不同于古代罗马文化的东地中海文化发展,并由此揭开了一种中古新文化发展的序幕。

经济和政治生活的相对稳定也使东罗马帝国社会意识形态和精神生活发生了不同于西罗马的变化,这主要反映在基督教的迅速发展。基督教产生于1世纪的古代罗马世界,并广泛流传于东地中海沿岸地区,至3、4世纪时,它已经从被压迫被剥削的下层人民的宗教逐步演化成为受统治阶级推崇的宗教,其早期的性质、社会基础、教义、教会组织和教规礼仪都发生了深刻的变化,日益与罗马帝国政府合流。4世纪上半叶君士坦丁一世颁布的《米兰敕令》和他亲自主持召开的尼西亚会议,不仅授予基督教合法地位和许多特权,而且强行通过"三位一体"的信仰为正统教义,实际上使基督教获得了国教的地位。早期基督教的五大教区,除罗马教区外,其余四大教区都在东罗马帝国,而此时的西罗马帝国仍然普遍信仰古代的多神教。基督教的发展与传播给普遍存在的对现实生活绝望的社会心理和颓废思想提供了精神寄托,使意识形态的混乱局面得到调整。

总之,由于罗马帝国西部社会内部各种矛盾冲突严重,帝国已经崩溃,因此在日耳曼民族入侵的打击下归于灭亡。而罗马帝国东部社会矛盾冲突相对缓和,帝国气数未尽,因此能够渡过危机。显然,罗马帝国东、西部自3世纪以后开始走上不同的发展道路不是偶然的,而是有其深刻的历史背景的。东西罗马帝国社会转型采取了极为不同的方式这一点已经为学者们所公认,但是,这一过程究竟始于何时却是人们长期争论不休的问题。我们通过对晚期罗马帝国的全面考察认为,将330年君士坦丁一世建成并启用新都"新罗马"作为东罗马帝国的起始年代比较接近历史事实。①

第二节 君士坦丁王朝的统治

一、君士坦丁王朝的建立

君士坦丁王朝(324—363年)由君士坦丁一世创立,统治时间仅三

---

① 参见陈志强"关于拜占庭史启始年代问题",《南开学报》1987年第4期。

十余年,历经五位君主。该王朝存在时间虽短,却由于它作为拜占庭历史上第一个王朝而在拜占庭国家形成过程中起了重要的作用,特别是王朝创立者君士坦丁一世在位期间制定的一系列方针大计对整个拜占庭历史影响深远,确定了拜占庭帝国此后发展的方向。

君士坦丁生于273(或274)年,其父君士坦提乌斯为罗马帝国东方达吉亚行省人氏,与帝国皇帝克劳狄乌斯二世(Tiberius Claudius Ⅱ,41—54年在位)有血缘关系,行伍出身,官至达吉亚行省总督,后升为高卢大区的大区长。戴克里先实行"四帝共治制"时任命他为四区长之一,统领高卢大区全部兵马,主持该大区事务。305年戴克里先和马克西米安退位后,君士坦提乌斯成为罗马帝国西部地区的主宰。

君士坦丁自少年时代即随父开始了军旅生涯,青年时从军作战、指挥部队,在艰苦的军事生活中锻炼了坚强的意志和强悍的体魄。在晚期罗马帝国各路军阀勾心斗角的血腥较量中,他一度作为人质被扣押在戴克里先部下,伽勒俐即位后更加紧了对他的限制,千方百计阻止他回到其父控制的高卢大区。残酷复杂的军事和政治斗争培养了他精明的头脑和组织才干。306年7月25日,君士坦提乌斯去世,从东方大区巧妙脱身的君士坦丁于同日在不列颠被部下拥立为皇帝。当时,罗马帝国军阀混战,几个正副皇帝相互之间争权夺利、勾心斗角,时而爆发血腥的厮杀。

君士坦丁周旋在各派势力之间,先是获得伽勒俐的支持,得到恺撒(即副皇帝)的称号,后又与马克西米安结盟,使其皇帝地位得到正式承认,称奥古斯都。为了完成首先统一帝国西部进而统一整个帝国的政治雄心,他联合帝国东部皇帝李锡尼共同进攻帝国西部政敌马克辛迪乌斯,312年彻底击败后者,成为西部唯一的皇帝。在完成统一大业的最后斗争中,他充分展示了一个政治家的谋略和才能。他强化对军队的控制,完善军事建设,在其统治的区域内,轻徭薄赋,实行宗教宽容政策,从而极大地加强了自身的实力。324年,他在帝国东部阿纳多利亚地区的克里索波利斯将昔日的盟友和妹夫李锡尼击败,迫使其投降,后将其处死在塞萨洛尼基。这样,君士坦丁就成为帝国唯一的皇帝,完成了统一帝国的事业。

胜利后,君士坦丁一世立即着手建立王朝,他一改晚期罗马帝国皇帝任命皇位继承人的拟制血亲制度,抛弃了在位皇帝收养"义子"的传统习俗,而是任命其两宫皇后所生的四个儿子为副皇帝,作为其皇权继承人。这一举措可以被看作是罗马帝国皇帝继承制度的重要改革。在此之前,虽然个别罗马帝国的皇帝曾经将皇位传给其直系亲属,但具体过程仍然没有超越传统做法。换言之,罗马帝国传统的继承制度并没有发生变化。君士坦丁的做法是将皇权当作皇帝个人的私有权利,皇帝不再是帝国公民的公仆,因此,皇权可以也必须像私人财产一样传给具有血缘关系的后代。①

君士坦丁一世即位前曾娶米奈尔维娜为妻,生长子克里斯普斯,即位后又娶年轻貌美的福斯达为妻,生三男二女(有资料说三女)。为了维持家天下王朝和传承皇权,他于317年3月1日确定其长子克里斯普斯和次子君士坦丁二世为皇帝继承人,任命他们为恺撒。但是,他寄予厚望且战功卓著、能力超群的长子却因被怀疑与其年龄相近的后母福斯达有染,或因涉嫌某件无从考证的重大罪案而于326年被突然处决。② 此事对君士坦丁一世打击很大,为保证王朝统治持续不断,他先于324年任命第三子君士坦提乌斯二世为恺撒,后于333年任命第四

---

① 参见陈志强"拜占庭皇帝继承制度特点研究",《中国社会科学》1999年第1期。
② 此事当为一件历史谜案,左西莫斯首次记载此事,怀疑克里斯普斯因偷情而被君士坦丁一世秘密处决,其根据是福斯达在克里斯普斯死后表现异常,不久即被皇帝下令淹死在浴池中。参见〔美〕珀尔散德"克里斯普斯:辉煌的一生和悲惨的结局",载《历史》1984年总第33期,第79—106页。

子君士坦斯一世为恺撒,这样,在其统治晚年,他的三个儿子均被确定为皇位继承人。为了防止在他死后几个兄弟之间发生争夺皇权的冲突,君士坦丁一世在337年临病故之前,在尼科米底亚行宫,为其诸子划分了各自的势力范围,即由君士坦丁二世控制不列颠、高卢和西班牙地区,君士坦提乌斯二世控制色雷斯、西亚和黑海地区,由君士坦斯控制意大利、非洲、达吉亚和马其顿等地区。① 但是,新的皇帝继承制度并没有解决政治稳定问题,君士坦丁去世后,皇家内部即爆发了兄弟间的厮杀。皇家内讧最终导致君士坦丁一世直系血亲继承人和家族男性继承人大部被杀,王朝最后一任皇帝朱利安是君士坦丁大帝的女婿和侄子。

朱利安(Julian,361—363年在位)332年生于君士坦丁堡,其父是拜占庭帝国首位皇帝君士坦丁一世的同父异母弟弟。他五岁时君士坦丁去世,由他的三个堂兄即位,他们相互争权夺利,家族因此陷入血腥的斗争。其父和其他成年男性亲属均成为斗争的牺牲品,大多被杀,他则因年幼免遭劫难。他性格古怪,可能与他早年在恐惧中长大成人有关。他幼年时被强迫信仰基督教,但是家人的不幸经历和宫廷中残暴的斗争使他对基督教极为反感,同时却对古代传统宗教深感兴趣,秘密接受了多神教信仰。他继承皇位后,全力投入国务,亲自领兵作战。在位三年期间,他全面恢复了多神教,使之与基督教同时并存,其本人则公开参加崇拜阿波罗的宗教仪式,因此引起基督徒的反对。虽然他在对外战争中不断取得胜利,但是最终在远征波斯的进攻战中,被狂热的基督徒从背后刺杀暗害,时年仅31岁。

君士坦丁王朝的建立标志着中世纪拜占庭帝国王朝历史的开始。君士坦丁一世制定的政策确定了王朝内政外交的方向,不仅在该王朝

---

① 〔古罗马〕尤西比乌斯:《君士坦丁传》第10卷。

统治期间得到了贯彻执行,而且成为此后几个王朝坚持的治国方针。在该王朝的诸项"政绩"中,首先应该提到其基督教化政策,其影响极为深远,贯穿拜占庭帝国千余年历史。

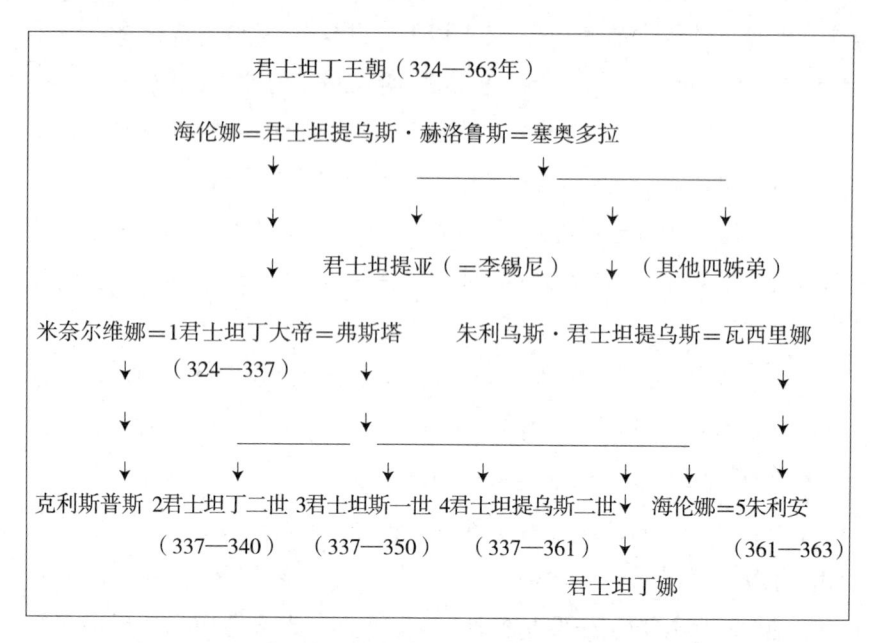

```
                    君士坦丁王朝(324—363年)

          海伦娜=君士坦提乌斯·赫洛鲁斯=塞奥多拉
              ↓                _____↓_____
              ↓                ↓               ↓
              ↓            君士坦提亚(=李锡尼)  ↓  (其他四姊弟)
              ↓                                ↓
  米奈尔维娜=1君士坦丁大帝=弗斯塔        朱利乌斯·君士坦提乌斯=瓦西里娜
        ↓      (324—337)   ↓                                    ↓
        ↓   _____↓_____                    ↓
        ↓   ↓       ↓           ↓          ↓                    ↓
    克利斯普斯 2君士坦丁二世 3君士坦斯一世 4君士坦提乌斯二世   海伦娜=5朱利安
         (337—340) (337—350)  (337—361)  ↓              (361—363)
                                       君士坦丁娜
```

二、君士坦丁的争霸战争

综合考察君士坦丁一生的政治活动,可以大体将其划分为三个时期,即306—312年巩固皇帝地位和增强其割据实力的阶段,312—324年扩张势力进而统一帝国阶段和324—337年强化君士坦丁王朝中央集权阶段。

君士坦丁在约克郡被其父部下拥立为帝是为第一个阶段的开端。当时,他面临着险恶的政治形势,一系列紧迫问题亟待解决。当时,各地军阀割据势力各霸一方,君士坦丁在高卢地区的权力受到东方皇帝的威胁,其帝位兴废系于毫发。早在君士坦提乌斯受命统领高卢大区兵马,独立治理高卢大区事务时,君士坦丁就被送往戴克里先的宫廷中，名为培养教育，实为充当人质，受到严密的监视。戴克里先于305年宣布退位后，控制帝国东部的伽勒利和君士坦提乌斯分别升任为帝国东西部皇帝，前者为制约后者，千方百计阻止君士坦提乌斯父子会合。君士坦丁作为继承人原则上应被任命为新的恺撒，但是在幕后操纵的太上皇戴克里先却另外选择了马克西米努斯（Maximinus）和塞维鲁（Severus）分任帝国东西部恺撒职务，继续将君士坦丁当作人质扣留在伽勒利的宫中，以此制衡君士坦提乌斯的力量。君士坦提乌斯死后，君士坦丁虽然被军队拥立为帝，但是，其地位并不稳固。首先，在军阀割据的几大势力中，君士坦丁的力量相对弱小，一则其辖区高卢地区比帝国的伊利里亚、东方和意大利诸大区疆域小，因开发晚而相对贫穷。二则其控制的军队人数比较少，士兵的素质远不能与训练有素的其他大区军队相比。其次，其权力是通过非法途径获得的，被其他皇帝看作是"篡权"，因此，他必须争取获得太上皇戴克里先等人的认可。由于君士坦丁的政治地位相当脆弱，他必须在诸强中找到强大的支持力量，作为其称帝的坚强后盾。可以说，巩固称帝的成果，加强称帝后的政治地位是君士坦丁在这一时期最重要的政治目标。

君士坦丁为了实现其政治目标，采取了精明的外交手段。他以十分恭敬的口吻致信合法皇帝伽勒利，称其为"我的主子"，以表明自己承认其最高皇帝的地位，在通报君士坦提乌斯病故的同时，提出继承其父职权的要求。而后，他积极发展与退位皇帝马克西米安的联盟关系，争取其在帝国东部部分省区和意大利的强大势力的支持，甚至娶马克西米安之女福斯达为妻，通过政治联姻扩大实力，终于获得合法皇帝对其地位的正式承认。[①]

为了扩大民众基础，他在积极加强军队建设和在高卢地区推行富

[①]〔古罗马〕左西莫斯：《历史》第1卷，第2节，第79—80页。

国强兵措施的同时,通过多项保护基督徒的法令,明令辖区军政官员在对基督教执法中减少流血冲突,争取民众支持,从而揭开了其基督教化政策的序幕。他继位后立即在不列颠、高卢和西班牙等辖区解除了前朝皇帝颁布的各项迫害基督徒的法令,下令各地军政官吏停止迫害行动,要求他们尊重基督徒的信仰自由。他还利用各种场合以愤怒的口吻斥责其他大区的士兵仅仅因为信仰不同而对人民采取野蛮残暴的行径。

> 在君士坦丁对这几个高卢省份实行有限统治的时期,他的信奉基督教的臣民一直受到这位君王的权威和他所制定的法律的保护。①

事实上,君士坦丁之所以采取保护基督教的政策并不像一些西方学者所说,是纯粹出于虔诚的信仰或因信仰而产生的仁慈,而是当时社会变革的总形势使然。

当晚期罗马帝国在经济、政治、文化和道德上发生总崩溃的时候,社会精神生活也陷入危机,传统的自然神和多神教信仰失去了吸引力,人们对摆脱现世的困苦感到完全绝望,多神教那些

> 空洞含糊的观念不能吸引群众(各种传统的多神教仪式无法为民众提供思想上的安慰),在各种宗教团体中,基督教会在这一方面是无与伦比的,它不仅有助于精神上的安慰,而且还对实际生活的灾难许以援助和给予真正的援助。②

---

① 〔英〕吉本:《罗马帝国衰亡史》第1卷,黄宜思等译,商务印书馆1997年版,第436页。
② 〔英〕琼斯:《晚期罗马帝国》第1卷,牛津1964年版,第694—695页。

基督教作为一神教适应了当时的政治现实,比多神教更充分地满足了社会各阶层的需要,因此迅速发展,成为跨国界多民族阶级成分复杂的世界性宗教。3世纪末时,基督教已具有成熟的信仰和教义,有组织严密的教会,信徒人数众多。仅据249—251年的统计,罗马教会主教就控制着46名长老、7名会吏、7名副会吏和42名低级神职人员。[①] 这一统计数字说明基督教此时不仅拥有众多信徒,还有专门的神职人员,并形成教阶制度,可见基督教已发展成为重要的宗教组织。在帝国的东部,基督教的势力更为强大,基督教早期历史上出现的五个大教区,除了罗马教区外,都在帝国东部地区,其中安条克教会和亚历山大教会权势最大,成为独立于国家权力之外的社会团体。在帝国各地分散着数千名高级教士。[②] 特别是在君士坦丁时代,大批信仰基督教阿里乌派教义的哥特人进入帝国军队,他们构成了君士坦丁军事力量的重要部分。在此形势下,君士坦丁作为精明的政治家,必定会敏感地注意到基督教是可利用的社会力量,必定会经过反复权衡确定将基督教作为其政治斗争的重要筹码。

君士坦丁采取保护基督教政策的另一个重要因素是他吸取了其前任皇帝镇压基督徒失败的教训。戴克里先曾在伽勒利的挑动下,放弃最初的宗教自由政策,大肆逮捕基督徒,焚烧教会书籍,捣毁教堂,在全国范围内展开一场被基督教史学家称为有史以来最严重的基督教迫害运动。但是,帝国政府的迫害政策并没有达到预想的目的,对基督教的镇压使得社会秩序更加不稳定,多神教徒与基督徒的冲突愈演愈烈。特别是在帝国东部地区,政府以强制手段解决宗教信仰问题的做法引起朝野贵族和黎民百姓的分裂,正常的社会生活受到严重干扰。连伽

---

① 〔古罗马〕尤西比乌斯:《教会史》第6卷,K.雷克译注,伦敦1997年版,第43章,第11节。

② 〔英〕吉本:《罗马帝国衰亡史》第1卷,第470—471页。

勒俐也承认迫害基督教的政策遭到失败,因为"任何暴政即使尽最大的努力也不能使一个民族彻底灭绝或者完全消除他们的宗教迷信",①并被迫颁布承认基督教是合法宗教的敕令。唯有君士坦提乌斯在高卢辖区内实行保护基督徒的政策。君士坦提乌斯温和的宗教调节政策使高卢各省在遍及帝国的大迫害中独享安宁,与伽勒俐迫害基督教政策引起的混乱形成鲜明对比。这使君士坦丁认识到,对基督徒实行迫害是犯了政治策略的重大错误,只有保护基督教才能使社会趋于稳定,才能赢得民众的支持,才能在剑拔弩张的割据势力中逐渐壮大,占据优势。

君士坦丁保护基督教政策还与稳定军心、鼓舞士气有密切关系。从3世纪末到4世纪初,在帝国政治生活中发挥重要作用的军队基督教化的倾向越来越明显。据尤西比乌斯记载,随着士兵中基督徒人数的增多,基督教在帝国军队中的影响迅速增加,由于基督徒士兵的勇敢作战,帝国"霹雳兵团"在多瑙河流域打败了日耳曼人。到286年,基督徒士兵已经构成帝国东部西班牙兵团的主要成分。② 马克西米安在执行迫害基督徒法令时,仅在塞比安人军团中就处死6000名基督徒士兵,几乎引发大规模兵变。③ 当时,主要由笃信基督教的蛮族人组成的近卫军兴废君主的事变时有发生,军队在皇帝的废立上发挥着举足轻重的作用。正反两方面的事实使君士坦丁认识到,若要巩固其政治地位,就必须取得军队的支持,

若无军队作他的后盾,他的生命即将难保。④

---

① 〔英〕吉本:《罗马帝国衰亡史》第1卷,第363页。
② 杨真:《基督教史纲》,生活·读书·新知三联书店1979年版,第78页。
③ 〔古罗马〕尤西比乌斯:《教会史》第8卷,第4、7章。
④ 〔美〕威尔·杜兰:《世界文明史》第3卷,幼狮文化公司译,东方出版社1998年版,第860页。

君士坦丁宗教宽容政策在高卢等辖区易于推行,是以君士坦提乌斯的政策为基础的。在后者统治时期,高卢和不列颠军队中的基督徒和多神教徒和平共处,并肩作战。因此,君士坦丁推行以保护基督教为主的宗教宽容政策是稳定军心,进而巩固其统治的最好措施。

总之,君士坦丁在争霸战争中采取了一切手段积聚力量,为统一帝国打下了基础。

三、统一战争

君士坦丁统一帝国的斗争始于312年,前期以扫除马克辛迪乌斯和小伽勒俐割据势力为主,后期以剪除李锡尼为主,最终于324年实现帝国统一。在此期间,君士坦丁巧妙地利用基督教作为建立政治联盟,分化政治对手以图各个击破和瓦解敌军,消除分裂割据势力的工具。君士坦丁的基督教政策在统一帝国战争中成为克敌制胜战略的重要组成部分,这也是他在与其他军阀较量中棋高一着之处。

312年,君士坦丁进军意大利,揭开了其统一帝国战争的序幕。当时,控制帝国西部的君士坦丁和马克西米安之子马克辛迪乌斯(Maxentius Augustus,306—312年在位)分别自立为帝,后者还杀死率兵前往意大利镇压的塞维鲁皇帝。君士坦丁则通过精明的外交活动,于310年被合法皇帝大伽勒俐确认为西部皇帝。311年大伽勒俐去世,帝国政局立即发生重大变动,小伽勒俐出兵占领东方大部地区,李锡尼则控制巴尔干半岛的伊里利亚地区,在帝国西部,君士坦丁继续辖制高卢大区,而马克辛迪乌斯则统治意大利。在这几股割据势力中,君士坦丁是最有远见的政治家,他"远交近攻",联合东部军阀,首先剿灭西部割据势力。他选择马克辛迪乌斯作为突破口,主要是出于统一帝国的战略步骤的需要,因为当时后者的统治地位最不稳固。

事实上，君士坦丁当时尚未强大到足以统一整个帝国的地步，因此他必须联合盟友而后各个击破政治对手。君士坦丁利用基督教扩大统一帝国的力量。首先，他通过大力支持基督教的发展来强化与东部军阀李锡尼的联盟，从而对马克辛迪乌斯构成两面夹击之势。君士坦丁还将其妹君士坦提亚嫁给李锡尼，并与后者共同采取保护和支持基督教的措施。他之所以寻找可靠的盟友，一方面为加强统一帝国的联合武装力量，另一方面为防止敌对势力结成联盟。他选择李锡尼则主要因为其基督教政策与后者比较一致，可以借此扩大反对马克辛迪乌斯的共同立场。313年，君士坦丁在米兰会晤李锡尼，消除李锡尼对其政治野心的警惕性，并共同颁发《米兰赦令》，明确宣布：

> 从今以后，所有希望共同遵守基督教信仰的人都将无条件地被许可自由信仰基督教，其信仰将不受任何骚扰和侵害，我们认为下述各点有助于以最完整的方式表明你们所关心的事情，像你们可能了解的那样，我们已经完全地无保留地给予所谓基督教权威人士施行其信仰的权力。

此后还首次允许基督教会拥有财产。① 正是在李锡尼的有力支持下，君士坦丁首先击败了马克辛迪乌斯，也是在李锡尼的直接打击下，割据帝国东方大区的小伽勒俐战败逃窜，于313年客死小亚细亚的塔尔苏斯。其次，君士坦丁利用基督教作为攻击敌人的舆论工具，瓦解敌军斗志。他公开指责马克辛迪乌斯在意大利残酷迫害基督徒，并劝说李锡尼派兵参加对马氏的进攻。他紧紧抓住马克辛迪乌斯对基督教残酷迫害的暴行，大肆攻击后者违背神意，必遭上帝的惩罚，从而在道义上和心理上瓦

---

① 〔古罗马〕尤西比乌斯：《教会史》第10卷，第5章。

解敌人士气。最终,君士坦丁联合李锡尼进攻意大利,以9万步兵和8千骑兵在罗马城附近的米尔万桥彻底击溃并杀死马克辛迪乌斯,清除帝国西部的割据势力,①达到了其统一帝国西部的阶段性政治目标。

　　君士坦丁还注意统一全军官兵的思想,给统一战争披上基督教神圣的外衣,鼓舞士气,振奋将帅的精神。君士坦丁在进军意大利途中,编造了上帝显灵托梦的神话②,公开打出拉伯兰军旗,以基督教信仰统一全军将士的思想。所谓的拉伯兰旗是一面长方形旗帜,旗帜上方的横杆与旗手所持的竖杆及其顶端形成 XP 的抽象符号,教会史学家认为这是希腊文"基督"的前两个字母组合。事实上,XP 的字母组合在古罗马军队中很常见,X 可能是高卢古代某种宗教的象征,代表着太阳或者雷电,P 则意味着太阳神的鞭子。③ 君士坦丁赋予他的军旗以基督教的含义,并做出上帝显灵的解释,无非是企图使他发动的统一帝国的战争具有神圣的色彩,使其劳师远征的战争行为归于天意,是执行上帝的旨意,以此掩盖其称霸整个帝国的政治野心,使普通士兵和广大民众支持这场战争。他选择拉伯兰旗作为军旗,充分表明其精明的宗教政策。因为这面军旗既包含着基督教信仰的象征,又继承了古老的宗教传统,基督徒和多神教徒都可以在 XP 这个意义广泛的符号中找到适合自己信仰的解释,基督徒可以把它看作象征耶稣基督的十字架,多神教徒则可以把它理解为旧信仰的复兴。④ 在这一旗帜下,不同信仰的将领士兵都可以实现其为神灵献身的理想,都心甘情愿地去战斗。

----

　　① 〔古罗马〕左西莫斯:《历史》第 2 卷,第 86—88 页。
　　② 这个神话描述了他在夕阳下看到天空中上帝显灵的十字架和当夜上帝再度托梦给他的详细情节,这使我们联想到陈胜、吴广在发动农民起义前精心编造的一系列神迹。参见尤西比乌斯《君士坦丁传》第 1 卷,纽约 1890 年版,第 28—30 章。
　　③ 〔美〕约翰·伊地:《君士坦丁皈依基督教》,罗伯特·克莱格出版公司 1977 年版,第 34 页。
　　④ 〔英〕J. M. 胡赛主编:《剑桥中世纪史》第 1 卷,剑桥 1978 年版,第 4 页。

君士坦丁利用宗教信仰为其统一战争服务的政治目的清楚地表现在他为全军将士确定的星期日祈祷词中，

> 我们只把您看作上帝与国王，我们祈求您给我们帮助,通过您我们赢得胜利,通过您我们战胜敌人,我们感谢您过去给我们的恩惠,……我们祈祷您永远保佑我们不受伤害,保佑皇帝君士坦丁的胜利。①

这里一切宗教说词都是为君士坦丁发动的统一战争服务的。

君士坦丁十分注意拉拢上层贵族官吏。当时,基督教在经过数百年的发展后,其教义中原有的代表下层受压迫受剥削民众的思想内容逐渐被逆来顺受、强调服从的教义所代替,

> 主教制与教阶制的萌芽,说明教会已经牢固地被控制在富有阶级手中。此后,基督教通过教会的领导人和教父进一步向罗马奴隶主政权靠拢,他们在组织上实行主教制,……在思想上神化罗马皇帝和奴隶制度,从理论上论证基督教与罗马帝国利益的一致性,……在行动上,不断向罗马皇帝写效忠信,表白基督教忠于帝国政府。②

基督教与罗马帝国统治阶级的合流有助于许多元老、贵族、富人和各级官吏成为信徒。这使君士坦丁逐渐认识到,基督教在人民中间传播的

---

① 〔瑞士〕布克哈特:《君士坦丁大帝时代》,加利福尼亚大学出版社1983年版,第298页。

② 于可主编:《世界三大宗教及其流派》,湖南人民出版社1988年版,第32—34页。

仁爱、道德和无条件服从与依顺的福音精神,正是他可以利用的思想工具,也是他借以拉拢帝国上层阶级的工具。基督教在之前多次官方的迫害中,特别是在意大利地区,非但没有从此销声匿迹,反而更加壮大,不仅人数增加,而且发展成为更加团结、凝聚力更强、成分更加复杂的群体,和最"有活力的宗教"①,吸引越来越多的上层人士皈依基督教。君士坦丁在高卢的宫廷中有许多重要官员信奉基督教,神学家拉克坦提乌斯担任君士坦丁长子克里斯普斯的家庭教师,并成为君士坦丁身边无话不谈的密友。② 君士坦丁的家眷大多是基督徒或基督徒的保护人,在其宫廷和军队中,基督徒担任重要的军政官职。正因为如此,君士坦丁为赢得帝国社会上层军政贵族的支持,也必须采取支持基督教的政策。

君士坦丁于312年战胜马克辛迪乌斯后,便开始策划消灭最后的割据势力李锡尼的计划。同年戴克里先的去世使控制帝国霸权的两巨头的矛盾迅速激化,上升为帝国政局的焦点。314年,君士坦丁与李锡尼之间爆发了战争,君、李联盟随即瓦解,野心勃勃的君士坦丁开始扫除建立君主专制的最后障碍。君士坦丁虽然与李锡尼共同颁发了《米兰赦令》,但是,他只是把双方的合作看作各个击破政治对手的权宜之计。314年,君士坦丁将其妹阿纳斯塔西亚嫁给他任命的恺撒瓦西亚努斯,随即向李锡尼提出领土要求,致使他们之间的矛盾进一步激化。当李锡尼拒绝君士坦丁的要求时,他立即派遣数万大军进攻伊利里亚地区,并在西巴利斯战役和马尔迪亚战役中重创数万敌军,使李锡尼军队主力元气大伤。③ 失败后的李锡尼不甘沦落为君士坦丁的副皇帝,

---

① 〔英〕汤因比:《一个历史学家的宗教观》,牛津大学出版社1979年版,第107页。
② 〔英〕巴内斯:《君士坦丁与尤西比乌斯》,剑桥1981年版,第74页。
③ 〔古罗马〕左西莫斯:《历史》第2卷,第90—94页。

"他不再追随好人,而是疯狂地干起残忍暴君之邪恶的所作所为",并将其失败归罪于基督徒,特别是对君士坦丁大力支持的基督教恨之入骨。①暗中将其宫中的基督徒流放他乡,或投入监狱,并下令清洗军队中的基督徒将士,剥夺所有曾持有基督教信仰的贵族和军官的头衔和军阶,指令任何人不得探视基督教囚徒,否则将遭到同样的监禁。他要求所有官员参加多神教献祭,否则将被解职,还秘密处死许多德高望重的基督徒贵族,以惩罚他们对君士坦丁的崇拜,帝国东部的基督教教堂大都被捣毁或关闭。②李锡尼对基督教的迫害为君士坦丁提供了发动进攻的借口,他利用基督教作为其最终完成帝国政治统一的工具。君士坦丁蓄势待发,等待李锡尼在基督教政策上犯错误,使其获得消灭最后一个政治对手的口实。君士坦丁以惩罚"强迫基督徒献祭的人"为借口,向李锡尼宣战。③ 君士坦丁发动的战争因此被看作是基督教圣战,甚至连李锡尼的基督教臣民也在为君士坦丁的胜利祈祷。323 年,君士坦丁以基督徒的解放者身份挥师东进,7 月 3 日在亚得里亚堡战役中大败李锡尼。而后,继续追击李锡尼,在东方大区阿纳托利亚地区的克里索波利斯战役中彻底打败李锡尼,后将其处死于塞萨洛尼基。

君士坦丁在统一帝国战争中充分调动各种因素,扩大消灭分裂割据势力的阵营,按照其统一帝国斗争的政治需要,有步骤地打出支持基督教的旗号,最终达到了建立统一的中央集权的专制君主统治的目的。

四、基督教政策

君士坦丁在完成帝国统一,建立君士坦丁王朝专制统治后,其政治

---

① 〔古罗马〕尤西比乌斯:《教会史》第 10 卷,第 8 章第 2—6 节。
② 〔古罗马〕尤西比乌斯:《教会史》第 10 卷,第 8 章第 12 节—第 9 章第 3 节。
③ 〔英〕巴内斯:《君士坦丁与尤西比乌斯》,第 70—71 页。

生涯达到鼎盛时期,此后便大力维护专制皇权,着力建设中央集权的政治制度,并大力推行基督教化政策,其核心是维护已经实现的统一,缓和宗教矛盾,防止发生动乱,强化中央集权。

君士坦丁首先将基督教当作实现其政令统一和专制统治的工具。他在一封信中明确表达了这种愿望:

> 我渴望您(上帝)的子民和平相处,为了我们共同的世界和所有人的良知不要彼此分裂。让那些迷失在错误中的人与笃信上帝的人同样享有和平与安定。让所有的人复归友爱,这足以使他们走上正路。不要让任何人再扰乱他人,让每个人做他想做的事。……朕本人拥有您最荣耀的真理的宝库,这是您赐予我的自然财富,而朕祈求他人也通过普遍的和谐得以享受快乐。①

作为统一帝国的皇帝,君士坦丁一改其与对手征战时的面孔,大谈"和平"、"安定"、"和谐"和"友爱",其利用基督教实现中央集权制统治的目的表现得非常明显。在这一思想指导下,君士坦丁积极地利用基督教教会协助恢复帝国行政管理系统,他将1800名主教分派到各行省,其中1000名在东部,800名在西部,行使官方任命的司法和宗教权力,从而使

> 一种新的永久性的,始终受人尊敬但有时十分危险的神职官员便在教会和国家内产生了。②

他利用这样一套管理机构有效地控制了庞大帝国社会的精神生活,主

---

① 〔美〕麦克穆伦:《君士坦丁》,伦敦1970年版,第165页。该书作者还正确地指出,"他必须关心其良好治下的6000万或8000万臣民对基督的崇拜",参见第169页。
② 〔英〕吉本:《罗马帝国衰亡史》第1卷,第460页。

教之下的各级神职人员的活动范围深入到村庄农户。

为了彻底消除分裂割据残余势力,君士坦丁对李锡尼的政策进行大刀阔斧的改革,废除了李氏颁行的各项法令,恢复基督教的所有免税权、财产继承权、司法审判权、接受捐赠权等各种特权,大批流亡或被流放的基督教人士从穷乡僻壤、矿井盐场回到家乡,监狱中的基督教囚徒也荣归故里,被卖为奴的基督徒再度成为人民热烈欢迎的信仰英雄。① 他还使被解雇的基督徒官复原职,并解除军队中对基督徒士兵的禁令。同时,君士坦丁利用基督教问题大肆镇压李锡尼的部下,其中许多人被判处死刑,有的甚至未经审判便遭杀戮。② 曾经受到李锡尼支持的多神教也因此遭到压制,而长期控制君士坦丁堡及安条克两大教区的基督教阿里乌派,也因为曾经支持过李锡尼而被君士坦丁主持召开的尼西亚基督教大会宣判为异端。事实上,他对阿里乌派那些晦涩的神学所知甚少,"这位皇帝的行为完全为一时冲动所决定,而并无任何宗教指导原则"③。

君士坦丁利用基督教统一人民的思想,强化专制皇权的精神统治。他千方百计使臣民中大批基督徒拥护其皇权。据专家统计,3世纪末,东部的基督徒占人口总数的1/10,西部占1/15。④ 他继承了戴克里先时代流行的君权神授理论,只不过将多神改为上帝,将对阿波罗的信仰变为对耶稣基督的信仰,宣称其对世界的统治权来自上帝,"公众认为他是被上天派来统治人世的说法满足了他的虚荣,他的成功又使他有理由相信自己享有的最高统治权来自神授,而这种权力却是以基督启示的真实性作为基础的"⑤。

---

① 〔美〕麦克穆伦:《君士坦丁》,第161页。
② 〔英〕巴内斯:《君士坦丁与尤西比乌斯》,第210页。
③ 〔英〕吉本:《罗马帝国衰亡史》第1卷,第485—486页。
④ 〔瑞士〕布克哈特:《君士坦丁大帝时代》,第124页。这里仅是大概的估计,例如在迦太基的人口登记中,基督徒人数超过10%。
⑤ 〔英〕吉本:《罗马帝国衰亡史》第1卷,第451页。

第一章 君士坦丁时代 79

在选择和新建东罗马帝国首都(拜占庭)时,他再次祭起上帝的灵旗,宣称他是按照"上帝的意旨"确定"新罗马"在博斯普鲁斯海峡的拜占庭古城。在他亲自跑马圈定新城城址时,对大批随从官员宣布他是跟从"在我前面引路的不可见的神灵(上帝)"①,从而使他大兴土木建立新都的行为蒙上了神圣的色彩,他本人则成为上帝意志的执行者。新建的君士坦丁堡中心广场上耸立的高大的皇帝雕像右手不仅持有象征统治世界的球体,而且有象征君权神授的十字架。② 他还从维护统一帝国的政治需要,加强对基督教的控制和利用。无论是主张三位一体信条的基督教正统派,还是主张基督神性高于人性的阿里乌派,甚至多神教徒,只要拥护君士坦丁王朝统治,只要效忠皇帝本人,都将获得他的保护和重用。他公开致信基督教各派,认为他们都是"共有同一个上帝、同一种宗教、同一种礼拜仪式的基督教教徒,没有理由因为如此无关紧要的一点意见分歧而分裂为几派"。

在他看来,帝国东部如火如荼的宗教争端已经严重影响了其臣民的思想统一。为了减少因神学争论造成的社会分裂,君士坦丁在宣判阿里乌派为异端的尼西亚会议之后不到三年,就暗中解除了对该派的迫害,"表现出了同情,甚至纵容。放逐令被撤销了,……(阿里乌派领袖)尤西比乌斯也官复原职,仍旧登上了他被屈辱地赶下台的大教长的宝座",阿里乌本人则成了基督教的英雄。③ 君士坦丁在阿里乌派问题上的朝令夕改,恰恰说明君士坦丁是从其政治需要出发处理基督教

---

① 〔美〕麦克穆伦:《君士坦丁》,第149页和〔美〕瓦西列夫:《拜占庭帝国史》,第59页都描写了有关的事件,但是他们的资料来自拜占庭作家费劳斯多基乌斯的《教会史》第1卷,柏林1972年版,第2章第9节的记载。
② 〔美〕麦克穆伦:《君士坦丁》,第150页。
③ 〔英〕吉本:《罗马帝国衰亡史》第1卷,第485—487页。吉本原著中"the episcopal throne"在中译本中作"教皇"是错译,因为教皇仅指天主教的最高首脑,东正教最高首脑称"大教长"或"牧首",本文采用前者。

神学争论。为了缓和神学争论引发的教派对立和社会矛盾,他取消教派争论,将基督教教士视为命根子的神学教义玩弄于股掌之间。

同样,君士坦丁在大力扶植基督教时并没有大张旗鼓地迫害多神教,特别是在他成为帝国唯一皇帝后,主动调整了对多神教的政策,颁布法令允许多神教徒"定期实施肠卜祭祀活动,(他的皇帝)纹章上都铸有朱庇特和阿波罗、玛斯和赫丘利的图像和象征"[1]。

帝国各地的多神教神庙仍然拥有大量的财富,享有帝国的馈赠和特权,其信徒甚至还可以公开举行传统的宗教仪式和祭祀。[2] 君士坦丁力图使多神教徒和基督徒之间能融洽相处。他针对帝国东部基督教势力较大和帝国西部古罗马传统多神教势力较大的实际情况,采取对两者支持力度和方式有所区别的宗教措施。[3] 显然,君士坦丁对当时帝国社会多种宗教信仰流行的现状有清醒的认识,因此在推行其宗教政策中力图保持一种没有倾向性的最高仲裁权,在实际行动中极力消除宗教对立。这也可以解释他为何宣称皈依基督教而没有受洗,直到临终前才接受洗礼,其原因在于,他以此防止因其公开表明宗教倾向而引起动乱,防止任何教派利用为皇帝洗礼的机会在宗教争端中占据优势地位。[4] 因此,他成为帝国唯一皇帝后一直强调宗教中立,不使自己成为任何一派的教徒,而是超乎所有派别的最高仲裁者,对他们进行总体控制。另外,君士坦丁一再推迟受洗是为了保证世俗政权的独立性

---

[1] 这里提到的分别为罗马主神、太阳神、战胜和大力神。〔英〕吉本:《罗马帝国衰亡史》第1卷,第435—436页。可惜中译本多有错译,本文引用中做了适当修改。

[2] 〔英〕巴内斯:《君士坦丁与尤西比乌斯》,第246页。

[3] 〔瑞士〕布克哈特:《君士坦丁大帝时代》,第124页。

[4] 吉本试图从道德方面解释这个事件,拜占庭作家左西莫斯则认为此事源于君士坦丁错杀其子的自我悔恨,而一些教会学者还认为他这样做是因为既可纵情享乐人世又可死后升入天堂,这些意见均缺乏历史唯物主义的眼光。〔英〕吉本:《罗马帝国衰亡史》第1卷,第453—455页。

和统治权的完整。因为,他一旦接受洗礼,就成为受到教会控制的基督徒,其至高无上的皇权将受到教会的制约,教会就有凌驾于皇权之上的危险,这是与其建立君主专制的愿望背道而驰的。

　　君士坦丁在扶植基督教的同时,还对其严加控制,使教会成为国家机器的一部分,他亲自过问教义神学、礼仪活动、人事安排,所有基督教的重大事务都必须有利于他对统一帝国的统治。在 325 年召开的尼西亚宗教会议上他不仅直接干预《尼西亚信经》的制定,还确立了皇帝对教会的"至尊权"。基督教吸引君士坦丁关注的不是它的教义,而是它的统一性,而统一的教会能够为统一的帝国提供稳定的、和平的精神生活方式,这对于一心强化专制皇权的君士坦丁是急需的。统一与稳定是君士坦丁建立统一帝国不可或缺的,他确信假如能引导人们在信念上联合起来,"公共事务的处理将相当容易"①,所以他极力控制各地教会。当他得知亚历山大教区发生神学争论后,立即进行干预,而他真正关心的不是神学是非,而是对统一稳定的教会的控制。当宗教争论出现失控的可能时,他立即主持召开宗教会议,会议的核心任务不是解决纷争,而是统一信仰和宣布皇帝在教会中的最高地位及至尊权,包括召集宗教大会权、教职任免权、教义解释权、争端仲裁权等。② 在尼西亚会议上,君士坦丁以基督教首脑的身份主持会议,并致以简短的开幕词,呼吁各地主教恢复教会团结,因为只有上帝的信徒们团结在和平的环境中,帝国才能长治久安。③ 他严密地控制会议的进程,并将其意志变成会议的主题,一切均按他的预先安排进行。尼西亚会议的召开,表明君士坦丁已经在神学教义、教会组织等根本问题上控制了基督教,使

---

① 〔美〕威尔·杜兰:《世界文明史》第 10 卷,第 328 页。
② 陈志强:《独特的拜占庭文明》,中国青年出版社 1998 年版,第 290—292 页。
③ 〔英〕巴内斯:《君士坦丁与尤西比乌斯》,第 215 页。

基督教在实质上完全成为君士坦丁统治帝国的精神工具。一些学者因此认为"尼西亚会议标志着原始基督教的质变,实质上已成为罗马帝国的国教"①。

总而言之,君士坦丁的基督教政策虽然灵活多变,但万变不离其宗,即为其建立和维护君主专制统治的政治目的服务,他将基督教当作能使"自己一跃而为罗马世界专制皇帝的最好手段"②。

五、"新罗马"的建成

建立东都"新罗马"是君士坦丁一世的又一重大举措。

新都的前身是古希腊商业殖民城市拜占庭。公元前7世纪前半期,富于进取精神的希腊商人积极开拓海外商业殖民城邦,其足迹遍及地中海和黑海沿岸,拜占庭即是其中的一个殖民城市。起初,他们在博斯普鲁斯海峡的亚洲一侧建立了察尔西顿城,几年后,又在察尔西顿城对面的欧洲一侧建立起新的商业据点,并使用其首领柏扎思的名字为新城命名,称拜占庭城(Βυζάντιν)。此后数百年,特别是在希波战争③中,拜占庭城发挥了重要作用,对此,古希腊"历史之父"希罗多德(Herodotus,公元前485—前425年)曾做过记载。地理学家斯特拉波(Strabo,公元前63—公元21年)和古罗马史家塔西佗(Tacitus,约56—120年)等古典作家都对拜占庭城做过描述。古代许多军事将领很早即注意到其特殊的地理位置所具有的重要的经济和军事战略意义,古代波斯国王薛西斯一世(Xerxes,约公元前519—前465年)手下大将迈加比佐斯就嘲笑察尔西顿城的居民有眼无珠,竟然没有认识到拜占庭城得

---

① 于可:《世界三大宗教及其流派》,第38页。
② 《马克思恩格斯全集》第19卷,第328页。
③ 公元前546—前448年,希腊诸城邦联合抗击波斯军队入侵的战争,最终以波斯人势力被迫退出欧洲和爱琴海及沿海地区而告结束。

天独厚的地理优势。但是,罗马帝国统治时期,拜占庭城的发展却受到极大限制,特别是在 194 年,罗马皇帝塞维鲁(L. Septimius Severus, 193—211 年在位)为报复该城居民支持其政治死敌尼格尔(Niger,? —194 年),几乎将它夷为平地。直到 4 世纪初,它仍然没有从这次破坏中恢复过来。

一百三十年后,这个惨遭破坏的城市迎来了它的辉煌时代。当时,作为罗马帝国杰出政治家的君士坦丁一世充分认识到帝国东部地区在增强其统治实力中的重要性,他独具慧眼,力排众议,在萨尔底卡(今索非亚)、帖撒罗尼迦(今塞萨洛尼基)、尼科米底亚和特洛伊等大城中选定拜占庭城作为建设新都的城址。事实上,早在戴克里先时代,迁都的意见即提上皇帝的议事日程,戴克里先虽然长期定居东方的尼科米底亚行宫,但是未及实施迁都的计划。君士坦丁一世击败所有对手、统一帝国后,帝国东西部的形势发生了很大变化,迁都的计划势在必行。

君士坦丁为确定新都日思夜想、颇费了一番心思,以致在梦中见到了"神迹"帮助他最终确定了新都的城址。他选择古城拜占庭为新都是有其道理的,因为这座城市确实占尽了独特的经济地理和军事战略优势。它坐落在博斯普鲁斯海峡欧洲一侧的小山丘上,南临马尔马拉海,北靠"黄金角"海湾,东面扼制博斯普鲁斯海峡,控制赫力斯滂(今达达尼尔)海峡,把守马尔马拉海北向黑海出口,西面居高临下俯瞰色雷斯平原,易守难攻。不仅如此,这里还是罗马帝国重要的军事大道埃格南地亚大道和小亚细亚地区军事公路的汇合点,是通向亚洲的必经之地。同时,由于它控制黑海经由爱琴海进入地中海的水上交通要道,因此具有重要的战略意义。此外,拜占庭城北的"黄金角"海湾是一个条件极佳的自然港湾,全长约 10 公里,主航道宽约 460 米,并有多处分支水巷,可供船只停泊。自古以来,这里便成为世界各地商船汇集的地方,给当地居民带来财富,故被称作"黄金角"。由于拜占庭古城优越的地理位置,未来的新都可以凭借一面靠山两面临水防御来自各方面的进攻,又可以利用便利的水陆交通发展商业,满足新都的物质需求。

324年,君士坦丁一世发布命令兴建"新罗马",并任命重臣着手进行建筑工程的准备工作。为了在最短的时间里完成新都的建设,君士坦丁下令建立专门学校大量培养当时急需的各类建筑人才。次年,建筑工程正式开工。君士坦丁一世对这项工程极为重视,他亲自跑马勘测、圈定城市界标。当时,他的随从官员对他确定的城市的巨大面积感到惊讶,疑惑不解地问道:"我的陛下,您将继续往前走多远?"他回答说:"我要继续走下去,直到在我前面引路的神认为合适停下为止。"①此后,他调集帝国各地的建筑师和能工巧匠,按照罗马城的样式和规模精心设计,全面建设。大量的奇石异物从各地运到工地,无数古代的建筑和艺术杰作被拆除,强行从罗马、雅典、亚历山大、以弗所和希腊各地运往拜占庭城,黑海沿岸原始森林的优质木材、爱琴海岛屿出产的各色大理石源源不断运抵黄金角海湾。为了加快施工进度,他特地调动4万哥特士兵投入建筑工程。

经过五年精心施工,新都基本完工,古城拜占庭荡然无存,一座规模宏大、豪华典雅的"新罗马"坐落在博斯普鲁斯海峡岸上,新罗马的面积超过旧城十几倍。在旧城原址的小山丘上豪华的皇宫拔地而起,大理石屋面、阳台和柱廊在金色的阳光和蔚蓝的大海衬托下使整个建筑群显得格外典雅庄重。大皇宫由几个比邻的独立宫院组成,内有各种大殿、宫室、花园和柱廊,是君士坦丁堡最豪华的建筑群。皇宫里有地下通道与大赛场相通,从皇家花园通过一个大理石码头直达马尔马

---

① 〔美〕瓦西列夫:《拜占庭帝国史》,第57—60页。

拉海。大皇宫占地60多万平方米，占据城内最高的山丘，是全城的制高点。以此为三角形城区的顶点，城墙沿黄金角海湾和马尔马拉海岸向西延伸约4300米，与城西的君士坦丁城墙连接，面积达8平方公里。根据史家统计，在城区内集中了大量优美的建筑，除了大皇宫外，还有元老院议事大厦、公共学堂、大赛场、两座剧场、8个豪华的公共浴池、153个私人浴池、52道沿街柱廊、5座囤粮谷仓、8条引水渠道、4座用于集会和法院公审的大厅、14所教堂、14座宫殿和4388座私人拥有的贵族官邸。① 其面积和规模都远远超过了故都罗马，也超过了古代的巴比伦、雅典，中世纪的伦敦和巴黎，成为中世纪西方世界第一大城。在这巨大的空间里，原来的旧城墙被改建为高大的皇城城墙，城门塔楼正对西方的宽广大道。大道南侧修建起巨大的大赛场，完全仿照罗马竞技场的式样，但比罗马的大赛场还长40米左右，赛车道可容八辆马车并排奔跑。场内均匀地分布着许多立柱和方尖碑，赛场中央耸立的是从埃及运来的古埃及方尖碑，立柱上则装饰着各种雕像。可容纳数万人的看台用花岗岩分区建造，外墙则由四层拱形门廊构成，上面装饰着精美的大理石雕刻。沿柱廊拱卫的麦西大道继续向西，圆形的君士坦丁广场周围矗立着一大片公共建筑群，是公众从事商业和政治活动的第一大中心。这里，最高大雄伟的建筑是帝国议会和元老院，十几级大理石台阶是政要显贵、文人墨客向公众阐述政治见解和显露文学天赋的论坛。广场中心耸立着数十米高巨型花岗石圆柱，坐落在白色大理石基座上，圆柱直径约3.2米，顶端是从雅典运来的高大的阿波罗铜像。而稍后在该广场西侧建立的塞奥多西广场呈方形，是多条重要的罗马军事大道的汇合点，也是全城最大的集市贸易区。这里作坊店铺遍布，商号钱庄比邻，衣食住行，应有尽有，分区设立，井井有条，形成

---

① 〔英〕吉本：《罗马帝国衰亡史》（英文本），芝加哥1952年版，第239页。

了方圆数里的商业区。向西南伸展的麦西大道是举世闻名的大理石柱廊大道，两侧有巍峨的市政厅，森严的将军府和国库，文雅的国家图书馆和优雅的贵族宅区。在这里，风格各异的罗马贵族庭院也按罗马城式样建筑，以便吸引各地名门显贵。全城主要街道、广场和建筑物前都布满了精彩绝伦的艺术品。城市最西侧建立的君士坦丁城墙长约3000米，是第一道城防，数十年后加修的塞奥多西城墙则构成了第二道城防。

330年5月11日，君士坦丁一世亲自主持了盛大的新都落成典礼，拉开了持续40天的庆祝活动的序幕。人们热烈庆祝君士坦丁堡的建成，载歌载舞，彻夜狂欢，颂扬君士坦丁一世的万世功德。因此，又把"新罗马"称为"君士坦丁堡"，意即"君士坦丁的城市"。此后，帝国政府采取了一系列措施提高新都的地位，使新都迅速发展成为欧洲和地中海世界第一大城。君士坦丁一世曾亲自批准罗马贵族免费迁入新都贵族住宅，君士坦丁堡元老院也获得了与罗马旧元老院同等的法律地位。君士坦丁还鼓励和命令原罗马城骑士以上的贵族全部迁居新都。这一系列特殊政策极大地推动了新都的发展，城市人口急剧增长，在数十年内，君士坦丁堡城区居民达到几十万人。现代拜占庭学家根据该城市粮食进口的记载粗略估计，4世纪末时君士坦丁堡人口为50万—100万。在整个中世纪的欧洲，这一数字都是首屈一指的，甚至到13、14世纪，欧洲最富有的威尼斯仅有20万人口。

君士坦丁堡是帝国行政中心所在地，大皇宫则是全帝国的神经中枢和心脏，一切政令都从这里发出，通过遍布帝国的公路网，传送到各地。在皇家驿道上经常来往着信使和受委派的高级地方官吏，他们随时将帝国各地的军事和政治情报送入大皇宫，也带着皇帝和朝廷的命令奔赴各地。特别是标有"军情"标志的流星信使马不停蹄地奔驰在各驿站之间,在很短的时间里,即可以将首都发出的命令送到最远的边区。作为帝国权力核心的新都迅速吸引了地中海世界的大小政客,他们怀着不同目的和愿望,纷纷迁居到新都。即使是已被派往各地的官员也在首都留有宅府和家眷,这既是中央政府的命令,也是他们的愿望,因为保持与权力中枢的密切联系将有利于他们在仕途上的发展。

君士坦丁堡的政治中心作用决定了它在宗教、文化等社会生活方面的特殊地位。3、4世纪,在帝国境内形成的罗马、亚历山大、耶路撒冷、安条克和拜占庭城教区,代表基督教最强大的几股势力,其中新都君士坦丁堡的宗教地位迅速上升,从排名最后到排名第一。在皇帝们的支持下,很快即获得了和罗马同等重要的地位,甚至在许多方面超过了罗马,君士坦丁堡大教长也因此成为东部各教区的首领。由于皇帝们严密控制教会事务,所以,帝国各地教会的主教,包括罗马的主教都随时听候皇帝的召唤,或到首都参加会议,或面君接受皇帝的训示。与此同时,新都迅速发展成为欧洲和地中海最大的文化中心。这里安全舒适的环境和繁荣昌盛的城市生活吸引着整个帝国的知识界,原先聚集在罗马城的文人学者和分散在各地的知识分子纷纷涌入新都。语法学家和哲学家来到首都建立起语言学校,向贵族子弟传授古希腊和罗马语言知识,因为吟诵古典诗篇和名著既是当时的时髦风雅,也是从政为官的基本要求。艺术工匠来到这里开设作坊,广招当时急需的建筑和艺术学徒,承包和制作大量建筑所需的艺术品,他们从最初仿造古希腊的绘画雕刻发展到创作具有独特风格的宗教作品。法学家也开办了法律学校,培训帝国官员,提供大量急需的司法人才。国家还规定,通过全国性考试,招贤纳才,选择和任命国立学校教师。为了整理古代图书,帝国政府聘请了许多著名学者翻译注释古希腊罗马时代的重要文献。当时的君士坦丁堡尚古之风极盛,学习古希腊语、搜集抄写古籍蔚然成风，研究古代哲学和戏剧、钻研古代文法和修辞也成为知识界的"热门"。正是在这个热潮中，形成了以中世纪希腊语为基础的拜占庭译本的古典文献和以亚历山大柯普特语为基础的译本。首都文化生活极为丰富，除了定期举行的大型赛车和体育竞赛外，各个剧场经常上演传统剧目，各种新节日也常常把君士坦丁堡人带入不夜的狂欢之中。君士坦丁堡特殊的文化环境使它成为地中海世界和欧洲各国王公贵族及其弟子向往的求学之地，来自各国的年轻人和拜占庭学生一同在君士坦丁堡各所学校中接受教育。

君士坦丁堡活跃的经济生活是其重要的政治、文化和宗教生活的基础。在城区中心地带建立的巨大商业区，汇集着全国各地的商品和来自世界各地的珍奇货物，街道上各种肤色的商贾身着各国服装来来往往，集市上人们用各种语言进行交易，"黄金角"海湾中则停泊着各国各地的船只，拜占庭金币成为各国商人从事交易的国际硬通货。帝国的各类作坊和工场大多集中在大皇宫内或附近地区，著名的皇家丝织厂和铸币厂就在皇宫内，而兵器和金银加工场则散布在全城不同地方，发达的手工业和商业使君士坦丁堡的经济地位进一步提高，逐步成为全国的经济中心。

可以说，拜占庭帝国的历史就是以君士坦丁堡为中心的历史，在这里上演着帝国千余年的历史剧，作为拜占庭帝国首都的君士坦丁堡遂成为拜占庭兴亡历程的主要见证。330年新罗马建成和君士坦丁一世启用新都标志着拜占庭国家历史的开端。自此，以君士坦丁堡及其周围地区为核心的东罗马帝国也被后代史学家称为拜占庭帝国。

六、内政改革

君士坦丁堡的建立虽然标志着拜占庭国家的形成，但是新国家并不稳固，它面临许多急需解决的问题。君士坦丁一世首先进行旨在强化中央集权的行政改革,其主要内容包括:继续推行戴克里先采取的皇帝专制制度,强化皇权;建立由皇帝控制、只对皇帝个人负责的庞大的官僚机构;削减地方权力,将地方行政权和军事权分开,由皇帝任免军、政高级官员。

事实上,君士坦丁的行政改革是在戴克里先改革的基础上进行的,他继续保持了戴克里先改革所确立的君主专制制度,不仅继续在宫廷中实行皇帝崇拜礼节,而且通过各种方式扩大君主权。君士坦丁还利用对基督教的宽容政策争取民众支持,鼓励基督教信徒神化皇帝的活动。为了有效地防止和克服军阀割据的现象,他废除了戴克里先曾推行的"四帝共治制",将包括高卢、意大利、伊利里亚和东方大区在内的整个帝国重新划分,分别置于由皇帝任命的大区长的管辖之下,罗马和君士坦丁堡为直辖市,所有大区和直辖市均由中央政府严密控制。大区进一步分为地区,东方大区包括埃及、东方、滂底斯(今黑海)、亚细亚和色雷斯五个地区;伊利里亚大区包括达吉亚和马其顿两个地区;意大利大区包括亚平宁半岛和北非的达尔马提亚、潘诺尼亚、诺里库和莱提亚四个地区;高卢大区包括高卢(今法国)、不列颠(今英国)、伊比利亚(今西班牙)和毛里塔尼亚四个地区。地区由行省组成,行省的军政权力分别由皇帝任命的行政和军事官员掌握。戴克里先实行改革以前,罗马帝国仅有 57 个行省,君士坦丁重新统一帝国后,行省的数量上升到 96 个,君士坦丁改革后行省的数量增加到 120 个左右。[1] 大区、地区和行省不仅数量常变,而且,其边界区域也不固定。此外,所有的地方官员均由皇帝亲自任免,使他们直接效忠皇帝,对皇帝个人负责,这样做的目的显然是为了杜绝地方官员培植个人势力,防止地

---

[1] 〔英〕布瑞:《晚期罗马帝国史》,阿姆斯特丹 1966 年版,第 1 章。

方势力做大。同时，严格的等级制度也有效地制约了各级官员权力的膨胀。

为了加强中央权力，君士坦丁扩大朝廷各部门权力，增加中央官吏的数量，并把许多原来由地方控制的权力收归中央部门管理。最初，君士坦丁堡市长是中央政府中权力最大的官员，几乎控制首都社会生活的各个方面。但是不久以后宰相取代了君士坦丁堡市长的地位，实际控制朝廷各部官员的活动。宰相之下设立财政税收、邮政交通等主管部门，他还控制着1200名钦差大臣，这些钦差大臣是中央政府加强地方控制的工具，他们随时将监视地方官员动向的报告提交给宰相。宰相还负责指挥御林军和近卫军，确保皇帝的人身安全和首都的正常生活秩序。皇家总管也听命于宰相，负责皇室房地产的经营和内宫事务。邮政大臣的职责既包括信件往来，也包括道路修筑和皇家驿站的管理，还包括外国君主和信使的迎来送往。财政部是宰相府中第一大部，财政大臣则是宰相之下最重要的官员，由两名地位相同的大臣担任，主管全国税收和国家财政收支事务。大法官是与宰相和君士坦丁堡市长同样重要的官员，负责为皇帝起草法律文件，帮助皇帝处理司法审判，并掌管皇帝的印玺。此时的元老院成为真正的皇帝咨询会议，其过去拥有的立法权逐渐丧失，其对帝国行政事务的影响力迅速削弱，但是，它在帮助皇帝立法方面仍然发挥不可小视的作用，特别是在人民起义和皇帝意外死亡等非常时期，元老院将决定新皇帝的即位。君士坦丁一世去世时，元老院约有2000名成员。为了稳定中央政府的贵族和高级官吏，君士坦丁一世制定了新的等级条例，并根据等级的高低，发放薪俸和赏赐财产。

君士坦丁行政改革的影响深远，其方向和成果基本上为其后的皇帝们所坚持，特别是在塞奥多西一世统治时期（Theodosios Ⅰ，379—

395年在位),中央政府采取一系列措施打击罗马旧贵族的反抗,削弱元老院的权力,加强皇帝为首的中央政府的权力。塞奥多西二世(Theodosios Ⅱ,408—450年在位)在位时还组织法学家编纂了著名的《塞奥多西法典》,该法典于438年正式颁布,它将君士坦丁一世以来百余年历代君主颁布的法令汇集成册,从而以法律的形式巩固了强化中央集权的改革成就,也为其继续推行改革提供了法律依据。这部法典对后世影响很大,直到查士丁尼时代,才被《罗马民法大全》所取代。

七、蛮族问题

蛮族入侵是早期拜占庭国家面临的一个亟待解决的问题。4世纪末,日耳曼各部落在匈奴人的进攻压力下加快了向西迁徙的速度,拜占庭军队几乎无法阻挡他们涌入帝国的浪潮,拜占庭统治者认识到使用武力解决不了哥特人问题,因此采取接纳和利用蛮族的政策。君士坦丁一世接受哥特人为帝国的臣民,允许他们在帝国边境地区定居垦荒,缴纳赋税,提供劳役和军队,而且大量使用哥特人雇佣兵,在帝国军队中建立哥特人兵团,吸收哥特人担任军官,甚至担任高级军职。

哥特人进入拜占庭社会生活产生了多方面的影响。首先,随着哥特人的迁徙,在拜占庭国家经济中增加了一种新的经济生活方式,即普遍存于日耳曼各部落的农村公社。根据《日耳曼尼亚志》①记载,日耳曼人农村公社制度早在1世纪就已经存在,在农村公社中土地公有,由公社按照家族人口和身份地位进行分配,"他们每年更换新地,但土

---

① 古罗马作家塔西佗写于公元98年。见《阿古利可拉传 日耳曼尼亚志》,马雍、傅正元译,商务印书馆1997年版。

地还是很多"。

晚近学者的研究认为,此时的公社属于大家庭公社阶段。① 到4、5世纪时,日耳曼人在入侵罗马帝国过程中,原始公社的社会制度逐渐瓦解。其中与拜占庭人接触最多的哥特人发展速度最快,其农村公社经济生活制度已经相当成熟。由若干大家族组成的农村公社基本保持土地公有的习惯,由公社将新定居地区的土地分配给各个家庭,以个体家庭劳动为基础,由家庭经营。如果没有新的迁徙活动和重大变迁,土地一旦分配即由公社成员连续使用,而不必每年重新分配。农村公社仍然由集体占有公有地,如树林、河流和草地等。这种经济生活方式,就个体而言,与拜占庭帝国早期历史上逐步发展起来的小农经济十分相似。因此,拜占庭政府从一开始就允许定居在巴尔干半岛和小亚细亚地区的哥特人保持其农村公社制度,让他们继续按照其过去的习俗生活。这一政策的经济意义在于加强了拜占庭小农阶层的力量,巩固了处于社会转型中的拜占庭农业经济基础。当然,由于大批哥特人按照约定向拜占庭人缴纳赋税,从而也缓解了拜占庭国家的财政困难。其次,大批哥特人定居拜占庭后,为拜占庭军队提供了兵源。一方面,他们作为士兵,以兵团的形式参与拜占庭军队对外战争,由于他们勇敢尚武、忠诚团结,使拜占庭军队作战能力得到提高;另一方面,君士坦丁及其后诸位皇帝大胆任用哥特人担任军中要职,使用哥特御林军代替经常哗变的拜占庭士兵,个别哥特将领甚至进入了元老院。

哥特人加入拜占庭军队产生了两方面的影响:其一,拜占庭国家抵御外敌的防务任务相当大部分逐渐由哥特人承担,他们大多驻守在边

---

① 马克垚:《西欧封建经济形态研究》,人民出版社1985年版,第26页。

境地带，有效地阻止了其他民族对拜占庭的进攻，至少在使其他民族绕过拜占庭领土继续向西迁徙方面起了一定的作用。其二，进入拜占庭军队的哥特人以他们凶猛剽悍的作风多多少少给士气不振的拜占庭军队注入了一些生气，而习惯单兵作战的哥特将领也部分地改变了陈旧的罗马兵团式作战的战略战术。

第三节 塞奥多西王朝

塞奥多西王朝(379—457年)和利奥王朝(457—518年)统治时间长达近一百四十年，其间统治集团以君士坦丁大帝确定的治国原则为基本的指导方针，因此，后代学者将君士坦丁一世以后直到518年的历史时期称为"君士坦丁时代"。塞奥多西王朝统治时期的政策主要是继续贯彻君士坦丁王朝的基督教政策和强化中央集权措施。

塞奥多西的后人在治理国家中几乎没有值得称道的建树，其两个儿子阿尔卡迪奥斯和霍诺留斯均为无能之辈，两人性格相近，前者受东部大区长鲁菲努斯控制，后者受西部军队总兵、皇亲斯底里霍(Stilicho)控制。鲁菲努斯代表了帝国朝野贵族势力，而具有汪达尔人血统的斯底里霍则代表了当时逐渐构成帝国军队主力的蛮族军事势力。他们在治国安邦中毫无作为，却使宫廷斗争愈演愈烈，宫廷贵族和官宦势力开始逐步左右朝政。他们暗中鼓动已经定居在多瑙河下游地区的西哥特人发动叛乱，致使哥特人首领阿拉里克(Alaric)势力坐大，在色雷斯和马其顿地区大肆洗劫。阿尔卡迪奥斯死后，其子塞奥多西二世即位。但他也是宫廷中长大的文弱书生，毫无治国才能，多亏了他的三个姊妹竭力辅佐。她们为保王朝统治，终身不嫁，使塞奥多西二世在位的四十余年期间的国务办得有声有色。他意外去世后，该王朝统治很快被利奥王朝取代。

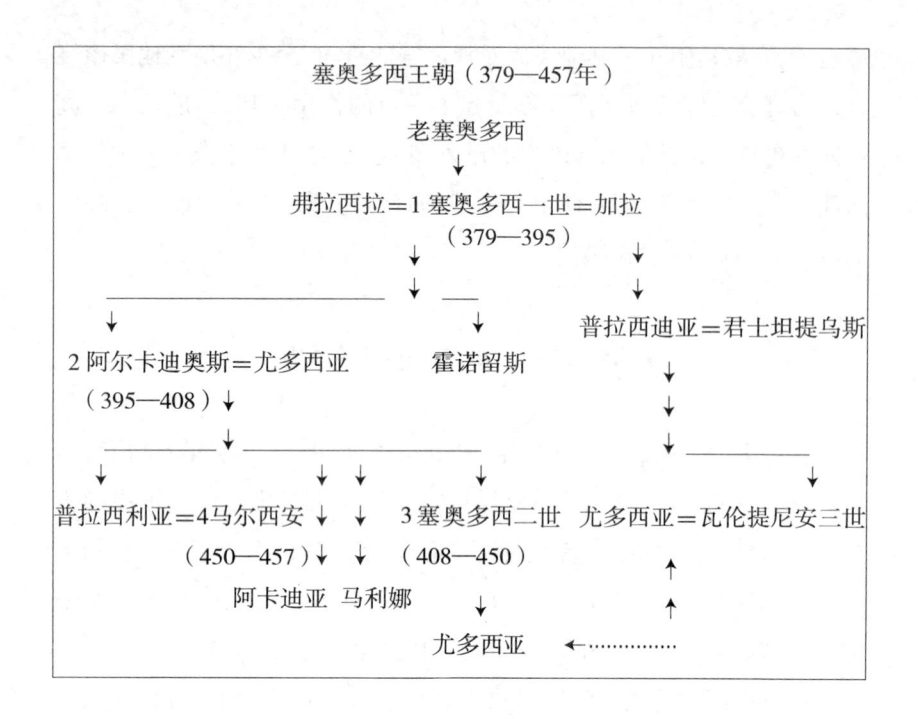

```
                塞奥多西王朝（379—457年）
                         老塞奥多西
                            ↓
                  弗拉西拉＝1 塞奥多西一世＝加拉
                            （379—395）
                            ↓
    ┌───────────────────┴──────┬─────┐
    ↓                          ↓           ↓
                                       普拉西迪亚＝君士坦提乌斯
 2 阿尔卡迪奥斯＝尤多西亚    霍诺留斯
   （395—408）↓                              ↓
           ↓
 ┌──────┴───────────┬──────┐              ┌──┴──┐
 ↓                  ↓      ↓              ↓     ↓
普拉西利亚＝4马尔西安↓   3 塞奥多西二世   尤多西亚＝瓦伦提尼安三世
       （450—457）↓      （408—450）         ↑
              ↓                              ↑
          阿卡迪亚  马利娜              ↓      ↑
                             尤多西亚 ←·············
```

一、内政

  塞奥多西一世(Theodosios Ⅰ,379—395 年在位)从两方面继续推进君士坦丁一世开始的基督教化政策,其一是清除多神教残余,其二是坚决支持以尼西亚信经为信仰的正统教派。塞奥多西所处的时代是古代社会向中古社会转变的时代,人们的宗教信仰也处于转变时期,各种古代多神教和基督教派别林立。君士坦丁王朝在处理宗教问题时政策忽左忽右,有的皇帝支持基督教,有的支持多神教,而在支持基督教的皇帝中有的倾向于尼西亚派,有的保护阿里乌派,这清楚地反映出当时多种宗教并存的情况。古代罗马多神教祭司集团的各项特权虽然到西部帝国皇帝格拉提安(Gratianus,375—383 年在位)时代已被取消,但是多神教信仰仍然流行,各种多神教的献祭仪式在民间仍然屡禁不止,元老院议事大厅仍然供奉着古代的胜利女神。塞奥多西改变了前朝皇帝实行的宗教宽容政策,采取了比较坚决的措施清除多神教残余。他于388年成功平息马克西姆叛乱后,亲自参加在米兰召开的元老院会议,说服元老们以多数票否定了以大神朱庇特为主神的多神教崇拜,促使帝国各地贵族纷纷抛弃旧信仰,连罗马最古老和势力最显赫的加图家族的元老也迫不及待地脱去祭司的长袍,换上基督教教父的外衣。元老院还通过法案,禁止多神教崇拜所必需的偶像崇拜,得到各地官吏和民众雷厉风行的贯彻执行。朱庇特神庙被破坏,阿波罗神像被人们任意作践。塞奥多西将其在帝国东部行之有效的禁止奉献牺牲的法令在帝国西部推行,斥责所有研究牲畜内脏以获得神谕的多神教仪式既是有罪的也是不道德的,是严重的犯罪行为,[1]应受到法律的严惩。他在一道措辞严厉的法令中写道,"朕决定和希望,朕的任何臣民,无论是行政官员还是普通公民,无论其职位和社会地位高低,都不得在任何城市或任何地方用无辜的牲畜作为牺牲向无知觉的偶像献祭",否则以叛国罪论处。[2] 为此,他派遣东方大区长基奈尤斯(Cynegius)和西部重臣卓维乌斯(Jovius)伯爵作为特使,到帝国各地巡视,强制关闭所有多神教神庙,[3]罢免残余祭司的职务,收缴贵重祭神用具,捣毁所有偶像,没收多神教产业。在塞奥多西的公开支持下,各地基督教教士毫不犹豫地成为打、砸、抢、烧、杀的能手,主教们一改斯文仁慈的面孔,亲自率领狂热的教徒冲击多神教神庙,砍伐献祭给古代神祇的月桂树,虐待甚至杀死顽固不化的

---

[1] 〔古罗马〕塞奥多西:《塞奥多西法典》第16卷,C. 法尔等译,普林斯顿1952年版,第10款,立法7。
[2] 〔古罗马〕塞奥多西:《塞奥多西法典》第16卷,第10款,立法12。
[3] 埃及著名的亚历山大城塞拉皮斯神殿是在390年被拆毁,有千余年历史的古希腊著名的德尔斐神殿则被关闭于394年。〔英〕H. W. 帕克:《希腊神谕宣示所》,伦敦1967年版,第147页。

多神教信徒。东部各省普遍发生了基督教与多神教信徒间流血冲突，迫使帝国政府出动军队帮助基督教取得最后胜利。

　　基督教的胜利伴随着多神教残余的最后清除和基督教教会的迅速发展；同时，基督教各教派之间存在的矛盾再度激化，深刻的神学争议和派别斗争重新凸显出来，自从尼西亚大公会议以来长期引起争论的阿里乌派教义也成为公众关注的焦点。君士坦丁一世虽然出于政治目的，利用尼西亚会议判定其政敌李锡尼支持的阿里乌派为异端教派，但是他本人对阿里乌派信徒并没有进行严厉的打击，相反，其晚年对他们格外信任，加以重用，甚至在临终前由阿里乌派主教施洗入教。直到塞奥多西统治初期，阿里乌派一直控制着君士坦丁堡和安条克教区。基督教重新得势后，有关阿里乌派教义的争论再起，而且呈现愈演愈烈的局面，当时的作家记载道：

> 　　这个城市充满了商人和奴隶，他们都自诩为渊博的神学家，在商店和街头到处讲道。如果你想要与一个人兑换一块银币，他必定告知你圣子与圣父的区别所在；假如你要询问一条面包的价格，你将得到圣子低于圣父的回答；而你若问及浴池是否准备停当，回答则是圣子毫无神性。①

帝国西部皇后查士丁娜在米兰城强制推行阿里乌派教义几乎酿成人民起义。

　　塞奥多西清醒地认识到，统一帝国除了靠武力，还要靠思想，而统一帝国臣民思想的工具只能是基督教正统教义。尼西亚信经不仅是包括其家乡西班牙地区的帝国东西部大部分省份共同接受的教义，而且

---

①〔古罗马〕格列高利：《圣格列高利书信》，第33封。

是其本人推崇的信仰。他于380年罢免了阿里乌派领袖、君士坦丁堡大教长的职务,任命著名的正统教义捍卫者纳齐安城人格列高利出任这一重要职务。381年,他公开宣布支持正统的三位一体教义:

> 朕高兴地知晓所有为朕之宽厚仁慈治辖的各民族均将坚定地信奉圣彼得教喻罗马人的宗教,其信仰传统得以保持,目前,更得到大马士革主教和具有教父圣洁之名的亚历山大主教彼得的完善。根据这位圣洁教父的教规和福音的信条,让我们诚信圣父、圣子和圣灵之唯一圣体,同位同格的纯粹三位一体。朕特许信奉这一信条的信徒享有正统基督教的称号;而在斥责所有其他信徒为放肆的疯子时,给他们打上臭名昭著的异端恶名;朕还宣布他们的集会不得再占用玷污教会这一令人敬畏的称号。除了上帝正义的谴责外,他们还应遭受严厉惩罚。幸赖上天智慧指引的朕之权威将思考对他们给予适当的严厉惩处。①

阿里乌派教徒集中的安条克因此发动近一个月的起义,他们煽动和召集所有对现实不满的势力围攻官府,将塞奥多西及皇家成员的雕像推倒砸碎,直到塞奥多西派遣大将军赫勒比库斯(Hellebicus)和行政长官恺撒利乌斯(Caesarius)前往镇压为止。② 根据塞奥多西对安条克起义颁布的法令,为惩罚起义民众,安条克被剥夺所有帝国城市应当享有的特权,甚至被取消了城市的称号,而改为村庄级别,隶属于距离安条克百余公里的海滨城市劳狄西亚管辖。当地的阿里乌派势力遭到致命打击,这座经数百年繁荣的古城从此衰落。同年5月1日,他下令召开第

---

① 〔古罗马〕塞奥多西:《塞奥多西法典》第16卷,第1款,立法2。
② 〔古希腊〕利巴尼乌斯:《利巴尼乌斯自传》,第6—8页。

二次基督教大公会议,会议再次承认和肯定尼西亚会议决议的正统地位,宣布了一批违背正统教义的教派为异端。在为期两个多月的会议期间,他多次亲临会场,指导150名主教制定会议文件,并确定君士坦丁堡教区为仅次于罗马教区的第二大教区地位。

塞奥多西统治时期,为强化中央集权采取了多次军事行动。首先,他面临帝国西部地区马克西姆于383年发动的叛乱,后者派杀手刺杀了帝国西部皇帝格拉提安,并立即派使节携带重礼拜见塞奥多西,向他解释格拉提安之意外死亡与其本人毫无关联,同时提出希望得到塞奥多西的友谊,而不希望战争。塞奥多西考虑到哥特战争刚刚结束,其军事实力尚不足以发动新的远征,故暂时与叛军结盟,达成互不敌视协议。数年后,塞奥多西经过精心备战,决定剿灭叛兵。当时,马克西姆入侵意大利,西部皇后查士丁娜及其子瓦伦提安二世发出救援请求。他借口马克西姆违背协议,于388年出兵意大利,充分发挥匈奴人、阿兰人和哥特人骑兵的优势,击溃以战车为主力的意大利军队,在阿奎利亚城下与马克西姆决战,后者战败被俘,旋即被塞奥多西部下乱刀砍死,马氏之前已被加冕为皇帝的儿子维克托(Victor)也被杀。而后,塞奥多西扶植瓦伦提安重新控制帝国西部,并派遣得力将领阿波加斯特斯辅助瓦伦提安。

第二次平息叛乱的军事活动发生在394年。当时,无能的西部皇帝瓦伦提安无力控制朝政。他先是依靠其母后查士丁娜,后依赖军事大权在握的将领阿波加斯特斯。阿波加斯特斯原为格拉提安的部将,后为塞奥多西重用,担任高卢军团总司令。392年5月阿波加斯特斯密谋暗害瓦伦提安,拥立伪帝尤金尼乌斯,使帝国中央集权再度遭到挑战,帝国统一再度受到威胁。尤金尼乌斯的使臣在面见塞奥多西时,企图说服后者相信瓦伦提安死于意外,希望得到后者的友谊与合作。但是,塞奥多西清楚地意识到其中暗藏的阴谋和事件的恶劣影响,决定发动新的西征。他先是不动声色地以厚礼送走尤金尼乌斯的使臣,而后经过两年备战,于394年发动对西部伪帝的征讨。他命令战将斯提利赫(Stilicho)和迪马修斯(Timasius)从伊比利亚人、阿拉伯人和哥特人中招募士兵,与训练有素的罗马军团组成了西征的主力军。在最初的交战中,以逸待劳的叛军大败劳师远征的塞奥多西军队,在阿奎利亚城附近的遭遇战中,塞奥多西损失万余人。但是,随着战事的深入,足智多谋的塞奥多西分化瓦解叛军,使战局发生扭转,并最终击溃尤金尼乌斯。愤怒的士兵在塞奥多西默许下将伪帝斩首。叛军首领阿波加斯特斯走投无路、自杀身亡。[①]

二、立法活动

塞奥多西王朝的立法活动一直没有停止,但是其最有价值的成果是在塞奥多西二世(Theodosios Ⅱ,408—450年在位)时期取得的。塞奥多西二世即位时年仅七岁,他秉性文雅仁慈,喜好读书,一生追求学问,无心拜占庭帝国军政大事,也缺乏治国的天赋。因此,他在位的四十二年间,将国务完全交给他身边的几位女性管理,自己全身心地参加和主持学术活动。在这些杰出的女性中,首推他的大姐普拉西利亚公主。她是一位意志坚强严于律己的人,为了维护塞奥多西家族的利益,她和其他两个姊妹终身不嫁。她们组成的"核心内阁"忠实地辅佐塞奥多西二世,并将一切可能引起宫廷腐败的活动清理出皇宫,以至于当时的宫廷被戏称为"修道院"。正是在她们的帮助下,塞奥多西二世得以有时间和精力从事文化与学术活动,也使他在位期间似乎治理有方。他潜心于书法和整理古籍的工作,不仅组织众多抄书人复制古代典籍,

---

① 这两次内战的资料出自〔古罗马〕左西莫斯:《历史》第4卷;〔古罗马〕索卓门诺斯:《九卷本教会史,324—440年》第7卷;〔古罗马〕苏克拉底:《教会史》第7卷有关部分。

而且身体力行，练得一手好字，并亲自誊写古书。为了满足他好古向学的愿望，普拉西利亚还一手操办了他和雅典哲学家的女儿、学识和天赋极高的尤多西亚的婚事。她果然不负所望，在此后的生涯中成为塞奥多西二世杰出的助手，多有著作问世。

塞奥多西立法活动是其学术活动的一部分，而《塞奥多西法典》是他清理前代人法律的重要成果。当时，正在使用的法律多出自前代皇帝的法令，一些法律由于年代久远或有缺失，还有一些法律因出自不同皇帝之手多有矛盾。于是，塞奥多西以治学的严谨精神，决定全面整理前代皇帝的法律。他任命了一个由著名法学家组成的编纂机构，他们历时八年完成工作。438年法典正式颁布。该法典使用拉丁语，包括自君士坦丁大帝到他本人一个多世纪期间除朱利安外所有皇帝颁布的法律和法令。它不仅成为帝国东部司法活动的依据，而且不久以后也在西部推行。法典共分16卷，每卷按照主题分为若干章节，分别讨论朝廷官吏的职责、军队权限、宗教事务等。在每个专题下，前代皇帝的法律按照编年顺序编排。

《塞奥多西法典》意义重大，因为它保存了大量前代的法律，使之流传后世而未散佚。这些法律真实地记载了四五世纪拜占庭帝国的内政，反映了这一时期拜占庭社会生活的方方面面。特别珍贵的是，它全面地记录了基督教成为国教后，世俗统治者政策的变化。它为当时人的司法活动提供了统一的标准和依据，有效地贯彻皇帝的意旨，维护了拜占庭社会的安定。它作为完整的法律体系，为此后一个世纪的司法和立法奠定了基础，成为查士丁尼编纂法典的蓝本。它在帝国西部的影响也不可忽略，因为，它与日耳曼人的部落法律结合，形成了西欧中古司法活动的基础。据学者的研究证明，"西哥特人法"几乎就是《塞奥多西法典》的翻版，而这部西哥特人法律对法兰克法律影响极大。

三、王朝外交与哥特人问题

塞奥多西统治时期,拜占庭帝国面临的主要外部威胁仍然以哥特人入侵为主。但是,塞奥多西与前朝皇帝的对外政策有所区别,他采取安抚利用"蛮族"的策略,一方面允许多瑙河以北的哥特人进入色雷斯地区定居,另一方面积极招募哥特人加入帝国军队,甚至对才能出众的哥特将领加以重用。塞奥多西本人自青年时代从军,即参加过多次对蛮族人的作战,他曾指挥帝国军队打败斯科特人、萨克森人、摩尔人和萨尔马提亚人,亲身感受到这些游牧或渔猎游牧参半的民族之凶猛剽悍和好战尚武,特别是在帝国皇帝瓦伦斯惨败于哥特人,帝国军队损失4万精锐兵团之后,他认识到,对于这些难以征服的蛮族只能采取怀柔利用政策。虽然小亚细亚和伊比利亚的兵源能够使帝国军队迅速得到补充,分布在帝国各地的34座武器制造工场可以在短时间内满足军需,但是,亚得里亚堡战役的失败在帝国朝野和军队中产生的深远的心理影响不可能很快消除。在此情况下,采取利用蛮族和"以夷制夷"的策略既是不得已而为之,也是有利可图的政策。

塞奥多西将塞萨洛尼基修建为行宫,亲自到哥特人为害最烈的马其顿和色雷斯地区坐镇。他在加强边境地区军事要塞建设和补充训练帝国军队的同时,以不间断的小规模出击削弱哥特人的散兵游勇,打击哥特人的侵扰,恢复帝国将士的信心。当时,哥特人新首领阿拉里克很难将各个部落联合起来,他们相互攻讦,实力受到极大伤害,为精明的塞奥多西提供了分化瓦解各个击破的机会。他以重金收买哥特人小部落酋长莫达尔(Modar),任命他为拜占庭帝国军官,而后资助和指使莫达尔袭击不肯臣服的哥特人。① 多年前为躲避战乱进入山林地区的哥

---

① 左西莫斯记载了莫达尔在大肆屠杀哥特人以后,向塞奥多西进献大批战利品和数千件武器的事件。〔古罗马〕左西莫斯:《历史》第4卷,第22节。

特人领袖阿萨纳里克(Athanaric)下山收编哥特人各部落后,塞奥多西立即派使节主动结好,并于382年9月请阿萨纳里克到君士坦丁堡参观,盛情款待。在塞奥多西极为友好的接待中,阿萨纳里克毫无节制,酒色无度,不久死亡。塞奥多西除了为之举行盛大葬礼外,又将其统率的哥特人武装力量全部收编进拜占庭军队。数年后,当另一位哥特人领袖阿拉塞乌斯(Alatheus)领兵乘3000只船偷渡多瑙河入侵拜占庭帝国时,塞奥多西亲自设计并指挥水陆军队大败哥特人。

此后,塞奥多西在马其顿和色雷斯地区为臣服的哥特人划定定居区,允许他们保留原有的部落社区组织,并自行安排农牧业生产。许多哥特人在菲利吉亚和里迪亚地区的荒芜土地上定居,仿照拜占庭农民比较先进的生产方式,开垦荒地种植各类谷物。为了鼓励哥特人定居务农,塞奥多西规定在开垦荒地的最初若干年内,他们可以享有免税的优惠待遇;在哥特人定居区内,他们只要承认拜占庭皇帝的最高权力,就可以继续使用民族语言,保持相对独立和传统的生活方式与习惯,甚至不必服从拜占庭帝国地方法律。塞奥多西还吸收数万哥特人进入拜占庭军队,组成"同盟者"军团。为了进一步有效地控制哥特人,他利用和挑拨哥特人内部矛盾,打、拉结合,支持以弗拉维塔(Fravitta)为首的亲拜占庭人派别打击以普利乌尔夫(Priulf)为首的独立派,并杀死后者,使困扰拜占庭帝国多年的哥特人问题逐渐化解。

但是,哥特人进入拜占庭政治军事生活也产生了新的社会问题。首先是定居拜占庭帝国边疆地区的哥特人对帝国官员的敲诈勒索极为反感,而拜占庭官吏对他们的民族歧视将这种不满变为仇恨,他们因此不断举行起义。395年,哥特人在阿拉里克的率领下发动民族起义,从巴尔干半岛北部向南进攻,侵入色雷斯和马其顿地区,兵锋直指君士坦丁堡。拜占庭朝野极为震惊,立即展开外交斡旋,说服阿拉里克改变进攻计划,使哥特军队继续南下希腊阿提卡和伯罗奔尼撒半岛,而后转向西方的意大利。其次,哥特人政治势力的增强激起以希腊人为主体的拜占庭贵族

集团的极大恐惧,当时的一位主教在致皇帝的信中万分忧虑地写道:

> 武装的蛮族将使用各种借口窃取权力,并成为罗马公民的统治者。因此,手无寸铁的人们将被迫与装备精良的家伙斗争。首先,这些外国人应被赶出军队指挥岗位和元老阶层。……就是那些长着浅色头发、戴着埃维亚人头饰、原本在私人家中充当佣人的蛮族人竟然成为我们政治生活的统治者,这难道不令人极其惊讶吗?①

一大批拜占庭贵族联合起来,组成了反哥特人势力,提出将哥特人赶出军队,代之以本国人军队,限定哥特人只能充当农村中的苦力。对此,哥特人贵族领袖塔依纳斯联合拜占庭军政部门的哥特人做出强烈反应,并依靠其控制的军队平息了拜占庭希腊贵族的骚乱,监禁和处死他们的领导人尤特罗庇乌斯。但是,使用武力未能征服的哥特人也同样没能用暴力手段平息民族情绪高涨的拜占庭民众起义。在君士坦丁堡大教长约翰·赫利索斯托姆(John Chrysostom,389—404年在任)领导下,拜占庭朝野内外、教俗各界以"勤王"为口号,于400年7月11(或12)日在首都君士坦丁堡发动了反对哥特人大起义,哥特士兵被大批屠杀,主要的哥特军官被处死,塔依纳斯侥幸逃脱,不知去向。哥特人在早期拜占庭国家的军事势力从此被清除,哥特贵族对拜占庭政治军事生活的影响从此逐步消失。

哥特人对拜占庭帝国上层社会的威胁虽然被解除,但是,仍有大量哥特移民活跃在巴尔干半岛,他们和来自于小亚细亚的另一支蛮族伊苏里亚人成为5世纪拜占庭国家新的威胁。拜占庭皇帝泽诺(Zeno,474—491年在位)时,对这两股蛮族势力采取坚决措施加以限制。一

---

① 〔美〕瓦西列夫:《拜占庭帝国史》,第93页。

方面,他派出精兵良将对伊苏里亚人进行无情镇压,扫荡其在小亚细亚的根据地,平毁其军事据点,并清除军队和政府中的伊苏里亚人;另一方面,他拉拢说服东哥特人领袖塞奥多里克(Theodoric,471—493年在任)带领难以驯服的哥特人前往意大利,代表帝国皇帝平息西哥特人的反叛。当时西哥特人在奥多亚克(Odoacer,476—493年在任)的领导下灭亡了西罗马帝国,自立为帝。泽诺这样做可以一箭双雕,达到既能祸水西引,最终消除哥特人祸害;又可借刀杀人,平息意大利的民族骚乱。488年,塞奥多里克率东哥特人横渡亚得里亚海进攻西哥特人,临行前,曾在拜占庭宫中作为人质的他,向泽诺表示:将把被征服的意大利"作为您赠赐的礼物加以掌管,而不像那个您所不佐的人(指奥多亚克),降服您的元老于其伪权之下,奴役您的部分王国"①。

这样,早期拜占庭国家就基本解决了蛮族入侵的问题,而没有像西罗马帝国在蛮族入侵的打击下最终灭亡。

第四节 利奥王朝

利奥王朝的创立者是利奥一世(Leo Ⅰ,457—474年在位),他出生在伊利里亚大区达吉亚省,行武为生,官至塞林布利亚地区巡逻队长。因其作战勇敢,他被当时控制帝国军权的阿斯巴提拔到宫廷中担任禁卫军队长。塞奥多西王朝末代皇帝马尔西安死后,阿斯巴推荐利奥为皇帝,旨在控制朝政。利奥为摆脱阿斯巴的控制,请君士坦丁堡大教长阿纳托留斯(Anatolios,449—458年在任)为其加冕,从而首开大教长在皇帝登基大典上为皇帝加冕的先例。468年,阿斯巴在取得打击匈奴人胜利后,骄横不可一世,与利奥强化皇权的政策发生冲突。利

---

① 马克垚:《西欧封建经济形态研究》,第51页。

奥联合朝野反哥特人势力,特别是重用伊苏里亚军事将领泽诺,准备剪除阿斯巴势力。他将女儿阿利雅得尼(Ariadne)嫁给泽诺,通过联姻加强政治军事联盟后,任命其女婿为军队总司令。471 年,他设计诱杀了阿斯巴及其子,清除了宫廷中哥特人势力。但是,伊苏里亚人军事力量的兴起和泽诺进入皇室对拜占庭帝国产生了新的威胁。474 年利奥一世病故,临终前为其六岁的孙子利奥二世(Leo Ⅱ,473—474 年在位)加冕,而利奥二世又于次年为泽诺加冕,数月后,利奥神秘死亡,泽诺继承皇位。围绕小皇帝的死亡,皇室内爆发了新的斗争,利奥一世的遗孀怀疑泽诺害死了她的外孙,因此与其兄弟瓦西里斯库斯(Basiliskos,475—476 年在位)联合打击泽诺,迫使后者逃亡伊苏里亚故地。只是由于其他蛮族部落的协助,泽诺于 476 年重登帝位,再度控制了朝政。击溃皇后党人后,泽诺将瓦西里斯库斯困死于其避难的修道院。① 长期的宫廷斗争严重影响了拜占庭帝国的军事实力和对外战争,利奥王朝不得不通过重金收买说服东哥特人领袖塞奥多里克放弃在希腊地区的抢劫活动,转而进攻意大利。同时,他们与汪达尔人达成和平协议。

但是,以阿利雅得尼为代表的利奥皇族不甘心失败,她联合被称为"双色眼人"的安条克大主教阿纳斯塔修斯与泽诺展开激烈斗争,粉碎了后者计划扶植其弟弟郎吉诺斯(Longinos)继承皇位的企图。她于491 年设计害死泽诺,为其母亲和舅舅报仇后,立即与阿纳斯塔修斯(Anastasios Ⅰ,491—518 年在位)结婚,使之顺利登基,并辅助他平息了伊苏里亚党人的叛乱,维持其统治二十七年之久。利奥王朝五位皇帝中,只有末代皇帝阿纳斯塔修斯一世有一些作为。他出生于塞奥多西二世时期,早年的经历不详,有的记载称他是罗马旧贵族后裔,也有的文献说他的父母是摩尼教信徒。他对一性论教徒的支持使他受到民

---

① 〔英〕布瑞:《晚期罗马帝国史》,伦敦 1923 年版,第 390—394 页。

众支持,一度担任该派重镇安条克教会教职。阿纳斯塔修斯虽然不是利奥家族成员,但是他能力超群,治国有方,统治期间从事了财税制度改革,发行优质铜币弗里司(follis),并变国有土地为皇家产业,扩大了国家税户,国库因此充盈。[①] 515 年阿利雅得尼病故,两年半后阿纳斯塔修斯也撒手人间,利奥王朝统治结束,同时也标志着君士坦丁时代的结束。

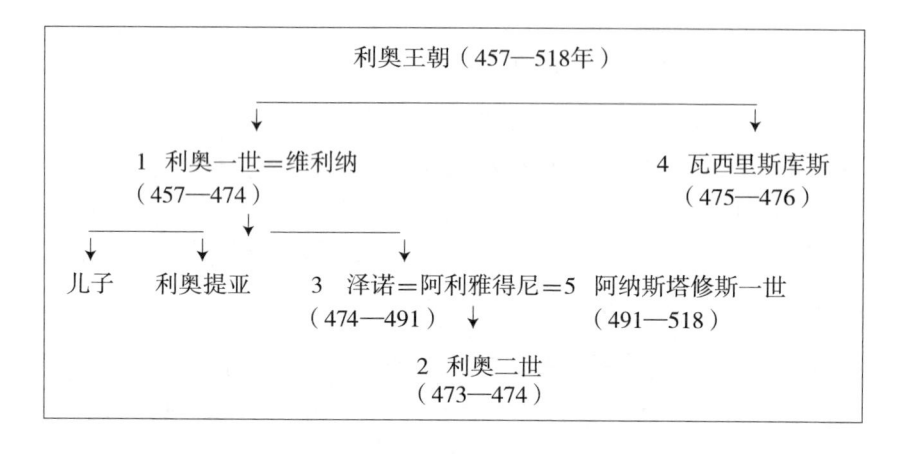

```
                      利奥王朝（457—518年）
           ┌──────────────────┴──────────────────┐
           ↓                                     ↓
    1 利奥一世＝维利纳                       4 瓦西里斯库斯
      （457—474）                             （475—476）
      ┌────┬─────┐
      ↓    ↓     ↓
    儿子  利奥提亚  3 泽诺＝阿利雅得尼＝5 阿纳斯塔修斯一世
                    （474—491）  ↓   （491—518）
                          2 利奥二世
                          （473—474）
```

第五节　精神文化生活

　　君士坦丁时代是拜占庭文化形成和发展的重要时期。在这近两百年时间里,以君士坦丁堡为中心的东地中海文化经历了复杂剧烈的变化,古典的希腊罗马文化、古代的东方文化和新兴的基督教文化在这里经过相互之间的撞击、渗透和融合,逐渐发展成为独立的文化体系,它具有丰富的思想内涵、多样的表现形式、稳定的民族载体、全面的文化

[①] 史家记载,他去世时国库留有 32 万金镑。〔英〕琼斯:《晚期罗马帝国人物传》第 2 卷,第 78—80 页。

成就和巨大的影响力。早期拜占庭国家在推行一系列经济、政治、军事、外交和宗教政策的同时,也注意开展文化活动,通过丰富人们的精神生活达到强化专制统治的目的。社会转型和文化过渡构成了这一时期拜占庭历史发展的重要方面。

早期拜占庭国家特别注意继承古典文化的遗产,这是因为皇权专制统治需要从传统中寻求精神力量,从丰富的文化遗产中得到民众的认同。同时,拜占庭帝国的兴起有助于文化活动的开展。君士坦丁堡以其安全、繁荣,吸引了整个罗马帝国的知识界,原先集聚在故都罗马的文人学者和分散在地中海世界各个角落的艺术工匠纷纷涌向帝国新都。他们带来大量的图书文物、艺术杰作,丰富了首都的文化生活,他们对古典文化的狂热追求促进了新国家崇尚知识的文化氛围。为了集中保护古代遗留下来的图书手稿,中央政府建立了规模庞大的国家图书馆,其任务不仅包括整理、抄写古代书籍,而且包括广泛收集民间藏书。这座图书馆很快发展成为仅次于亚历山大图书馆的第二大国家图书馆,藏书达 12 万册[1],其中多数为古典书籍。翻译和注释古代作品也是当时知识界的一项重要工作,因为在数百年希腊化的过程中,东地中海不同民族在接受希腊文化的同时,都不同程度地改变着古典的古希腊语言,使这种流行在东地中海和西亚地区的国际语言呈现语法混乱,地方俚语、方言混杂的现象。当时,古希腊语对于使用中世纪希腊语的拜占庭希腊人来说也是艰深难懂的。正因为如此,对古典文史哲和自然科学著作的翻译注释就显得十分必要。也是在整理翻译古典作品的过程中,形成了古典希腊罗马著作的两大译本体系,即以亚历山大用语为基础的柯普特语[2]译本和以君士坦丁堡用语为基础的希腊语译

---

[1] 〔德〕基德利努斯:《历史》第 1 卷,波恩 1836 年版,第 616 页。
[2] 柯普特语是指拜占庭帝国时代埃及地区流行的语言,它是一种使用希腊字母拼写古代埃及语言而形成的文字。

本。流传至今的古希腊罗马作品大多是从这两种译本翻译成近现代通用语言的。古代杰作的翻译有助于古典文化的普及,当时的君士坦丁堡和亚历山大形成了浓厚的尚古风气,人们积极学习古代语言,搜集古代图书,翻译古代名作,研究古代哲学和背诵古代文学戏剧。4世纪著名诗人塞米斯条斯(Themistios,317—388年)和4、5世纪亚历山大最负盛名的女学者海帕提亚(Hyptia,355或360—415年)是当时众多的知识分子的杰出代表。为了发展世俗学术活动,皇帝朱利安下令进行全国统考,招聘国立学校教师。皇帝塞奥多西二世正式建立君士坦丁堡大学,开设哲学、法律、希腊语和拉丁语课程。当然,建立国立学校的目的主要是为满足补充庞大的帝国官僚机构的需要,但是,在客观上却起到了繁荣文化生活的效果。[1]

基督教文化在这个时期也有重要发展,特别是在小亚细亚、叙利亚和巴勒斯坦地区,古代东方神秘主义文化极大地影响了基督教文化。由于拜占庭政府的基督教化政策,许多学者致力于古典文化与基督教文化的结合,使宗教文化迅速发展,出现了大批基督教史著作和圣徒传记,神学论文和对话集成为当时非常流行的文学创作形式,宗教书籍开始充斥各个图书馆,尤其是教堂和修道院图书馆发展极快,大有取代国家图书馆之势。同时,基督教艺术家逐渐放弃了古典作家注重自然景物的审美观念和创作手法,宗教的抽象艺术风格也逐渐取代了先前的世俗倾向。在此过程中,拜占庭帝国形成了几个重要的基督教文学中心,其中有小亚细亚的卡帕多细亚地区、叙利亚的安条克和贝利图斯城(今贝鲁特)、巴勒斯坦的耶路撒冷和加沙城、巴尔干半岛的塞萨洛尼基城和帝国首都君士坦丁堡。一批基督教文学家闻名遐迩,他们的作品走红一时。例如,被时人称为"卡帕多细亚三杰"的瓦西里

---

[1] 〔美〕瓦西列夫:《拜占庭帝国史》第1卷,第359—369页。

(Βασιλειος,330—379年)和格列高利(Γρηγοριο,335—394年)兄弟,以及他们的朋友神学家格列高利(Γρηγοριος,329或330—390年)即是其中的佼佼者。值得注意的是,此时基督教文化与世俗古典文化并不是尖锐对立的,当时著名的作家几乎都是教俗文化兼通的大学者。例如,瓦西里青年时代就在雅典和亚历山大最好的文法学校接受系统的世俗教育,精通古典文学,后来投身新兴的"新亚历山大学派"文化活动,致力于用古典希腊哲学概念思考和解释基督教教义。神学家格列高利也是拜占庭帝国最有名的世俗学校的毕业生,对古代戏剧和诗歌颇有研究,后来从事基督教文学创作,留下大量模仿古典叙事诗的宗教散文和神学教义论文,其中长篇散文《关于上帝的生活》是当时基督教文学的代表作,在拜占庭文学史上占有重要地位。[1] 叙利亚的著名作家约翰·赫利索斯托姆(John Chrysostom,340—407年)被后人认为是教俗文化结合的典型代表,他极有创作和演说才能,思维敏捷,作品富有逻辑性,据记载,这些优点全是得自于其早年在著名世俗学校的学习。他一生著述丰硕,留下了大量论文、散文、诗歌、演讲词和书信,对后世影响颇深,[2]以致许多拜占庭作家模仿他的作品。一位拜占庭诗人是这样评价他的:

> 我曾读过他上千篇布道词,它们渗透着无以言表的甜美。自年轻时代,我就敬慕着他,倾听他的演讲,那好似上帝的声音。我知道的一切和我的一切都属于他。[3]

---

[1] 〔美〕福克斯:《圣瓦西里作品中揭示出的其生平及时代》,华盛顿特区1939年版,第2、3章。
[2] 他的作品经后人整理,已经出版的有《演讲》和《书信集》,后者包括其240封书信。两书均在巴黎出版。
[3] 〔古罗马〕尼基弗鲁斯:《教会史》,转引自瓦西列夫《拜占庭帝国史》,第118页。

尤西比乌斯（260或264—338或340年）也是一位不可不提的重要文史作家，他一生留下了许多传世之作，其中《教会史》、《编年史》和《君士坦丁传》是他的代表作品。这些作品保持了古典希腊历史作品的写作风格，既是拜占庭历史记载的开山之作，也是拜占庭教俗历史撰写的范本，不仅成为后代拜占庭历史作家的学习榜样，而且是研究君士坦丁大帝时代的现代历史学家必读的史料书籍，在拜占庭文化史上占有首屈一指的重要地位。他的作品目前大多有英文译本。

君士坦丁时代文人学者众多，各种文化活动丰富多彩，这里难以一一详述，笔者将另作专门叙述。总之，君士坦丁时代是早期拜占庭国家在剧烈动荡的社会转型过程中，通过政治、经济、宗教和文化等社会生活各个方面的改革，努力探索在困境中求发展，从危机中找出路的历史时期。应该说，这一时期以君士坦丁一世、塞奥多西一世和阿纳斯塔修斯一世为代表的拜占庭皇帝，初步解决了拜占庭国家形成初期面临的各种难题，确定了拜占庭国家未来发展的方向，奠定了中世纪拜占庭社会演化的基础，基本上完成了历史赋予他们的使命。

第二章　查士丁尼时代

第一节　查士丁尼一世

一、查士丁尼其人

查士丁尼一世（Justinian Ⅰ,527—565年在位）是这个时代的核心人物，也是该时代最重要的代表，因此，后代学者将其所在的历史时期称为"查士丁尼时代"①。要了解查士丁尼时代首先必须了解查士丁尼其人其事。

查士丁尼是该王朝创立者查士丁一世（Justin Ⅰ,518—527年在位）的外甥，他作为拜占庭帝国历史上最杰出的皇帝之一，并非名门之后，而是生于乱世，出身低下，其父是拜占庭帝国巴尔干半岛达尔达尼亚行省贝德里亚纳的农民。查士丁尼青年时代因家境贫苦随其舅父从军。其舅查士丁是个文盲，行伍出身，因勇敢忠诚和作战有功升任御林军队长。由于他能自由进出皇宫，有机会接触朝中权贵，因此在阿纳斯塔修斯去世前后，成为许多觊觎皇位的大贵族争夺利用的对象。在这些贵族中，有一位名叫塞奥克里多斯（Theokritos）的大臣向查士丁提供了大笔金钱，企图利用他收买人心。一个偶然的机会查士丁被送上皇

---

① 〔英〕布瑞：《晚期罗马帝国史（395—800年）》，阿姆斯特丹1966年版，第351页。

帝的宝座,这对于他这个目不识丁的赳赳武夫来说实在是勉为其难。因为,据当时的历史作家普罗柯比(Procopius,约500—565年)记载,他连自己的名字都不会写,在签署文件时必须使用木刻"图章"。因此,在复杂的政治角逐中,他非常器重和依靠他的外甥。查士丁尼虽然出身贫寒,但聪颖过人,其同时代作家普罗柯比将他描写成中等身材,普通相貌,圆脸卷发,面带农村人的红晕面孔,生性平和,儒雅木讷,富有同情心,常因怜悯同情而落泪,喜欢结交朋友。在随其舅父从军期间,他充分利用身在宫廷的有利时机,在君士坦丁堡浓厚的文化氛围中,刻苦读书,广泛涉猎,学习了许多有用的知识,特别是有关历史和政治方面的知识。由于舅父的信任,他很早即参与帝国上层社会的活动,目睹了达官显贵的虚伪和腐败,又由于他早年生活在社会下层,因此,对民情深有体察。

518年7月,皇帝阿纳斯塔修斯去世,查士丁一世被部下拥立为帝。据记载,查士丁能以御林军队长称帝,是采纳了其精明的外甥的主意,即利用贵族塞奥克里多斯企图通过他用大笔金钱贿赂士兵的机会,取得了部下的忠诚,并被部下抬上盾牌成为皇帝。登基伊始,查士丁便任命其外甥查士丁尼一世为恺撒(副皇帝),辅佐他治理帝国,此时他已经68岁,自知将不久于人世,故将治国大权放心地委托给36岁的查士丁尼。查士丁尼在任恺撒的九年里成为帝国军政大计的实际制定者,也是内外政策的实施人,其治国安邦的雄才大略初步得以施展。在此期间,他积极推行"清除内患,化解外争"的政策,首先即处死对皇权造成最大威胁的贵族领袖塞奥克里多斯和维塔里安(Vitalian),对企图闹事的贵族起了杀一儆百的威慑作用。同时,他取消了前任皇帝的宗教政策,重申对"尼西亚信经"正统教义的支持,暂时消除了因宗教对立造成的社会动荡。在对外关系方面,他主动结好西部教会,邀请罗马教区大主教访问君士坦丁堡,并与波斯保持友好关系。为了限制波斯人向西部扩张,他与拉茨卡人、匈奴人、阿拉伯人和埃塞俄比亚人等弱小民族结盟。这些措施实际上就是查士丁尼日后称帝推行的"重建罗马大帝国"政策的前奏曲。他的出色表现深得查士丁的赏识。特别是年迈的查士丁身后无人,更加信任查士丁尼,527年4月初,他任命查士丁尼为共治帝,正式确定了其爱甥的帝位继承权。

辅佐查士丁期间,查士丁尼十分注意网罗各方面的人才,不以出身门第为标准,任人唯贤,唯才是用,为其日后治理帝国做组织准备。在这些人才中特别突出的是他自己的妻子塞奥多拉(Theodora),她和查士丁尼一样,社会下层出身,其父阿卡鸠斯为大赛场驯兽师,负责看管比赛用的动物。塞奥多拉少年时家庭生活极为困苦,她曾和亲姊妹一起跪在大赛场上乞求本党观众的施舍。① 后来,由于生活所迫,她们流浪到亚历山大和安条克等地卖艺求生。当她最终在君士坦丁堡大赛场当上艺妓时,正值查士丁尼担任恺撒之际。他很快便为她天生的丽质、聪颖和对时世的见解所倾倒。经过五年的接触,年已43岁的查士丁尼完全被她所征服。525年,即在查士丁尼成为皇帝前两年,塞奥多拉与比她年长15岁的查士丁尼结婚,从此,便成为他忠实的伴侣和精明的顾问,在许多内政外交重大事件上都起了关键作用。② 另一位对查士丁尼统治起了重要作用的人物是贝利撒留(Belisarios,505—565年),他是巴尔干半岛色雷斯地区的农民之子。据普罗柯比记载,他相貌堂堂,一表人才,臂力惊人,善于骑射,年轻时

---

① 拜占庭时代的君士坦丁堡居民保持着古代观看竞技比赛的传统,他们在赛场上按照座位区域的颜色组成蓝、绿、红、白四色协会,后来发展成为表达各自政治要求的党派,史称"竞技党"。

② 吉本根据普罗柯比《秘史》对塞奥多拉进行大肆贬斥,称之为"不惜以她的淫荡的美招揽各种职业和身份的大批乱七八糟的市民和外族人"、"花费巨大,或朝三暮四的情妇",见《罗马帝国衰亡史》第2卷,商务印书馆1999年版,第178页。对此布瑞持批评态度,见《晚期罗马帝国史》,第359—364页。

就在农村的小伙伴们中间显出过人之处,特别重要的是他处事果敢,性格坚毅。这些品质无疑成为他未来发展为卓越将领的重要素质,也是他能够在青年时期从众多军事人才中脱颖而出的重要原因。查士丁尼一世对这个比自己小23岁的青年军官极为赏识和信任,先是任命他担任自己的卫队长,后提升他为美索不达米亚总督。贝利撒留24岁时升任东部战区总司令,这期间,他以一系列击败波斯军队的辉煌战绩显露了他的军事才华。查士丁尼就是如此不计高低贵贱地将一批才智过人、能力超群的各方面人才吸引在身边,做好了实现其远大政治抱负的组织准备。

527年8月1日,年近80岁的查士丁一世寿终正寝,同日,查士丁尼一世即位,随即任命塞奥多拉为皇后,后又任命贝利撒留为拜占庭帝国东部军区总司令,提拔了一大批军事、司法、行政管理和宗教人才。他洞察时弊,了解民意,继续推行他在恺撒任期内的各项政策。为了建立"一个皇帝、一部法律、一个帝国"的新秩序,实现重建昔日罗马大帝国的理想,他制订了全面的改革方案和对外进行征服战争的计划。为此,他放弃奢侈生活,夜以继日、废寝忘食、疯狂地工作。据记载,他清心寡欲,生活刻板,既没有娱乐,也很少休息,一心一意要实现其政治理想。

查士丁尼一世的内外政策构成了这个时代的基本内容,正像君士坦丁一世一样,他既是这个时代的主角,其推行的政策成为当时历史的主要内容,而他的行动又为其后人树立了榜样,指明了方向。①

查士丁尼是拜占庭历史上最杰出的皇帝,但是他的后人却一代不如一代。他没有子女,去世后由其外甥查士丁二世(Justin Ⅱ,565—578年在位)即位。为了巩固自己的地位,查士丁二世与其舅妈的侄女

---

① 吉本对查士丁尼的评价集中在其名著《罗马帝国衰亡史》第2卷,第221—223页。

索非亚结婚,并力图仿效查士丁尼一世,不仅沿袭旧制,而且对外也大举兴兵。但是,他缺乏治国才能,又无优秀将领辅佐,对伦巴底人和阿瓦尔人的战争屡屡失利,他在破坏了查士丁尼与波斯人的和平协议后,无力反击后者的进犯,惨遭败绩。来自多瑙河、意大利和东方前线的告急战报使他精神崩溃,得了精神病。皇后索非亚自知无力支撑帝国大厦,于是选择了年轻英俊的提比略主持军政大计,并说服查士丁同意任命后者为共治皇帝。提比略于574年被任命为共治皇帝,直到四年后查士丁去世才独立执政。

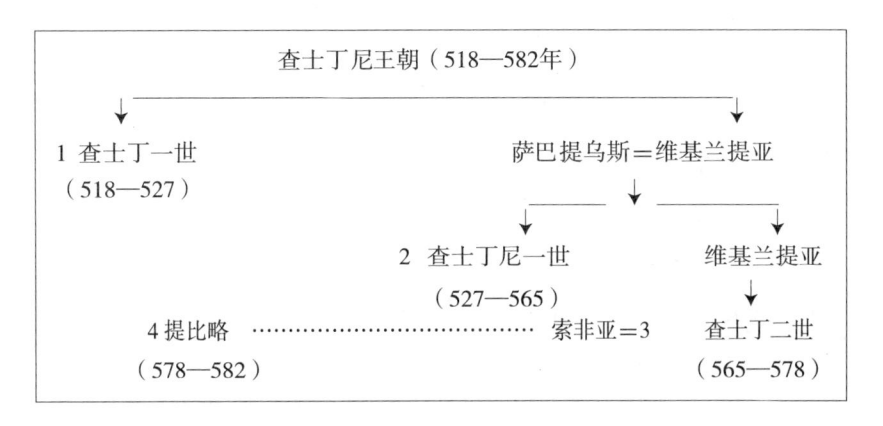

```
              查士丁尼王朝（518—582年）
              ↓                         ↓
1 查士丁一世                    萨巴提乌斯＝维基兰提亚
（518—527）                      ↓       ↓
                          2 查士丁尼一世         维基兰提亚
                           （527—565）              ↓
4 提比略 ………………………………… 索非亚＝3    查士丁二世
（578—582）                                   （565—578）
```

二、《罗马民法大全》

查士丁尼一世即位之初,为稳定拜占庭帝国动荡不安的局势,采取了一系列强有力的改革措施。上台后,他首先着手调整帝国社会各种关系,缓和各类矛盾。他充分认识到建立完整的法律对于巩固皇权的重要性,他在《法理概要》中指出:一个好的皇帝

> 应该不仅以其武力而获尊荣,还必须用法律来武装,以便在战时和平时都有法可依,得到正确的指导;他必须是法律的有力捍卫

者,也应是征服敌人的胜利者。①

针对当时成文法律极为混乱的情况,他下令组成在著名法学家特里波尼安(Tribonian)指导下的法律编纂委员会,该委员会包括君士坦丁堡法律教授塞奥非鲁斯(Theophilus)等10名法学专家。查士丁尼即位后半年,这项工作即正式开始。当时,查士丁尼注意到帝国法律存在两大问题,其一是前代皇帝立法因时间久远,版本混乱,塞奥多西王朝所做的清理工作不够彻底,因此立法概念和规定中矛盾比比皆是;其二,前代皇帝特别是塞奥多西法典内容过于庞杂,部头太大,使用极不方便。因此,查士丁尼立法的主要任务是收集整理以前历代皇帝颁布的法令,删除其中因过时而不再适用或内容相互抵触的部分,按照"人"、"物"等立法主题重新编纂为适于使用的法典。

经过一年多的努力,529年4月7日,法典编纂委员会完成10卷本的《查士丁尼法典》(Justinianean Codex),并由查士丁尼正式颁布。该法典收编范围自罗马帝国皇帝哈德连(Publius Aelius Hadrianus,117—138年在位)到查士丁尼一世时期历代皇帝颁布的法律,它注重阐明法理,所有立法概念均由法学家字斟句酌,做出适合当时社会生活的准确说明。该法律一经颁布,立即取代其他与此矛盾的旧法,成为拜占庭帝国唯一具有权威性的法典。

530年12月15日,查士丁尼再度指示特里波尼安组成17名法学家编辑委员会编纂《法学汇编》(Digest或Pandects)。他们夜以继日,查阅了一千三百年的法律文献,并于三年后编成颁布。该书汇集古代

---

① 〔古罗马〕查士丁尼:《法理概要》,阿姆斯特丹1975年版,导言。布瑞高度评价了他的这一思想,认为任何政府都必须以法律维持秩序,以武力保护法律。"就此而言,查士丁尼为世界树立了第一部法律里程碑。这不仅使他青史留名,而且对人类福利与进步做出巨大贡献。"见〔英〕布瑞《晚期罗马帝国史》,第365页。

法学家的论著,共分50卷,是学者们阅读参考了2000部古书编撰的包括300万行内容的巨著。由于编撰工作十分繁重,时间又相对仓促,这部法律汇编内容比较粗糙,一些古代法律相互存在矛盾,某些法律条文的注释概念模糊不清,个别总结性的评语也有明显的错误。①

为了普及法律知识,培养法律人才,查士丁尼要求特里波尼安、塞奥非鲁斯为学习法律的学生编辑了《法学总论》(the Institutions),533年发表时全书共分为四卷。该书以四百多年前罗马著名法学家盖尤斯(Gaius,117—180年)的同名作品为蓝本,以通俗易懂的语言和明确的法学概念简明系统地总结了《法学汇编》的全部内容,并补充了大量前述两部法典未能表明的法学定理和定义。②

在查士丁尼统治末期,他又命令法学家将自己在534年以后颁布、并没能收入法典的法令编辑成《查士丁尼新法》(the Novels)作为补充。与前几部法律书有所区别的是,《查士丁尼新法》的编纂使用希腊语完成。该法于565年查士丁尼去世前颁布。

这样,查士丁尼一世就完成了《罗马民法大全》的编辑工作,为他的改革和整顿工作提供了统一的尺度,为理顺社会各种关系提供了理论依据。由于它是欧洲历史上第一部系统完整的法典,因此它不仅成为拜占庭帝国此后历代皇帝编纂法典的依据和蓝本,而且成为欧洲各国的法律范本。不仅如此,由于这部法典明确地确定了公法和私法的概念,为私有制的商品社会关系提供了法律基础,因此对近现代世界立法发展的影响也极为深远。

---

① 吉本对查士丁尼评价最高的成就即是其立法活动,因此在《罗马帝国衰亡史》一书第5卷中以第44章进行专题论述,可惜中译本未能选译。参见该书伦敦1905—1906年版,第5卷,第1—95页。

② 这部书目前已经由商务印书馆出版,张企泰翻译,1996年版。《查士丁尼法典》的其他部分目前正在由中国政法大学的罗马法专家分卷翻译出版,这项工作十分有意义。

《罗马民法大全》的性质问题一直是法学家和史学家争论不休的问题,争论的中心点是如何评价其中有关奴隶的条款。事实上,《罗马民法大全》是通过总结和整理古代立法对现实的改革做出理论上的规范,反映查士丁尼重建罗马帝国的原则思想。第一,该法强调皇权和国家政权的至高无上的地位,宣扬君主专制思想,提出"没有任何事物比皇帝陛下更高贵和神圣"。为此,它提出"君权神授"和"君权神化"的理论,并明确指出皇帝拥有的各项权力,其中包括立法权,即皇帝的意旨具有法律效力,只有皇帝可以颁布法律,还包括国家的最高主权,即控制全部国家机器,代表整个帝国的权力,以及皇帝对国家其他经济、政治、司法、军事、宗教等各方面的权力。第二,该法提出公法优先于私法的原则,它对两者做出明确划分,即"公法是有关罗马帝国政府的法律,私法是有关个人利益的法律",将私有制的法律内涵做了系统的阐述。这样,公法的所有权就表现为国家对捐税劳役的合理征收使用,而私法表现在对人、物、人权、物权和民事诉讼方面,私法的自由则是免税权。第三,该法肯定了教会在国家的地位,它不仅拥有主管道德权利和义务的权力,而且拥有参与国家司法活动的权力,教会法具有民法的效力,教会法庭甚至具有高于世俗法庭的地位。第四,该法继续承认奴隶制,但是,规定教、俗各界释放奴隶,改善奴隶的地位,承认奴隶具有人的地位。根据这部法典,奴隶不再像罗马法律规定的那样被视为"会说话的工具",而是不具有法人地位的"人",他们触犯法律将由其主人承担法律责任。第五,该法确定了社会各阶层的权利和义务,以及各阶层之间的关系,力图以法律形式稳定社会各阶层的流动,如工匠的后代只能世代做工,农夫的儿女必须永远务农,隶农则世代固着在土地上,农村的邻里之间负有相互帮助、共同完成国家税收的义务,等等。第六,该法还对婚姻、财产继承等社会生活方面做了法律规定。

三、强化皇权

加强以皇帝为首的中央集权是查士丁尼一世上台伊始首先推行的政策,这一政策是他企图重建古罗马帝国理想的核心和政治目标。皇帝专制制度始建于君士坦丁一世时代,皇帝血亲世袭皇权、皇帝总揽国家所有权力并担当最高立法者和执法者,包括军队和宫廷在内的庞大的国家机构完全对皇帝负责是这一制度的主要表现。但是,拜占庭帝国作为古代罗马帝国的继承者,其政治生活中仍然保存着大量民主制度的残余,普通臣民在帝国事务中仍然保持着许多昔日公民的权利。例如,他们仍然享有免费参与公共娱乐的权利,在皇帝的选立方面仍然有相当大的发言权。我国唐朝以前的史籍中对此也多有记载,称:"其王无常人,简贤者而立之。国中灾异及风雨不时,辄废而更立。"[1]查士丁尼即位后,面临两种势力的威胁,其一是代表大土地贵族和旧王朝贵族势力的复辟力量;其二是不满现状的普通民众。这两种势力在532年的君士坦丁堡大起义中纷纷登台,充当了起义的主要角色,并几乎推翻了查士丁尼的统治,但是最终遭到帝国军队毁灭性的打击。

当时,首都君士坦丁堡保持着经常举行赛车会的古老传统,赛场划分为蓝、绿、红、白色四个座区,各区观众为本区赛车呐喊助威。由于当时赛事频繁,这种赛区"车迷协会"的作用日益增大,发展成为"吉莫"(意为赛区)党(史称"竞技党"),它们不仅成为参加体育竞赛各方的组织者,而且是本区民众表达政治意见的代表。当时,约有900名正式会员的蓝党代表元老院贵族和上层居民的利益,而拥有1600名会员的绿党则代表商人和富裕居民的要求,他们是势力最大的政治派别,至于

---

[1] 《旧唐书》卷一九八,《西戎传》一四八。《魏略》记载:"其国无常主,国中灾异简贤者而立之,辄更立贤人以为王。而生放其故王,王亦不敢怨。"《三国志》卷三十。

红、白两派因势力较弱附属于蓝、绿两党。各党群众经常利用赛场表达政治意愿、发泄对当局政策的不满。但是,蓝、绿两党代表的阶层和意见不同,在宗教方面,前者代表信奉正统的"尼西亚信经"的信众,而后者代表"一性论派"的信徒,他们之间经常发生冲突。据记载,阿纳斯塔修斯统治时期,绿党曾利用赛场混乱在一次冲突中杀死了3000名蓝党的追随者。①

532年爆发的起义原因比较复杂。首先发难的是绿党,他们除了对查士丁尼支持"尼西亚信经"派、反对"一性论派"的宗教政策不满外,还暗中支持查士丁尼的政治对手,原皇室贵族进行复辟活动,其目的是推翻查士丁尼的统治。而查士丁尼则公开支持蓝党对绿党进行迫害,"甚至一般市民,常被这些夜间作祟的土匪剥光衣服,滥加杀害;……教会和神坛也常被残酷杀害的无辜者的血所污染,那些杀人犯却公认相互吹嘘自己如何武艺高强,一剑便能置人于死地。君士坦丁堡的放荡的青年全都着上了叛乱分子的蓝服装;……债主被迫放弃了他们的债款;法官睁着眼颠倒黑白;……漂亮的男孩被从父母的怀抱里夺走;为人妻的除非她自愿一死,便会当着自己丈夫的面被人奸污"②。走投无路的绿党利用参加赛车的机会向查士丁尼申述,绿党的发言人对大赛场皇帝包厢里的查士丁尼尖叫着,对新法赋予贵族的特权提出批评,对帝国官员无情欺压下层民众进行指控:"我们穷,我们是清白无辜的,我们受到了欺侮,我们不敢在街头走过;有人对我们的名号和颜色普遍进行迫害。让我们去死吧,啊,皇帝陛下!但让我们按照您的命令,为您效劳而死!"③

---

① 〔英〕吉本:《罗马帝国衰亡史》第6卷,伦敦1905—1906年版,第303页。
② 〔英〕吉本:《罗马帝国衰亡史》下册,商务印书馆1997年版,第186页。
③ 同上书,第188页。

最初，绿党以抗议蓝党的暴行为借口，将斗争的矛头指向权倾一时的大法官特里波尼安和东方大区长卡帕多细亚的约翰（John of Cappadocia），因为是他们帮助查士丁尼制定了一系列有利于蓝党贵族的法令。于是在大赛场引发了蓝、绿两派民众的冲突，并很快从赛场扩展到大街小巷。但是，在查士丁尼处死两派闹事的暴徒之后，两党之间的冲突很快就转变为一致攻击政府的行动，他们指责查士丁尼高额税收的财经政策，抱怨卡帕多细亚的约翰制定的新税收过于沉重，怒斥官员们的横征暴敛，公开否定查士丁尼一世的中央集权专制化措施。查士丁尼显然不能允许下层民众的无礼行为，下令采取镇压措施。这一公开镇压立即引发了更大规模的骚动，一部分民众在市中心放火，另一部分人砸开监狱，释放大批囚徒。这些囚徒很快成为起义的骨干力量。起初，查士丁尼企图通过谈判解决问题，他在能够容纳5万人的大赛场多次会见了起义民众，答应罢免特里波尼安和约翰，惩治贪官污吏，甚至公开承认自己对人民犯罪。但是，情绪激昂的民众尖声呐喊、愤怒的声浪淹没了皇帝的许诺。骚动变为全面的起义，民众高呼"尼卡"（Νικα，希腊语意为"胜利"）的口号，杀死查士丁尼一世的宠臣，袭击大皇宫和政府机关，进攻监狱，焚烧市政厅，并引起全城大火。起义民众还要求查士丁尼一世下台，推举失意朝臣、前朝皇帝阿纳斯塔修斯一世的侄子伊帕迪奥斯（Hypatios）为皇帝。紧急时刻，查士丁尼一世见势不好，从地道逃离大赛场，并准备弃城出逃。正当群臣议论纷纷、查士丁尼举棋未定之时，镇定自若的皇后塞奥多拉站出来阻止皇帝和部分企图出逃的朝臣，她坚定地说：

我的皇帝陛下，你可以为自救离开。喏！大海就在那边，船只也已准备起航，您也有足够的盘缠。但，我要留下！我认为凡穿上帝王紫袍的人就再也不应把它脱下,当人们不再称呼我皇后时我就不会苟且偷生。我喜欢那句老话:紫绸可做最好的衣服。①

据普罗柯比记载,皇后的镇定极大地影响了在场的朝臣,查士丁尼羞红了脸,主张出逃的卡帕多细亚的约翰绝望地倒在椅子上。重新振作起来的查士丁尼立即和皇后调兵遣将,并设计将起义民众引诱到大赛场,而后,密令贝利撒留率领伊苏里亚雇佣兵军队进行了大屠杀,他们不分男女老幼、参与者或旁观者,被当场杀死3万余人。在随后进行的清算中,查士丁尼无情地屠杀任何异己势力,包括被起义民众临时推举为皇帝的伊帕迪奥斯及其家人,许多支持或参与起义、甚至态度犹豫不决的异己贵族也被株连,一时间,君士坦丁堡成为查士丁尼剪除异己分子和民众民主活动的行刑场。他的这一血腥恐怖政策消除了皇权的敌人和威胁王朝统治的隐患,基本上改变了君士坦丁堡民众参与政治的传统,甚至连赛车这种体育活动后来也逐渐取消了。

查士丁尼为加强皇权采取的另一项改革是逐步取消戴克里先的改革措施和君士坦丁时代的行政制度,将数量众多的小行省联合扩大为大省区,并将地方军政权力重新结合,特别是在东部的亚洲领土上率先推行军政权力的合二为一政策。他还在意大利的拉文纳和非洲的迦太基试行总督制,使这些边远地区的最高长官能够总揽当地各方面的权力,及时应付紧急情况。但是,在其他行省,查士丁尼仍然保持原来的制度。这一系列强化中央集权专制的政策措施确实保证了查士丁尼王朝的统治,稳定了社会秩序,使他梦寐以求的"一个皇帝"的君主专制得以实现。

---

① 〔美〕哈罗德·兰伯:《塞奥多拉和皇帝》,纽约1952年版,第69页。

四、经济改革

查士丁尼一世的经济政策主要是调整税收制度和发展国内外商业两个方面,其繁荣帝国经济的重要目的是为皇帝专制统治提供雄厚的物质基础。

拜占庭帝国税收制度是在罗马帝国税制基础上发展而来的。最初,拜占庭国家的税收属于"土地人头税",即在税收中包括耕地、劳动者和劳动工具等诸种因素,在一定期限内,国家对税户进行资产和劳力核算,确定税收额度。中央政府根据各地核算的结果,登记各省区的纳税额度。由于拜占庭帝国地方官吏的腐败,上述核算过程被做了许多手脚,纳税额度掺杂了极大的水分。特别是当时流行的"包税制",即政府在从包税人那里收取了纳税额度后授予包税人在一定区域和时间内任意收缴捐税的方法,严重破坏了拜占庭帝国的税制。查士丁尼通过立法废除了包税制,下令全国官吏进行税收业务培训,检查各地税额,重新登记各省纳税单位。他指示各地税务官员必须以最大的力量和最有效的办法促使纳税人完成政府规定的税收。他还将普通税从原有的实物形式变为实物和货币混合税。

与此同时,他针对大地主和大土地贵族千方百计逃避国家税收的现象,加大了对等级税的征收。这一改革从政治上看还是对日益兴起的大贵族势力的打击。当时,帝国各地出现了许多有权有势、极为富有的大地主,例如,埃及的阿瑟欧斯家族(the Atheoses)在当地权倾一时、富及王侯,不仅在亚历山大等城市拥有房产钱庄和商店作坊,而且在埃及各地拥有大片地产和无数村庄,其畜群几乎不可数计,还拥有私人库府总管、税收官员、秘书随从、亲兵卫队和大批奴隶工匠、雇工佃户,甚至有私家警察和军队,等等。对此,查士丁尼在《查士丁尼法典》中指出:

我们得到了有关行省中存在时弊的消息,实在令人惊讶,当地的最高官员几乎无法凭自己的力量加以克服。我们极为震惊地听说,大地主们拥有的地产面积极大,他们还有私人卫队,有大批追随他们的暴民,无情地掠夺任何东西。……国家财产几乎完全落到私人手中,为私人所有,因为,包括所有畜群的国家财产被掠夺、被侵吞。对此没有任何人加以批评,因为所有官员的嘴都被金子堵住了。①

为了限制大贵族和大地主的发展,查士丁尼取消了贵族地主享有的免税权,要求大地主根据各自土地的多寡和劳动力的人数按时按量地完成税收。他还借口大地主在税收问题上的违法行为,对最有势力的地主采取没收地产、强迫捐献和依法惩处的措施。他对教会地产的限制也同样严厉。上述从经济上打击大地主的政策在平息了532年尼卡起义之后推行得更加坚决。查士丁尼坚决清理包括高官显贵在内的全国税户,重新核准确定税收等级,增加新税种,整顿全国税收机构,精简各级官府,裁减官员,严厉整肃税收机构和官僚队伍。因为他清楚地认识到,帝国税收官的贪污受贿和对普通百姓的横征暴敛已经严重瓦解了国家的税收体系。事实上,这个问题已经成为破坏社会稳定,摧毁农业生产,扰乱城市财政和打乱国家正常经济秩序的关键弊病。535年,他在立法中明确了政府各级官员的职责,特别指出:官员们"应像父亲关心子女般地对待所有忠诚的公民,保护臣民们免受欺压,应拒绝各种贿赂,在司法审判和行政管理中应公正,打击犯罪,保护无辜,应依法惩治罪犯。总之,对待臣民应像父亲对待自己的孩子……无论在何处都应清廉"②。法律

---

① 〔古罗马〕查士丁尼:《查士丁尼法典》,柏林1895年版,第30章,第44节,第5条。
② 〔古罗马〕查士丁尼:《查士丁尼法典》,柏林1895年版,第8章,第16节,第8条。

还要求国家官吏必须关心国家利益，保证税收，尽一切可能增加国库的收入，特别要按时收缴国家已规定税额的税收。大批钦差大臣被派往各行省，检查税收情况，各地的主教也被委以监督税收的职责。凡被发现犯有违反法律规定的官员均受到查处，撤职监禁，财产充公，而为官清廉、办事公道、税收得力的官员则受到奖励和加官晋爵。

发展商业贸易是查士丁尼经济政策的重要内容。早在罗马帝国时代，东西方商业贸易就已经十分活跃，著名的"丝绸之路"已经存在了几百年。拜占庭帝国凭借有利的地理位置，在东西方贸易中获得了巨大的利益。但是，查士丁尼对此并不满足，他希望拜占庭能在对东方的商业活动中占有更大的份额。当时，来自远东的中国丝绸和印度香料等贵重商品并不是直接到达安条克、亚历山大等拜占庭帝国各口岸城市，中途需经过萨珊波斯控制的陆路和阿拉伯人控制的海路，巨额利润要经过多次瓜分，特别是在拜占庭和波斯两国关系紧张时期，垄断东方货物几乎成了波斯人手中的一张王牌。因此，查士丁尼决心打通新的商路，发展海上势力，建立东西方之间直接的商业往来，打破波斯人的垄断。

在这一政策的鼓励下，拜占庭帝国出现了许多勇敢的冒险商人，他们积极投身到开发远东商路的活动中，其中值得一提的是哥斯马斯（Kosmas Indikopleustes）。此人生于查士丁尼时代，因经商致富，曾活跃在东地中海地区，长期经营东方商品交易。为了寻找到东方的直通道路，他曾到过红海东岸、西奈半岛、阿比西尼亚（今埃塞俄比亚）和锡兰（今斯里兰卡），晚年进入修道院过隐修生活，写下了著名的《基督教国家风土记》。这本书准确地记载了哥斯马斯的旅行见闻，对沿途国家民族的风土人情做了生动的描写。特别难能可贵的是作者提供了其资料的来源，并对其亲眼所见的事实和亲耳听到的传闻做了严格的区分，成为拜占庭人重要的商业指南书籍。哥斯马斯在这本书中提出，大地是漂浮在海洋上的扁平陆地,其最东端是称为印度的国家,而盛产丝绸的中国只是印度的一部分,"这一丝绸之国位于印度最偏僻的地方,地处那些进入印度洋的人们左侧,……这一被称为秦尼扎的丝绸之国左边由海洋所环绕,……运载丝绸的车队要由陆地旅行,相继经过各个地区,时间不长就到达了波斯,而通向波斯的海路要漫长得多。……在秦尼扎以远,就再也既不能航行也不能居住了。……印度大陆的其他部分由发运丝绸的秦尼斯坦所占据,在此之外就再没有其他地区了,因为东部由大洋所环抱"①。

查士丁尼为了保护拜占庭帝国的商业利益,不惜发动战争,与波斯人展开了激烈的对红海贸易的争夺。红海历来是连接印度洋和地中海的通道,也是对东方贸易的重要门户。查士丁尼时代,拜占庭在红海西北角大力发展港口,在阿卡巴湾里建立了阿乌拉港,在其南部又建立克里斯马港。从这里,大批来自东方的商品货物可以转运到安条克、君士坦丁堡和亚历山大,甚至直接运往西地中海各港口。查士丁尼积极支持当地阿克苏姆王国(the Arksum Kingdom)的阿比西尼亚基督教徒,发展与该王国的友好关系。当波斯商人与阿克苏姆商人发生冲突时,他甘愿冒着与波斯帝国发生战争的风险,坚决支持后者。

关于查士丁尼从中国引进育蚕技术的故事最能说明他发展对外商业的政策。普罗柯比在《哥特战争》中记载:

> 某些来自印度的僧侣们深知查士丁尼皇帝以何等之热情努力阻止罗马人购买波斯丝绸,他们便前来求见皇帝,并且向他许诺承担制造丝绸,以便今后避免罗马人再往他们的宿敌波斯人中或其

---

① 〔法〕哥斯马斯:《基督教国家风土记》(又名《哥斯马斯旅行记》)第 2 卷,巴黎 1968—1973 年版,第 38 页。

他民族中采购这种商品了。他们声称自己曾在一个叫作赛林达的地方生活过一段时间,而赛林达又位于许多印度部族居住地以北。他们曾非常仔细地研究过罗马人地区制造丝绸的可行办法。由于皇帝以一连串问题追问他们,询问他们所讲的是否真实,所以僧人们解释说,丝是由某种小虫所造,上天赋予它们这种本领,它们被迫为此操劳。他们还补充说,绝对不可能从赛林达地区运来活虫,但却很方便也很容易生养这种虫子;这种虫子的种子是由许多虫卵组成的;在产卵之后很久,人们再用厩肥将卵种覆盖起来,在一个足够的短期内加热,这样就会导致小动物们的诞生。听到这番讲述以后,皇帝便向这些人许诺将来一定会得到特别厚待恩宠,鼓励他们通过实验来证明自己的话。为此目的,这些僧侣返回了赛林达,并且从那里把一批蚕卵带到了拜占庭。依我们上述的方法炮制,他们果然成功地将蚕卵孵化成虫,并且用桑叶来喂养幼虫。从此之后,罗马人中也开始生产丝绸了。①

这段史料被后代作家广泛引用,给以多种多样的解释,引起现代学者的争论。他们或是由这段史料引申,提出古代中国实行丝绸技术封锁,或是夸大育蚕和丝织技术的神秘,或是渲染僧侣"偷盗"中国丝绸技术的过程。② 但是,一个无可争辩的事实是,拜占庭帝国从此发展起自己的丝织业,在科林斯、伯罗奔尼撒半岛形成了几个丝织业中心。它们又成为中国育蚕丝织技术西传的中续站,而欧洲也从此开始了其丝织业的历史。

---

① 〔法〕戈岱司编:《希腊拉丁作家远东古文献辑录》,耿昇译,中华书局1987年版,第96页。
② 关于丝绸之路和东西方育蚕丝织技术交流的问题历来是中西文化交流专家关注的热点,近年来,这一问题再度引起世界范围学术界的注意,出版了有关专著和论文。

五、宗教政策

查士丁尼的宗教政策也是围绕建立统一帝国的总目标推行的。早期拜占庭帝国历史上曾发生过三次重大的神学争论,即4世纪发生的所谓阿里乌派学说之争,5世纪的聂斯脱利教义之争和自4世纪中期开始的"一性论之争"。所谓阿里乌派学说是指亚历山大教会教士阿里乌(Arius)提出的神学理论,即认为上帝圣父和圣子在本体和本性上不同,圣父无始无终,永恒存在,其本性不变,而圣子基督为上帝所造,不能与圣父同样永恒,其本体和本性经历了发生、发展的过程,他只是体现上帝的道,因此不是神,其地位低于圣父。这一理论否定了基督救赎的可能性和人类获得上帝恩典的途径,与正统基督教神学发生冲突。围绕这一理论,教会内外分裂为不同教派,直至在君士坦丁一世直接干预下举行的尼西亚宗教会议判定阿里乌派为异端。聂斯脱利派神学是由安条克神学家聂斯脱利(Nestorius)提出的两元论神学,即认为基督神、人两性分离,其神性来自于上帝,其人性来自于马利亚。这一理论与正统的"三位一体"信仰相背,遭到罗马和亚历山大两教会的激烈反对,并于431年以弗所宗教大会上被斥责为异端。该派后流亡波斯帝国,并以波斯帝国为基地发展壮大,进而传入我国。① 一性论神学主张基督在所谓道成肉身后,其神性和人性合二为一。这种神学思想在埃及、叙利亚和巴勒斯坦等拜占庭帝国东部地区广泛流行。查士丁尼一世统治时期,"一性论之争"达到了白热化的程度,在首都、小亚细亚、叙利亚和埃及等拜占庭东部地区,民众因此被分成两个对立的派别。据当时的史家记载,狂热的信徒们在街头巷尾、市场商店无止无休地辩

---

① 唐朝初期传入我国的聂斯脱利派基督教称为"景教",现存西安的"大秦景教流行中国碑"对此提供了证据。

论神学问题,甚至当顾客问及商品的价格时,店主竟回答"三位一体",许多家庭也因神学分歧而破裂,几乎所有的帝国臣民都被要求在神学争论中表明自己的观点,否则面包作坊拒绝向他出售面包。帝国社会因宗教争论而造成极大的思想混乱是查士丁尼一世不能容忍的,因为他认为在一个皇帝统治下的统一帝国只能有一种宗教信仰,他要扫除一切有碍实现其政治目标的因素,要通过对宗教事务的干预恢复皇帝对教会的绝对权威,强化"至尊权"。553年,查士丁尼召集君士坦丁堡宗教大会,试图调解神学分歧。此后,他和塞奥多拉在皇宫中举行500名教士和信徒大会,讨论一性论神学。据说查士丁尼为此专门学习神学,刻苦研究双方的意见,对那些晦涩难懂的教义信条日夜思考。事实上,他更多思考的是如何加强皇帝的至尊权。

拜占庭皇帝自4世纪基督教成为国教之初就享有控制教会的"至尊权",这一权力是早期拜占庭皇帝作为羽翼未丰的教会的保护人而自然形成的。从理论上讲,皇权和教权的结合是拜占庭君主权力的基础,两者相互支持,相互配合,皇帝需要教会从精神统治方面给以帮助,而教会则要在皇帝的直接庇护下发展起来。最初,皇帝对教会的权力是无限的,但是,随着教会实力的增加,这种权力越来越受到侵害,教会则出现了脱离皇权控制的倾向。皇帝"至尊权"主要表现在如下方面:其一,召开基督教大会的权力。自君士坦丁一世于325年亲自召开第一届基督教大会后,318年塞奥多西一世在君士坦丁堡召集了第二届基督教大会,413年塞奥多西二世在以弗所召集了第三届基督教大会,此后,第四届察尔西顿基督教大会和第五届君士坦丁堡基督教大会分别由马尔西安(Marcian,450—457年在位)和查士丁尼一世于451年和553年主持召开。其二,掌握基督教高级教职人员的任免权。早期基督教教会曾建立了五大教区,即罗马、君士坦丁堡、耶路撒冷、亚历山大和安条克教区。依据第二次和第四次基督教大会的决议,罗马和君士坦丁堡两教区享有最高教区的特权。拜占庭皇帝紧密地控制这些教区，特别是罗马和君士坦丁堡主教和大教长的任命权，并对不与皇帝合作者撤职迫害。君士坦丁一世就曾免去亚历山大城主教阿塔纳修斯（Athanasios）的教职，塞奥多西二世则通过宗教会议罢免了君士坦丁堡大教长聂斯脱利教职，并将其流放。其三，参与教会事务和仲裁教会争端。皇帝们极为重视教会内部的思想动向，一方面是出于防止教会脱离皇权控制的考虑，另一方面则是及时制止宗教争端造成社会分裂。自基督教成为国教以后数百年间，皇帝们几乎参与和决定了教会所有争端的最后结果。

查士丁尼公开宣布自己是正统国教的保护人，大力支持基督教教会，兴建了许多教堂和修道院，并授予教会多方面的特权。为了更好地参与教会的争论，他认真学习《圣经》，参加基督教教义讲习班，向高级教会神学家请教。同时，他积极参与教会内部的争论，力图平息各个教派之间的教义论争，一方面强令所有异教徒改信国教，另一方面以高压手段打击不愿屈服的宗教信徒。529年，查士丁尼关闭了被视为古典思想中心和传播异教学说基地的雅典哲学院，许多不愿屈服的著名教授被流放，学院的财产被没收。雅典这个古代地中海世界的著名文化中心从此失去了最后的光荣。与此同时，查士丁尼下令所有持非正统教义的信徒限期三个月皈依国教，否则，剥夺其政治和宗教信仰权，并以重税和劳役实行经济上的迫害。"一性论派"、阿里乌派、聂斯脱利派都被列入异端的黑名单，其中对"一性论"的斗争最为激烈。这一派在埃及、叙利亚和巴勒斯坦影响最大，特别是在宫廷中，有相当数量的大臣倾向于该派，其中包括塞奥多拉。起初，查士丁尼的宗教政策并没有严格执行，但是，548年塞奥多拉病故后，他开始全面推行宗教迫害政策。他主持召开第五次基督教大会，决定严厉迫害"一性论派"信徒和所有反对其宗教政策的人士。罗马大主教维基利乌斯（Vigilius）即因此被流放，后客死他乡。

这些宗教迫害措施激起东部各省的起义。显然,查士丁尼从政治角度处理宗教问题,以高压和武力方式处理宗教问题,或调解各教派与政府之间的关系,或调和各教派之间的矛盾,最终都未能解决拜占庭帝国内部的宗教分歧。事实上,围绕"一性论"进行的神学争论不仅是基督教正统和非正统教派间的斗争,而且反映拜占庭帝国各种深刻的社会矛盾。亦即经济上比较富裕的东部各行省不满于帝国中央政府的沉重剥削,亚洲各被统治民族也对西部贵族的长期政治歧视和压迫心怀仇恨,他们利用宗教问题与朝廷对抗,而查士丁尼的基督教政策强化了这些复杂的矛盾,埋下了分离主义的祸根。

第二节 查士丁尼时代的对外战争

一、重建君士坦丁堡

查士丁尼为重建昔日罗马帝国的光荣竭尽全力,他的另一项"业绩"是与弘扬罗马帝国的光荣联系在一起的,即重新修建君士坦丁堡。

自从4世纪新都建成以来,君士坦丁堡的大型城市建筑工程几乎全部停止,仅有个别的小型建筑工程在断断续续地进行。至查士丁尼一世统治时期,城内建筑大多年久失修。特别是465年的大火毁坏了一半以上城区,532年的尼卡起义又使城市中心区的建筑被尽数摧毁。因此,重建首都不仅十分迫切,而且对于重新确立帝国的光辉形象也极为必要。查士丁尼聘请当时著名的建筑师伊塞多利(Isidcre)和安赦米奥斯(Anthemius)制订了庞大的计划,下令他们立即监督施工。五年后,重建的君士坦丁堡再放光辉,宏伟的圣索非亚教堂屹立在城市中心,成为拜占庭建筑风格的代表作,堪称中古世界的一大奇观。据普罗柯比在《建筑》一书中的记载,这个时期在君士坦丁堡建立的教堂就有

33座。此外,豪华的黛屋希裸公共浴池和皇帝公园都在原来的旧址上加以扩建。庞大的修建工程直到查士丁尼一世去世以后仍然继续进行,这使君士坦丁堡这颗明珠重放光彩。①

然而,查士丁尼最大的心愿是恢复罗马帝国的疆域。4世纪以后,虽然罗马帝国东西两部分走上不同的发展道路,但是,早期拜占庭帝国历代皇帝都认为自己是罗马皇帝的继承者,他们不仅自称为罗马皇帝,而且继续保持罗马帝国的称号。甚至在4世纪末和5世纪日耳曼人各部落大举侵占罗马帝国西部期间,他们仍然认为自己拥有对西部地区的宗主权。他们都承认已经接受拜占庭皇帝为宗主的西哥特和东哥特人入侵西部地区是合法的,是受拜占庭帝国皇帝委派的。尽管在查士丁尼一世以前,拜占庭帝国已经丧失了对地中海西部地区的控制,但是,当时的皇帝们仍然以整个帝国的主人自居。这表明收复西部失地、恢复对西部的控制、重振昔日罗马帝国的雄风是早期拜占庭帝国统治政策的核心。查士丁尼一世统治时期,恢复昔日囊括地中海为内海的罗马帝国光荣的愿望得到暂时的满足,他发动的多次对外战争似乎完成了"光复帝国"的"伟大事业"。

二、波斯战争

查士丁尼的对外战争主要包括"汪达尔战争"、"哥特战争"和"波斯战争"。拜占庭作家普罗柯比对这些战争做过详细的记载,他作为这些战争主要指挥者贝利撒留的秘书,依据其亲身经历和掌握的大量资料为我们提供了可靠的历史记述。②

---

① 普罗柯比在其《建筑》一书中详细记载了查士丁尼重建君士坦丁堡的事件,参见该书伦敦1914—1935年版。

② 普罗柯比的《战记》有多种英文译本,其中详细记载了查士丁尼对外战争,参见该书纽约1967年版。另见布瑞《晚期罗马帝国史》,第373—398页。

正是贝利撒留以其杰出的军事战略家和战争指挥者的才能帮助查士丁尼实现了梦想,他作为拜占庭帝国历史上最杰出的军事将领和查士丁尼最得力的军事助手,参与指挥多次重大对外战争,屡战屡胜,为拜占庭帝国恢复"罗马帝国"昔日疆域立下了赫赫功绩。不仅如此,贝利撒留还对拜占庭军事技术和战争艺术的发展做出了意义深远的贡献。他在担任拜占庭帝国军事总指挥期间,组建了装甲骑兵,这支部队后来成为拜占庭军队主力的重装骑兵。他首先在骑兵装备中引进的日耳曼式长矛和波斯弓箭也奠定了拜占庭骑兵在此后数百年发展的基础。他改变以前拜占庭军队只有少数骑兵,而且不装备铠甲,使用短兵器的不足,引进阿瓦尔人和波斯人骑兵装备和兵器,如马蹬和装甲,长矛和弓箭,改善了骑兵的作战手段,大大提高了骑兵的战斗力。贝利撒留对拜占庭军队进行的技术革新使查士丁尼的战争计划得以顺利进行。

查士丁尼为了全力进行征服西地中海的战争,首先发动对大举进犯拜占庭东部边界的波斯人的战争,派遣时年23岁的贝利撒留进军叙利亚。531年,贝利撒留率领边防军巡弋于帝国东部美索不达米亚北部边界,在达拉斯城(Daras)与波斯军队相遇。波斯人与拜占庭帝国长期为敌,早在君士坦丁王朝时期,他们就在创建于226年的萨珊王朝统治下,自恃强大,向西扩张,占领了原西亚强国帕提亚王国的领土,并在4世纪时进抵两河流域地区,与拜占庭帝国边境部队发生冲突,开启了持续数百年的争霸战争。337—350年,两大帝国之间爆发了第一次战争,拜占庭人虽然在军事上失利,但阻止了波斯人向西扩张。359—361年,第二次拜占庭波斯战争爆发,波斯军队攻占若干拜占庭帝国东方边境城市,但是旋即被拜占庭人夺回。皇帝朱利安亲自统兵侵入波斯领土,夺取底格里斯河渡口,并在波斯陪都泰西封以北大败波斯军队。363年朱利安阵亡后,波斯人重新夺取战场主动权,双方缔结的三十年和约规定:恢复被拜占庭人夺取的波斯西部领土,亚美尼亚王国脱离拜占庭帝国控制。此后,波斯人在拜占庭帝国东部地区不断挑起事端,成为历任皇帝最感头痛的边关威胁。贝利撒留走马上任后,全面整顿边防,首先撤换了自恃功高不服将令的贵族军官,而后征兵充塞补充边防力量,他还向当地豪门地主征集备战资金,使东部边防力量得到增强。

发动6世纪拜占庭波斯战争的是波斯国王侯斯罗埃斯(Chosroes I,531—579年在位),他登基之后立即发动扩张战争,亲自统领4万远征军,直扑拜占庭帝国边境城市达拉斯,企图一举夺取该城,突破拜占庭帝国边防线,扫清西进道路。当时,贝利撒留所辖军队仅有2万余人,但是,他力排众议,否定了后撤回避波斯军前锋的迂回战术,力主以达拉斯城为核心要塞的正面迎击战术。他通过对战略问题的分析,认为达拉斯城的失守必将牵动东部边防的全线,那时,帝国丧失的就不仅是一个达拉斯城,而且可能将被迫全线后撤,两河流域地区的广大领土都会因此而丢失。如果出现这一局面,拜占庭军队在短时间内也不可能重新布防。特别是拜占庭军队的后撤和达拉斯城的失陷可能会造成军心动摇,将加剧拜占庭军队士兵心理劣势,当务之急是在与波斯人的正面冲突中取得胜利,重振军心。于是,他果断撤换了主退派军官,与谋士们具体分析了波斯军队的情况,制订了以逸待劳的作战计划。他充分利用整编扩充之后拜占庭军队骑兵优势和达拉斯城特有的地形优势,使波斯军队数万之众难以展开,使拜占庭军队在局部上占据对波斯军队人数上的优势,并利用这一局部优势兵力击溃波斯军队前锋,进而动摇波斯人后续部队的士气,改变拜占庭军队人数上的劣势。在实际战争中,他针对波斯军队的习惯作战方法[1]重新布阵,一改传统的左、

―――――――――

[1] 即将军队分作左、中、右两排六个方阵,中军大营设在后排中部,作战时分方阵进兵,突破一个缺口后全军掩杀,这就在战役的局部上降低了其人数上的优势,并为拜占庭军队提供了可乘之机。

中、右三军阵式,于平原上摆出五军之阵,以其中冲击力强大的四个方阵骑兵约1.6万人与波斯军对阵,留步兵在大营作为预备军。他还别出心裁地将过去的中军一分为二,以加强其机动性。同时,他精心将步兵14个团排成中央前突的阵形,用重装长矛弓箭军团作前排中央骑兵团的后盾,而两翼万余骑兵的后部留有较大空间,使其进退自如。他首先将军队调出城东郊,在罗弗斯沼泽地南侧扎营,凭借沼泽地作为拜占庭军队北部天然屏障。战斗开始后,贝利撒留灵活指挥,命令左路骑兵后撤至罗弗斯沼泽地西南,并分兵快速绕过沼泽地,以大约9000骑兵从三面包围波斯军队右路7000人,重创首先发动进攻的波斯右路军,迫使其逃窜。在随后的战斗中,贝利撒留又以一小部分成楔形攻击阵形的部队引诱波斯左路军进入拜占庭右路和中路军队攻击地区,使之处于两面受敌的境地。拜占庭骑兵则乘胜全线进攻,波斯人全军狼狈逃窜,又损失万余人和大量粮草武器。这样,贝利撒留就取得了达拉斯战役大捷,这使拜占庭军队士气大增,边防得到巩固。此后,他乘波斯人残余部队南撤到美索不达米亚地区之机,亲率在达拉斯战役中建立功勋的万余精锐骑兵迅速追击,在佳丽尼克战役中,又以两万军队击溃波斯人1.5万骑兵,最终挫败了侯斯罗埃斯夺取西亚的计划。532年,拜占庭和波斯两国订立和约。540年和562年,查士丁尼因西部战争无暇东顾,与波斯人再度立约,答应提供大笔贡金。

三、汪达尔战争

此后,查士丁尼皇帝在其发动的西地中海战争中,对贝利撒留委以最高军事指挥权,指示他在打击蛮族的战争中再立新功,而贝利撒留则不负众望,在征服西地中海战争中使自己的才华得到最充分的展示。

所谓"蛮族"是古希腊人对非希腊语民族的称呼,拜占庭帝国时代,蛮族泛指拜占庭帝国周边落后的野蛮民族。当时,拜占庭帝国的领土包括多瑙河以南的巴尔干半岛、从克里米亚半岛到黑海东岸的黑海地区、自高加索经两河流域上游到亚喀巴湾以西的小亚细亚和地中海东岸地区，以及今阿斯旺以北的埃及和今苏尔特湾以东的北非地区。在拜占庭帝国领土周围出现的日耳曼人各部落中，入主原罗马帝国高卢行省的法兰克人、占据北非迦太基地区的汪达尔人、控制意大利中部和北部的哥特人势力强大，成为查士丁尼一世实现其政治目标的主要障碍。

533 年，查士丁尼皇帝发动了对西地中海世界的征服战争。查士丁尼在西地中海地区打击的第一个目标是占据迦太基的汪达尔人。533 年，贝利撒留统领 1.8 万名将士和百余条战舰渡海直取汪达尔王国。① 汪达尔人原是日耳曼民族的一支，406 年从中欧地区跨过莱茵河，进入高卢地区，与阿兰人和塞维鲁人肆虐于西欧达三年之久，后迁移到西班牙西部和南部。429 年，汪达尔人跨过直布罗陀海峡，进入北非马格里布地区，并于数年后夺取迦太基古城，建立汪达尔王国。新兴的汪达尔王国实力发展迅速，其凶残野蛮的作战方式几乎摧毁了原罗马帝国在北非的所有防务。汪达尔人利用迦太基扼守西地中海与东地中海通道的战略地位，不仅很快控制了西西里岛和撒丁岛，而且进一步掌握了西地中海海上霸权。此后，他们多次渡海入侵意大利南部地区，危害拜占庭帝国在西地中海地区的商业利益。5 世纪时，拜占庭军队曾两度远征汪达尔王国，均以失败告终，被迫承认其对北非的占领。

查士丁尼登基后，将汪达尔人视为眼中钉，他特别不能允许拜占庭帝国在西地中海的利益受到汪达尔人的破坏和剥夺，不能坐失富庶的北非地区，因为北非的谷物、油料和酒在历史上曾对罗马帝国经济产生重要影响。拜占庭帝国时代，北非丰富的农牧业产品对东地中海地区

---

① 贝利撒留参战的军队人数和战船数量史家记载多有差异，本书取布瑞的说法。

仍然具有重要意义,不仅为拜占庭帝国带来大量的商业利润,而且构成了拜占庭人日常生活不可缺少的物资。查士丁尼决心以武力征服汪达尔人,消灭汪达尔王国,迫使其或承认拜占庭皇帝的宗主权,或成为帝国的行省。查士丁尼作为当时地中海世界最精明的政治家,之所以迅速结束波斯战争并展开对汪达尔人征服战争,是因为他等待时机,充分利用当时汪达尔王国的内乱。6世纪初时,汪达尔王国虽然经常与拜占庭人发生利益纠纷,但是,对于拜占庭帝国基本上保持友好关系,特别是国王希尔德里切(Hilderic)力主结好拜占庭人的政策。这一政策引起汪达尔人内讧,强硬派认为远在东方的拜占庭人没有权力,也没有可能干涉西地中海事务,因此,汪达尔王国也没有理由惧怕他们。外交政策上的争论成为争夺王权斗争的导火索,终于导致希尔德里切被推翻,新国王盖利摩尔(Gelimer)夺取王权。查士丁尼立即抓住这一时机,派军队武装干涉。

贝利撒留率军远程渡海进入西地中海后没有贸然发动进攻,而是首先利用对汪达尔人充满恐惧的东哥特人,争取后者的支持。就当时西地中海范围而言,汪达尔王国与东哥特人存在利害冲突,双方多次发生争夺西西里岛的战事。特别是东哥特人乘汪达尔王国内外交困之机夺取西西里后,担心汪达尔王国日后进行报复,因此支持拜占庭军队进击汪达尔人。他们不仅允许贝利撒留远征军在西西里岛休整部队,解除远航疲劳,而且帮助拜占庭军队补充军需,使贝利撒留得以很快完成了进攻前的准备。

534年,贝利撒留在对汪达尔人防御情况做了透彻了解后,命令拜占庭军队避开与西西里岛隔海相对的汪达尔人主要防御阵地,从其防务薄弱的卡布特瓦达(Kaputbada)突然登陆,夺取沿海地区,建立屯兵大营。而后,拜占庭军队迅速从南向北在沿海陆地和近海上同时发起进攻,袭击汪达尔人的右翼。这一作战方向完全出乎汪达尔人的预料,引起全军恐慌。贝利撒留则乘机迅速攻占卡布特瓦达以北的西科莱克特（Syklektos）、莱伯第（Lepte）、阿德拉米特（Adramitos）、格拉西（Grasse）和代基蒙（Dekimon）诸沿海城市。汪达尔国王盖利摩尔急忙调集各地军队增援。为了会合海陆军队，增强拜占庭军队的攻击力，贝利撒留命令部队暂停进军，选择代基蒙附近沿海地区扎营，在天然海港左右两侧分别建立基地，舰队则部分进入海港，等待汪达尔人的到来。双方的决战发生在代基蒙城以南阿龙沙漠以东平原地区。贝利撒留针对远征的拜占庭军队人数较少，而本土作战的汪达尔人人数占优的情况，选择这个相对狭小的空间作为决战战场。同时，他考虑到汪达尔人不像波斯军队那样注重作战阵形，因此，拜占庭远征军必须集中兵力，不在地域广阔的平原上作战，使汪达尔人大面积散兵作战的优势难以发挥出来。当汪达尔军队骑兵先锋突然出现在战场时，贝利撒留不等对方后援部队到达，就命令早已做好准备的拜占庭骑兵发动攻击，汪达尔人措手不及，全军后撤。次日，汪达尔人集结各路军队后再次向拜占庭军队发起攻击。此番作战意义重大，贝利撒留充分认识到这将成为决定汪达尔战争胜负的关键战役，因此改变阵形，将拜占庭远征军全部集中，在沿海地带排成纵队。突前的骑兵前锋部队的任务是引诱敌军，挑起汪达尔军队全军的攻势，而后后撤与主力前锋部队会合。主力前锋部队的任务是只对汪达尔军队进行简单抵抗，继续后撤，等待贝利撒留亲自统率的主力部队发动决定性反击。汪达尔人虽然作战骁勇，但是基本上缺乏战略战术，他们在猛烈地进攻中过早兴奋，当与贝利撒留的主力部队正面冲突时，士兵们似乎已经有些疲劳。而贝利撒留在敌人兴奋点刚刚过去的时候，立即汇合全军掩杀，等待已久的拜占庭士兵，一举击溃汪达尔人的冲锋。经过双方短暂的激烈搏杀，汪达尔人终于顶不住拜占庭军队的反冲锋，全军溃败，兵败如山倒，自相践踏，死伤无数。汪达尔军队有生力量遭到毁灭性的打击。此战的胜利决定了拜占庭人征服汪达尔王国战争的最终胜利。

贝利撒留在取得代基蒙战役胜利后,乘势北上,夺取汪达尔人在突尼斯地区东部沿海的最后一个军事重镇卡尔西丹城(Karchedan),从而彻底解除了汪达尔人反扑的力量,扫除了拜占庭军队向西追击汪达尔人残余部队的后顾之忧。经过短暂的休整,拜占庭军队从卡尔西丹城发动西征,进而完成对汪达尔人最后的征服。失去控制的汪达尔人残余部队和内地增援军慌忙退守特里卡马洛(Trikamaron),企图重新组织起抵抗。该城位于特里卡马洛河西侧,控制沿河向西的道路,易守难攻,拜占庭军队为了迅速占领该城,抢先渡过特里卡马洛附近的大河,占据有利地形,并乘敌军惊魂未定之时,挥师掩杀,取得特里卡马洛战役大捷。至此,拜占庭军队基本完成了西征战争的目标,按照查士丁尼原定计划,在盖利摩尔承认拜占庭帝国宗主权后就可以结束战争。但是,贝利撒留不放过这唾手可得的最后胜利,决定灭亡汪达尔王国,消除拜占庭人在西地中海的潜在威胁。这样,他不等查士丁尼派遣的大臣到达就命令拜占庭军队继续追击向西逃窜的盖利摩尔残部。他亲自率领精锐骑兵部队昼夜兼程,跟踪盖利摩尔向西疾进,终于在伊彭城(Ippon)抓住最后一股敌军。此时,屡战屡败的盖利摩尔已经走投无路,众叛亲离,前国王的支持者和国内反对派纷纷表示效忠拜占庭皇帝。汪达尔国王盖利摩尔及其残兵败将眼看大势已去,小小伊彭城也是孤城难守,被迫出城投降。

贝利撒留将胜利后在北非重新建立拜占庭帝国地方政府的任务留给查士丁尼派来的大臣处理,自己则押解着盖利摩尔和汪达尔人贵族和将领军士返回君士坦丁堡。被俘的汪达尔人后来被编为拜占庭军队中的汪达尔人兵团,最终在拜占庭人对外战争中消耗殆尽,这个民族也逐渐从历史中消失了。贝利撒留的胜利为他赢得了极大的荣誉和声望,拜占庭周边地区的蛮族更是闻风丧胆,称之为"蛮族克星"。查士丁尼对于他"超额完成的任务"也感到意外的惊喜,因为,汪达尔王国的灭亡使他隐隐约约看到罗马大帝国昔日的辉煌即将再现,他梦寐以求的理想即将实现。他对自己爱将的赞赏是无法表达的,但是,生性多疑的查士丁尼也对贝利撒留在军队里的巨大声望感到担忧。为了表示对贝利撒留赫赫战功的奖赏,查士丁尼在其班师回朝后,为他举行了盛大的凯旋典礼。当贝利撒留身着戎装礼服,骑乘高头大马通过君士坦丁堡的凯旋门时,欢迎的贵族高官和兵士们都感到无比自豪,因为,自从君士坦丁大帝以后,还没有人取得过如此显赫的战功,也没人享受到如此辉煌的荣誉,特别是数百年来没有一位军事将领获此殊荣。为了笼络贝利撒留,查士丁尼慷慨赏赐参加汪达尔战争的将士,并亲自授予贝利撒留执政官荣誉称号。查士丁尼大肆犒赏贝利撒留及其部下并不仅仅是为表彰其已经取得的功绩,更重要的是要以此激励全军将士死心塌地为他实现重建罗马帝国的政治计划服务,在尚未进行的战争中,亦即在哥特战争中继续效力。

四、东哥特战争

汪达尔战争的胜利增强了查士丁尼重建罗马大帝国的信心,也激发了其迫不及待征服东哥特王国的欲望。535年,贝利撒留再次受命率军出征意大利,企图灭亡东哥特王国。

哥特人原为日耳曼民族一支,曾生活在里海北岸地区,4世纪末,他们在匈奴人进攻的压力下加快向西迁徙。当时,拜占庭军队几乎无法阻挡举族西迁、蜂拥而至的哥特人,皇帝塞奥多西一世认识到使用武力解决不了哥特人问题,因此采取接纳和利用蛮族的政策。他不仅接受哥特人为帝国的臣民,允许他们在帝国边境地区定居垦荒,缴纳赋税,提供劳役和军队,而且在帝国军队中建立哥特人兵团,吸收哥特人担任军官,甚至担任高级军职。但是哥特人进入拜占庭帝国后在社会生活中产生了多方面的影响，这不仅表现在哥特人在拜占庭国家经济中增加了新的生产生活方式，而且大批加入拜占庭军队的哥特人，以其勇敢尚武和忠诚团结，使拜占庭军队作战能力得到提高。但是，哥特人进入拜占庭帝国社会也产生了新的社会问题，因为定居的哥特人对帝国官员的敲诈勒索极为反感，多次举行起义，其中阿拉里克于395年率领部下发动的民族起义，直接威胁了君士坦丁堡的安全。拜占庭朝野极为震惊，通过外交斡旋，说服阿拉里克继续南下希腊阿提卡和伯罗奔尼撒半岛，而后转向西方，渡海进军意大利。5世纪时，活跃在巴尔干半岛的东哥特人在其领袖塞奥多里克带领下，前往意大利，代表拜占庭帝国皇帝平息在奥多亚克领导下的西哥特人反叛，并在皇帝泽诺支持下以拉文纳为都城建立东哥特王国。他们控制亚平宁半岛数十年，成为查士丁尼一世重建罗马帝国的主要障碍之一。

查士丁尼故伎重演，借口为被杀害的亲拜占庭帝国的东哥特王后复仇，出兵干涉。贝利撒留再次领军作战，向西渡海，在他熟悉的西西里岛登陆，并以此岛为基地，沿意大利西海岸向北推进，首先夺取西南重镇那不勒斯，而后又攻占罗马古都。然而，贝利撒留这次军事进攻却遭到东哥特人的顽强抵抗。事实上，东哥特人不仅远比汪达尔人强大，更难以征服，而且意大利地域广阔，地势复杂，东哥特人时而采取流动作战方式，避免与拜占庭人正面冲突，时而突击骚扰，消耗拜占庭人的有生力量，使贝利撒留无法捕捉到决战的机会。特别是贝利撒留孤军深入，很快就陷入在人数上占绝对优势的敌军的包围。对贝利撒留获得的巨大荣誉感到嫉妒和不满的其他军队将领，在战场上行动迟缓，以种种方式拒绝与之合作，令贝利撒留孤掌难鸣，被东哥特人围困在罗马城，只是由于他杰出的军事才能，才免遭全军覆没。在此期间，宦官出身的纳尔西斯（Narseas，480或490—574年）利用其特殊地位多次向查士丁尼进谗言，诋毁贝利撒留作战不力。此后，虽然查士丁尼以"围魏救赵"之计，增派拜占庭军队攻打东哥特人都城拉文纳解了罗马之围。但是，贝利撒留清楚地认识到拜占庭军队在意大利遭遇的对手不同于汪达尔人，难以用武力彻底征服。因此，他审时度势，主张对东哥特人施行怀柔政策，并千方百计拉拢东哥特贵族。拜占庭军队在意大利久战不决的局面迫使查士丁尼同意与东哥特人谈判。后者提出投降必须以贝利撒留为哥特人皇帝作为条件。贝利撒留假意同意，诱骗东哥特军队投降。但是，贝利撒留在意大利取得的成功并没有为他带来荣誉，相反却加深了查士丁尼对他的猜疑，返回君士坦丁堡后，受到皇帝的冷落。他以智谋征服东哥特人非但没有得到查士丁尼的理解，却成为他心存不轨的证明。

这样，查士丁尼重新将地中海变成拜占庭帝国的内海，罗马帝国昔日的疆域似乎重新恢复。但是，这个地中海大帝国的基础相当脆弱，被征服地区不时爆发新的起义，与波斯人订立的和约不断遭到破坏。当拜占庭波斯两国战事再起时，冷落在家的贝利撒留毫不犹豫地受命前往东方前线指挥作战。虽然，深受皇帝猜疑嫉妒的贝利撒留很难得到查士丁尼的支持，且军队中趋炎附势的贵族军队和雇佣兵不服从指挥，贝利撒留仍然取得了多次胜利。544年，东哥特人再度发动起义，查士丁尼不得不请贝利撒留临危出征，第二次赴意大利指挥对东哥特人战争。如同他在东方前线一样，军中反对派的掣肘、皇帝的猜疑和军援短缺使他无法施展军事才华。此后数年，他只能与东哥特人周旋，而不能取得决定性的胜利。纳尔西斯以此为借口，再度说服查士丁尼以作战不利为名罢免了贝利撒留。559年，保加利亚人和斯洛文尼亚人因冬季格外寒冷，举族越过结冰的多瑙河，翻越巴尔干山脉和罗多彼山脉，直下马其顿和色雷斯地区，其主力骑兵近万人兵临君士坦丁堡城下，在城西60里外扎营。拜占庭帝国京畿地区为之震动，大批逃亡进首都的难民带来了蛮族奸污修女和用婴儿喂养鹰犬的可怕消息，而地震造成的城墙破损尚未修复。面临迫在眉睫的危机，77岁的老迈皇帝查士丁尼再请赋闲在家的贝利撒留担当御敌重任。贝利撒留巨大的声望鼓舞了拜占庭军民的士气，君士坦丁堡许多年轻人立即参加抵抗部队，不少贵族富商出钱招募士兵。而经验老到的贝利撒留集中钱财重点装备其数百名精壮士兵。同时，他将自己的大营扎在敌人的视线范围内，严令没有实际作战经验的军民多建营帐，广竖旗帜，夜晚到处燃起篝火和火把，挂起灯火，白天于营中搅起满天尘土，组织军民大声鼓噪，以此迷惑敌人。贝利撒留亲率数百精兵猛烈攻击保加利亚人前锋部队，使之损失400余骑兵，被迫退往马其顿地区。

随着查士丁尼征服西地中海事业的完成，拜占庭帝国的领土面积几乎扩大了一倍，他重建的罗马帝国虽然不能与古罗马帝国相比，但是其疆域比他即位之初有很大的扩张。此时，西地中海沿海地区和海上各大岛基本上被拜占庭帝国所控制，地中海似乎再次成为帝国的内湖。拜占庭帝国似乎真正成为昔日西起沟通大西洋和地中海的直布罗陀海峡，东至两河流域中上游，北自多瑙河和黑海北岸的克里米亚半岛，南抵尼罗河第二瀑布和马格里布，幅员广阔，地跨欧、亚、非三洲的罗马大帝国。拜占庭军队对外扩张的军事成就使查士丁尼一世重建罗马帝国的政治抱负得以实现。

五、拜占庭帝国的危机

应该说，查士丁尼生前基本上实现了他的理想，无论在内政还是在外交军事方面，他都取得了令其后人羡慕的成就，罗马帝国似乎又重放光辉。但是，542年爆发的大瘟疫使拜占庭帝国遭到致命打击，也使查士丁尼一世的成就未能持久。565年，查士丁尼一世去世，同年，贝利撒留和普罗柯比也撒手人寰。他们毕生为之奋斗、苦苦追求的罗马大帝国不久便告瓦解，他们历尽艰辛、千方百计重现的罗马帝国的"光荣"也很快烟消云散,他们重温古罗马帝国的旧梦很快便破灭了,成为后人的回忆。如果说君士坦丁时代的主要成就是完成了拜占庭国家初步形成的历史任务,那么查士丁尼时代就目睹了早期拜占庭国家试图恢复古罗马帝国的最终失败。

查士丁尼去世后,边境地区的形势急转直下。当时,拜占庭帝国东部劲敌波斯军队恢复了对拜占庭人的攻势,从东面侵入帝国的亚洲领土,先后攻占了东部重镇叙利亚、大马士革、耶路撒冷等城,兵临博斯普鲁斯海峡。新兴的阿瓦尔人和斯拉夫人则从北面多瑙河一线大举南侵帝国腹地和希腊地区,形成了对首都君士坦丁堡直接的陆上威胁。在西班牙,西哥特人对帝国属地全面进攻,拜占庭军队鞭长莫及,只能听凭西哥特人为所欲为,最终丧失了其最西部领土。在意大利,伦巴底人乘东哥特人的再度反叛之机,袭击帝国军队,迫使拜占庭帝国势力龟缩于拉文纳城内。远在北非的柏柏尔人也频繁打击拜占庭军队,使得这支曾经横扫非洲、不可一世的军队只有招架之功。当时的拜占庭帝国真可谓四面告急,战事不绝,朝野上下惶惶不可终日。

外部危机伴随着内部动乱。首先是查士丁尼穷兵黩武、长年发动战争和大规模瘟疫造成人力和财力资源的枯竭。虽然他在位期间多次增加税收,提高税额,暂时缓解了财政紧缺,但是,随着他的去世,财政危机也爆发出来。他在位时几乎没有停止过战争,由此而需要的庞大军费开支和大兴土木的费用耗尽了国库资财,他的外甥即皇位继承人查士丁二世在清理了国家资财之后,绝望地哀叹道:

国库一贫如洗,我们负债累累,到了极端贫困的地步。[1]

---

[1] 〔美〕瓦西列夫:《拜占庭帝国史》第1卷,第160页。

由于巨大的财政亏空,帝国政府不得不大量削减军队人数。据现代学者估计,查士丁尼一世晚期的军队人数即大幅度下降,仅相当于4世纪帝国军队的六分之一①。帝国各级官员为了弥补中央政府长期停发薪俸的损失,贪赃枉法,中饱私囊,查士丁尼一世在位时整治清除的各种腐败现象死灰复燃,帝国政府极端腐朽,陷入瘫痪。

最令拜占庭帝国统治者头疼的是,再度高涨的宗教斗争使拜占庭帝国社会重新陷入分裂。还在查士丁尼一世统治末期,不甘屈服的主张基督神性高于一切的"一性论派"信徒就再度挑起教义争论。此时,查士丁尼不敢采取高压手段迫害狂热的基督徒,而是被迫做出某些让步。他去世后,这派教徒公开打出分裂的旗帜,提出摆脱君士坦丁堡教会控制的要求,宣称君士坦丁堡主教无权干涉其他教区信徒的信仰。这一主张立刻得到叙利亚、巴勒斯坦和小亚细亚等帝国东部地区基督徒的拥护。这些地区的人民还借宗教斗争的机会提出赶走腐败透顶的帝国官吏,结束帝国残暴统治的要求,表达了当地人民对政府横征暴敛的剥削政策的极大愤怒。这些活动奠定了拜占庭帝国日后在外族入侵下彻底解体的基础,为半个世纪以后阿拉伯人顺利征服这些地区做了准备。

历史证明,查士丁尼一世企图在古罗马帝国体制内为早期拜占庭国家寻求出路的计划落空了,拜占庭国家的发展只能适应新的历史环境。

查士丁尼一世耗尽帝国财力、苦心经营的大帝国只存在了几十年就无可挽回地分裂瓦解了,罗马大帝国的神话迅即烟消云散。查士丁尼死后传位于其外甥查士丁二世,或是巧合或是精心安排,查士丁与其舅母的侄女索非亚结婚。但是,查士丁二世在宫廷斗争方面的才能远

---

① 4、5世纪拜占庭军队人数为65万,查士丁尼统治末期军队人数下降为15万人。参见〔希〕卡拉扬诺布鲁斯《拜占庭国家》第1卷,第638—639页,另见〔英〕琼斯《晚期罗马帝国,284—602年》,第607—686页。

比其治国安邦的能力突出,以至于拜占庭帝国周围国家乘机入侵。他拒绝支付贡金导致波斯战事又起,572 年在与波斯人对阵中遭到大败;阿瓦尔人和伦巴底人于 568 年攻击拜占庭帝国西部防线,打通了洗劫意大利的道路;拜占庭帝国在西班牙的领地也遭到西哥特人的袭击;拜安(Baian)领导下的另一支阿瓦尔人渡过多瑙河,对帝国首都构成直接威胁。内外交困的查士丁无法应付巨大的压力,宫廷内阴谋更加剧了其心理负担,终于在其晚年得了精神病。在皇后索非亚的劝说下,他于 574 年任命提比略(Tiberios Ⅰ,578—582 年在位)为共治皇帝。① 索非亚选中提比略并非因为其能力超群,而是他潇洒英俊,因此,他在位数年除了在大兴土木修建皇宫上取得了重要的成绩外,没有取得任何建树。多亏当时拜占庭帝国又出现了包括查士丁尼(Justinian)和莫里斯(Maurice)在内的军事将领,才使边防危机暂时得以化解。事实上,查士丁尼王朝在提比略登基时即断绝。而提比略无子,生前将其女君士坦丁娜(Constantina)嫁给军队司令莫里斯,后者于 528 年夏季提比略去世后即位。莫里斯在位二十年(582—602 年),大胆起用菲里比科斯(Philippikos)、普里斯科斯(Priskos)和克门条罗斯(Komentiolos)等一批将领,遏止了波斯人的进攻。但是他废除查士丁尼中央集权化政策的做法,使贵族重臣势力又起。以福卡斯(Phokas)为首的军队贵族在 602 年的叛乱中将莫里斯及其家人尽数屠杀,拜占庭帝国因此陷入分裂和内战,波斯人和拜占庭帝国周边国家乘乱入侵,帝国形势一派混乱。② 608 年,北非迦太基总督起兵讨伐福卡斯,并与埃及军队会合,联合攻击篡位皇帝,获胜后建立新王朝。

---

① 〔南斯拉夫〕奥斯特洛格尔斯基:《拜占庭国家史》,牛津 1956 年版,第 72—78 页。
② 对于这段历史,吉本认为根本不值一提,在其《罗马帝国衰亡史》中只用了一句话就把查士丁及其以后三位皇帝一笔带过。参见该书伦敦 1914—1940 年版,第 5 卷,第 249 页。

第三节 查士丁尼时代的文化成就

查士丁尼时代的文化成就主要体现在历史学和建筑艺术领域。

历史学的发展是以一批杰出的历史家及其作品为代表的,其中首推普罗柯比。他是一位知识广博、见解独到的学者,年轻时即以作品优美而闻名,后受聘于君士坦丁堡大学,讲授修辞学,27岁左右担任贝利撒留的顾问和秘书。此后,他随贝利撒留东征西讨、转战南北,参与了所有重大的军事行动,这为他日后的写作积累了大量素材。42岁以后,他结束军旅生涯,回到君士坦丁堡,作为元老院成员从事历史撰写,完成多部重要史书,由于过度劳累,他晚年几乎失明。他的《战记》、《建筑》和《秘史》流传至今,是我们了解查士丁尼时代最重要的史籍。《战记》(又名《八卷历史》)完成于534—554年,全书共分八卷,主要记述拜占庭帝国对萨珊波斯帝国、汪达尔王国和哥特王国的历次战争。他作为历史家能够亲身参加所记载的历史事件,并以大量的政府文件、官方档案作为历史写作的基础,使他的著作具有很高的历史价值。值得注意的是,《战记》不局限于单纯对各次战争活动的描述,而是广泛涉及当时所有重要的历史事件,因此现代学者认为"它是一部查士丁尼时代的通史"[①]。《建筑》一书的内容主要是对查士丁尼一世大兴土木的歌功颂德,该书描写了查士丁尼生前下令在帝国各地,特别是在首都君士坦丁堡兴建的建筑。从全书使用的押韵句式和大量对查士丁尼肉麻的吹捧分析,普罗柯比一定是慑于查士丁尼晚年的淫威,或至少是在查士丁尼的命令下写作此书。这本书的价值在于它给后人留下了有关当时地理、地貌、财政管理、建筑技术等丰富的物质文明史资料。普

---

① 〔美〕瓦西列夫:《拜占庭帝国史》,第180页。

罗柯比本人对查士丁尼的真实记载和评价主要反映在《秘史》一书中，可能由于担心他在该书中的意见给自己带来麻烦，这本书是在作者去世后多年才问世的。《秘史》一改对查士丁尼及其政策的赞扬，以尖刻辛辣的语言批评查士丁尼和塞奥多拉，猛烈攻击查士丁尼推行的政策，认为查士丁尼的好大喜功和穷兵黩武将国家引向灾难，书中还收录了许多宫廷秘闻和官方史官不敢涉及的事件，使它成为《战记》和《建筑》的补充。普罗柯比的写作风格继承了古代希腊历史学家的传统，一方面，他使用希腊语和希腊方言写作，合理地运用古希腊修辞学和音韵学知识，具有古希腊史书的朴实流畅、思辨严谨的文学特点；另一方面，他写作的视野广阔，涉及的内容丰富，选材精练，叙事完整清晰，具有修昔底德的文风，即在对主要历史事件描述中，涉及有关的自然条件、风土人情和生态物种，很少从神迹中寻找历史事件的因果关系。这使得普罗柯比的作品具有清新的世俗史书特点，也使之成为后代拜占庭历史家学习的范本。

小亚细亚的法学家阿嘎塞阿斯(Agathias)的代表作品是涉及查士丁尼晚年生活的《论查士丁尼的统治》。历史家曼南德尔(Menander)著有《历史》一书，主要记载莫里斯皇帝统治时期以前的拜占庭帝国历史，此书大部分散佚，但是，现存的内容是研究当时地理和民族问题的可靠资料。埃及人塞奥非拉克特·西蒙卡塔(Theophylact Simocatta)是普罗柯比以后的重要作家，他生活在伊拉克略时代，其历史作品将普罗柯比以后的历史记载延续到7世纪，重点涉及莫里斯皇帝时期的历史，他因担任皇帝的秘书，可以接触大量宫廷档案，且撰写前代皇帝历史，使此书内容比较可靠，特别值得一提的是其文风融合了普罗柯比的质朴自然和阿嘎塞阿斯的散文诗式的抒情，为后代学者所称道。[1] 里底

---

[1] 科隆巴赫尔认为"他是(拜占庭文学)迅速起伏发展的顶峰，他们(普罗柯比和阿嘎塞阿斯)与之相比都显得相当稚嫩"。见《拜占庭文献史》，雅典1974年版，第249页。

亚人约翰(John of Lydian)则是由查士丁尼亲自任命的官方史官,由于其历史作品大多散佚,仅留残篇,所以我们很难对其历史写作做出评价,但是,他的《论罗马国家的政府》具有极高的史料价值,记载了当时拜占庭帝国宫廷管理机构和官职,是继普罗柯比《秘史》之后有关这方面情况最重要的史料。上述学者只是当时史学作家的代表人物,他们及其作品成为查士丁尼时代史学发展的标志,带动了当时教会史、圣徒传记和其他文学写作的发展。例如,编年史作家安条克人约翰·马拉拉斯(John Malalas)的作品涉及查士丁尼以前直到古代时期的历史,以弗所主教约翰(John of Ephesus)的大量作品涉及自朱利安皇帝到查士丁尼一世末期所有重要的基督教"圣徒",圣诗作家罗曼努斯(Romanus the Melode)创作了大量圣诗,他和许多诗友用希腊语写作的圣诗流传至今。

建筑方面的成就最杰出的代表是圣索非亚教堂。该教堂是在尼卡起义中被烧毁的旧教堂遗址上重新建立的。它由万余民工施工五年方才完成。该教堂雄伟壮观,气势宏大,其中心大厅顶端巨大的半球形穹顶直径达31米,凌空飞架在几个小穹顶之上,距离地面51米,成为当时欧洲最高的建筑之一。该教堂占地宽阔,仅中央大厅就有5600多平方米,大厅两侧有双层精美的大理石柱廊,四周墙壁全部装饰大理石护墙板和用天然彩色石料、金片构成的镶嵌画。教堂使用了数千斤黄金、白银、象牙和各类宝石进行内外装修,豪华典雅。特别值得注意的是建筑该教堂应用的先进技术。巨大的穹顶以空心陶罐为材料,大大地减轻了顶部的重量,而半球形的天棚有效地将重量均衡地分配给下层的小穹顶。在上下穹顶之间排列的天窗不仅进一步减轻了下层的压力,而且巧妙地解决了室内采光问题,来自天棚的光芒使教堂宽敞的内部空间充满了神秘感。中心大厅两侧的多层柱廊是古代希腊建筑技术和罗马拱顶建筑和支撑墙技术结合的产物,大理石柱廊进一步扩大了大厅的面积，增加了教堂的庄重色彩，还稳定地将建筑上部的重量直达到地面。中心大厅周围的辅助建筑裙楼层层降低，使中央穹顶被烘托得更显高大，同时也增加了整个建筑的稳固性。圣索非亚教堂突出地反映了当时拜占庭建筑艺术的水平，对整个欧洲、地中海和近东地区影响极大，分布在这个广大地区的许多中世纪教堂至今被认为是它的仿造建筑，而它的建筑风格也成为拜占庭建筑艺术的特点。①

---

① 该教堂于1934年被改作伊斯兰教清真寺。有关它的历史，特别是近现代的遭遇，瓦西列夫在其《拜占庭帝国史》第189—190页有集中叙述。

第三章 伊拉克略时代

第一节 伊拉克略王朝的统治

一、伊拉克略王朝

伊拉克略王朝(610—711年)是由伊拉克略一世(Herakleios Ⅰ, 610—641年在位)创立的。该王朝统治百余年,共经六代皇帝。

伊拉克略是非洲迦太基总督伊拉克略之子,年轻时曾随其父统治非洲马格里布地区。这个地区自从查士丁尼一世征服汪达尔王国并建立总督区后,一直享有极大的自治权力。6世纪末和7世纪初,伊拉克略的父亲利用君士坦丁堡发生的权力斗争和皇帝们无暇顾及北非局势的机会,宣布独立,并派其子伊拉克略率领军队远征君士坦丁堡。伊拉克略遂联合埃及起义军队渡海直逼首都,在君士坦丁堡民众支持下,推翻篡位皇帝福卡斯的统治,并将后者家人和部将斩首示众,以此表明其维护帝国秩序的态度。610年,当35岁的伊拉克略于秋高气爽之时进入首都君士坦丁堡时,他面临的主要任务是使过渡时期的拜占庭帝国逐步军事化,并确立起适合帝国存在和发展的政治经济制度。他效仿迦太基总督区,在帝国推行军区制。可以说,这一制度的形成和在全国的推行是伊拉克略王朝时期拜占庭国家进行的最重要的改革。①

军区制是在拜占庭帝国处于极其危险的环境中被迫推行的。当时拜占庭帝国周围民族利用其宫廷内乱和内战的机会从四面八方发动进攻,其中,波斯人是拜占庭帝国最主要的外部威胁。611年,深入拜占庭帝国东部地区的波斯军队夺取了叙利亚首府安条克,驻军于奥伦底斯河畔,使这座拜占庭帝国东部军区司令部所在地和大教区主教的驻节地失陷于波斯人之手近二十年。波斯军还乘势包围另一重镇耶路撒冷,经过20天激战,攻破城池,6万余军民被屠杀,大部分城区被焚烧夷平,包括大教长在内的数万战俘奴隶被押送到波斯,使这个繁荣的基督教圣城遭到五百年来最惨重的打击。不仅如此,波斯军队在横扫叙利亚和巴勒斯坦地区后,又向埃及和小亚细亚地区进军,所向披靡,无坚不摧,兵抵博斯普鲁斯海峡,占领马尔马拉海滨城市察尔西顿,驻军于君士坦丁堡对面的赫利堡。同时,波斯军队于619年占领了埃及首府亚历山大城。在这里波斯军队意外地受到当地居民热烈欢迎。亚历山大和埃及的丧失使拜占庭帝国朝野震动,因为首都君士坦丁堡的粮食供应几乎全部来自埃及并经过亚历山大港集散运输。

在波斯人攻城略地的同时,阿瓦尔人和斯拉夫人大举入侵巴尔干半岛,他们虽然不如波斯军队那样装备精良、组织严密,但是仍能在其汗王的指挥下屡次取胜,多次洗劫帝国在马其顿和色雷斯地区的各省份,兵临君士坦丁堡城下,甚至一度攻破首都外城。阿瓦尔人的战争几乎将多瑙河以南的帝国防务体系全部摧毁,多瑙河各渡口被破坏,巴尔

---

① 〔南斯拉夫〕奥斯特洛格尔斯基:《拜占庭国家史》,第84—98页。

干半岛各战略要塞被平毁。这使得斯拉夫人各部落得以顺利迁移到巴尔干半岛各地。进入色雷斯地区的斯拉夫人越过赫勒斯滂海峡(今达达尼尔海峡)到达小亚细亚地区,南下伯罗奔尼撒半岛的斯拉夫人则控制了爱琴海,他们经常在海上袭击帝国舰队,劫掠帝国商船,迫使帝国政府不得不承认他们是帝国的永久居民。拜占庭帝国在意大利和西班牙的领土也遭到伦巴底人和西哥特人的围攻,拜占庭军队被迫退缩在罗马、拉文纳、那不勒斯和西西里岛,意大利大部分地区被伦巴底人所控制。而西哥特人占领西班牙使这个地区最终脱离了拜占庭帝国的控制。据当时的史家记载,人们以为"世界末日来临了"①。

伊拉克略一世即位后,面对帝国内外交困的局势,毫不犹豫地进行国务改革,调整中央政府机构,整顿财政系统,加强军队建设。同时,他清楚地认识到罗马大帝国的光荣不过是一种梦想,查士丁尼一世时代的政策不能再继续下去,应该采取符合帝国实际情况的政策。他的这种基本思想促使他制订社会改革措施,建立军区,对帝国社会实行全面军事化。他首先在东部边防地区施行军事和行政改革措施,而后对构成帝国边防最大威胁的波斯人发动大规模军事远征,直捣波斯首都,彻底击败波斯军队。

君士坦斯二世和君士坦丁四世在伊拉克略一世的后人中属于有所作为的皇帝,后者除了抵抗阿拉伯人的军事进攻外,还积极发动对保加利亚人的清剿,但是未能取得胜利。685年夏季,35岁的君士坦丁四世因饮食不当,突发痢疾,死于腹泻。他死后由其16岁的儿子查士丁尼二世即位。按照拜占庭学专家布莱赫尔的意见:

---

① 〔古罗马〕雅尼:《教会史》,由 E. 米勒译注,牛津1860年版,第1卷,第3页。

查士丁尼二世生性活跃,喜好炫耀自己,这位伊拉克略王朝末代皇帝几乎继承了其祖先的所有缺点,从伊拉克略的神经衰弱到君士坦斯二世的残酷无情。他极端无能,却千方百计表现自己……①

(他以查士丁尼一世为榜样,甚至将其妻子改名为塞奥多拉,以此唤起人们对查士丁尼时代的回忆。他在位期间,派遣利昂提奥斯(Leontios)主动出击亚美尼亚的阿拉伯军队,一度迫使阿拉伯将领马里科(Abd al- Malik)求和纳贡,但是最终因拜占庭军队中雇佣的斯拉夫士兵倒戈而失败。为了补充拜占庭帝国短缺的人力,他大量吸引斯拉夫部落,安置新居民于东方前线军区。他还仿效查士丁尼一世积极干预基督教争端,不仅在君士坦丁堡宗教大会上否定了"一性论"信仰,而且以强制手段将亚美尼亚教会并入君士坦丁堡教会,引起各地基督徒的反抗,使帝国基督教争端在平息了相当长时间后再度掀起。也许正是他采取与查士丁尼一世相同的重税政策导致民众不满,利昂提奥斯乘机发动叛乱,推翻了其统治,并将他处以削鼻之刑,流放高加索的车臣地区(Cherson)。

此后,拜占庭帝国宫廷如同走马灯一样,皇帝在血腥残酷的斗争中轮流登基。伊苏里亚武夫出身的利昂提奥斯(695—698 年在位)曾因在小亚细亚作战中失利,被查士丁尼囚禁而怀恨在心,后勾结君士坦丁堡反查士丁尼的教、俗贵族势力发动军事政变上台。他在位三年,几乎无所作为。史书记载,由于他清理港口使老鼠逃窜,导致海外鼠疫在君士坦丁堡爆发。698 年,其部下提比略二世(Tiberios Ⅱ,698—705 年在

---

① 〔法〕布莱赫尔:《拜占庭帝国的兴亡》,牛津 1977 年版,第 45 页。

位)在远征迦太基途中拥兵自立为帝,而后在教会和首都居民协助下率军推翻利昂提奥斯,并以其人之道还治其人之身,将后者削鼻,关入修道院。提比略在位七年,又被查士丁尼二世推翻。后者在流放地车臣娶当地卡扎尔人汗王(Khazar Khagan)的女儿为妻,又在保加利亚人汗王帮助下,重新入主拜占庭帝国皇宫。很自然,复辟后的查士丁尼大举反攻倒算,将利昂提奥斯、提比略及其兄弟伊拉克略和他们的家人一同游街示众,凌迟处死。查士丁尼二世的第二统治期仅维持了五年,再度被海军将领腓力皮克斯(Philippilos,711—713年在位)的叛乱军队推翻。此次下台后,查士丁尼自感复辟无望,在小亚细亚逃窜途中杀死自己的孩子,强迫妻子改嫁印度厨师。腓力皮克斯的部将埃里亚斯(Elias)抓住查士丁尼后,亲自将其手刃,尸体抛入大海,而将其头颅带回君士坦丁堡,分别在首都、罗马和拉文纳各地示众。伊拉克略王朝至此断绝。

　　血腥的宫廷斗争并没有停止,腓力皮克斯在位仅一年半左右便被奥普西金军区将领阿代缪斯(Artemios)发动的叛乱推翻,后者称帝后改名称为阿纳斯塔修斯二世(Anastasios Ⅱ,713—715年在位)。为防止腓力皮克斯复辟,阿纳斯塔修斯二世将其刺瞎双眼,关入修道院。次年,腓力皮克斯病故。一年后,奥普西金军区再度兵变,拥立文官塞奥多西三世(Theodosios Ⅲ,715—717年在位)为帝。经过半年的内战,阿纳斯塔修斯二世败北,被囚禁在塞萨洛尼基的修道院,四年后被新皇帝利奥砍头。塞奥多西在位也仅一年半,又被阿纳多利亚军区将军利奥推翻,利奥以塞奥多西皇帝非法推翻阿纳斯塔修斯二世为借口,声称为其旧主报仇,但念及塞奥多西篡位并非出于其本意,而主要是因军队胁迫,故未予加害。利奥又考虑被废文官皇帝难以构成威胁,因此,将其终身关入修道院。新皇帝利奥精明强干,创立新王朝,结束了伊拉克略王朝后期激烈的宫廷斗争。

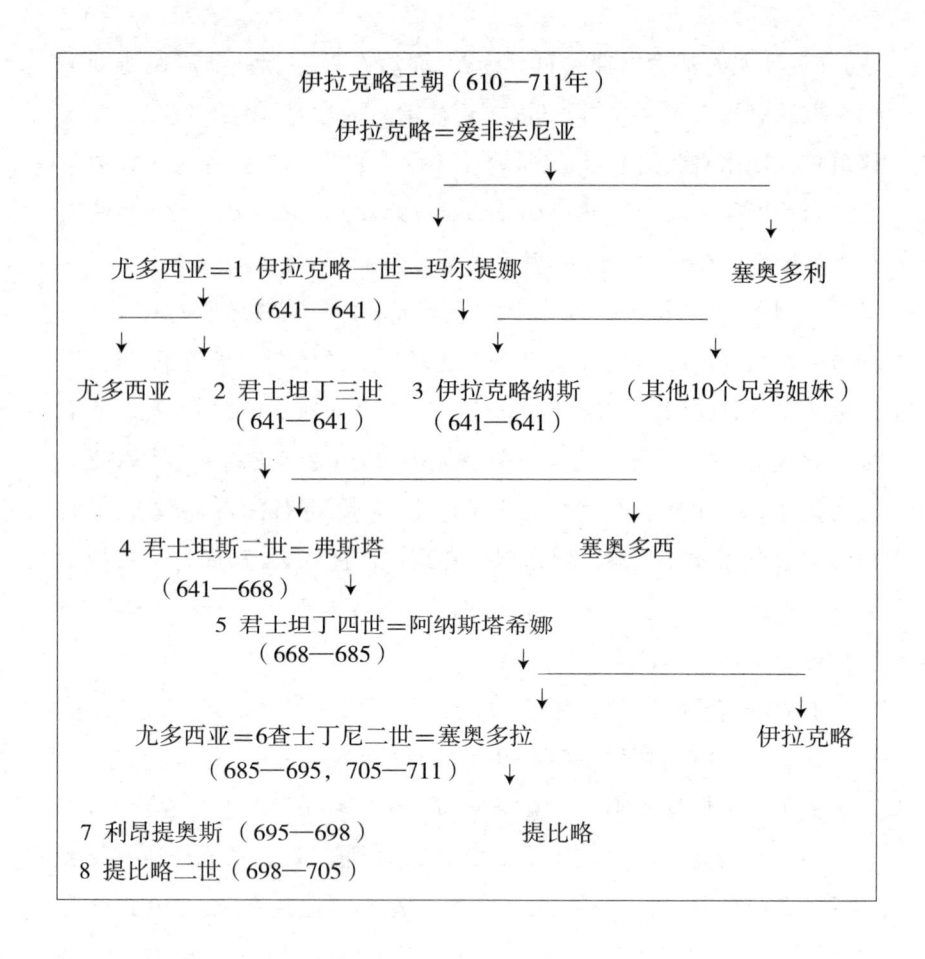

```
          伊拉克略王朝（610—711年）
           伊拉克略＝爱非法尼亚
                   ↓
            ┌──────┴──────┐
            ↓             ↓
  尤多西亚=1 伊拉克略一世=玛尔提娜        塞奥多利
     ↓    （641—641）  ↓
   ┌──┘         ┌────┴────┐
   ↓            ↓         ↓
  尤多西亚   2 君士坦丁三世  3 伊拉克略纳斯  （其他10个兄弟姐妹）
           （641—641）  （641—641）
              ↓
       ┌──────┴──────┐
       ↓             ↓
  4 君士坦斯二世=弗斯塔      塞奥多西
     （641—668）
          ↓
    5 君士坦丁四世=阿纳斯塔希娜
       （668—685）   ↓
               ┌────┴────┐
               ↓         ↓
  尤多西亚=6查士丁尼二世=塞奥多拉      伊拉克略
     （685—695，705—711） ↓
                       提比略
  7 利昂提奥斯（695—698）
  8 提比略二世（698—705）
```

二、军区制改革

军区制改革是一场有关军事和行政制度的改革，由于这场改革以解决军事问题为主且最终普遍建立军区，故被称为军区制改革，新制度则被称为军区制。

拜占庭军区制的发展大体经历了试行和推行两个阶段。7 世纪中期以前，军区制还仅在拜占庭个别地区施行，此后便在整个帝国境内推行。目前，已有大量历史资料证实拜占庭军区制形成于 7 世纪，学者们对此意见也比较一致。然而关于拜占庭"军区制"名称的来源,学者们的意见却不尽相同。有的学者认为"塞姆"(Θέμα)一词源于阿尔泰语"杜曼"(Tuman),意为"万人"①。这种意见是不可靠的,因为阿尔泰语对希腊语的影响,一般认为是从 8 世纪以后开始的,而军区制在 7 世纪末已经在拜占庭境内全面推行。更有力的证据表明,这是一个具有希腊语词源的名词,来源于希腊语 Θέδης 一词。据著名的拜占庭学者伊科诺米基斯考证,该词原意为"花名册"或"士兵名册"②。拜占庭皇帝君士坦丁七世(Constantine Porphyrogennetos,913—920 年和 945—959 年在位)在其《论军区》一书中也明确指出"塞姆"一词来源于希腊语。

军区制是由 6 世纪末拜占庭"总督区"(exarchates)演变而来。当时,帝国大部分地区推行省区管理,仅有迦太基和拉文纳两城由总督统辖。这两个总督区是拜占庭中央政府控制西地中海霸权的立足点和重要的贸易港口。早在 4 世纪,迦太基即发展成为仅次于罗马的西地中海第二大城市。533 年,拜占庭军队重新控制该城以后,它更一跃成为非洲大政区的首府和当地谷物出口的集散地。而位于意大利中部的拉文纳在 4、5 世纪日耳曼各部族入侵西罗马帝国的战乱中逐步取代罗马和米兰的地位,成为意大利首府和东罗马帝国(即拜占庭帝国)在意大利的前哨站。540 年,拜占庭军队重新控制此城之后,更确定了该城在西地中海的重要地位。由于两城重要的政治经济地位和特殊的地理位置,它们均于 6 世纪中期被确定为总督区。其管理上的特征是军政权力合一,由总督区首脑"总督"控制。这种体制有别于拜占庭地方军政权力分离的省区管理。其特征之二是两区均受到外来民族入侵的巨大

---

① 〔英〕莫发特:《古典、拜占庭和文艺复兴研究》,堪培拉 1984 年版,第 189—197 页。
② 〔希〕伊科诺米基斯:"'塞姆'词源",引自《拜占庭学会学刊》,1975 年,总第 16 期,第 5—6 页。

威胁,拉文纳总督区面临伦巴底人的军事压力,而迦太基的外部威胁主要来自汪达尔人。总督区采取的总督一元化领导管理形式使总督能够统一指挥,便于应付战时的紧急军务。

正是在这艰难危急的背景下,皇帝伊拉克略一世开始逐步建立军区。拜占庭军区制首先是在其亚洲属地上出现的。7世纪初,由于波斯人入侵,拜占庭帝国东线吃紧。随着边防部队的后撤,皇帝伊拉克略在帝国小亚细亚地区首先建立了亚美尼亚和奥普西金军区,此后,其他皇帝又建立了基维莱奥冬、阿纳多西亚军区和位于巴尔干半岛的色雷斯军区。根据9世纪的资料记载,亚美尼亚军区组建于629年,它包括从幼发拉底河上游和黑海西南岸至小亚细亚中部卡帕多细亚的广大地区,辖制17个防区,统兵不足万人。[①] 亚美尼亚军区以西,自阿里斯河中下游至博斯普鲁斯海峡和达达尼尔海峡地区为奥普西金军区,它可能先于亚美尼亚军区三年建立,所辖防区略少,地位也略低于亚美尼亚军区,所辖士兵约6000人。[②] 亚美尼亚军区西南至爱琴海沿岸地区为阿纳多利亚军区,由于它地处波斯人进兵之要冲,地位重要,故与亚美尼亚军区列同一等级,该区有34个要塞,统兵1.5万人。色雷斯军区的辖区位于首都君士坦丁堡西侧,其重要性在于防御斯拉夫人的侵扰,由于其作用与上述三个军区比较略差,故史料记载不详。根据在该地区出土的拜占庭印章,学者们甚至认为它不是独立的军区,或是附属于奥普西金军区,或是由奥普西金军区将军兼任该军区首脑。基维莱奥冬军区为拜占庭帝国小亚细亚沿海军区,负责防务来自海上的入侵,管理沿海要塞和海军基地,兵力仅3000人。由于当时阿拉伯海军势力羽

[①] 〔古罗马〕塞奥发尼斯:《编年史纪》第2卷,由H.图特雷多夫译注,费城1982年版,第89页。

[②] 亚美尼亚军区首脑官员年薪40金镑,而奥普西金军区将军年薪为30金镑。〔英〕M.F.亨迪:《拜占庭货币经济史研究》,剑桥1985年版,第178—179页。

翼未丰，尚未对拜占庭帝国构成威胁，故而沿海军区的作用不甚重要，其将军的年薪仅10金镑。①

军区虽然是从总督区演化而来，但是与后者又有区别。其一，它们的管理结构不同，总督区各级权力机构与其他省区无异，仍然保持军事系统与行政系统的相对独立性，只是由总督区的最高首脑总督总揽军政权力。而在军区内，管理机构采取战时体制，不仅军政权力由将军控制，而且军区的各级权力机构也按军事建制设立，行政权力附属于军事系统。与总督相比，军区首脑"将军"拥有更大的权力。其二，总督区制度下没有产生稳定的农兵阶层，军队主要是由领取军饷的职业军人组成。但是军区制下则形成了相对稳定的农兵阶层，军队主要是由耕种军役田地的农兵组成。他们成为中期拜占庭（7—11世纪）的社会中坚力量，对于加强拜占庭国力、稳定形势起了相当重要的作用。可以说，军区制度改革加速了拜占庭国家组织的军事化。

拜占庭军区内军队序列基本上沿袭5、6世纪的旧制。早在4世纪，君士坦丁一世就在晚期罗马帝国皇帝戴克里先改革的基础上对帝国军队进行调整，将原罗马军团按军事功能重新编制。到5世纪，帝国军队五大主力的两支驻守多瑙河一线，一支沿幼发拉底河巡逻，两支驻扎首都地区，听候皇帝调遣。查士丁尼一世统治时期因西征的需要，野战军的人数略有增加。但是，6世纪末和7世纪前半期的边疆危机使拜占庭军队遭到一连串的失败，损失极为严重，帝国西部军队有三分之二被击溃，东部军事势力有七分之一被摧毁，军队内部的组织系统被破坏。因此，建立军区内部组织系统，理顺军事等级关系是建立军区制的关键。拜占庭军区内军队序列基本上沿袭5、6世纪的旧制，但在拜占庭军队遭到重创、节节败退之际，军队内部的组织系统也被破坏。因

---

① 〔希〕卡拉扬诺布鲁斯：《拜占庭中期地图集》，塞萨洛尼基1976年版，第9页。

此，各军区建立后，首先着手重新确定军事等级编制，调整军队内各级官兵的关系。由于各军区建立的时间有前后，其人数也有不同，因此在编制上也不一样。但是，一般看来，军区是由两到四个师（Τούρμα）组成。师由五到七个团（Βάνδον）组成，其下还设有营、队等下级单位。团级单位依据不同兵种人数又有区别，若为骑兵，则人数在 50—100 人，若为步兵，人数在 200—400 人。依此推算，人数最多的师级单位有 3000 人左右。①

确立军事序列的重要意义在于：其一，自上而下地取代了地方行政管理系统，使过去行省、地区和村社的行政管理机构或是向军事序列靠拢，或是被军事机构所取代，地方行政管理的军事化和单一化为军区制提供了行政管理制度上的保证；其二，在此基础上各级经济关系得以确定。根据 7 世纪阿拉伯作家的记载，军区将军的年收入为 40—36 金镑，师长的年收入为 24 金镑，团长、营长和队长分别为 12、6、1 金镑，一般士兵年收入为 12—18 索里德，相当 1/6—1/4 金镑。② 当然，各军区地位不同，将军的年薪也有区别。最重要的亚洲各军区为一级，其将军年薪为 40 金镑，二级军区将军年薪为 30 金镑，最低级军区将军年薪为 10—20 金镑，仅相当或低于一级军区师级军官的收入。经济等级关系的确立也有助于军区制的确立。但是，由于拜占庭帝国军事失利、领土减少，以及瘟疫和战乱导致的经济衰退，使中央政府入不敷出，无力逐年支付军饷，于是在军区成立之初，采取每隔三年或四年分批发放军饷的办法，这一点为多种资料所证明。③

为了解决中央政府财力不足的困难，伊拉克略王朝采取以田代饷，

---

① 〔英〕J. 哈尔顿：《拜占庭大区长》，波恩 1984 年版，第 172、276 页。
② 〔英〕亨迪：《拜占庭货币经济史研究》，第 182 页。
③ 〔古罗马〕君士坦丁七世：《礼仪书》第 1 卷，波恩 1829 年版，第 493 页。另见〔英〕亨迪《拜占庭货币经济史研究》，第 182 页。

建立军役地产,这一措施促进农兵阶层的形成。这是军区制最终形成的关键,因为军役土地制造就了一个农兵阶层,他们成为军区制的基础。事实上,以田代饷是拜占庭中央政府有地无钱而被迫实施的不得已之举。7 世纪上半期拜占庭帝国国土丧失严重,特别是在帝国财政收入中占极大比重的北非、西亚地区的丧失,使国库年收入减少了 1/2—2/3 以上。埃及行省的收入历来占帝国财政收入的 1/8,加上伊比利亚地区的收入可占帝国总收入的 1/3。因此仅北非地区陷落于阿拉伯人之手,就使拜占庭损失了 1/3 的收入。据粗略的估算,伊拉克略一世统治初年,国家财政收入仅相当于查士丁尼一世时代收入的 1/3。[①] 如果按查士丁尼时代年收入 11 万金镑计算,伊拉克略时代的年收入仅为 36667 金镑,相当于 2639952 索里德。这笔收入远不能弥补拜占庭国家财政预算的赤字,因为仅阿纳多利亚一个军区的年度军事预算就超过 123 万索里德,几乎占了国家年收入的一半。[②] 显然,拜占庭中央政府根本无力支付军区的军饷,迫于无奈,只好将大量闲散弃耕土地充作军饷,按照军种和级别颁发给各级官兵。军役土地是负有军役义务的田产,不论何种兵种军阶的士兵都把经营军役田产的收入作为他们支付军事开支的经济来源。他们定居在其部队驻守的地区,平时经营田产,军区将军以下各级官兵自给自足、自备兵器装备。在服役期(一般为十五年)内,其土地不可剥夺,享有免税权。这种"士兵田产"(Στρατιωτικὰ κτήματα)一旦颁给士兵,即可永久占有,士兵可自由处理,可以买卖,也可以赠送他人,还可以将田产连同军役义务一同转给继承人。履行兵役土地义务可以采取两种形式:第一种是直接服役,即由经营田产的士兵亲自服役,或参加边境防御战和军事远征,或

---

① 〔英〕亨迪:《拜占庭货币经济史研究》,第 620、626 页。
② 1 金镑等于 72 索里德。参见〔英〕亨迪《拜占庭货币经济史研究》,第 183 页。

修筑军事要塞,架桥修路,或营造舰船。第二种是间接服役,即由一户或几户提供足够维持一个士兵的给养。这种形式的军役义务与前一种一样,在文献中被称为 Στρατεἰ①。经营军役田产的农兵仍然保持军队编制,随时听从军区将军的命令,随时集中,从事军事工程劳役或随军作战。亚洲地区最先采取以田代饷的办法,因为该地区有大量弃耕农田。小亚细亚地区曾是罗马帝国和早期拜占庭帝国的谷仓,这里水源丰富,平原地区土地肥沃,气候适于农耕,因此农业一直比较发达。但是 6 世纪末、7 世纪初的战乱和瘟疫使当地人口锐减,劳动力奇缺,大量土地被弃抛,这些土地就成为军区制下军役田产的主要来源。

拜占庭社会结构的军事化,解决了拜占庭帝国面临的人力资源短缺和财源枯竭的困难。根据历史资料的记载,学者们估计,4、5 世纪的拜占庭军队总数可达 65 万人。但是,由于连年战争和瘟疫,人力资源消耗严重,至 6 世纪查士丁尼一世统治末期,军队人数已减至 15 万人,以致拜占庭在对波斯人的战争中投入的总兵力不足 6400 人。为了弥补军队人力资源的巨大缺口,早期拜占庭政府不得不大量招募日耳曼人雇佣兵,财政收入的大部分也被迫充作雇佣兵的军饷。② 巨额军饷连同其他开支就成为拜占庭国库难以支付的沉重负担。查士丁尼一世时期,拜占庭年收入约为 11 万金镑,其中 80% 用于军费开支。③ 军区制将本国公民作为军队的主要兵源,使军队建立在广泛的本国人力资源基础上。这一制度将成年公民按照军队的编制重新组织起来,屯田于边疆地区,平时垦荒种地,战时应招出征;平时以生产为主,战时以打仗为主。这样就使军队具有广泛而稳定的兵源。另外,拜占庭政府为

---

① 〔英〕琼斯:《晚期罗马帝国,284—602 年》,第 377 页。另见〔英〕亨迪《拜占庭货币经济史研究》,第 619 页。
② 〔英〕琼斯:《晚期罗马帝国,284—602 年》,第 619—623 页。
③ 〔英〕仁西曼:《拜占庭文明》,伦敦 1959 年版,第 96 页。

补充人力资源的不足,长期推行移民政策,如7世纪末年,迁入奥普西金军区的斯拉夫人达7万人,仅762年迁入小亚细亚军区的斯拉夫人就多达21万之众。① 军区制下的农兵大多屯田于边疆地区,因此其参战的目的具有保家卫国的性质,战斗力明显提高。而且,农兵占用的军役田产可以世袭,故使拜占庭军队的兵源世代维系。另一方面,军区中除高级将领,如将军,从国库领取薪俸外,其他各级官兵均自备所需的武器、装备和粮草,而不依靠国库供给,从而减轻了中央政府的财政负担。第二,军区制下军事首脑的一元化领导也极大地提高了地方管理的效率和军队的应急能力。军区制以前,拜占庭国家在罗马军团基础上组建的边防军、野战军和御林军几种类型的武装力量②,并不介入地方行政管理,军权和行政权分离,军队首脑仅负责战事,行政长官则控制政权机构,管理行政事务。这种军政权力分立曾有效地消除了罗马帝国后期军阀割据的局面。但是,在6世纪后期,由于军政权力相互斗争,拜占庭帝国地方管理陷于混乱,常常出现军队出征御敌而得不到行政长官支持的现象,至于两权内讧、互挖墙脚的事情更是屡见不鲜。军区制的推行扫除了地方管理中的扯皮现象,将权力集中于将军一身,使之能集中处理辖区内一切事务。而行政长官或作为将军的幕僚听命于将军,或被挤出权力机构。地方统治一元化和军事化提高了地方管理的效率。另一方面,早期拜占庭皇帝旨在削弱地方势力,增强中央集权的行政改革也曾扩大了朝廷各部门的权力,形成庞大的官僚体系。但是,在外敌入侵的紧急时刻,庞大的官僚体系运作迟缓,难以对随时变化的军情做出及时反应。特别是当大规模入侵令某一驻守边关的部队

---

① 〔古罗马〕塞奥发尼斯:《编年史纪》第2卷,第432页。
② 边防军(limitanei)驻扎于特定的边疆地区;野战军(comitatenses)为机动部队,随时奉旨调动;御林军(praesentales)则驻守都城,负责皇室和朝廷的安全。

难以应付时,军队中枢指挥机构不能立即抽调其他部队前往增援,经常贻误战机。而军区制是依据防务需要建立的,军区首脑按本区实际情况统筹谋划,或调动军队或组织生产,并以其控制的军、政、财、司法等权力,相对独立地指挥,故可使下情及时上达,也可迅速执行中央命令,提高了军队的应急能力,加强了拜占庭帝国的国防力量。现代拜占庭学家高度评价了军区制,认为它是

赋予拜占庭帝国新活力的大胆改革,其意义极为深远。①

三、农兵和小农经济的发展

随着军区制的推行,农兵阶层逐步形成,小农阶层也因而得到发展,这个阶层的兴衰对于拜占庭历史的演化影响深远。拜占庭国家是农民占主体,农业为主要经济部门的农业社会,因此,尽管由于其具有特殊地理位置而使拜占庭工商业收入可观,但是,其农业生产仍然是国家收入的主要来源,农业经济的盛衰决定着拜占庭国力的强弱。早期拜占庭帝国的土地占有形式分为国有和私有地产两大类。其中前者成分复杂,包括皇产、教产、市产、军产,而私产地多为大地主的庄园。②在国有地产上的主要生产劳动者是小农,他们也是拜占庭国家的主要纳税人。6世纪后半期,由于连年战争、瘟疫和自然灾害,小农大量破产,纷纷逃亡,弃耕荒地日益增加,特别是在战事最频繁的小亚细亚地区,昔日盛产谷物的田地被战祸夷为荒野。这种小农大量破产的现象已被学者们公认为5、6世纪拜占庭社会的一个特点。③为了稳定小农

---

① 〔南斯拉夫〕奥斯特洛格尔斯基:《拜占庭国家史》,第86页。
② 〔希〕卡拉扬诺布鲁斯:《拜占庭国家》,第396—402页。
③ 〔希〕G.奥斯特洛格尔斯基:《拜占庭农民历史问题研究》,布鲁塞尔1956年版,第3章。

阶层,保持国家税收来源,查士丁尼一世通过大量法令,强迫小农固着于土地,取消他们原有的迁徙自由,甚至明确规定农民之子必须继承父业,不可从事其他职业。① 然而,查士丁尼一世的强制措施并未奏效,大地产主对小农土地的兼并和日益恶化的军事形势加速了小农破产的过程。

军区制则为小农的复兴创造了条件。军役土地制实际上造就了一个负有军役义务的小农阶层。农兵在分得土地的同时也负有从军作战的义务,他们以小农经营方式,以家庭为单位从事农业生产。这种小农生产就成为农兵经济的主要形式。农兵除了担负赋税以外,还要为从军作战做好一切准备。当农兵的长子继承其父的军役义务和军事田产后,其他的儿子便补充到负有军役义务但不从军作战的自由小农中。因此,农兵和自由小农并肩兴起,他们在经济和社会地位方面没有本质的差异,故而帝国法令也将两者同等看待。据此,现代拜占庭学者认为"农兵和自由小农属于同一阶层"②。自7世纪军区制推广以后,拜占庭农兵阶层逐步形成,与自由小农同步发展。小农阶层在军区制带来的相对安定的环境中,经过一百年左右的发展,不断壮大。7、8世纪颁布的《农业法》反映了当时拜占庭农村中小农迅速发展的真实情况。该法共有85条,其中2/3的条款涉及小农问题。③ 小农数量的增加还与拜占庭帝国长期推行的移民政策有关。移民政策的经济意义重大,因为新移民既可开发利用大片荒地,进而为恢复国力扩大物质基础,又能充实小农阶层,扩大税收来源。由于小农经济的恢复和兴起,拜占庭

---

① 〔古罗马〕约翰:《编年史》,牛津1916年版,第417—420节。
② 〔英〕M.M.波斯坦等编:《剑桥欧洲经济史》第1卷,剑桥1952年版,第208页。
③ 《农业法》,由 W.阿什尔尼尔译注,引自《希腊研究学刊》,1912年,总第32期,第68—95页。

国家税收大幅度增加,财政状况有了根本好转。9世纪年收入最高时可达58.4万金镑,相当于查士丁尼一世时期年收入的5.31倍。[①] 在以军区制基础上兴起的农兵为主体,包括自由小农在内的小土地占有经济在9世纪和10世纪之交达到其发展的最高阶段。某些拜占庭皇帝已经认识到小土地占有者对国家经济的重要性。皇帝利奥三世(Leo Ⅲ,886—912年在位)曾在其法令中提出:"朕以为有两种职业对国家长治久安极为重要,一为农民,一为兵士。朕以为此二业当在各业之首。"[②]皇帝罗曼努斯一世(Romanus Ⅰ,919—944年在位)也明确指出:"此种小土地占有者予国利甚巨,因其缴纳国家税收,提供军队服役之故。倘若此类农民数量减少,其利必失。"[③]

军区制的推行对稳定拜占庭局势,缓解外敌入侵的威胁起了重要作用。这种制度使拜占庭以巴尔干半岛为中心的疆域逐步稳定,国力有所恢复,不仅在对波斯人的战争中取得了决定性胜利,而且迫使已经进入巴尔干半岛的斯拉夫人臣服,成为拜占庭帝国的臣民。同时,拜占庭凭借逐步恢复的经济实力和外交活动,实现了与阿瓦尔人等其他民族之间的和平。特别是在抵抗阿拉伯人军事入侵的战争中,军区制发挥了重要作用。因为正是在这一时期,拜占庭军队将处于极盛时期的阿拉伯大军的扩张势头阻止在小亚细亚和东地中海一线,使拜占庭岌岌可危的形势发生根本好转。不仅如此,由于拜占庭军事力量得到调整和加强,因而在8、9世纪对阿拉伯人的战争中获得多次重要胜利,使阿拉伯人侵略扩张的步伐再也未能向前迈进。现代拜占庭学者高度评价这些胜利,认为:"保护欧洲免遭阿拉伯人侵略之主要屏障的荣誉无

---

① 〔英〕仁西曼:《拜占庭文明》,第96页。
② 〔古罗马〕利奥:《法令》,雅典1910年版,第11条,第2款。
③ 〔希〕泽波斯:《希腊罗马法》第2卷,雅典1931年版,第209页。

疑应归于拜占庭军队。"①

可以说,军区制改革虽然存在种种问题和其自身无法克服的深刻矛盾,但是,它毕竟适合当时的形势发展,缓解了紧迫的危机,并成为此后数百年拜占庭帝国强盛的基础。

四、波斯战争

由于拜占庭国家推行军区制增强了军事实力,使伊拉克略一世得以进行其一生中最重要的战事,即波斯战争。此前几个世纪,波斯人一直是拜占庭帝国东方边境的主要威胁,侯斯罗埃斯二世(Chosroes Ⅱ,589—628年在位)统治期间,对拜占庭人发动了大规模的入侵,几乎将拜占庭帝国在亚洲和埃及的势力完全逐出,其兵锋所向直指君士坦丁堡。伊拉克略在稳定了皇权之后,开始进行波斯战争的准备。他首先任命两个儿子为共治皇帝,留守君士坦丁堡,并指定其亲戚尼基塔斯(Niketas)为摄政王主持朝政。而后,他向教会和贵族进行战争筹款,并在小亚细亚建立兵站,征召勇猛善战的小亚细亚士兵进行系统的军事训练。为了提高士气,他对士兵宣称拜占庭人对波斯人的战争是神圣的战争,是消灭异族异教的神圣行动,是解救被波斯人占领地区的基督教兄弟的战争。

622年春夏之交,伊拉克略从小亚细亚基地恺撒里亚城发兵,首先放弃已经被波斯人占领的叙利亚、巴勒斯坦和埃及,置这些地区的波斯占领军于不顾,而选定驻扎在两河流域源头的波斯军队作为攻击目标。当时,由波斯将领萨哈尔巴拉兹(Shahrbaraz)指挥的波斯军队已经深入到卡帕多细亚地区,侯斯罗埃斯二世随后增援督战。拜占庭军队以塞奥多西乌堡(Theodosioupolis,今土耳其爱尔祖鲁姆)为前线基地,向塞

---

① 〔英〕柏尼斯等:《拜占庭》,牛津1948年版,第303页。

拉基尼（Sirakene，今土耳其乔鲁赫河以东）的波斯军队发起攻击，而后突然回师特拉比仲德（Trabizond，今特拉布宗），扫清了小亚细亚北方的波斯残余部队。同年，伊拉克略首次攻入波斯境内，将已经侵入幼发拉底河上游拜占庭领土的波斯军队主力吸引到马库（Makou，今伊拉克马库）进行决战，将骄横的波斯军队打得大败，取得波斯战争第一年的重大胜利。当冬季来临时，双方停止战事，伊拉克略乘船从黑海南部返回君士坦丁堡，其部下在前哨基地休整。

第二年的战事基本上是在波斯境内进行的。623年初，冬季刚过春季将临，伊拉克略便从君士坦丁堡赶到前线基地塞奥多西乌堡，沿高加索山脉南麓平原进军，突袭波斯米底亚（Midia）和阿特洛巴提尼（Atropatine，今伊朗阿塞拜疆省）等里海东部地区，企图活捉侯斯罗埃斯。面对拜占庭军队灵活机动的突然攻击，波斯军队节节败退，侯斯罗埃斯仓促逃往泰西封（Ctisphon，今巴格达附近），方躲过灾难。获胜的拜占庭军队没有进一步挺进，而是在波斯境内基罗斯河（Kyros，今库拉河）南岸的底格拉诺盖达（Tigranokerta，今阿塞拜疆境内）建立兵站，休整过冬，以待来年再战。

第二阶段的战争进行得极为艰苦，拜占庭军队多次击败波斯军队，特别是在凡湖（the Ban，今土耳其凡湖）战役中偷袭萨哈尔巴拉兹大营得手，使拜占庭军队一度取得战争主动权，并准备大举攻入波斯内地，夺取其都城。为此，伊拉克略将前线基地推进到凡湖附近的阿尔基斯（Arces，今土耳其埃尔吉什）。但是，萨哈尔巴拉兹及时调整战略，改消极防御为主动进攻，将战场重新推入拜占庭境内。波斯军队三渡幼发拉底河，挺进托罗斯山脉，直逼小亚细亚重镇恺撒利亚（Caesareia，今土耳其开塞利），迫使伊拉克略回撤。双方在萨罗斯河（the Saros，今土耳其塞伊河）上游的恺撒利亚附近决战，波斯军队再次失利，重新撤回波斯。伊拉克略没有像往年那样回君士坦丁堡过冬，而是屯兵塞瓦斯第亚(Sebasteia,今土耳其锡瓦斯),一方面防备波斯人的入侵,另一方面准备来年的春季攻势。在新战略中尝到甜头的波斯军队未等拜占庭人发动攻势,便抢先沿幼发拉底河北上,绕过拜占庭重兵把守的恺撒利亚地区,从托罗斯山脉沿地中海地带直扑君士坦丁堡,占领了与君士坦丁堡隔博斯普鲁斯海峡相望的察尔西顿(今于斯屈达尔)。伊拉克略没有慌忙回师救援,而是坚持原定的战略,让其兄弟负责防守君士坦丁堡,他本人继续在波斯境内攻城略地,同时,不间断地派兵攻击波斯军队后援,使远途奔袭君士坦丁堡的波斯人无功而返。在三年的战略相持阶段,伊拉克略终于做好了攻击波斯首都、进而最终解决波斯人入侵问题的准备。

627年,伊拉克略沿底格里斯河的支流大扎卜河(the Great Zabas)南下,在古战场尼尼微(Ninevi)附近与波斯主力展开决战,大败侯斯罗埃斯亲自指挥的波斯军队,从而打开了通往波斯首都泰西封的战略要道,取得了最终击败波斯人的决定性胜利。627年年底,拜占庭军队攻占了泰西封郊外的王宫、王家花园,兵临波斯首都城下。次年初,面临国破家亡的侯斯罗埃斯又遭到其军事将领叛变的袭击。他们反对连年征战,要求立即与拜占庭议和,于是将侯斯罗埃斯囚禁并处死于泰西封。其子克巴德二世(Kobad Ⅱ,628—629年在位)被军队立为国王后,立即向伊拉克略提议停战议和。4月3日,双方订立和约,波斯人被迫同意割让整个亚美尼亚、交换战俘、赔款,并交还从耶路撒冷抢夺的基督教圣物。波斯战争终以拜占庭军队的胜利结束,困扰拜占庭数百年的波斯入侵问题终于画上了圆满的句号。此后,波斯国家陷入内乱和无政府状态,不久即被新兴的阿拉伯人灭亡。①

---

① 法国拜占庭学家布莱赫尔详细记述了伊拉克略进行的波斯战争,见《拜占庭帝国的兴亡》,第35—37页。

伊拉克略在取得波斯战争胜利的同时，还对阿瓦尔人和斯拉夫人的入侵进行反击。其中，阿瓦尔人造成的威胁更加严重，他们曾与波斯人结盟，进攻君士坦丁堡，配合波斯将领萨哈尔巴拉兹的部队偷袭拜占庭帝国重镇察尔西顿，从而对君士坦丁堡形成东西夹击之势。只是由于守城的拜占庭部队的坚决抵抗，阿瓦尔人对君士坦丁堡的近两个月的进攻方以失败告终。在626年的反击战中，阿瓦尔人遭到惨败，其汗王势力受到沉重打击，受其控制的斯拉夫、匈奴和保加利亚人部落纷纷独立。伊拉克略则乘机扶植斯拉夫人和保加利亚人，与其部落酋长克夫拉特（Kovrat）于636年结盟，同时，接受属于南斯拉夫人的塞尔维亚和克罗地亚两部落定居多瑙河南岸地区，以此阻挡其他斯拉夫人南下，将拜占庭帝国的西北部边界稳定在多瑙河一线。

伊拉克略取得的军事胜利具有重大的现实意义，因为，胜利使波斯帝国发生内战，导致其衰败，彻底解决了困扰拜占庭帝国数百年的东部边患。同时，亚美尼亚和南高加索地区并入拜占庭帝国后，当地尚武好战的山民为拜占庭军队补充了大量生力军，进而使拜占庭帝国实力增强。现代学者对他的军事才能给予很高的评价，将他说成是"自图拉真以来帝国历史上最伟大的军事家之一，堪称拜占庭的汉尼拔"①。

应该看到，这一时期拜占庭取得一系列军事胜利的原因除了伊拉克略的才能外，还与拜占庭帝国军事化有直接关系。正是由于前述拜占庭军区制改革的全面推行，才使拜占庭国家度过查士丁尼时代后期的危机，逐步进入其历史上的"黄金时代"。

---

① 图拉真为罗马帝国皇帝，98—117年在位，一生武功卓著。参见〔法〕布莱赫尔《拜占庭帝国的兴亡》，第36页。

第二节 阿拉伯战争

一、伊斯兰教的兴起和阿拉伯人的扩张

拜占庭帝国军事成就的重要内容之一是阻止了阿拉伯人的军事扩张。

634年,新兴的阿拉伯国家首次与拜占庭帝国东部边防部队发生军事接触,阿拉伯骑兵攻占了拜占庭东部边防重镇帕特拉(Patra,今死海附近)。伊拉克略立即决定调集美索不达米亚和小亚细亚地区的军队抵抗入侵之敌。紧急信使从首都策马出城,昼夜兼程,将命令送往前线,君士坦丁堡一时间风声骤起,人们惊慌地相互传递着阿拉伯人正在逼近的口信。事实上,阿拉伯人对于拜占庭人来说并不陌生,他们很早以前就知道在阿拉伯半岛上生活的这个古老的游牧民族,有时还称他们为贝杜因人①。古代阿拉伯人以放牧绵羊、山羊和骆驼为生,其生活的阿拉伯半岛地区十分荒凉,大部分为人烟稀少的沙漠和荒芜的山区,只有南部的也门和沿红海的汉志地区比较富庶。古代东西方贸易传统的海上商路首先在也门的码头靠岸,由此经红海东岸的汉志地区继续北上,直到叙利亚首府安条克。活跃的东西方贸易和频繁的商队往来使古代汉志地区最先发展起来,成为阿拉伯半岛的政治和经济中心。

---

① 著名阿拉伯史专家希提认为:"贝杜因人的生活方式是人类生命适应沙漠环境的最好方式。……游牧人的文化模型永远是一样的。变化、进步、发展,都不在他所愿意遵守的规律之列。他受不到外来的观念和风俗的影响,所以他的生活方式仍然是他的祖先的生活方式——住在用羊毛或驼毛织成的'毛屋'里,用同样的方法,在同一牧地上放牧绵羊和山羊。养羊、养驼、养马、狩猎和劫掠构成他主要的职业。"[美]希提:《阿拉伯通史》,马坚译,商务印书馆1995年版,第24—25页。

阿拉伯人社会发展比较缓慢,6世纪和7世纪初,尚处在原始社会向阶级社会的转变时期。

拜占庭人最先了解的是阿拉伯半岛北部的阿拉伯人。这部分阿拉伯人随商业活动逐步向北迁移,定居在东地中海沿海地区,沿商路建立了许多商业城市,如著名的古城帕特拉。3世纪以前,这里的阿拉伯人建立起一度十分强大的帕尔米拉王国(the Parmila Kingdom),该城邦国家在130—270年"已达到了灿烂时代。帕尔米拉的铭文大半是属于这个时期的。帕尔米拉的国际贸易向四方扩张,远至中国"①。它后来被罗马帝国军队灭亡。拜占庭帝国兴起后,美索不达米亚和叙利亚地区也曾经存在过两个阿拉伯人小王朝,其中加赛尼德王朝(the Ghassinides)以拜占庭人为后盾,而拉克米德王朝(the Lakhmids)则投靠波斯人。他们积极参与了波斯人和拜占庭人之间的争霸战争,深受战乱之苦,于7世纪初先后衰败。

阿拉伯人势力的迅速发展和壮大发生在7世纪穆罕默德创立伊斯兰教以后。穆罕默德创立伊斯兰教有其深刻的社会背景。一般认为,当时阿拉伯半岛由于波斯和拜占庭两大帝国之间的长期战争处于动乱,传统商路的中断直接影响当地的经济生活。社会各个阶层,特别是下层人民每况愈下,普遍要求改变现状,希望寻求新的出路。事实上,这个时期气候变化促进了游牧业发展,并导致人口增加,争夺草场和商业资源激化了原始部落间的矛盾,阿拉伯社会内部部落仇杀日益升级,诚如希提所说:

> 从政治方面说,在古代的南部阿拉比亚发展起来的有组织的国家生活,现在已全然瓦解。无政府状态,在政治领域和宗教领域

---

① 〔美〕希提:《阿拉伯通史》,第86页。

中都占了上风。历史舞台已经搭好,一位伟大的宗教领袖兼民族领袖上台的时机已经成熟了。①

因此,穆罕默德及其新宗教受到广泛的欢迎,人们纷纷皈依伊斯兰教。新宗教的发展必然与旧贵族的利益发生冲突,因此,麦加的旧贵族开始对穆罕默德及其追随者进行威胁利诱、残酷迫害,甚至企图加害穆罕默德。622年7月2日深夜,穆罕默德带领几名忠实信徒逃离麦加,前往北方城市雅赛里布(Yathrib),受到当地民众的欢迎。该城后来改名为麦地那(Medina),意为"先知城"。这个事件被称作"徙志"(Higira),标志着伊斯兰教的诞生,这一年也被确定为伊斯兰教的纪元。穆罕默德以麦地那为基地,以随同他从麦加来的"迁士"和麦地那的穆斯林"辅士"为基本力量,按照其政治和宗教设想,全面实施新的政教纲领,势力迅速发展壮大。

穆罕默德首先在麦地那将穆斯林组织起来,建立了统一的穆斯林公社,并制定了严格的规章制度,穆罕默德本人既是公社的最高首长,也是伊斯兰教的最高领袖,控制政治、军事、经济、司法和宗教权力。这个政教合一的穆斯林公社后来就发展成为阿拉伯人的伊斯兰教神权国家。新国家清除了部落和氏族的隔阂,建立起保障私有财产和个人人身安全的新秩序,以穆斯林兄弟平等的精神团结了阿拉伯人民。同时,新国家积极发展和完善税收制度、司法体系和强大的军队,并于623年开始进行"圣战"。次年,穆罕默德亲自率领穆斯林军队以少胜多,击败麦加贵族军队。625年和627年又两度粉碎了上

---

① 〔美〕希提:《阿拉伯通史》,第126—127页。本书引用的这几种流行意见目前受到个别学者挑战,他们认为阿拉伯人的变革不是来自"贫穷",而是来自"富裕",是过境贸易使财富增加后,贫富差距增加引起动荡。参见哈全安《古典的伊斯兰文明》,中国青年出版社1999年版。

万人的麦加贵族军队对麦地那的进攻,保卫和巩固了新生的伊斯兰教国家政权。在大约十年间,穆罕默德首先击败麦加旧贵族,占领了麦加圣地,迫使其接受伊斯兰教,并承认穆罕默德的最高权威,扫清了统一阿拉伯半岛的主要障碍,而后征服汉志地区,使半岛南部的阿曼和也门被迫归顺,从而完成了阿拉伯半岛的统一事业,奠定了阿拉伯帝国发展的基础。

阿拉伯国家的统一有助于阿拉伯半岛地区的发展,但是,人口的增加和有限的生存资源间的矛盾仍然无法解决,荒芜的沙漠已经不能满足他们的需求,于是阿拉伯人在穆罕默德新社会组织下,将内部血腥厮杀以限制人口增长的解决方式转变为大规模对外扩张,其矛头指向发达富庶的两河流域和尼罗河三角洲地区。633年,穆斯林骑兵在阿拉伯著名将领、被誉为"真主之剑"的哈立德(Khalid ibn al-Walid)统率下冲出阿拉伯半岛大沙漠,挥舞着"圣战"的旗帜,开始了"征服世界"的远征。阿拉伯军队主要是由下层的穆斯林战士组成,他们习惯于艰苦的沙漠游牧生活,出征作战时仅带若干马匹骆驼,供沿途宰杀充饥解渴,而无须大批粮草辎重,故而行动极为迅速,往往在敌人尚未做好抵抗准备时,即发动奇袭,常常取得成功。他们大都精于骑射,单兵作战能力极强,对于以步兵为主要战斗力的周围的农业民族来说,是一支无坚不摧的攻击力量。特别是在"圣战"的旗号下,穆斯林士兵被许可占有被征服地区的土地和财产,因而在战斗中人人当先,个个奋勇,战斗力极强。发动"圣战"的次年,亚孜德(Yazid)将军统率的数千人骑兵部队首先攻入巴勒斯坦地区,击溃亲拜占庭帝国的阿拉伯人拉克米德王朝军队,攻占拜占庭帝国边境要塞巴什拉。而后,他们稍事休整,便向北方的拜占庭帝国和东方的波斯帝国同时发动进攻。

阿拉伯骑兵首先穿过沙漠攻击叙利亚,在大马士革附近与奉命紧急增援的拜占庭将军贝恩尼斯相遇。634年双方在亚德兹那丹(Adzhnadein)遭遇战中展开激烈厮杀,阿拉伯骑兵散兵线充分发挥了机动灵活、单兵作战能力强的优势,给组织严密、装备精良的拜占庭人以沉重打击,之后便乘胜追击,夺取了大马士革和埃麦萨(Emeasa,今叙利亚的苏赫奈)。战报迅即传到君士坦丁堡,各地增援部队加紧集结,向南调集。也许是出于诱敌深入的战略考虑,也许是迫于拜占庭军队优势兵力的压力,阿拉伯军队很快即从所占的城市全线后退。636年,双方在太巴列湖(the Lake of Tiberias,今以色列境内)以南的雅穆克河畔(the Yarmuk,约旦河支流)进行雅穆克河战役。哈立德会合增援的阿拉伯军队,以灵活的战术彻底击败数倍于己的5万敌军,重新夺取大马士革等重要城市。惊慌失措的拜占庭军队无计可施,仓皇后撤,在此后几年内,未能组织起有效的抵抗。拜占庭帝国在东地中海地区失地丧城,领土迅速缩小:637年,阿拉伯人进入叙利亚北部地区,占领叙利亚首府安条克(Antioch,今叙利亚的安塔基亚)和阿勒波(Aleppo,今叙利亚的阿勒颇);638年,基督教圣城耶路撒冷失陷;639年,阿拉伯人攻入美索不达米亚地区;640年,恺撒利亚(今以色列的海法)失守;同年,阿拉伯军队征服美索不达米亚全境。在阿拉伯军队的攻击下,拜占庭军队只有招架之功,没有还手之力。而阿拉伯军队所向无敌,节节取胜,扎营于小亚细亚南部的额梅纳斯山脚下。

叙利亚地区的丧失对拜占庭帝国在亚洲的势力是巨大的打击,对波斯人更是灾难降临的预兆。当时,波斯人尚未从伊拉克略一世的军事打击中恢复过来,紧接着便遭到来自阿拉伯人更猛烈的攻击。阿拉伯军队以具有战略意义的叙利亚为基地,向东进犯波斯领土,635年,攻占伊拉克。阿拉伯将领穆桑尼(Mushanna)在底格里斯河附近的布瓦依普(Buwayb,今伊拉克的舍尔加特)打败波斯将领米赫兰(Mihran)的军队。637年,在决定性的卡迪西亚战役(Qadisiya)中,伊本·瓦卡斯(Sa'd ibn-abi-Waqqas)统率的阿拉伯军队以少胜多,再次大败波斯重臣鲁思塔姆（Rustam）的波斯大军，扫清了东进之路。在这里，阿拉伯人受到不满波斯统治的当地居民的欢迎，故而乘胜东进，夺取底格里斯河支流纳瓦斯河畔（the Nawas,今迪亚拉河）的波斯"陪都"泰西封城，并于此城50公里以北的贾鲁拉平原再度重创波斯军队。阿拉伯军队乘势深入波斯内地。642年，仍做困兽之斗的波斯萨珊尼德王朝末代国王耶斯提泽德三世（Yezdigird Ⅲ, 634—642年在位）亲自统兵作战，在尼哈温德（Nehawand,今伊朗的尼哈旺德）与阿拉伯军队进行最后的决战，结果又被打得大败，全军覆没，他本人逃亡到中亚特兰索克萨尼亚（Transokthania,今阿富汗的塔林科特），九年后被杀，持续了千余年的波斯帝国至此灭亡。

639年，阿拉伯军队开始入侵拜占庭帝国在北非和埃及的领土。同年12月，4000名阿拉伯骑兵在阿穆尔·伊本·阿斯（Amribn al-'As）率领下侵入埃及。他惊奇地发现，阿拉伯军队在此没有遭到任何抵抗，一些当地居民甚至对他们表示欢迎，而为数不多的拜占庭军队只集中在几个大城市。次年，他便夺取了尼罗河三角洲东北角最重要的城市皮鲁西姆（Pelusium,今埃及的比尔阿卜德）。埃及全境，特别是三角洲地带的拜占庭守军大为惊慌。但是，已经胜券在握的阿穆尔放弃了直取埃及首府亚历山大的机会，在补充了兵力后转向西南，进攻伊留波利斯城（Heliopolis,今开罗）。这样阿拉伯军队便绕过水系发达、不利于骑兵作战的尼罗河三角洲地带，扫清了亚历山大外围的拜占庭残余军队。641年，伊留波利斯城的拜占庭军队战败弃城。次年，巴比伦城守军也加入到逃亡大军之中。残余部队逃向亚历山大，随之而来的大批惊恐万状的难民也涌入城市。为避免生灵涂炭，亚历山大教区大教长西留斯（Cyrus）在642年阿拉伯军队完成对亚历山大包围后，代表全教区与阿穆尔谈判，宣布投降。胜利后的阿穆尔在写给奥马尔哈里发（Omar,634—644年在位）的信中极为得意地说：

我已经夺取了一座城市,我不加以描绘。我这样说就够了,城里有4000座别墅、4000个浴池、4万个纳人丁税的犹太人、400所皇家的娱乐场所。①

拜占庭帝国在埃及数百年的统治从此宣告结束。

阿拉伯人并没有满足上述胜利,661年倭马亚王朝(the Omayyad Caliphate)建立后,继续进行东、西、北三个方向的扩张。665年,万余阿拉伯骑兵向东挺进,迅速征服伊朗高原,占领中亚地区,兵抵我国唐朝西部边陲,因受阻于帕米尔高原等自然疆界,而进入印度。西线数万阿拉伯主力骑兵风驰电掣般地横扫北非马格里布地区的拜占庭军队残余势力,占领迦太基,征服柏柏尔人,迫使他们信仰伊斯兰教。然后,他们以摩洛哥为基地,以柏柏尔人穆斯林军队为主力,越过直布罗陀海峡进犯西班牙。在此以前,驻叙利亚的阿拉伯总督穆维雅(Muawiya,661—680年在位)就已经向拜占庭帝国的小亚细亚地区发动进攻。由于这里是拜占庭帝国首都赖以生存的最后的粮仓和兵源所在地,因此拜占庭人进行了拼死的抵抗。尽管如此,到倭马亚王朝建立之初,阿拉伯军队通过战争和外交手段已经控制了自两河流域源头地区至黑海的大亚美尼亚地区,并建立舰队进攻塞浦路斯岛和爱琴海沿岸地区。655年,阿拉伯舰队首次兵临君士坦丁堡城下,在里西岩(the Lician Coast)近海重创拜占庭帝国皇帝君士坦斯二世(Constans Ⅱ,641—668年在位)亲自指挥的帝国舰队,切断了帝国首都与外界的水上联系。穆维雅的目的在于尽快清除阿拉伯帝国扩张的障碍,灭亡拜占庭帝国,使西征和北征的两路大军早日在欧洲会师。面对阿拉伯军队逼人的攻势和本国军队节节败退的局面,君士坦斯于660年突然离开首都前往意大利,并计划迁都。拜占庭皇帝的惊慌失

---

① 〔美〕希提:《阿拉伯通史》,第164页。

措加重了帝国首都不安的气氛,贵族和官吏纷纷准备西逃,无路可逃的百姓们则天天登城远眺,君士坦丁堡的末日似乎将要来临。但是,倭马亚王朝争权夺利的内讧暂时中断了阿拉伯人对拜占庭帝国的进攻,给了拜占庭人喘息的机会。

穆维雅曾是先知穆罕默德的忠实弟子和秘书,指挥征服叙利亚战争,后任叙利亚和巴勒斯坦总督。661年,他击败政治对手哈里(Ali,656—661年在位),成为哈里发,建立倭马亚王朝。数年后,当哈里发穆维雅巩固了政权,再度组织对君士坦丁堡的陆地和海上联合进攻时,拜占庭帝国的形势也发生了变化,阿拉伯扩张计划因此遭到意想不到的挫折。在随后的战争中,阿拉伯军队遭到拜占庭人发明的新式武器的打击,这种武器就是后来令阿拉伯人闻风丧胆的"希腊火"。

二、拜占庭人的抗战

拜占庭帝国的新皇帝君士坦丁四世(Constantine Ⅳ,668—685年在位)是伊拉克略一世的曾孙,自幼性格坚毅、处事果敢,其父君士坦斯二世离开首都西巡时,他年仅10岁。668年,君士坦斯二世在意大利叙拉古城(Syracuse)被刺身亡时,他已经18岁,参与和主管帝国都城军政事务多年。他不同意其父的外交政策,因为他深知朝野上下,特别是宫廷文武大臣中的主战派对父皇弃都西走,躲避抵抗阿拉伯入侵责任的行为极为不满。尤其是随同父亲西巡的麦兹乔斯(Mezizios)将军早就令他不放心。这个来自帝国东部亚美尼亚军区的赳赳武夫对家乡失陷痛心疾首,多次扬言要率兵出征,对君士坦斯二世一直心存不满,最终买通内宫仆人刺杀了皇帝。① 君士坦丁认为,父皇的做法只能

---

① 君士坦斯被暗杀在浴室这一事件是拜占庭帝国的历史之谜,后代学者根据其死后当日麦兹乔斯被部下拥立为帝的事实推测后者应为主谋。参见〔法〕布莱赫尔《拜占庭帝国的兴亡》,第43页。

使朝野浮动，民心不稳，军心动摇。所以，他即位后，立即着手整顿朝纲。首先，他强化中央集权，整肃文武官员，清除和罢免主和派，提拔和重用主战派，对那些不忠于皇帝的将领和大臣格杀勿论。在这场斗争中，他的两个兄弟也不能幸免，被他残酷地剁去手脚。

其次，他全面加强国防，调整对阿拉伯军队的作战部署。拜占庭军队经过数十年的反阿拉伯入侵战争逐步积累了经验，对阿拉伯人的作战方式逐渐适应，一些军区已经能够有效地阻止敌军的前进。但是，阿拉伯人建立的近海舰队却构成了对君士坦丁堡的直接威胁。显然，阿拉伯人在陆地进攻受阻的同时，加强对帝国首都的水上进攻。当时，哈里发穆维雅重新坐镇叙利亚前线，积极督促其海军向君士坦丁堡进攻，并派埃米尔法达拉斯为舰队司令，指挥阿拉伯海军突破拜占庭的达达尼尔海峡防线，攻占了马尔马拉海东南沿海的基兹科斯（Cyzicus，今土耳其的伊兹米特）。此城距离君士坦丁堡仅半日海程，自674年夏季开始，阿拉伯海军每年都从这里发动大规模进攻，形成了对帝国首都的海上封锁。

为了有效地反击阿拉伯海军，君士坦丁四世广泛征集退敌良策，得到了"希腊火"的配方和使用方法。据史料记载，"希腊火"是由加利尼科斯（Callinicos）发明的。此人曾在叙利亚从事建筑业，在寻找和研究建筑用防水材料时对炼丹术发生了浓厚兴趣，进行过长期的化学研究，因此，逐渐掌握了火药的配制方法。阿拉伯军队侵占叙利亚后，他随逃难的人群撤往首都，在途经小亚细亚地区时，发现了当地出产的一种黑色黏稠油脂可以在水面上漂浮和燃烧，这种油脂实际上就是我们今天所说的石油。佳利尼科斯定居君士坦丁堡后，亲眼目睹了阿拉伯军队每年夏季从东、南两面的马尔马拉海上对首都的围攻。他提出使用火烧阿拉伯战船的建议立即得到君士坦丁皇帝的重视，指示负责军械和武器生产的官员在大皇宫内组织秘密研制和生产，由加利尼科斯担任技术指导。同时，皇帝下令对有关的一切事情特别是这种新式火器的配方和制作过程严格保密，甚至不许用文字记载下来。正是由于当时的保密措施才使这种威力巨大的新式武器在浩繁的拜占庭帝国文献中没有留下任何记载，我们只能从阿拉伯人的史书中略知一二。

在阿拉伯人的记载中，它被称作"希腊火"（Greek fire），而在拜占庭文献中则被称为"液体火焰"（ύγρον πύρ）。据现代学者的研究，希腊火是一种以石油为主体、混合了易燃树脂和硫黄等物质的黏稠油脂。它容易点燃，但不具备爆炸力，因此便于携带和运输。其性状如油，可以在水面上漂浮和燃烧，而且容易附着于物体表面。经过配制的希腊火一般被装入木桶，运送到前方供守城将士使用。士兵们通常使用管状铜制喷射器将它喷洒向敌人，然后射出带火的弓箭将它点燃。根据一部古书中的插图，拜占庭海军派遣轻便小船引诱敌军大船出击，在诱敌过程中将大量"希腊火"洒在水面上，点燃后借助风力烧毁敌船。喷射器的结构并不复杂，大体类似于今日常见的儿童水枪，只是体积更大，喷口更粗，便于大量喷洒黏稠的"希腊火"。事实上，自从拜占庭帝国的高加索和亚美尼亚地区发现石油以后，就有相当数量的石油被运往君士坦丁堡，对于它的可燃性人们也早已熟悉。加利尼科斯的新贡献在于将相当比例的易燃物质加入石油，使得它的可燃性变为易燃性，成为新式武器"希腊火"。① 由于原料充足，拜占庭人在很短的时间内就可以生产出大量的"希腊火"。拜占庭守城部队就是依靠这种新式武器消灭了678年夏季进攻君士坦丁堡的阿拉伯海军。

在此之前，阿拉伯军事扩张几乎没有遭遇到顽强抵抗，阿拉伯军队在扩张战争中所向无敌，席卷了波斯和拜占庭帝国的大部分领土。小亚细亚的山区作战虽然极为艰难，但是，阿拉伯军队仍然在缓慢前进，

---

① 〔英〕帕廷顿：《希腊火和火药的历史》，剑桥1960年版。

像大马士革、安条克、亚历山大、耶路撒冷、泰西封和伊留波利斯等西亚和埃及的大城市都无一例外地被攻占。而对君士坦丁堡，阿拉伯骑兵却难有作为，因为该城西面陆地一侧有两道坚固的城墙，特别是外墙极为高大。因此，阿拉伯人决定从防务相对薄弱的海上发起攻击。在阿拉伯军队发动进攻之前，拜占庭帝国海军一直是东地中海最强大的水上武装力量，控制海上霸权几个世纪之久，几乎没有对手，君士坦丁堡临水的两面似乎有一道天然防线，所以没有建立坚固高大的城墙。为了夺取君士坦丁堡，阿拉伯人建立海上舰队，积极发展海上势力，修造舰船，抢占具有重要战略意义的海岛和沿海据点，并实施从海上进攻君士坦丁堡的计划。但是，阿拉伯海军遭到异乎寻常的顽强抵抗，最初的进攻并没有得手。临近马尔马拉海的各个港口均被拜占庭人封锁，使阿拉伯船只无法停靠。而阿拉伯军队对君士坦丁堡的海上封锁又没有起作用，拜占庭人连续四年挫败了阿拉伯军队扩张计划。

678年夏季，哈里发穆维雅调集了更多船只，营造海上攻城器械，发动更大规模的攻势。6月25日清晨，前线总司令法达拉斯（Fadalas）指挥百余只阿拉伯战船浩浩荡荡直扑君士坦丁堡城下。拜占庭海军事先布置大量小船在城下海面上喷洒"希腊火"，等到阿拉伯舰船驶近，便施放带火的弓箭，点燃海面上漂浮的油脂，进而使阿拉伯海军的木船被大火烧毁，阿拉伯舰队近三分之二的船只被毁。此战使阿拉伯海军再也不能组织起强大的攻势，只能退回基兹科斯基地。为了躲避拜占庭海军的反围攻，穆维雅命令剩余的阿拉伯船只向南撤退。在退却中，阿拉伯海军又遭到暴风雨的袭击，最后仅剩余十几艘伤痕累累的破船，埃米尔法达拉斯下落不明。而拜占庭海军乘机在西里西亚海港城市西莱夫基亚（Silevkia，今土耳其的锡利夫凯）附近借助顺风，再次使用"希腊火"无情地打击阿拉伯舰队，使一度相当强大的阿拉伯海军几乎全军毁灭，最终仅剩几只小船逃进西莱夫基亚海港。

阿拉伯军队遭到最惨痛的失败后被迫要求与拜占庭帝国和谈。同年,拜占庭和阿拉伯双方订立三十年和约,哈里发穆维雅表示降服,愿意每年向拜占庭帝国进贡。拜占庭帝国的军事胜利在东欧产生了强烈的反响,阿瓦尔人汗王和斯拉夫人各部落首领纷纷前往君士坦丁堡请求和平和友谊,承认拜占庭帝国的宗主权。现代历史学家高度评价拜占庭军队在678年夏季取得的胜利,认为这是阿拉伯军事扩张势头正处于强劲时遭到的最严重的挫折和阻遏,阿拉伯人征服欧洲的计划因此最终破产。当代著名拜占庭学家奥斯特洛格尔斯基指出,"这一胜利使欧洲免遭阿拉伯军队的蹂躏和伊斯兰教文化的征服,其重大的历史意义远远超过胜利本身,它可以被视为世界历史发展的一个重要转折点"①。

---

① 〔南斯拉夫〕奥斯特洛格尔斯基:《拜占庭国家史》,第112页。

第四章 毁坏圣像运动时代

第一节 伊苏里亚王朝的统治

一、伊苏里亚王朝

7世纪末8世纪初,拜占庭帝国经历了伊拉克略王朝的政治危机和数年的内乱,最终出现了利奥三世创立的伊苏里亚王朝(the Isaurian Dynasty,717—802年)。

利奥三世685年生于叙利亚北部的日耳曼尼基亚(Germanikeia)牧民之家,童年时随父母移居色雷斯的麦森布利亚(Mesembria)地区。他虽然出身社会下层,但却有非凡的胆识,少年时代的生活使他对当时下层人民深受的战乱之苦有亲身体会。20岁时,正值查士丁尼二世和提比略二世争夺皇权的战争激烈进行之际。为投靠胜利者,以谋求升迁,他将自家的500只羊奉献给在战争中已经占了上风的查士丁尼二世,得到查士丁尼的赏识,当即被留用在皇帝帐下做随从,并不断得到提升。此后,在出使高加索游说阿兰人与拜占庭军队联合打击投靠阿拉伯人的阿布哈西人(the Abchasians)的谈判中,他有勇有谋,取得成功,因此名声大震。在阿纳斯塔修斯二世统治时期,他被任命为重要的阿纳多利亚军区"将军"。在任期间,他运用灵活的外交手段,和阿拉伯人保持良好关系,并利用这种关系夺取了帝位。717年,他联合亚美尼亚军区"将军"阿尔塔巴斯多斯(Artabasdos)推翻塞奥多西,建立了新王朝,因其伊苏里亚人血统,该王朝被称为"伊苏里亚王朝"。

利奥三世在位期间特别重视拜占庭军事建设,一方面加强君士坦丁堡城防工事的修建,另一方面调整军队编制和指挥系统,从而提高了拜占庭军队的作战能力。在内政方面,他开启了拜占庭历史上影响深远的毁坏圣像运动。如果说利奥三世算得上有所作为的话,那么他的后代子孙则大多是平庸之辈。其子君士坦丁五世年仅两岁时即被加冕为共治皇帝,成为确定的皇位继承人。他14岁时,被利奥安排与匈牙利汗王的女儿结亲,生下利奥四世后不久去世。其第三位妻子又生其他四个孩子,其中的男孩尼基弗鲁斯被加封为恺撒头衔。君士坦丁五世是利奥三世宗教政策的忠实继承人,将毁坏圣像运动推演为剧烈的迫害活动,并因此受到拜占庭正统史学家的指责,在史书中留下一片骂声。他在对外战争中的成就多少使他的形象得到一些改善。

此后,伊苏里亚王朝的皇帝一代不如一代。君士坦丁五世和匈牙利公主的儿子利奥四世即位时25岁,他基本上沿袭父亲的内外政策,但是不幸于780年突患急症去世,在位仅五年,没有什么作为。他的儿子君士坦丁六世性格怪异,毫无治国才能,其朝令夕改、政令多变不仅给拜占庭帝国带来灾难性后果,而且为自己带来悲惨结局。他五岁时被加冕为共治皇帝,利奥四世去世后他九岁登基,此后长期处于其母伊琳尼为核心的贵族集团控制下。他自幼因婚约问题对伊琳尼产生不满,并转变为仇恨,19岁时联合军事贵族推翻母后的摄政地位。此后两年,他的对外战争屡屡失利,内政一塌糊涂,不得不请伊琳尼重主朝政。在伊琳尼的指使下,他残酷迫害异己,甚至对过去的支持者也不放过。在他众叛亲离的时候,伊琳尼将他废黜,刺瞎双眼,关入修道院。他最后的八年是在修道院里度过的。

伊琳尼是拜占庭历史上第一位女皇,而且其取代其子自立为帝的行为很有些类似我国唐朝女皇武则天。她生于雅典,聪明伶俐,16岁时被君士坦丁五世挑选入宫,成为利奥四世的妻子。事实上,伊琳尼在利奥六世去世以后二十多年里全面控制朝政。她在位期间是拜占庭历史上与法兰克王国关系最密切的时期,其政治理想是建立欧洲帝国。因此,她先是以其子君士坦丁六世与查理曼女儿的婚约确定当时欧洲两大帝国的联姻,后是计划下嫁查理曼,以实现两大帝国的合并。这一改变欧洲历史发展的计划因希腊贵族的反对而流产,她本人也因此被推翻。她摄政和在位期间,大力支持圣像崇拜,罢免毁坏圣像派的教会和官吏,特别是因此罢免了一批军事将领使拜占庭帝国军队陷于混乱,实力大伤。伊琳尼的倒台标志着伊苏里亚王朝统治的结束。

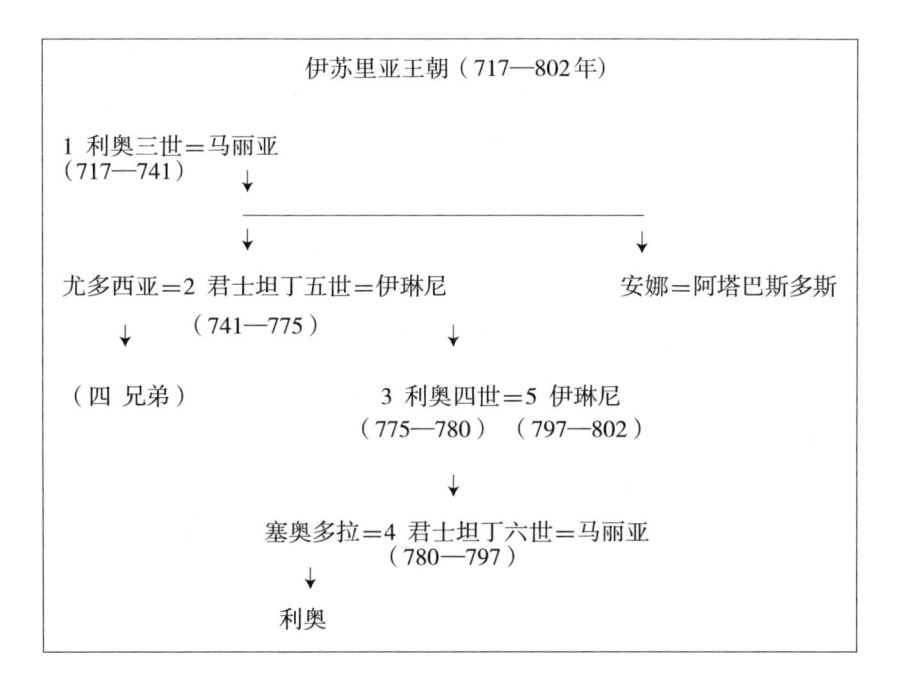

```
                  伊苏里亚王朝（717—802年）

1 利奥三世＝马丽亚
（717—741）    ↓
         ┌─────────────────────────────┐
         ↓                             ↓
尤多西亚＝2 君士坦丁五世＝伊琳尼      安娜＝阿塔巴斯多斯
    ↓      （741—775）   ↓
（四 兄弟）       3 利奥四世＝5 伊琳尼
              （775—780） （797—802）
                    ↓
          塞奥多拉＝4 君士坦丁六世＝马丽亚
                （780—797）
                    ↓
                   利奥
```

二、抵抗阿拉伯人入侵

利奥在位时,拜占庭帝国边境形势紧张。北方崛起的保加利亚人在汗王阿斯巴鲁赫(Asparuch,约650—700年)的率领下举族西迁,侵入黑海和多瑙河之间的拜占庭帝国领土。阿拉伯军队则乘机撕毁三十年和平协议,在小亚细亚地区发动陆地进攻,亚美尼亚军区大部分丧失敌手,使拜占庭帝国东部边界向西后缩,离开了两河流域。在非洲战场上,一度被拜占庭军队夺回的迦太基地区再次遭到阿拉伯人猛烈的进攻,帝国海军被迫撤回克里特岛基地,阿拉伯军队最终完成了对非洲北部的占领。阿拉伯军队利用拜占庭宫廷内讧的机会,调集大军,水陆并进,直扑君士坦丁堡。717年夏季,由奥马尔哈里发(Omar ibn Abdul-Aziz,717—720年在位)的兄弟莫斯雷马萨(Maslamash)统率的十余万阿拉伯陆军,穿越小亚细亚地区,抵达赫立斯滂海峡,在阿比杜斯(Abydos)率领的近两千艘阿拉伯海军船只的帮助下跨过海峡,进入欧洲,从色雷斯方向严密封锁了君士坦丁堡与欧洲的陆地联系。同时,大量阿拉伯海军舰船团团包围了君士坦丁堡水上进出口。①

利奥三世面对危急局势,冷静地分析了双方情况,认为阿拉伯人有备而来,远道奔袭,意在速决,而拜占庭人内乱方休,战备不足,因此只可以逸待劳,坚守不出,利用拖延战术令敌军疲惫,而后伺机出击,打垮敌人。他还清楚地看到,阿拉伯军队虽然人数众多,船队庞大,但是存在供给困难的致命弱点。基于这些认识,利奥三世全力组织君士坦丁堡城防,充分利用"希腊火"的杀伤力,多次瓦解敌军攻势。在加强防守的同时,他命令各军区分头出击,切断敌军的补给线,使孤军深入的

---

① 〔美〕瓦西列夫:《拜占庭帝国史》第1卷,第236—238页。

阿拉伯人处境日益艰难。一事无成的阿拉伯军队不习惯冬季的多雨天气,军中瘟疫流行,718年,在围困君士坦丁堡整整一年后被迫撤退。拜占庭军队乘势全线出击,无情地打击无心恋战的敌人。阿拉伯海军在退却中再次遭到与四十年前同样的惨败,数十艘行动迟缓的大船和1800只各类战船被"希腊火"烧毁,残余舰只几乎全部毁于风暴,葬身海底。莫斯雷马萨率领的阿拉伯陆军且战且退,损失惨重,特别是当他们经阿纳多利亚军区退往叙利亚时,在底亚纳城(Diana)附近的山谷遭到拜占庭军队奇袭,死伤过半。阿拉伯军队的惨败迫使奥马尔哈里发不得不与拜占庭帝国再次订立和平协议。

三、对外扩张

利奥三世的胜利使阿拉伯军队元气大伤,数年内不敢对拜占庭帝国用兵。726年,新任哈里发伊沙汗姆(Hisham,724—743年在位)重新恢复对拜占庭帝国的进攻。最初,是由莫斯雷马萨将军的部队对卡帕多细亚地区发动抢了就走的骚扰战。而后,阿拉伯军队再次孤军深入,兵抵尼西亚(Nicaea)附近,另一支阿拉伯军队向亚美尼亚军区挺进,企图扩大进攻势力。对此,利奥三世开展了积极的外交活动,建立反阿拉伯同盟。他主动向控制高加索地区的喀山汗国派遣使者,积极促成了其子君士坦丁(Constantine)与汗国公主伊琳尼(Irene)的联姻。正是由于这一政治联姻,喀山汗王出兵袭击了进抵阿塞拜疆的阿拉伯军队,迫使其退出已经占领的通往高加索地区的交通枢纽德班特(the Derbent)山口。同时,利奥三世与北方劲敌保加利亚人修好,减少后顾之忧,全力对付阿拉伯人。740年,拜占庭军队在阿克洛伊农(Akroinon,今土耳其的阿克萨莱)与阿拉伯军队展开战略决战。当时,阿拉伯军队近10万步骑兵,越过边界侵入拜占庭帝国小亚细亚地区。苏丹苏里曼(Suleiman)以迈利克(Melika)和瓦达尔(Wadal)率领的2万骑兵为先锋,亲自统率 6 万步兵为中军,又以加麦尔(Gammel)的万余步骑兵为侧翼,首先攻占了卡帕多细亚和阿纳多利亚两军区交界处的底亚纳(Tyana,今底亚纳),其前锋骑兵迅速攻取了西纳杜古城(Synatogu)。苏里曼以为这次远征的最初阶段不会遭遇到强有力的抵抗,还会和以前一样顺利进抵博斯普鲁斯海峡,真正的战斗将在君士坦丁堡城下展开。因此,在进攻小亚细亚地区时,他采取了分兵突击的战略。利奥三世针对阿拉伯军队分兵的弱点,选择其进兵要道,集中优势军队,在阿克洛伊农(Akroinon)设下埋伏。阿克洛伊农位于西纳杜古城以北的菲利吉亚(Phrygia)平原,此地多丘陵湖泊,利于步兵设埋伏。当阿拉伯骑兵被引诱进两个高地之间的伏击地点后,遭到拜占庭步兵的火阵埋伏,死伤无数。残余的三分之一阿拉伯骑兵损伤严重,逃回西纳杜古城,并连夜退兵,与中军主力会合,撤出小亚细亚地区。[①]

阿克洛伊农战役的胜利揭开了拜占庭帝国大反攻的序幕,此后,他们主动出击,将阿拉伯军队赶出小亚细亚地区和叙利亚北部,使阿拉伯军队在将近四十年内不敢发动入侵。利奥三世以后的几位皇帝虽然忙于处理国内颇为棘手的宗教问题,但是仍然能够在制伏保加利亚人的同时,利用阿拉伯人各派争夺哈里发权力的激烈内战,多次出击,清除小亚细亚地区的阿拉伯军队。君士坦丁五世(Constantine V,741—775 年在位)在位期间十分注意加强武装力量,组建新的野战军,训练部队,提高战斗力。747—750 年,他乘阿拉伯阿巴斯王朝(the Abbasid Caliphate,750—1258 年)取代倭马亚王朝的内战之机,在亚美尼亚、卡帕多细亚和阿纳多利亚军区边境地区发动反攻,将东部边界重新推进到两河流域上游。在对叙利亚北部的攻击中,拜占庭军队夺取日耳曼

[①] 〔法〕布莱赫尔:《拜占庭帝国的兴亡》,第 53—54 页。

尼基亚地区。利奥四世(Leo Ⅳ,775—780年在位)时,拜占庭军队继续进攻叙利亚,夺取叙利亚首府安条克,并在西里西亚(Cilicia)战役和亚美尼亚边境遭遇战中,重创阿拉伯军队。与此同时,拜占庭海军继续扩大战果,在东地中海展开攻势,先后夺回被阿拉伯人占领的克里特岛和塞浦路斯岛,重新建立了拜占庭海军基地。

8世纪末,阿拉伯军队再犯拜占庭帝国。当时,拜占庭统治者是皇后伊琳尼(Irene,797—802年在位),她摄政十七年,把持朝政,后来废黜其亲生儿子,自称女皇。她在位期间全面废除前任历代皇帝的内外政策,使国家陷入混乱。阿拉伯军队则乘机再度大举入侵小亚细亚,后来成为哈里发的哈伦(Harun al-Rashid,786—809年在位)亲统大军进兵达达尼尔海峡,迫使伊琳尼订立城下之约,以缴纳贡赋为条件换取了三年的和平。此后,阿拉伯人进一步向小亚细亚地区扩张,将两国边界向西推进。对此伊琳尼不加抵抗,甚至许可他们从库拉珊(Khurasan)地区大批移民。特别严重的是,伊琳尼为了迫害宗教异己分子,竟然解散了对阿拉伯军事防务最重要的亚美尼亚军区,从而使整个小亚细亚地区完全暴露在敌人的攻击下。这样,阿拉伯军队于781年顺利抵达博斯普鲁斯海峡,攻城略地,大肆抢劫,攻占了爱琴海沿海重要城市以弗所(Ephesus,今艾登附近),798年再次进抵博斯普鲁斯海峡。伊琳尼内战内行,外战外行,此时只知一味求和,挖空国库,购买和平。这种政策导致阿拉伯军队的进一步入侵,塞浦路斯、克里特、罗得和西西里等地中海主要岛屿先后被阿拉伯海军攻占,拜占庭不仅丧失了东地中海海上霸权,而且丧失了对西地中海的控制。这一局面保持了三十余年,直到9世纪中期,拜占庭军队才进行反击,边界线重新推进到两河流域。838年夏季,撤往叙利亚的阿拉伯舰队再度遭到风暴袭击,损失惨重。此后百余年间,双方在地中海、爱琴海、小亚细亚地区、叙利亚和两河流域展开了长期的拉锯战,互有胜负。

第二节　毁坏圣像运动

一、复杂的背景

毁坏圣像运动是中期拜占庭历史的重大事件,是8、9世纪拜占庭教、俗统治集团发动的禁止使用和崇拜圣像的社会斗争。这场运动涉及面广,影响极大。学者们以这场运动来界定当时的历史,称运动发生的一百余年为"毁坏圣像时代"①。

这场运动起因比较复杂。从宗教角度看,主要原因有三。其一,拜占庭统治集团为消除有碍加强基督徒与其他宗教信徒,如穆斯林或犹太教徒之间关系的障碍。他们认为,由于基督徒对圣像等宗教偶像的顶礼膜拜,使得其他宗教信徒难以与基督徒接近,从而造成他们与基督徒的对立,也使帝国境域内外的犹太教徒和穆斯林对帝国抱有宗教敌对情绪。其二,伊苏里亚王朝的皇帝试图通过"净化"信徒对原始基督教教义的信仰来加强思想控制。皇帝们认为,由于《圣经》明确规定"不可跪拜那些偶像"②,而拜占庭的基督徒普遍崇拜圣像,故触犯神威,屡受惩罚。他们甚至将诸如726年大地震等自然灾变和阿拉伯人入侵等都视为上帝对基督徒违犯上帝戒律的惩罚。其三,拜占庭教俗统治集团中一部分受到拜占庭东方省区神秘宗教艺术影响的人,力图将古典艺术崇尚自然形象的倾向排除出基督教艺术,在艺术领域恢复基督教的纯洁。

事实上,基督教内部关于如何对待圣像的争论由来已久。早在4

---

① 〔美〕瓦西列夫:《拜占庭帝国史》第1卷,第234页。
② 《旧约全书·出埃及记》,第20章,第4节。

世纪初,在西班牙举行的爱尔维拉基督教大会就明确规定,教堂中严禁设置用于顶礼膜拜的绘画和图像。但是,基督教获得合法地位,特别是成为国教以后,这一规定被弃之不用,使用圣像和圣物装饰教堂日益流行,圣像艺术获得极大的发展,以至于和君士坦丁一世同时代的历史学家尤西比乌斯认为,对耶稣基督、使徒彼得和保罗圣像的崇拜是基督教民族的习俗。对这一现象的出现,教会内部产生了两种相反的意见。反对者认为对圣像的崇拜有违上帝的意旨,而支持者则认为目不识丁的普通信徒唯有通过圣像才能了解基督教的信仰和基督的圣绩。当然,这个时期的争论还仅限于个别教士。例如,塞浦路斯的埃比发努思(Epiphanos)教士就愤怒地撕毁过教堂中那些饰有基督和圣徒的圣像画窗帘。在拜占庭帝国重镇安条克,反对崇拜圣像的民众向圣像投掷石块。至7世纪后半期,对圣像的崇拜愈演愈烈,圣像的内容从对基督和教父的描绘发展到对所有圣人和殉道者的描绘,圣像的形式也多样化,不仅有绘画、镶嵌画,而且有使用象牙、木料、宝石和各种贵金属制作的艺术品。更有甚者,一些狂热的信徒宣称,这些圣像不是普通的艺术品,而是上帝借人手创造出来的,因此会产生神迹。作为对这种倾向的对抗,拜占庭亚洲各省份出现了广泛的毁坏圣像的风潮,许多教堂有组织地清除圣像,并组织学者著书立说批判对圣像的崇拜。显然,毁坏圣像运动爆发以前教会内外关于如何对待圣像的争论已经达到相当激烈的程度。

关于圣像的争论实际上直接涉及基督教基本教义的"救赎"理论,它是将晦涩难懂的教义和普通信徒的日常宗教生活密切联系起来的教规之争,也是基督教神学和哲学力图摆脱犹太教和古典希腊罗马哲学,并最终形成独立的神学体系的结果。基督教神学一方面以一神论取代多神论,以确立上帝至高无上、无所不在、无所不能的地位,进而奠定以上帝为最高目的的世界哲学体系的基础;另一方面以三位一体的基本信条克服犹太教绝对一神论的影响,用基督这一人、神同形同性同格的形象在人与神之间建立起"交流"的渠道,从而形成了救赎论的神学基础。

毁坏圣像运动还有深刻的政治原因。应该说,发动毁坏圣像运动的皇帝们不是从个人或王朝的宗教信仰出发,而是以宗教问题为契机,力图推行一场旨在抑制教权膨胀的社会改革。他们从一开始就把遏制教会和修道院政治势力的发展作为其宗教政策的出发点,力图恢复皇权对教权的控制,重新确立对皇帝的崇拜,特别是在教会势力迅速发展,直接威胁皇权对全社会统治以及外敌入侵,极需统一全国力量的时期,这场运动就成为中央集权化的重要步骤,一些学者明确指出,"利奥三世政策的基本目的并不依据任何宗教考虑"①。

这场运动可以被视为皇权极力控制和参与教会事务的斗争。最初,皇帝对教会的权力是无限的,但是,随着教会实力的增加,这种权力被侵害。因此,皇帝们维护其"至尊权"的斗争愈演愈烈。皇帝对教会的控制表现在召开基督教大会,任免基督教高级教职人员和调解仲裁教会内部争端等项权力方面。皇帝们总是积极参与教会事务,一方面从防止教会脱离皇权控制的考虑,保持其凌驾于教会各派之上的最高权力形象;另一方面及时制止宗教争端造成的社会分裂。与此同时,教权一直力图摆脱皇权的控制,不仅要求教、俗权力平等,甚至提出教权高于皇权的理论。教会司法权最先摆脱皇权控制,而后君权和教权之间的斗争愈演愈烈。当时尚由拜占庭皇帝控制的罗马主教格列高利一世(Gregory Ⅰ,590—604 年在任)公开与皇帝分庭抗礼,反对禁止官员和士兵在未完成职责以前进入修道院的皇帝敕令,并利用拜占庭世俗大贵族争夺皇权的斗争,迫使皇帝承认其"基督教教规最高捍卫者"的

---

① 〔俄〕乌斯本斯基:《拜占庭史纲》,转引自〔美〕瓦西列夫《拜占庭帝国史》第 1 卷,第 253 页。

地位。在毁坏圣像运动爆发前夕,教会的势力已经发展到足以与皇权抗衡的地步,并在帝国政治生活中对皇权构成威胁,这就不能不引起世俗君主的极大恐惧。可以说,毁坏圣像运动是拜占庭教、俗统治集团之间政治较量的结果。

此外,在教、俗权力政治较量的背后还存在着实际经济利益的冲突,换言之,毁坏圣像运动还有实际的经济原因。基督教教会在4世纪以前还是民间宗教组织,其有限的财产常常遭到罗马当局的查抄。4世纪以后,它作为拜占庭的国教,受到特殊保护,教会财产增加极为迅速。尼西亚基督教大会后,教会不仅得到了大量地产、金钱和粮食,而且在皇帝的直接支持下,兴建了大批教堂和修道院。教会还逐步获得许多经济上的特权,其中最主要的权利包括免税权、征收教产税权和接受遗产权。这些特权使得教会产业急剧增加,教会的经济实力迅速增强。

至7世纪末8世纪初,教会已经在拜占庭各地拥有庞大的教会地产,这种地产大多为庄园,或由教会委派的庄头管理,或由教堂和修道院直接经营。以君士坦丁堡教区为例,它拥有29处大小不等的庄园。相比之下,世俗贵族的田产就逊色多了。另据现代学者估计,当时拜占庭帝国有各种修道院千余所。各修道院除了直接控制的地产外,还占有其他地产。教会的地产一般都享有免税权。因此,随着教会地产的增加,国家的土地税日益减少,从而引起世俗君主的极大担忧。教会还通过接受捐赠、遗产和经营庄园等途径,保持相当丰厚的年收入,其收入量远远高出世俗封建主。6世纪,拉文纳教区的年收入为1.2万金币,卡拉布利亚教区的年收入达到2.52万金币,7世纪,西西里教区的年收入高达4.7万金币。[①] 同一时期,拜占庭最高级官吏年薪不过数

---

① 〔英〕亨迪:《拜占庭货币经济史研究:300—1450年》,第204页。

百金币,如非洲和拉文纳两大总督区的总督年薪为725—800金币,统辖数省的大区长年薪也不过如此,一般官员的年薪在72—3.5金币之间。① 教、俗封建主经济收入的极大差距必然招致世俗君主的不满,特别是在国库入不敷出、国家财政吃紧的情况下,这种不满就显得更加强烈。教会以教堂和修道院为核心聚敛大量财富,其富有的程度是世俗封建主难以攀比的。据记载,君士坦丁堡教区除拥有几十处庄园和教堂外,还有36个金银制成的圣像,16个镶满珠宝的珍贵十字架和圣物,29匹金银线混纺的高级织物,110匹马,15头骡,4头奶牛,47对耕牛,72头菜牛,238头奶羊,94头绵羊,52头山羊及其他浮财。② 显然,教会是富有的大地产主,其巨大产业对世俗君主有极大的诱惑力,他们多次试图征用教产,但是常常遭到教会的反对。教会吸引大批青、壮年人出家,成为教职人员或修道士,这也是当时一个突出的现象。按照教会的规定,年满18岁的成年人都可以自愿为僧。他们分布于拜占庭上千所教堂和修道院,多数充当农庄式修道院的劳役僧侣,成为教会庞大经济的支柱。他们中仅有少数过着独居或隐居、或行游式的生活。据学者们的保守估计,毁坏圣像运动前,拜占庭有10万修道士,约占总人口的2%。俄国拜占庭学者安德列夫对此极感震惊,他写道:

  鉴于目前在俄国广阔领土上居住的1.2万人口中仅有4万修士和修女,我们很容易想象,在拜占庭相对狭小的领土上分布着何等稠密的修道院网。③

---

① 〔古罗马〕查士丁尼:《查士丁尼新律》,柏林1895年版,第28款,第1—3条。
② 〔英〕亨迪:《拜占庭货币经济史研究:300—1450年》,第214页。
③ 〔美〕瓦西列夫:《拜占庭帝国史》第1卷,第256—257页。

7世纪初,拜占庭人力资源的极大短缺,除了其他因素外,是与教会对青、壮年人的吸引有密切联系。

显然,基督教教会的巨大财产引起世俗君主相当强烈的羡慕,尤其在国家财政吃紧,世俗各阶层经济生活每况愈下的时候,这种羡慕就逐步演化为嫉妒乃至憎恨。同时,教会对大批青、壮年人的吸引和收容对国家税收和兵源造成严重的侵害和瓦解,也引起拜占庭世俗统治集团的强烈不满和恐惧。在这种教、俗统治集团经济利益激烈冲突的背景下,拜占庭统治者必然借助宗教问题削弱教会的经济实力。

二、曲折的过程

毁坏圣像运动背景的复杂性决定其过程的曲折。

这场运动以皇帝利奥三世于 726 年夏季颁布《禁止崇拜偶像法令》为开端,至 843 年幼帝米哈伊尔三世(Michael Ⅲ,842—867 年在位)统治时期,摄政皇后塞奥多拉(Theodora)颁布反对毁坏圣像的《尼西亚法规》为止,持续了一百一十七年。在此期间,毁坏圣像运动经历了两个阶段。

第一阶段从 726 年到 812 年。利奥三世建立伊苏里亚王朝后,首先致力于抵抗阿拉伯人的入侵,缓解外部危机,而后,平息了 718 年西西里的拜占庭军队兵变和 719 年以大贵族阿纳斯塔修斯(Anasthasius)为首的贵族叛乱,稳定了新王朝的地位。他通过继续推行军区制改革和制定法典等措施,巩固了中央集权。726 年夏季,利奥发布了《禁止崇拜偶像法令》,并率先将大皇宫入口的基督雕像拆除。这立即引发了君士坦丁堡狂热的基督教教徒的骚乱,受命执行拆除圣像的士兵被愤怒的妇女们杀死。拜占庭帝国腹地希腊和爱琴海地区也爆发了民众起义,君士坦丁堡大教长日耳曼努斯(Germanus,715—717 年在任)则成为反对利奥毁坏圣像政策的代表。同时,有关如何对待圣像的争论也从教士们的讲堂迅速发展到社会各个角落。

730年,利奥三世召开宗教大会,撤换了反对毁坏圣像的大教长日耳曼努斯,代之以拥护毁坏圣像的大教长阿纳斯塔修斯(Anasthasius,730—754年在任),并按照利奥的法令制定了毁坏圣像的宗教法规。该法规的重要意义在于,它使毁坏圣像的行为成为教会的事务,而不仅仅出自世俗君主的命令,同时,也为毁坏圣像运动提供了宗教理论上的依据。

利奥三世死后,其子君士坦丁五世继位后,使这场运动的教义之争演化为对崇拜圣像者的残酷迫害,引起全社会的动荡,毁坏圣像运动遂进入新时期。君士坦丁五世首先平息了反对毁坏圣像的贵族叛乱,而后,于754年在博斯普鲁斯海峡亚洲一侧的海耳里亚宫召集宗教会议。与会代表虽然超过300人,但是,诸如安条克、耶路撒冷、亚历山大、罗马教区的主教都没有到会,甚至君士坦丁堡大教长也缺席。会上选举了新的大教长,重新发布毁坏圣像法规:

> 因《圣经》和所有教父的支持,我们以圣三位一体的名义一致宣布,基督教教会将拒绝摆放、清除和诅咒所有邪恶艺术画家创作的任何材料的圣像。将来任何人胆敢制作圣像,或崇拜圣像,或在教堂和私人宅院里摆放圣像,或秘密拥有圣像,将遭到强烈谴责,如果他是主教、教士或宣道师,他将被罢免神职,如果他是修道士或普通信徒,他必须受到世俗法律的审判,成为上帝的敌人和所有教父共同制定的教义的敌人。①

法令公布后,掀起了新的毁坏圣像高潮,人人宣誓不崇拜偶像,大量圣

---

① 〔美〕瓦西列夫:《拜占庭帝国史》第1卷,第260页。

像艺术品被砸烂焚毁,教堂内的圣像壁画被石灰水覆盖,坚持崇拜圣像的人被毒打、抄家、游街、批斗、投入监狱和没收财产,甚至被处死,崇拜圣像的高级教职人员被流放偏远的山区和荒凉的孤岛,他们所在的修道院则被关闭,财产充公,其修士修女被强迫还俗。在毁坏圣像运动的高潮中,修道院和修道士成为扫荡的主要对象,大赛场变成民众公开游斗侮辱修道士和修女的场合,他们被强迫脱去教服,穿上普通人的衣裳,修道士手牵着修女在人们的哄笑和叫骂中走过赛场。在小亚细亚,迫害活动达到顶峰,修道院被洗劫,修道士和修女被集中在广场上,强迫他们在服从皇帝并还俗结婚和被刺瞎眼睛并流放塞浦路斯岛之间做出选择。许多人因忍受不了迫害而逃亡,仅意大利卡拉布利亚地区就接受了约5万希腊流亡者,有的人甚至流亡到阿拉伯国家。罗马主教乘机摆脱了拜占庭皇帝的控制,在法兰克国王矮子丕平(Peppin the Short,752—768年在任)的支持下,建立起教皇国。

  毁坏圣像运动至君士坦丁六世(Constantine Ⅵ,780—797年在位)继位之初发生了重大转折。以摄政皇后伊琳尼为首的反对毁坏圣像者大举反攻倒算,不仅全面废除了以前历代皇帝毁坏圣像的法令和宗教法规,而且对参加毁坏圣像运动的教俗人士大肆迫害。为了消除以前的毁坏圣像立法,786年君士坦丁堡大教长塔拉修斯(Tarasius,784—806年在任)在首都召开宗教会议,罗马教皇应邀出席。但是,支持毁坏圣像的军队强行冲入会场,驱散了与会代表。伊琳尼撤换了军队将领,甚至解散了坚持毁坏圣像的小亚细亚军区。次年,基督教大会在第一次尼西亚宗教会议的旧址举行,与会主教超过300人,他们一致通过决议和法规,公开反对毁坏圣像,下令人人崇拜偶像,反对者立即被开除教籍,斥为人民公敌,所有因崇拜圣像而受到迫害的教士一律平反,发还财产。会议还规定世俗君主无权干涉教务。从此,毁坏圣像派的势力一度销声匿迹。伊琳尼的内外政策导致朝野上下和武装力量的反对,并被尼基弗鲁斯发动的政变推翻,流放爱琴海的莱斯伯斯岛(Lesbos),次年病故。

皇帝利奥五世(Leo V,813—820年在位)继位标志着毁坏圣像运动进入第二阶段。利奥是毁坏圣像派的坚定支持者,他以君士坦丁五世为榜样,重新推行前代毁坏圣像派皇帝颁布的法令,废除787年尼西亚基督教会议的决议,并开始新一轮对反毁坏圣像者的迫害。反对毁坏圣像政策的君士坦丁堡大教长尼基弗鲁斯(Νικηφόρος,806—815年在任)被撤职,代之以坚定的毁坏圣像派领袖塞奥多杜斯(Θεοδότος,815—821年在任)。815年,毁坏圣像宗教会议在君士坦丁堡圣索菲亚教堂举行,再次重申禁止制作和崇拜任何形式的圣像,公开嘲笑对圣像的崇拜无非是对"僵死的雕像"和"无生命的图画"的崇拜。会后,一些崇拜圣像的主教和教职人员被解除教职,个别顽固分子被监禁和流放。但是,这个阶段的毁坏圣像的措施和第一阶段相比要缓和得多。此后阿莫利王朝的几位皇帝,包括米哈伊尔二世(Michael Ⅱ,820—829年在位)和塞奥非罗斯一世(Theophilos,829—842年在位)虽然继续坚持毁坏圣像的政策,但并没有采取激烈的措施,拜占庭社会长期的动荡逐渐平息,这就为毁坏圣像运动的结束铺平了道路。①

842年,塞奥非罗斯一世去世,其年幼之子米哈伊尔三世(842—867年在位)继位,由皇后塞奥多拉摄政。她是坚定的崇拜圣像派,主持拜占庭朝政后立即推翻毁坏圣像的法令,恢复对圣像的崇拜,并通过宗教会议肯定了反对毁坏圣像的"尼西亚法规",同时她再次确立皇权对教权的控制和对教会事务的干涉权。为了平息因毁坏圣像运动引起

---

① 瓦西列夫在其《拜占庭帝国史》中对这场教、俗集团斗争做了详细论述,特别是简述有关的学术观点对读者帮助极大,见该书第1卷,第251—265、283—290页。

的社会动荡,她实行宗教安抚政策,为过去因这一运动受到迫害的教俗人士平反,从而最终结束了毁坏圣像运动。

三、深远的影响

这场旷日持久的毁坏圣像运动对拜占庭历史和文化发展影响极大。毁坏圣像运动最直接的影响是在政治和军事领域,因为,刚刚建立统治的伊苏里亚王朝君主们首先面对的是威胁其统治地位的国内外敌对势力。在这些势力中,教会是与皇权抗衡的主要力量,在拜占庭政治生活中对皇权构成威胁。可以说,毁坏圣像运动是拜占庭教、俗统治集团之间政治较量的结果,这场运动也可以被视为皇权极力恢复对教会控制的斗争。毁坏圣像运动是自上而下的政治斗争,世俗君主对削弱教会势力更感兴趣,无论是支持还是反对毁坏圣像的皇帝,打击反对派教士的积极性更甚于对圣像的处理。利奥三世撤换反对派大教长日耳曼努斯和任命拥护毁坏圣像政策的大教长阿纳斯塔修斯有力地打击了不断膨胀的教会势力。君士坦丁五世采取的暴力措施和在君士坦丁堡游斗教会上层人士,使教士的人格备受侮辱,昔日威风尽扫。支持崇拜圣像的世俗君主在反攻倒算中也不甘示弱,对毁坏圣像派教士大肆迫害。这样,在毁坏圣像运动进行的百余年期间,教会元气大伤,势力迅速下降,很难再与皇权对抗。843 年的法令确定了崇拜圣像的教义,同时再次明确皇权对教会的控制,使教会一度出现的摆脱皇权控制的趋势被遏止。在拜占庭历史上,东正教教会始终未能像罗马教会那样发展成为凌驾一切的至高权力,其重要原因是毁坏圣像运动对教会势力的致命打击,这或许也可以被视为毁坏圣像运动的远期影响。

清除政治分裂势力和强化中央集权是毁坏圣像运动的另一个重要影响。在整个运动中支持毁坏圣像的皇帝大部分来自拜占庭帝国的东方省份，例如，利奥三世和君士坦丁五世是叙利亚人，利奥五世是亚美尼亚人，米哈伊尔二世是小亚细亚地区菲利吉亚人。这批来自帝国东部省份的军事将领夺取皇权后，必然与以官僚为主体的西部贵族势力发生冲突。为了巩固统治地位，军事贵族集团利用毁坏圣像运动打击西部势力。利奥三世在罢免反对派教士的同时，对起兵反叛的希腊军区和爱琴海军区的贵族进行残酷镇压。君士坦丁五世也在迫害反对派高级教士的同时，处死一批反对派世俗贵族。毁坏圣像运动实质上是皇帝们努力恢复皇权的至高地位，在拜占庭教、俗各界重新确立"皇帝崇拜"的举措，是强化中央集权的重要步骤。

毁坏圣像运动在军事方面的影响是与其政治影响紧密联系在一起的。当时，拜占庭帝国最主要的外部压力来自于阿拉伯军队的入侵，而担负抵抗入侵的主要军事力量集中在帝国的亚洲军区。早在毁坏圣像运动爆发以前，帝国各地教会内部在如何对待圣像问题上出现了两种意见。帝国东方和西方省区在这个问题上也形成了截然不同的派别。大体而言，包括希腊在内的西方省区支持崇拜圣像，而东方各省则支持破坏圣像。拜占庭统治者十分清楚，如果不以明确的立法和政策支持东部军区的毁坏圣像的主张，就无法稳固军心，也不能使东部广大士兵得到安抚，进而对东线防务起到不利的影响。毁坏圣像政策的出笼确实鼓舞了东部各军区的士气，因而，8 世纪中期，拜占庭军队在东部前线节节取胜，于 764 年横扫小亚，进抵叙利亚北部。东部边境的军事胜利还使拜占庭帝国能够从容地实现其战略防务重点的转移，一方面它进一步扩充以东部各省士兵为主的武装力量；另一方面它可以更多地抽调东方前线部队到巴尔干半岛打击长期为患的保加利亚人势力，使之数十年不敢轻举妄动。

毁坏圣像运动在经济方面也产生了重要影响，这在遏止教会产业急剧膨胀和防止国家人力资源流失两方面表现十分突出。由于基督教教会作为拜占庭帝国的国教受到皇帝的特殊保护,教会财产增加极为迅速,教会的经济实力急剧增强,因此,在运动之初,教会已经成为帝国内部最富有的集团。教会经济实力的急剧增长不仅成为它在政治领域与皇权分庭抗礼的基础,而且直接蚕食和损害国家人力物力资源,特别是在拜占庭帝国连年战争、瘟疫不断、人力资源消耗严重、国库入不敷出的情况下,教会侵蚀国家经济基础的作用就显得特别恶劣。皇帝们多次试图征用教产,都因为教会的反对而未果。在毁坏圣像运动中,利奥三世首先对罗马主教的辖区开刀,将原来归属罗马教区管理的西西里、卡拉布利亚和伊里利亚教区强行划归君士坦丁堡教区;他还下令将意大利南部地区缴纳给教皇的什一税全部收归帝国国库。君士坦丁五世更是把没收教产、关闭修道院作为其主要的工作之一,以致现代学者评论说:"与其称之为毁坏圣像运动,不如称之为毁坏修道院运动。"①尼基弗鲁斯一世则毫不留情地取消了教会的免税特权,甚至大幅度提高强加给教会的税收。为了阻止教会夺取国家直接纳税人,皇帝们多次颁布法令,禁止士兵、军官和国家官员在退休以前进入修道院当修道士。同时强迫大批教士修女还俗。这些措施有效地实现了皇帝们从经济上打击教会的目的,大幅度增加了国家的税户,进而增加了国家的收入。

最后,我们还应提到毁坏圣像运动在拜占庭文化发展过程中所起的重要作用。在毁坏圣像运动的高潮中,确实兴起了世俗艺术的热潮,在石灰水刷掉圣像的墙壁上出现了以皇帝图像和花草动物等自然物景为主的世俗绘画,其中不乏对重大战役、皇家生活、围猎和公众活动,以及赛车竞技等场面的描绘。事实上,正是由于毁坏圣像运动对教会文化的打击,才遏止了5世纪以后教会文化迅速发展的势头,并为世俗文

---

① 〔南斯拉夫〕奥斯特洛格尔斯基:《拜占庭国家史》,第89页。

化的复兴提供了机会,此后,拜占庭教、俗文化在不同的领域共同发展,形成了拜占庭文化的一个重要特征。

第三节 立法活动及《农业法》反映的农村社会

一、立法活动

以利奥三世为代表的伊苏里亚王朝十分重视立法工作,其中又以《法律选编》和《农业法》为典型代表作品。《法律选编》为伊苏里亚王朝皇帝颁布的法典,全书共分 18 章,主要包括适用于当时社会生活的前代皇帝的法律,在离婚、战利品分配和刑法方面做出新的规定,其对拜占庭帝国司法活动的强大影响持续了约两百年。而《农业法》的影响更为深远广泛,其成书后千余年仍然在东欧和土耳其地区使用,因此引起拜占庭学术界长期关注。德国学者扎哈里亚·冯·林根绍尔在追踪《农业法》成书时代问题上获得突破性进展,他在其著名的《希腊罗马法律手稿史》中提出,《农业法》是由 14 世纪大法官根据前代立法编入当时的法典中。他根据对 12 世纪拜占庭帝国的《皇帝法律选编》①一书的研究,认为《农业法》编纂者的资料来自更早的法典,其部分条款早在 8 世纪就已经被编入伊苏里亚王朝的《法律选编》②中。大多数拜占庭学家几乎一致认为《农业法》成书于 8 世纪末或 9 世纪初,是皇帝

---

① 《皇帝法律选编》是由无名氏法学家于 1142 年编辑的,其资料来源为更早的《皇帝立法》,从其注释中反映,选编者的目的是对《皇帝立法》60 卷进行全文整理,其主要内容只包括《皇帝立法》前 10 卷的内容。此外,《皇帝法律选编》对《皇帝立法》其他内容作了意译,并选编了 6—11 世纪的一些法律,选编的方式为意译、举例和简短介绍,其中对司法程序的举例最为详细。〔德〕扎哈里亚·冯·林根绍尔:《希腊罗马法律手稿史》,海德堡 1839 年版,第 32 页以后部分。

② 《法律选编》的现代权威文本为 L. 伯格曼所整理,法兰克福 1983 年版。

利奥三世和君士坦丁五世时期颁布的。此后,《农业法》被长期广泛地使用,一方面说明其各项规定能够满足拜占庭帝国农村的法律需求;另一方面表明该法律比较真实地反映了拜占庭农村社会生活的一般状况,其关于农村组织、土地利用、农民权益、居民身份等方面的具体规定,可以为后人提供描述 8 世纪前后数百年拜占庭农村社会图景的资料。《农业法》提供历史材料之生动具体,恰恰是其他重于法理阐述的法典所缺乏的。这里,我们从《农业法》提供的丰富信息中,择其要者,简述如下。

二、8、9 世纪的农村

根据《农业法》,拜占庭农村以村庄为基层组织单位,农民生活在大小不等的村庄内。村庄(Χωριο)一词主要是地域概念,泛指有农民居住的某地区。在一个村庄内以农民住区为核心分布着农民的生活区域和生产区域,前者包括住房、磨坊、谷仓、草垛、酒窖、饲料棚、车库等,后者包括份地、林地、牧场、打谷场、菜园、果园,还有羊栏、马厩等家畜区和公共用地。村庄和村庄之间以地界分开,"古老的地界"在村庄之间因土地发生争执时是最权威的判断根据。同时,在村庄内农户之间也存在各种形式的地域划分,这在《农业法》提及的"界沟"和"他人地界"的概念中得到证明。

值得注意的是,拜占庭农村中的村庄组织具有纳税单位的含义。《农业法》第 18 条和第 19 条对此都做了明确的规定。这两条法规比较清楚地表明农民拥有因破产而迁徙的自由,明确地肯定了与逃亡农民同在一个村庄的其他农民具有使用弃耕农田的优先权。前者强调因农民逃亡成为弃耕土地的使用和该土地产品的归属问题,而后者强调的是纳税义务的转移和完税的责任问题。这两条法规向人们透露了重要的信息,即当一块田地成为弃耕田后,该田地原来承担的国家税收义务并不因为原主人的消失而消失,其税收义务不是确定在农民身上,而是承负在田地上。换言之,国家只关心土地税收,而不关心土地经营者究竟是何人,只要能够保证完成政府税收,土地使用权的归属并不重要。而国家确保农民完成税收的组织机构是村庄,逃亡农民所在村庄的其他农民以完成该土地税收的责任和义务换取了使用弃耕田地的优先权。国家通过立法杜绝土地荒芜,以强制村庄集体完税来保证财税收入。在一定的税收年度期间,政府测定的地方纳税额度是固定的,因此对村庄内农民而言,每块荒芜农田都意味着增加了自身的税收量,解决问题最好的办法是占用弃耕土地。在这里,《农业法》提供了拜占庭帝国税收"连保制"的证据,按照这一制度,荒芜农田的税收由其所在的村庄代缴。① 同时,这一信息也有助于加深人们对于拜占庭帝国皇帝多次颁布的"保护小农"立法的认识,即除了通常人们理解的限制大土地发展,进而加强中央集权的政治含义外,还具有国家保护税收,维持财政收入的经济含义。我们在《农业法》以外发现的有关资料反过来也为我们解读这两个条款提供了帮助。

《农业法》关于村庄的管理机构未做说明,但是,从9世纪的《官职表》中可以发现,国家通过地方政府实现对地方的管理,地方政府则主要以派遣巡回法官和税收官吏控制农村居民。② 法官不定期地在某一地区各村庄之间巡回,处理农民日常生活中发生的各类纠纷。《农业法》多处提到"法官",规定由他们调查和判决有关地界、借用牲畜和利息等纠纷。同时该法律确定同一村庄由多名农民做证的契约和协议具有法律效力的规定也说明,法官并非常驻一地,而是不定期巡回,在法官离开某村庄期间,农民可以按照法律订立契约。这里,法官具有行政

---

① 〔希〕卡拉扬诺布鲁斯:《拜占庭国家》,塞萨洛尼基1983年版,第90—99页。
② 〔古罗马〕菲洛塞奥斯的《官职表》完成于9世纪,是研究此一时期数百年拜占庭帝国行政管理问题的最重要的资料,目前有多种文本问世。本书参考了〔英〕布瑞《9世纪帝国管理制度》,牛津1911年版,第131—179页所附原文本。

管理的意义，其权力来自于政府任务，并通过司法管理行使这一权力。国家对村庄的经济管理则是通过地方税务官员每年5月和9月征税活动实现的，他们每三年重新清查农村土地状况，确定税收额度，这即是《农业法》规定"三年"（τριαετη）期限和多处涉及土地"划分"的原因。这种村庄的土地"划分"问题，显然是与村庄作为国家税收基本单位的作用紧密相关的。①

《农业法》涉及土地问题的法规计有44条，占全部条款的一半以上，其中论及土地使用的行为，包括农田划分、保存地界、犁耕、播种、交换份地、收获、租佃土地、田园管理、果实分成、土地租期、土地权益等。在村庄内，土地主要用于耕种，农田以"份地"（μεριδα）形式分配给农民。种植谷物等粮食作物的田地不在农民住区附近，采取敞开式耕作方法，农民份地之间以"沟渠"为界。为了避免土地纠纷，《农业法》明确规定合法耕种的农民"不得越过其邻居的界沟"，这里所谓"界沟"是指村庄内农民份地之间的分界，与两个村庄之间的"地界"不同。第78、79条中禁止农民将牲畜放入其已经先行收割而其他农民尚未收割的农田，说明农民份地之间的分界不足以防止牲畜进入他人农田。菜园、果园、葡萄园和种植橄榄的林地②也分配给农民使用，除了后者采取敞开式耕种外，园地都以栅栏和壕沟围起来，防止牲畜啃噬和不法之徒偷盗。各村庄还保存一定数量的公共土地，为村庄所有农民共同使用，它们分散在村庄核心区的农民生活住区和村庄周围地带，放牧用的草场、砍伐生活用材的树林、河流经过的河畔等均为公共土地。

土地划分是说明土地使用状况的重要现象。《农业法》中的规定

---

① 此时期拜占庭帝国税收管理问题，可参见卡拉扬诺布鲁斯《拜占庭国家》，第97页。
② 橄榄树种植多在贫瘠的山坡地，《农业法》中多处论及，其中使用的词汇为当时拜占庭人习惯用语，这使个别学者产生误解，以为当时拜占庭人放弃橄榄种植。参见〔法〕勒梅尔勒《拜占庭农业史》，第37页。

表明，村庄内的农民经常进行土地划分。该法律多次提到农民因"无力耕种"、"无力经营"、"贫穷"和"因贫困不能经营自己的葡萄园而逃匿移居到外地"造成的弃耕土地问题，由此可以确知在村庄里存在着相当数量的弃耕土地。该法律还多次涉及公共土地和"尚未划分的地方"。这些弃耕的土地和尚未划分的公共土地就成为村庄土地划分的内容。从有关村庄集体缴纳税收的研究中人们了解到，村庄为保持完税的能力，必须使弃耕的土地恢复生产，而农村人口的增加又迫使村庄中的农民不断划分公共土地。这样，在村庄中进行的土地划分就不是土地重新分配，而是土地追加分配，被划分的土地不是全部而是部分。《农业法》揭示，非正式的划分平时即在进行，有能力经营的农民们有权参与非正式的土地划分，并占用这种划分后的土地，这种划分具有法律效力。但是，由政府派遣的税务官吏主持进行的正式土地划分具有决定意义，因为平时进行的非正式土地划分由于多户农民的参与，必然会在划界、地点等问题上产生争执，进而在税收方面造成问题。政府每三年进行一次的农村土地清查登记，就成为村庄内土地的正式划分。在正式土地划分期间，税务官和法官将按照《农业法》审查认定农民平时进行的土地划分的合法性，同时进行土地税收清查。

划分后的土地即成为农民个人的份地，农民对自己的份地拥有完全自主的使用权和处置权，《农业法》规定的土地处理方式就包括"交换土地"、"永久交换"或"暂时交换"，任何方式的租佃、代耕和转让，租佃又包括"什一分成"租佃、代耕、"对分"租佃，等等。农民在自己的土地上具有种植决定权，并有权采取包括筑篱笆、挖壕沟和设陷阱等保护庄稼的措施，并对因此造成的牲畜死亡不负任何责任。《农业法》还进一步将农民的土地权利扩大到农业产品方面，以产品归劳动者所有的原则保护农民的权益，规定虽取得土地经营权利但未进行整枝、松理土地、筑篱挖沟等管理劳动的农民无权获得该土地上的收成，或经协商同意,在他人橄榄树林地经营的农民可以享有三年该林地的收获。该法律对偷盗或故意毁坏他人劳动果实的行为给予极为严厉的处罚,如偷割他人谷穗和豆荚者遭到鞭打,砍伐他人结果的葡萄藤或烧毁他人饲料棚者应被砍手,纵火焚毁他人谷堆被处火刑,屡次偷盗谷物和葡萄酒者被处瞽目。值得注意的是,《农业法》没有关于土地买卖的条款,这是否能够说明在8世纪的拜占庭帝国禁止土地买卖,这一问题还需要依据更新的资料深入研究。

《农业法》反映出,拜占庭帝国的农民成分复杂,包括什一分成租佃制和对分租佃制的承租人和租佃人、领取工钱的雇工、收取定金的代耕者、破产逃亡农民、牧牛人、园林看管人、奴隶主人、磨坊主、牧羊人等。可见,这里所谓的农民是指在农村生活劳动的居民,他们中既有以种植土地为生的农业劳动者,也有以经营畜牧业为生的牧民,他们贫富不同,生产劳动形式有别,但是,其地位平等,享有同等权利。

根据《农业法》,拜占庭农民均拥有独立财产,其中不仅包括住房、库房、酒窖等消费财产,而且包括份地、果园、劳动工具和牲畜等生产资料,农民对这些私人财产拥有完全的自由支配权,并受到法律的保护。除此之外,农民还享有自由迁徙移居权,当他们面临破产时,可以将自己的土地委托他人经营而远走他乡,而当他们感到在本地更有利于自身的发展时,还可以返回原来的村庄,法律仍然承认其原有的权利。另外,农民均有参与村庄公共事务的权利,他们不仅可以作为证人参加邻里之间的协议,而且可以监督村庄内共有土地和水资源的使用情况,甚至可以否决村庄中不公平的土地追加分配。在《农业法》中,所有的农民,无论是贫穷的还是富有的,无论是土地出租者还是承租者,都是经营自己土地的劳动者,至少该法律没有提供不劳而获的地主和控制依附农民的领主的资料。这种情况显然与同期西欧农村中普遍发展的庄园制和领主制有极大区别。我们是否可以据此提出,以西欧农业发展历史为依据得出的理论模式不适用于拜占庭帝国历史?①

《农业法》提供的资料表明,虽然农民享有平等的法权,但他们的实际状况却存在较大的区别,主要反映在贫富差距比较大这一事实上。从该法律看,村庄中最富有的农民拥有多份土地,其中除了其自家的份地外,还包括代耕暂时离开村庄农民的土地,可以采取以犁耕换取分配收成或以代耕定金换取代耕权利。这部分农民既种植谷物,又经营葡萄园和橄榄树林,还饲养牲畜或拥有磨坊,甚至放贷取息,显然比较富裕。该法律对他们的财产明确做出保护。需要指出的是,这些富有的农民与晚期拜占庭历史上的大地产主有本质区别,他们不是有权有势的权贵,而是村庄中的普通成员,不是不劳而获的地主,而是经营份地的劳动者。与此同时,村庄中贫穷的农民只有少量的份地,一些外来农民则没有土地,他们依靠租佃来的土地为生,其中"什一分成"租佃农民可以占有土地收成的十分之九,而"五五对分"租佃农民只占有二分之一的收成。这里出现的巨大差别可能是因税收造成的,即前者的土地税收由承租人负担,而后者的税收由土地租佃人承担。根据我们对拜占庭帝国中期历史上土地税、园地税、牲畜税、户籍税和各种非常规特殊税的考察,其税收总量大体相当于农村人均年收入价值的三分之一左右。② 这大概就是《农业法》中两种分成租佃农民占有收成不同的原因。由此,我们还可以进一步理解村庄农民逃亡的重要原因在于摆脱国家税收负担,因为逃亡农民在新的定居村庄至少可以逃避部分税收负担,尤其对贫穷农户而言,逃亡可能是减少税收负担的主要途径。

---

① 前苏联拜占庭史学界总是力图以西欧历史发展理论套用解释拜占庭历史,尤其在拜占庭社会封建化问题上纠缠不休,其代表作品反映在20世纪五六十年代我国翻译的有关论著中。我国学术界深受其影响,至今反映在许多世界历史教科书中。前苏联的有关学术观点比较集中地表现在〔俄〕列夫臣柯的《拜占庭》(葆煦译,三联书店1962年版)中。

② 〔希〕卡拉扬诺布鲁斯:《拜占庭国家》,第95—96页。

《农业法》还提及奴隶,但是根据有关条款记载,他们主要被用于放牧牛羊,可能属于家奴。奴隶与农民的区别在于,奴隶不具有法人地位,"如果奴隶在树林里杀死牛、驴或羊,那么他的主人应给予赔偿",奴隶主负责赔偿其奴隶造成的损害。可见,拜占庭帝国时期,奴隶的实际地位远比古罗马时代高。他们是人。6世纪的立法就规定杀害奴隶的人以杀人罪论处,①但是奴隶本人因无法人资格而不承担法律责任,这在《农业法》中得到证明。

斯拉夫人定居拜占庭帝国对当时的社会产生了一定影响,主要集中在大量斯拉夫移民进入拜占庭农村后改变了人口构成和缓解了劳动力短缺的困难。斯拉夫人定居在因缺乏农村劳动力而荒芜的地区,对于增加国家税收和提供粮食方面具有积极作用。《农业法》在拜占庭农村中的广泛应用,说明该法律所涉及的小农生产生活方式在拜占庭帝国中期历史上比较普遍,成为当时占主导地位的农村社会关系。这一现象的出现主要是军区制改革产生的积极作用,也与斯拉夫人的迁徙有一定联系。斯拉夫人大量补充到农业生产中,使自从阿拉伯人占领拜占庭帝国的埃及谷物生产地以后长期存在的粮食短缺情况得到改变,充足的谷物供应使粮食价格急剧下降。斯拉夫移民在充实拜占庭农业劳动力方面发挥的作用比较明显。

第四节 阿莫利王朝

一、无王朝时期

伊琳尼的倒台标志着伊拉克略王朝统治的结束。此后近二十年,

---

① 〔希〕泽波斯:《希腊罗马法》第1卷,第68—69页。

拜占庭帝国宫廷斗争的参与者是一批权臣和军事将领。在这些粉墨登场的人物中,有四位胜利者登上皇位,他们虽风光一时,但都是短命君主,长者不过九年,短者不足半年,造成了拜占庭历史上的无王朝时期。

尼基弗鲁斯一世(Nikefhoros Ⅰ,802—811年在位)成为皇帝纯属文职权臣策划宫廷阴谋的结果。他原本在众多朝廷大臣中并不突出,也不是宫廷斗争的核心分子。至今保留的史料中,人们查不出他的出身和早年的经历。① 伊琳尼对毁坏圣像派的残酷镇压和废子登基在朝野贵族和官吏中引起普遍的不满,特别是她与查理曼的联姻计划遭到激烈反对。尼基弗鲁斯当时是领有元老贵族头衔的财政大臣,主管土地和税收,其杰出的管理才能为他赢得了普遍的好评,口碑甚佳。宫廷政变成功后,他成为皇帝,在位九年。在位期间,他充分发挥治国才能,大力整顿财政税收制度,废除伊琳尼颁布的法令,要求所有人必须纳税,特别是废除了"奴隶主"的"奴隶税"豁免权,明确遗产和财产税。他还出台了朝廷垄断投资贷款权的措施,一方面防止私人贷款中的高利贷现象,另一方面由政府控制金融活动。为了解决各地劳动力分布不均和国家税收来源枯竭的问题,他向人口密度小、缺乏劳动力的地区移民,使许多荒芜的农田和边疆地区成为产粮区和纳税大户。同时,他继续推行军区制,在巴尔干地区建立了三个新军区。在其短暂的统治期间,拜占庭帝国国库收入增加,军事实力得到加强。他因病去世后,其子斯达乌拉焦斯(Staurakios,811年在位)即位。但是,斯达乌拉焦斯在位仅两个多月,便因战伤严重,不能理事,而将皇位让给其妹夫米哈伊尔一世。

米哈伊尔一世(Michael Ⅰ,811—813年在位)是尼基弗鲁斯一世

---

① 部分语焉不详的史书推测他有阿拉伯血统。见〔希〕尼阿维斯《拜占庭皇帝尼基弗鲁斯一世的统治》,雅典1987年版,第14页。

的权臣，受到重用和赏识，并与尼基弗鲁斯的女儿普罗克比亚公主结婚。根据当时人记载，他忠厚老实，为人诚恳，但是能力很差。在位两年期间，他放弃了前任皇帝的财政紧缩政策，取消了已经建立起来的税收制度，为了取得教会的支持，对教会慷慨施舍，向修道院捐赠大笔金钱和大片土地。无节制的铺张和日益缩小的财源使他很快便陷入财政危机。在对外政策方面，他同样是个失败者。面对气势正盛、要求"罗马人皇帝"头衔的法兰克国王查理曼，他既没有较量的实力和勇气，又缺乏与之周旋的智谋和能力。当遭到拒绝的查理曼挥兵南下夺取拜占庭帝国在意大利的领地时，他被迫屈服，主动示好，承认查理曼为"瓦西里"①，并积极促成了其长子塞奥非拉克多斯与查理曼之女的婚姻。在内政方面，他总是不能坚持既定政策，面对反对意见便放弃自己的主张，这使得本来就处于毁坏圣像运动混乱时期的宗教事务更加复杂，各个对立派别对王朝均表不满。他最终因在对外战争中失利，被利奥（五世）的军队将领推翻，被迫进入修道院，其儿子均被阉割，以防止其东山再起。他在修道院里度过了后半生的三十多年，每日在孤独中面壁沉思，目睹了篡位者利奥五世暴尸竞技场，见证了阿莫利王朝的创立，但没有留下只言片语。

利奥五世行伍出身，发迹于阿纳多利亚军区，在巴达尼斯叛乱中因弃暗投明而受到尼基弗鲁斯一世的器重，被委以边防军司令重任，并得房产多处。米哈伊尔统治时期，他任亚美尼亚军区首脑"将军"，势力很大，最终起兵反叛，登上帝位。他在位时间七年，最大的政绩是恢复了拜占庭军队的实力。作为拜占庭军队在小亚细亚地区的将领，他代表了东方省区民众和将士的宗教和政治倾向。他全面恢复前朝历任毁

---

① 希腊语君主称号，一般在称呼大国国王时使用，拜占庭皇帝有时也称"瓦西里"。参见陈志强"拜占庭职官考辨"，《西学研究》，商务印书馆2003年版。

坏圣像皇帝的立法和措施,为大批受到崇拜圣像派皇帝迫害的军、政、教官员平反,使他们官复原职。史料记载,他为了公开表明其毁坏圣像派的立场,亲自用石头砸坏刚刚修复的基督圣像。他还任命了一大批军队将领,加强边防建设,亲自主持君士坦丁堡城墙要塞的修建。可能是其激烈的镇压政策导致普遍的不满,当他在 820 年圣诞节庆典上被叛乱将士刺杀在教堂后,狂热的基督教徒将其尸体拖上街道,任凭骚乱的民众践踏。在首都的动荡中,军队将领米哈伊尔二世阿莫利被拥立为皇帝,新王朝也因此创立。

二、阿莫利王朝的统治

阿莫利王朝是由米哈伊尔二世(Michael Ⅱ,820—829 年在位)创立的,他出身于贫苦农民家庭,像当时许多走投无路的下层民众一样,也于青年时代从军,在阿纳多利亚军区供职,并不断得到升迁。伊苏里亚王朝末期的皇室内讧为军事将领伺机叛乱夺权提供了机会,特别是皇后伊琳妮废子夺权,自立为帝,推行一系列错误的内外政策,导致尼基弗鲁斯一世政变成功,终止了伊苏里亚王朝的统治。此后,不断的军事叛乱和宫廷政变接踵而至,米哈伊尔作为阿纳多利亚军区"将军"巴达尼斯(Bardanes Tourkos)的心腹战将和女婿①,也参与了前者于 803 年发动的军事叛乱。但是,精明的米哈伊尔洞悉胜利的天平将倾向于尼基弗鲁斯,故倒戈投诚,在激战中撤出部队,导致巴达尼斯起义失败。巴达尼斯被刺瞎双眼关入修道院,而米哈伊尔因此得到升迁,被尼基弗鲁斯赏赐豪华贵族庭院,委以重任。此后,他在尼基弗鲁斯、斯达乌拉焦斯、米哈伊尔一世和利奥四任皇帝争夺皇权的斗争中,积极发展实

---

① 巴达尼斯将女儿塞克勒(Thekle)嫁给米哈伊尔,后者因此成为其副将。米哈伊尔称帝后,又娶伊苏里亚王朝皇帝君士坦丁六世的女儿为妻。

力，不仅在军队中扩大势力，而且成为元老院领袖。利奥当政期间，他继续受到重用，地位显赫，并与利奥私交甚厚，后者是其子塞奥非罗斯的教父。820年冬季，春风得意的米哈伊尔突然被怀疑卷入宫廷阴谋，被投入死牢。拥护他的一批军队将士随即发动政变，刺杀了利奥。

米哈伊尔目睹了宫廷斗争的残酷，因此即位后，一方面大力镇压异己势力，在首都密布暗探，同时提拔培植心腹死党，任命亲信担任重要军政职务；另一方面，缓和因毁坏圣像运动造成的社会矛盾，停止迫害行动。他娶伊苏里亚王朝公主尤菲罗西尼（Euphrosyne）为妻，俨然以伊苏里亚王朝继承者身份名正言顺地夺取皇帝宝座。事实上，新王朝只是借用老王朝的名义，而无任何伊苏里亚家族的血统，因为，他去世后即位的塞奥非罗斯（Theophilos，829—842年在位）是他与前妻塞克勒所生。在九年的统治期间，他于内政方面毫无建树，在对外战争中也收获不多，病死后由17岁的儿子塞奥非罗斯即位。

塞奥非罗斯在位十二年，九岁时被米哈伊尔加冕为共治皇帝，并亲自选皇后塞奥多拉为妻。在位期间，他大力推行圣像崇拜政策，为受到前朝毁坏圣像皇帝迫害的人平反。他严厉惩处参与刺杀利奥五世的人，为其教父报仇，同时以此表明立场。他可以算是阿莫利王朝比较有作为的皇帝，在位期间施行有效的财政政策，紧缩开支，增加税收，使国库充实。同时，他加强军队建设，修建了一批军事要塞，扩建了君士坦丁堡城墙和皇宫。他发行的铜币有助于经济的复兴和地方商业活动的开展。他还注意支持学术教育，任命一批著名学者担任皇家学校的教授，其中包括数学家利奥、修辞学家约翰等。为了加强边防，他在多瑙河前线构筑军事要塞，在帝国全境整顿军区，并在北方建立三个新军区，设立了新的军队编制和官职，使拜占庭军队实力明显增强。他于842年初其子米哈伊尔三世两岁生日的宴席上饮食过度，死于痢疾。

两岁的米哈伊尔三世（Michael Ⅲ，842—867年在位）即位后由其母塞奥多拉摄政,直到856年。但是,他自幼年开始的宫廷生活养成骄奢淫逸的习气,平日沉迷于酒色,专注于走马放鹰和迷信杂耍,不务政事,听凭母后和一班文臣武将处理令其头痛的国事。16岁时,他听信巴尔达斯(Bardas)摄政王的鼓动,废除了其母后和一批老臣的官职头衔,25岁时又在瓦西里的唆使下排挤巴尔达斯,甚至密令瓦西里将其刺杀。866年,他一时高兴,任命瓦西里为其共治皇帝,因此陷入后者精心设计的圈套。按照当时拜占庭皇帝继承的惯例,所谓共治皇帝是在位皇帝的继承人,一般是由皇帝生前任命皇室宗亲担任。① 米哈伊尔在确定继承人问题上极为草率,因为瓦西里不仅是外姓人,而且年纪比米哈伊尔还大十岁。显然,他被城府极深的瓦西里蒙骗了,成为后者阴谋篡位的牺牲品。次年,米哈伊尔便被暗杀在寝宫中,其死因成为另一个拜占庭历史之谜。而瓦西里在为之举行的隆重葬礼的同时,也在庆祝自己阴谋的得逞。新王朝就是这样在阴谋中建立的。

阿莫利王朝的统治延续了四十七年,其间值得记述的成绩除了结束毁坏圣像运动之外,还包括继续贯彻伊拉克略一世开始的军区制改革政策,建立新军区,引进新移民,并凭借不断增强的国力加强边防建设,不仅在巴尔干半岛北部地区修筑要塞以阻击斯拉夫人的南下,在小亚细亚扩充军队打击阿拉伯人的侵扰,多次发动对外战争并取得远征胜利,而且彻底修筑君士坦丁堡城墙,巩固了首都的城防。相对而言,塞奥非罗斯是该王朝比较有作为的君主,主要表现在其有效的财政税收政策方面。当时,拜占庭社会军事化促进了小农经济的发展,农村生活逐渐富裕,城乡交流,特别是手工业和农副业产品交换日益频繁。针对国内商业复兴的现状,塞奥非罗斯制定了积极的财政政策,一方面发行大量贱金属货币铜质弗利斯(Folleis),以方便不断增加的城乡贸易;

---

① 参见陈志强"拜占庭皇帝继承制度特点研究",《中国社会科学》1999年第1期。

另一方面在税收中增加了贱金属货币的征收，以纠正金本位货币体系给小农纳税带来的不便。积极的财税政策产生了积极的效果，国库因此迅速充盈。他以此发展武装力量，重新修建君士坦丁堡，褒奖学术，支持教育。应该说，马其顿王朝时期拜占庭帝国逐步进入"黄金时代"，是与阿莫利王朝的积极财政政策有密切关系的，换言之，后者为马其顿王朝的强盛奠定了财政基础。①

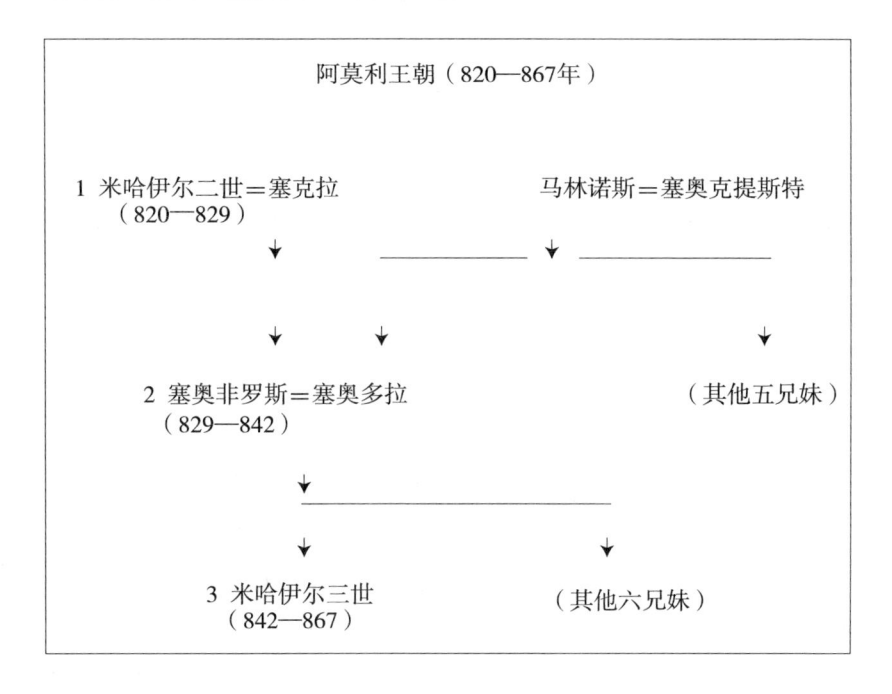

```
                    阿莫利王朝（820—867年）

1 米哈伊尔二世＝塞克拉              马林诺斯＝塞奥克提斯特
  （820—829）
        ↓              _____↓_____
        
     ↓     ↓                                ↓
2 塞奥非罗斯＝塞奥多拉                  （其他五兄妹）
  （829—842）
              ↓_____
              
           ↓                      ↓
3 米哈伊尔三世                （其他六兄妹）
  （842—867）
```

---

① 很多历史家对阿莫利王朝的情况不予重视，读者可以参考的有关记载主要在瓦西列夫的书中，见瓦西列夫《拜占庭帝国史》第1卷，第190—271页。

第五章　马其顿王朝的统治

第一节　马其顿王朝的兴起

马其顿王朝(the Macedonian Dynasty,867—1056年)统治时期,拜占庭帝国进入发展的鼎盛阶段。该王朝经历了五代18位皇帝,统治时间长达一百八十九年,其皇位继承几经曲折,很能代表拜占庭皇权继承的普遍情况,说明拜占庭皇位继承制的原则,反映拜占庭帝国政治生活的特点。

马其顿王朝的奠基人是瓦西里一世(Basil Ⅰ,867—886年在位),马其顿地区农民之子,行伍出身,在米哈伊尔三世时期,他因战功卓越,平步青云,又因善于钻营而得到皇帝信任,866年被任命为共治皇帝。次年,他阴谋暗杀了米哈伊尔成为皇帝,建立了马其顿王朝。早在登基前,瓦西里就注意在军队中培植亲信,建立对其效忠的军事贵族集团。同时,利用米哈伊尔三世的无知和骄横,赢得其信任,并借助其手铲除了许多潜在的政敌。而后利用他控制的武装力量,左右朝廷政治,结党营私,网罗死党,迫使米哈伊尔让步,任命他担任共治皇帝,为其最后夺取皇位铺平了道路。在早期和中期拜占庭历史上,包括马其顿王朝在内的八个王朝都是由军人建立的,其中通过政变建立的王朝有四个。可见,宫廷政变仍然是拜占庭改朝换代的主要途径,而军队在宫廷政变中的作用依旧十分强大。军事将领在政变后成为皇帝的传统始于古代罗马帝国,特别是晚期罗马帝国的历史充斥了军阀割据,自立为帝的现象,这对拜占庭帝国政治生活产生了深远的影响。而开始于7世纪的军区制改革是以中央政府向地方下放权力为特征的,这项改革有利于拜占庭国家地方组织军事化,进而使军人在国家政治生活中占有更重要的地位。瓦西里在位十九年间,多有建树。他推行积极的经济政策,鼓励农耕,支持商业贸易,强化"连保制"①,颁布《法律手册》等法典。他的对外活动胜负各半,在东方战事中,拜占庭军队多次击败阿拉伯人,同时在意大利南部也扩大了拜占庭帝国的领地。886年夏,他死于狩猎中的意外事故。

瓦西里一世死后,传位于次子利奥六世(Leo Ⅵ,886—912年在位),此时后者20岁,已经担任十六年以上的共治皇帝。他自幼接受全面系统的宫廷教育,精通多种语言,熟知古代哲学和文学,因此,经常参与教会神学的讨论。他在位二十六年,基本继承了瓦西里的治国政策,不仅留下多篇赞扬其父的文章,而且忠实仿效,依靠贵族整顿吏治,颁布了著名的《皇帝法规》等法律文件,改革司法体制。但是,他在对外战争中是个失败者,曾受到保加利亚人和罗斯人的多次重创。利奥生前有三个合法妻子,即塞奥发诺(Theophano)、邹伊(Zoe)和尤多西亚(Eudoxia),她们或过早去世或没能生育男孩,使王朝继承问题凸显出来。这迫使利奥与军事贵族后裔"黑眼睛的"邹伊结婚,并生下君士坦丁即后来的君士坦丁七世(Constantine Ⅶ,913—959年在位)。但是,利奥的第四次婚姻却招致教会激烈的反对,君士坦丁堡大教长尼古拉斯(Nicholas I Mystikos)坚决否认这次婚姻的有效性,进而也否定了君士坦丁的皇位继承人地位。此事很快演化为拜占庭教、俗统治集团之

---

① 根据这一制度,同一农村里的农民有义务耕种已经迁徙离去的邻居的田地或果园,并为之缴纳税收。

间的斗争,罗马教皇也积极卷入斗争。这一事件说明,在拜占庭皇权继承问题上教会起了不容忽视的重要作用。拜占庭皇帝虽然不断加强中央集权,但是,他必须遵守教会法规,特别是有关婚姻的规定。利奥第四次婚姻在其生前没有得到正式承认,邹伊始终没能获得皇后的地位,君士坦丁的皇帝资格也是在数十年后才得到认可。利奥死后,皇位由其弟亚历山德尔(Αλεξανδρος,912—913年在位)继承。这里,兄终弟及的皇权继承原则作为父死子继原则的补充形式明确表现出来。然而,亚历山德尔在位仅13个月便去世了,皇权只能由皇室血亲君士坦丁七世继承。

亚历山德尔生前一直没有承认也没有否认其侄子君士坦丁七世的共治皇帝的地位,因此在他发行的金币上没有出现后者的头像。元老院和教会由于担心军事贵族控制朝政,故而一直排斥邹伊作为皇后的地位,在亚历山德尔去世后,又决定由大教长尼古拉斯作为君士坦丁七世的监护人代理行使皇帝权力,并不得将邹伊接进皇宫。事实上,君士坦丁七世的皇帝继承人地位并没有遭到否认,只是由于其母亲引起官僚贵族和教会贵族的担忧,他们不愿意公开承认其地位。不甘失败的邹伊联合军事贵族海军司令罗曼努斯即后来的罗曼努斯一世(Romanos Ⅰ,920—944年在位)废除了尼古拉斯的摄政王职权,最终入主皇宫,以皇后身份担任君士坦丁七世的保护人和摄政王。为了加强政治联盟,她于919年积极促成当时已经14岁的君士坦丁七世和罗曼努斯的女儿海伦的婚姻。野心勃勃的罗曼努斯利用这一关系成为皇帝的岳父,并将目标定为登上皇帝宝座,进而建立新的王朝。为此,他在中央政府和军队中安插亲戚,对其两个成年的儿子委以重任,并加封他们为共治皇帝,全面控制皇权。但是,他的计划立即引起朝野上下的强烈反对,过去支持和反对君士坦丁七世合法地位的教、俗贵族集团联合起来,利用其儿子们的无能,逮捕并囚禁了罗曼努斯,该家族对朝廷二十一年的控制遂告终结。罗曼努斯被流放,成为修道士,其儿子斯蒂芬

(Stephen)和君士坦丁(Constantine)则被监禁、流放,最终被处死。罗曼努斯的经历表明拜占庭皇位继承制度中血亲继承的原则性。古代罗马帝国拟制血亲继承制度的影响逐渐消失①,中古社会宗法关系作为基本的社会关系在拜占庭皇位继承中表现得十分突出。虽然教、俗贵族对君士坦丁七世的身份有所争议,但那是属于皇家内部权力分配的争论。而当罗曼努斯企图建立新王朝时,他就触动了血亲继承的基本原则,必然遭到反对。由于他缺少强大的武装力量为后盾,其失败就不可避免。血亲继承的原则在君士坦丁七世之子罗曼努斯二世(Romanos II Phokas,959—963年在位)去世后的皇位继承问题上再次表现出来。当时,凭借军事政变成为皇帝的尼基弗鲁斯二世(Nikephoros Ⅱ,963—969年在位)为了使其政权合法化而与罗曼努斯二世的遗孀塞奥发诺(Theophano)结婚;同样,在杀害尼基弗鲁斯二世的政变中成为皇帝的约翰一世·吉米斯基(John I Tzimiskes,969—976年在位)也与君士坦丁七世之女塞奥多拉(Theodora)结婚。

  君士坦丁七世因其母亲的合法地位问题长期被排斥在权力中心之外,使他得以一心向学,成为拜占庭历史上学问最大的皇帝。在位期间,他大力褒奖学术,亲自主持学术活动,撰写文史作品,完成了大量重要著作。但是,他为人懦弱,并非治理军政事务的人才,也控制不了政治关系复杂的文臣武将。他虽然早在八岁时就当上了皇帝,但直到40岁才独立主持朝政。在其统治期间,他屈服于大贵族的压力,不断以各类赏赐和名号笼络他们。对于大地主侵占小农土地的现象,他制定了一系列限制性法规,但是并不认真施行,因为他担心引起反叛。在对外关系方面,他的表现也很平庸,只是依靠当时的几位杰出将领维持和平。

---

  ① 所谓拟制血亲是指在法律上承认"义父子"关系,连带承认抚养、继承等权力。罗马帝国时期,皇帝通常将自己的部将或非宗亲确定为"义子",并由后者继承皇权。

农民出身的罗曼努斯一世虽然当皇帝的手段不大光彩,但是在治理国家方面却有值得称道之处。他作为君士坦丁七世的共治皇帝和岳父控制朝政二十四年之久,其间他依靠官僚贵族,整顿法制,颁布了一系列法律,大力恢复小农经济,严格限制大地主侵占农民土地,指令各地官员要依法保护农民。他在对外战争中也多有斩获,先是赢得了对保加利亚人的战事,后阻止了塞尔维亚和匈牙利人南下,并于941年击溃了罗斯人舰队,在东线则恢复了对阿拉伯人的攻势。只是由于他的两个儿子的愚蠢行为,才使他的统治中断。

君士坦丁七世之子罗曼努斯二世在位四年,全面执行其父的各项政策,虽然没有大的作为,但也无大错,拜占庭帝国内政外交保持平稳。他即位时年仅20岁,有两子一女,长子瓦西里两岁时加冕。其突然死亡将五岁的瓦西里推上皇帝宝座。作为小皇帝的监护人和摄政王,皇后塞奥发诺也成为帝国权力的核心人物。这位颇有心计的塞奥发诺担心无力控制庞大的朝廷军政官僚,因此便与军事贵族领袖福卡斯家族的尼基弗鲁斯结婚,后者则成为掌握实际权力的共治皇帝。尼基弗鲁斯二世是当时著名的军事将领,曾在对阿拉伯人作战中屡建战功,恢复了拜占庭帝国在克里特和西亚的领地。他的上台意味着军事贵族对官僚贵族的胜利,他首先将反对派贵族领袖布林嘎斯清除出中央政府,罢免了一批官僚贵族。在位六年期间,他一方面打击官僚贵族,另一方面大力扶植发展军事贵族,并采取多项有利于军队将士和普通小农的措施,将军役土地的面积限制扩大了三倍,以发展重装骑兵。他建立的重装骑兵和有关的战术对拜占庭军事发展是巨大的贡献。他正是依靠重装骑兵取得了多次胜利。他在军事建设方面的成就是以牺牲官僚贵族和教会利益为代价的,他不仅没收了许多贵族的财产,而且严禁向教会捐赠土地和浮财,取消了教会的免税权,因此引起首都贵族的普遍反对。而其残暴的性格更导致包括其外甥约翰和皇后塞奥发诺的仇恨,最终招来杀身之祸,969年底他被刺杀于皇宫。

约翰一世既是尼基弗鲁斯的外甥,又是罗曼努斯二世的妹夫。他曾任亚美尼亚军区军事首脑将军,代表军事贵族集团利益。在位七年间,为了争取教会的支持,他不仅取消了尼基弗鲁斯限制教会产业的各项命令,而且颁布了有利于教会的土地政策,拜占庭帝国修道院的土地因此迅速扩大。他在对外关系方面采取积极进取的政策,972年与神圣罗马帝国皇帝奥托一世结盟,击溃罗斯大公斯维雅托斯拉夫,重新占领保加利亚,并在东方前线取得一系列胜利,迫使大马士革的哈里发求和纳贡。有记载说约翰于51岁时退位,还政于瓦西里二世,但是还有记载说他被毒药害死,凶手是小皇帝的表爷爷(即其奶奶的私生子哥哥)。后一种记载比较可信,因为约翰没有主动让位的理由,而他的被害是当时宫廷斗争的必然结果。

罗曼努斯二世的儿子瓦西里二世(Basil Ⅱ,963—1025年在位)成为皇帝的过程几乎与其祖父君士坦丁七世即位的情况一样,他长期处于宫廷斗争旋涡之外,即使在他名义上继承皇位以后,朝廷实际权力仍然被权臣控制,直到他27岁时才独立主持朝政。瓦西里二世生性刚烈,果敢坚毅,早年目睹了皇室内争权夺利的风风雨雨,培养出残酷无情的性格。少年时代,他无心向学,而对军事问题格外感兴趣,这对他一生独身,从军作战,可能有某些影响。在他独立掌握皇帝大权以前的十三年里,母后塞奥发诺再婚,皇帝权力由继父福卡斯家族的尼基弗鲁斯二世控制。在此期间,他目睹了皇室政治内讧造成国家衰弱和受外敌欺侮的现实,深刻地认识到充分行使皇权和加强军事实力的重要性。因此,即位之后,他立即摆脱大贵族的控制,强化中央集权。当时,帝国朝政把持在大贵族瓦西里·利卡番努斯(Basil Lecapenus)和抵抗俄罗斯人入侵的功臣大将军巴尔达斯·斯科莱鲁(Bardas Sclerus)手中。瓦西里二世长大成人后,他们不仅继续左右朝廷大事,而且力图篡夺皇权。因此,瓦西里二世首先将巴尔达斯·斯科莱鲁将军调任亚洲军区大将军,剥夺了其宫中职务。巴尔达斯于是发动叛乱,自立为帝,进军小亚细亚地区,揭开了持续十五年之久的内战。正是这场内战使年轻的瓦西里二世得到了锻炼,一改过去寻欢作乐、不务正业的生活。他身着深色服装,不佩戴首饰,专心于军国政务,亲自指挥军队和主持判决案件,甚至为此终身不娶。为了能够胜任从军作战和指挥战争的职责,他努力锻炼,成为优秀的骑兵和驾驭官兵将士的能手;为了充实国库,他不耻下问,学习财政知识,很快就成为理财专家。法国拜占庭学家路易·布莱赫尔描写他"有着战士的秉性,又是伟大的军事将领,而且兼有统治管理才能"①。他在位期间不仅强化了中央集权,而且取得对外战争的全面胜利,灭亡了保加利亚王国,吞并了亚美尼亚王国,与基辅罗斯大公弗拉基米尔和神圣罗马帝国皇帝奥托三世盟,占领了格鲁吉亚王国。他在内政方面的成功表现是使国库充盈。他因病去世后,皇位由其弟君士坦丁八世继承。

君士坦丁八世(Constantine Ⅷ,1025—1028年在位)比瓦西里小两岁,也是从小被加冕为共治皇帝,但是他生性懒散,脾气顺和,无心权力,长期生活在宫廷内,却远离王朝内争。即使在登基以后,他仍然生活潇洒,以观看赛车和戏剧为乐。如果说他还参与些许朝政,那也不过是接待外国宾客使节,象征性地参加一些庆典仪式,或胡乱批复一些他毫无兴趣的文件。正因为如此,他在位三年期间,不仅没有任何建树,而且使瓦西里二世时期推行的许多法律被废弃,许多战果被逐渐丧失。多亏了这位"玩乐"皇帝在位时间不长,拜占庭帝国才凭借瓦西里统治的余威保持了一段强盛。

君士坦丁八世的两个女儿邹伊(Zoe,1042—1050年在位)和塞奥

---

① 〔法〕布莱赫尔:《拜占庭帝国兴亡》,第147页。

多拉（Theodora，1042年和1055—1056年在位）继承皇位体现了血亲继承的原则，因为他只有三个女儿没有儿子，而长女尤多西亚早年出家修道，只能由次女邹伊即位。此后，邹伊凭借其马其顿王朝血缘完全控制了进行，一手遮天，任意兴废皇帝，导演了拜占庭历史上最无耻肮脏的一幕，从1028年到1055年在位的四个男性皇帝几乎全是凭借与邹伊的特殊关系登基的。他们包括邹伊的第一个丈夫罗曼努斯三世（Romanos Ⅲ Argyros，1028—1034年在位）、其第二个丈夫米哈伊尔四世（Michael Ⅳ Paphlagon，1034—1041年在位）、其第三个丈夫造船工人米哈伊尔五世（Michael Ⅴ Kalaphates，1041—1042年在位）和第四个丈夫君士坦丁九世（Conxtantine Ⅸ Monomachos，1042—1055年在位）。其中，罗曼努斯三世出身贵族，长期活动在君士坦丁堡上流社会，深得君士坦丁八世信任，并在后者临终病榻前被安排与邹伊结婚，此时他已经60岁高龄，其原配夫人被迫进入修道院。水性杨花的邹伊不甘心与这个年迈的贵族厮守，于是暗中与情人米哈伊尔偷情，并设计将老眼昏花的罗曼努斯三世淹死在宫廷浴室里。当天，米哈伊尔四世登基。他虽然年轻英俊，但自幼患有癫痫，只能满足邹伊一时的性欲，不久也被喜新厌旧的女皇抛弃，被迫削发为僧，在修道院里郁闷而终。她的新情人是米哈伊尔四世的外甥米哈伊尔五世。他出身工人，目睹了邹伊的种种丑行，因对自己的下场担忧，故联合部分亲属将她驱逐出君士坦丁堡，并计划废黜之。计划一经传出，立即引发了首都民众的骚乱。一些世家贵族早就对"下等人"成为皇帝不满，更多民众对这种凭借裙带关系爬上皇位的人感到愤怒，因此在骚乱中他们的住宅被捣毁，财产被洗劫，人身遭凌辱，刺瞎后被关入修道院。已经确立了牢固的王朝观念的拜占庭民众在这次事件中坚持请邹伊和她已出家的妹妹塞奥多拉联合主持朝政。后来，她们又选择邹伊的第四任丈夫君士坦丁九世主持军国大事。他是首都的显赫贵族，作为共治皇帝实际控制朝政十三年。

在位期间,他颁布了多项有利于商人的法令,鼓励支持学术活动,内外政策都取得了些许成果,是马其顿王朝末期比较有作为的皇帝。他死后,朝廷官僚贵族为了继续马其顿王朝的正统皇权,请塞奥多拉(Theodora,1042年和1055—1056年在位)彻底放弃修道生活。但是,她主持朝政仅一年半即病故,临终前指定老臣米哈伊尔六世(Michael VI Stratiotikos,1056—1057年在位)即位,她的去世标志马其顿王朝的终结。

综观马其顿王朝最后的二十八年,皇帝如走马灯一般轮换,他(她)们大多是无能之辈,不仅没有任何建树,而且未能保持前任皇帝的政策法规。他们为了获得教会的支持,慷慨捐赠,颁布有利于教会的法令,使教会势力极度膨胀,成为拜占庭帝国晚期政治生活中不可忽视的力量。同时,他们向贵族让步,取消了所有限制大地主和权贵的措施,致使官僚贵族和军事贵族迅速崛起,成为左右拜占庭朝政,甚至废立皇帝的势力。而以前历代皇帝制定的有利于农业、商业发展的经济政策也大多被废弃不用,税收体制逐渐瓦解,国库日益空虚。尤其是在对外活动中,拜占庭军事上曾经取得的战果逐渐丧失,对周边民族的军事优势迅速消除。

第二节 保加利亚战争

一、马其顿王朝以前的保加利亚人

鼎盛时期的拜占庭帝国最终结束了阿拉伯人数百年入侵的困扰,但是,这只是其取得的对外战争的一项成果。马其顿王朝更重要的战争成就是彻底击溃保加利亚人,使称雄一时的保加利亚王国一蹶不振。

保加利亚人曾作为拜占庭帝国同盟者定居在多瑙河与黑海之间地区,7世纪末发展成为巴尔干半岛的强国,经常与拜占庭发生冲突,在

第五章　马其顿王朝的统治　225

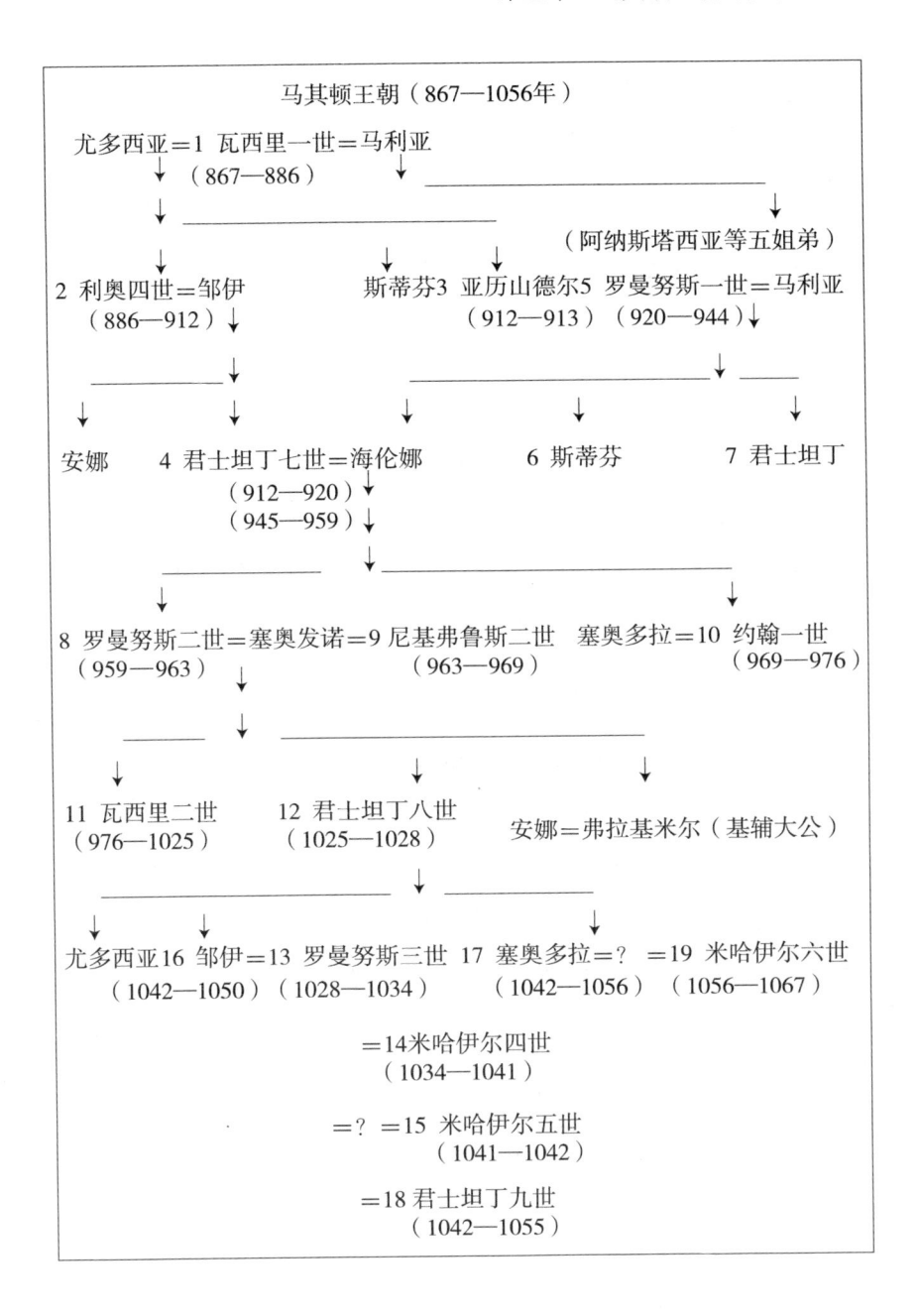

```
                马其顿王朝（867—1056年）
  尤多西亚＝1 瓦西里一世＝马利亚
    ↓        （867—886）　└──────────────────────┐
    ↓         └────────────────────┐              ↓
    ↓                              ↓        （阿纳斯塔西亚等五姐弟）
  2 利奥四世＝邹伊    斯蒂芬3 亚历山德尔5 罗曼努斯一世＝马利亚
   （886—912）↓           （912—913）（920—944）↓
    ↓        ↓           ┌───────────────┴────────┐
    ↓        ↓           ↓           ↓            ↓
   安娜    4 君士坦丁七世＝海伦娜    6 斯蒂芬    7 君士坦丁
           （912—920）
           （945—959）↓
           ┌──────────┴───────────────────┐
           ↓                              ↓
  8 罗曼努斯二世＝塞奥发诺＝9 尼基弗鲁斯二世  塞奥多拉＝10 约翰一世
   （959—963）      （963—969）              （969—976）
   ┌──────┬───────────────┐
   ↓      ↓               ↓
  11 瓦西里二世  12 君士坦丁八世
   （976—1025）  （1025—1028）   安娜＝弗拉基米尔（基辅大公）
                    ↓
        ┌───────────┴──────────────────┐
        ↓  ↓                          ↓
  尤多西亚16 邹伊＝13 罗曼努斯三世  17 塞奥多拉＝？ ＝19 米哈伊尔六世
   （1042—1050）（1028—1034）     （1042—1056）（1056—1067）
                ＝14米哈伊尔四世
                 （1034—1041）
              ＝？ ＝15 米哈伊尔五世
                    （1041—1042）
              ＝18 君士坦丁九世
                  （1042—1055）
```

第一次保加利亚战争中一度打败拜占庭军队,迫使拜占庭缴纳年贡。但是,在第二次保加利亚战争中拜占庭军队击败了保加利亚汗王特耳维尔(Tervel,691 或 704—718 或 724 年在位),保加利亚人的实力由此被极大地削弱。君士坦丁五世因屡败保加利亚人和残酷无情地屠杀保加利亚战俘,而被冠以第一位"保加利亚屠夫"的绰号。保加利亚人的再度兴起是在科鲁姆国王(Krum,约 802—814 年在位)统治时期,其军队向色雷斯地区的扩张曾直接威胁着君士坦丁堡的安全。807 年双方爆发了第三次战争,拜占庭军队在这场战争中损失惨重,拜占庭皇帝尼基弗鲁斯一世在战斗中阵亡,科鲁姆国王用他的头骨制作的酒碗在庆功会上为各位大臣将军轮流把盏。科鲁姆国王乘胜追击,直扑君士坦丁堡城下,实现了"把我的矛插在君士坦丁堡黄金门上"的誓言。后来,他突然死于脑溢血,第三次保加利亚战争也因此结束。

二、第四次保加利亚战争

马其顿王朝统治之初,拜占庭和保加利亚两国之间发生的重要事件,是拜占庭帝国在保加利亚地区文化与宗教传播方面所取得的巨大进展。当时,保加利亚人和其他斯拉夫人一样,社会文化发展极为落后,尚未形成本民族文字,他们在与拜占庭人的接触中,逐步开化,感受到先进文化和社会生活的优越性,因而迫切希望引进外来文化,弥补社会精神生活的不足,以适应建立大国和强权的需要。9 世纪中期,罗马教会和君士坦丁堡教会为了扩大各自的影响,千方百计争夺当时尚未开化的保加利亚人,而保加利亚国王伯利斯一世(Boris Ⅰ,852—889 年在位)为了在斗争中击败政治对手,也极力选择靠山。拜占庭教会在竞争中取得胜利。

最先积极向拜占庭帝国寻求支持的是保加利亚的邻国摩拉维亚大公拉斯迪斯拉夫(Rastislav,846—870 年在位)。862 年,拉斯迪斯拉夫请求皇帝米哈伊尔三世派教士帮助他们建立独立教会,使用斯拉夫语言传教。这一要求带有明显的政治目的,即建立与拜占庭帝国的联盟以对抗保加利亚和法兰克人之间的联盟。米哈伊尔三世立即物色和挑选了学识渊博的君士坦丁兄弟前往传教。君士坦丁(Constantine 或 Cyril,826 或 827—869 年)和美赛德斯(Methodios,819—885 年)生于拜占庭帝国第二大城市塞萨洛尼基的高级官员之家,他们天资聪慧,记忆力超群,年轻时求学于君士坦丁堡,深得大学者数学家利奥(Leo the Mathematician)和神学家弗条斯(Φωτιος)的赏识,学业大进。学成后任神甫,供职于圣索非亚教堂,后担任哲学教师,其雄辩的口才和缜密的逻辑思维受到广泛赞誉,也为之赢得了很高的名声。863 年,君士坦丁(也称希利尔)和他的兄弟美赛德斯应邀前往摩拉维亚传教。为了完成用斯拉夫语传教的任务,他们使用希腊字母为斯拉夫方言拼音,创造了一种为斯拉夫人所理解的文字,称为"希利尔文字"。此后,他们专门从事《新约》等宗教经典著作的翻译。保加利亚国王伯利斯一世曾对拜占庭帝国抱着极大的敌意,与东法兰克王国缔结同盟协议,但是,在拜占庭帝国军事压力下被迫取消协议。864(或 863)年,伯利斯一世也接受洗礼,皈依基督教,而后,他邀请君士坦丁的大弟子克莱蒙特(Clement)到保加利亚传授文化,积极支持他建立独立教会和发展文化的活动。伯利斯一世因此被后人尊为保加利亚文化的奠基人。

第四次保加利亚战争是在保加利亚沙皇西蒙(Symon,893—927 年)统治时期爆发的。西蒙是伯利斯一世第三子,早年曾被其父王送往当时欧洲和地中海世界的文化之都君士坦丁堡接受教育,就学于著名的君士坦丁堡大学。他在 30 岁以前,一直生活在拜占庭帝国首都,对拜占庭文化有深刻的了解。893 年,伯利斯一世将他召回国,宣布他为太子,取代了他的哥哥弗拉基米尔(Vladimir)。同年,伯利斯一世去世后,他任保加利亚国王。即位后,他立即全面整顿国家,强化中央集权,残酷平息了旧贵族的分裂势力,统一了保加利亚人各个派别,自封为沙皇,同时大力发展过境贸易,使保加利亚成为拜占庭帝国和欧洲以及黑海和多瑙河沿岸国家之间的商品集散地。他伺机扩张势力的活动引起拜占庭帝国皇帝利奥六世的警觉。为了遏制保加利亚人的发展,利奥六世一方面在经济上大做手脚,将保加利亚人的商业货站迁移到帝国第二大城市塞萨洛尼基,同时暗中指使地方官员处处刁难保加利亚商人;另一方面勾结新兴起的保加利亚北方强国匈牙利王国,以此牵制保加利亚沙皇西蒙。894年,愤怒的西蒙首先侵入色雷斯地区,并大败拜占庭军队。利奥则命令帝国舰队将匈牙利人运过多瑙河,让野蛮凶猛的匈牙利军队大肆蹂躏保加利亚,迫使西蒙回军救援。最初,西蒙经不住匈牙利军队散兵式作战的打击,多次失利。为摆脱两面受敌的困境,他假意向拜占庭帝国求和,争取了时间,同时,联合北方另一个游牧民族帕臣涅格人(Pechenegs)共同打击匈牙利人,迫使后者退回多瑙河北岸并向西迁移。而后,西蒙集中兵力狠狠打击拜占庭军队,迫使拜占庭人释放所有保加利亚战俘,并进一步向君士坦丁堡逼近。在保加罗菲格(Bulgarophygon,今希腊的奥雷斯底亚斯)战役中,西蒙取得了决定性胜利,双方订立了有利于保加利亚人的和约,拜占庭人被迫割地赔款,向保加利亚人提供丰厚的年贡。

但是,西蒙不满足这些胜利,他要统一巴尔干半岛,要成为拜占庭帝国的皇帝。他不仅向色雷斯和马其顿地区频频用兵,将这两个地区和阿尔巴尼亚尽行囊括在大保加利亚王国版图内,而且决心征服君士坦丁堡。为了名正言顺地成为"罗马皇帝",他强迫当时摄政的大教长尼古拉斯同意他的女儿与小皇帝君士坦丁七世的婚约。邹伊皇后控制政权后,废除了这个婚约,从而导致西蒙于924年对君士坦丁堡的再次进攻,其兵锋直达达达尼尔海峡和科林斯地峡。新任皇帝罗曼努斯一世上台后,首先瓦解了保加利亚人和埃及法提玛王朝(the Fatimids)的联盟计划,而后挑拨早已对西蒙心怀不满的塞尔维亚人(the Serbs)起义,从后方打击保加利亚军队,迫使西蒙放弃对君士坦丁堡的围攻,慌忙回兵平息塞尔维亚人的叛乱。此后,罗曼努斯一世和沙皇西蒙之间展开了长达数年的外交和军事周旋,塞尔维亚人、匈牙利人、帕臣涅格人、阿拉伯人和周边其他国家都卷入了这场复杂的较量。最终,西蒙感到筋疲力尽,他认识到凭借保加利亚人的力量不可能征服拜占庭帝国,而他本人也不可能成为拜占庭帝国的皇帝,同时,为了抵抗北方其他民族的入侵,他还需要拜占庭帝国的帮助。924年,两位皇帝在君士坦丁堡城外举行会晤,经过友好的谈判,订立和平协议,西蒙同意归还占领的土地,而罗曼努斯一世同意向他提供数量可观的年贡。第四次保加利亚战争就这样结束了。

924年的和平条约为拜占庭和保加利亚两国带来四十余年的和平,但是,它们之间的矛盾并没有解决,一纸协议对利益冲突的双方都没有约束力。就拜占庭帝国而言,只有最终解除保加利亚人威胁才能给帝国带来安宁,否则,和平只是暂时的。这一历史任务是由被称作"保加利亚人屠夫"的瓦西里二世完成的。

三、瓦西里二世的内政改革

瓦西里二世采取了一系列强化皇权的措施,首先解除了大贵族瓦西里·利卡番努斯摄政王的职务,没收其财产,将其囚禁于修道院;而后罢免了巴尔达斯·福卡斯(Bardas Phokas)禁卫军司令的职务,将其流放到安条克;最后,于988年平息了巴尔达斯·福卡斯和巴尔达斯·斯科莱鲁(Bardas Sclerus)发动的军事叛乱。

瓦西里二世还推行了一系列旨在巩固军区制,提高农兵地位和打击削弱大地产贵族的措施。996年1月1日,他颁布了著名的保护小农立法,该法废除了农兵必须服役四十年方可拥有军役土地所有权的法令,规定所有自922年以后以任何方式从农兵手中获得的军役土地必须无条件地归还其原来的主人。他在这部立法的前言中,严厉指责诸如福卡斯等大土地贵族以非法手段大量占有小农土地的行为,列举大贵族地主非法占有土地近百年的丑闻。他亲自以严厉手段处理违法的贵族,例如,他将朝廷命官菲洛卡利斯(Philokales)贬为庶民,没收了其非法聚敛的大量家产;他还在讨伐巴尔达斯的途中,将盛情款待他的大贵族尤斯塔修斯(Eustathius Maleinus)押解回君士坦丁堡,其家产全部充公。为了使小农摆脱困境,他不顾大贵族的反对,强制推行税收改革,大幅度提高贵族纳税额度,减免无力纳税的小农税收和劳役。这些措施使拜占庭国力和军事实力大大增强,也为他对外进行军事征服与扩张提供了坚实的物质基础。

四、保加利亚王国的灭亡

瓦西里二世统治时期,拜占庭军队几乎同时在四条战线上作战:即保加利亚人活跃的巴尔干半岛北部、阿拉伯人盘踞的叙利亚、高加索人居住的黑海东南部,以及意大利,其中最重要的是保加利亚人战线。保加利亚人是在拜占庭帝国十五年内战期间重新发展壮大起来的,他们虽然也称为保加利亚人,但属于在小亚细亚地区居住了几个世纪的斯拉夫人部落,为躲避当地战乱而纷纷迁移到巴尔干半岛西北部。这些斯拉夫人新移民在远离保加利亚政治经济中心德布鲁察(Dobrudja)和莫埃思亚(Moesia)地区的偏远山区定居,在尼古拉斯(Nicholas)的带领下迅速发展,势力远及伊庇鲁斯和阿尔巴尼亚,并以奥赫利德(Ohrid,今奥赫里德)为都重新建立保加利亚王国,史称"第一保加利亚王国"。尼古拉斯去世后,他的四个儿子继续扩大保加利亚王国的势力,其中最小的儿子沙木埃尔(Samuel,976—1014年在位)统治时期进入最强盛阶段。沙木埃尔成为保加利亚沙皇以后,首先争取神圣罗马帝国皇帝奥托一世(Otto Ⅰ,936—962 年在位)和罗马教皇本尼狄克特七世(Benedict Ⅶ,974—983 年在位)的承认,而后于 980 年向希腊中部进军,夺取希腊南北交通咽喉要地拉利沙(Larisa,今同名城市),揭开了第五次保加利亚战争的序幕。

瓦西里二世充分认识到保加利亚王国对拜占庭帝国构成的最严重威胁,但是,由于国内叛乱尚未平息,无暇他顾。当沙木埃尔直取南方经济中心科林斯城时,他没有正面阻击,而是于 994 年向塞萨洛尼基以西数百里的维尔西亚(Βερρσια,今韦里亚)和沙木埃尔王国中央地带的特利亚狄察(Triaditza,今斯特鲁加)派出两支奇兵,做出切断沙木埃尔军队后路的态势,迫使保加利亚军队急速退出希腊战场,后撤进入塞萨利(Thessaly)山区。这一仗虽然没有取得显赫战绩,但是,瓦西里二世的战略才能初露锋芒。沙木埃尔不甘心偏安一隅,仅守多瑙河流域,扩张的野心促使他最终给保加利亚人带来极大的灾难。

10 世纪末,保加利亚军队已经控制了巴尔干半岛三分之二的地区,夺取了通往意大利的海港底奥克利(Dioclea),并准备进攻拜占庭帝国第二大城市塞萨洛尼基。对此,瓦西里二世在平息内乱后立即亲临塞萨洛尼基,整顿防线,制定反击战略。994 年,拜占庭军队在塞萨洛尼基西北大败沙木埃尔,并夺取了该城通往西北方保加利亚王国内地的要塞后,瓦西里二世又率数千轻骑昼夜兼程,人不卸甲,马不去鞍,一周内穿越小亚细亚地区,突袭叙利亚南部,推动东线战事的发展。沙木埃尔闻讯,再次进兵塞萨洛尼基,与拜占庭军队在城外会战中,击毙该城总督塔隆尼狄斯(Taronites),而后,进击科林斯地峡。但当他得到瓦西里二世回兵西进的消息后,急忙撤退。在归途中,保加利亚军队遭到拜占庭西线总司令尼基弗鲁斯(Nikephorus)的沉重打击,最后远走宾都斯山区(the Bindus),才得以安全退回伊庇鲁斯基地。这样,在战争的第一阶段,双方都没有取得重大进展,处于相持状态。

第二阶段战事开始前，瓦西里二世集中精力解决亚洲战场问题。他指挥拜占庭军队连续数年进攻叙利亚南部和巴勒斯坦北部，直到恺撒利亚城。而后，他乘高加索地区乔治亚国王（the Georgia Kingdom）被刺身亡的机会向黑海东部高加索地区扩张。拜占庭军队在到达东部边境城市麦利迪尼（Melitene，今马拉蒂亚）时，受到亚美尼亚附属国王公的隆重欢迎。而后，强行渡过幼发拉底河和底格里斯河，进入和吞并了乔治亚王国。他在当地任命拜占庭官员，强迫地方王公向他宣誓效忠，并将大批人质带回君士坦丁堡。这一胜利在周边地区引起了强烈反响，法提马王朝（the Fatimids，909—1171年）闻讯，派特使到拜占庭帝国首都主动结好，双方订立了和平条约。

1001年，瓦西里二世开始集中力量进攻保加利亚王国，他将大本营设在爱琴海沿海地区、临近奈斯多斯海湾的莫森诺堡（Μοσυνοπόλις，今亚历山德鲁波利斯附近）。在此，他建立了由优秀军事将领组成的司令部，反复推敲，精心谋划所有的进攻计划，确定出最佳的战略和战术方案，即每年多雨的冬季休整部队，春季发兵，争取在旱季实现战略目标。瓦西里二世在战争中，分割敌军，各个消灭。其打击的首要目标是保加利亚人首府，因此，他将通往巴尔干山脉以北和多瑙河南岸的山口作为攻击点，以扫清进军障碍。同年，拜占庭骑兵奇袭索非亚平原，夺取了伊斯格河（the Hesg）上游的萨尔底卡（Σαρδίκε，今索非亚附近），从而将保加利亚国土东、西部一分为二。同时，拜占庭军队控制了进军保加利亚的要道，为实施下一步战略计划创造了条件。次年，瓦西里二世亲率大军扫荡被分割的多瑙河下游地区，夺取了巴尔干山脉北麓的重要城市普里斯拉夫（今罗马尼亚的图尔恰），进而占领马尔基亚努堡（Μαρκιανουπόλις，今保加利亚的舒门），封锁住保加利亚军队进入色雷斯地区的出入口。这样，拜占庭军队在彻底征服德布鲁察地区和莫埃思亚地区后，即夺取了保加利亚王国的半壁河山。由于保加利亚主力军队南下,因此,拜占庭人几乎没有遭遇抵抗。瓦西里二世在被征服领土上重新建立拜占庭地方政府,任命心腹战将加以管理。同时将大批保加利亚人押送到马利卡河(Marica,今梅里奇河)河口地区开垦农田,为大部队提供粮草。为了尽快完成战略计划,减少抵抗,瓦西里二世对投降的保加利亚王公贵族加以重新任用,封授爵位和名号。但是,被俘虏的保加利亚人怀着强烈的民族复仇心理,他们经常出尔反尔,当面表示臣服,背后又反戈,这使瓦西里二世放弃了"以夷治夷"的政策,转而实行残酷迫害战俘的政策,即以酷刑使所有被俘的保加利亚人致残。

1003年,拜占庭军队经过休整,以主力部队直接进攻沙木埃尔军队。此时,保加利亚士兵心理防线已经崩溃,一经交锋,便争先恐后地后撤。因此,拜占庭军队沿马其顿地区爱琴海沿海快速向西推进,扫清了塞萨洛尼基周围的敌军,便进军阿利亚克莫河(the Aliakmon)流域各城,这里是保加利亚军队的前进基地。瓦西里二世在迅速夺取了维尔西亚、科利德罗(Κολινδρο,今科扎尼)和塞尔维亚(Σερβια,今奥林波斯山西麓)各城后,就把已经进入希腊中部的保加利亚军队前锋和主力分割开来,并全歼了保加利亚人的前锋部队。而后,拜占庭军队放过退入伊庇鲁斯山区的沙木埃尔主力部队,回师向北直取窝狄钠(Βοδηνα,今埃泽萨附近),在此进行休整,以待来年进攻保加利亚人的西北中心区。第二年,拜占庭军队直取多瑙河畔的保加利亚王国首都维丁(Vidin,今同名城市),对该城展开为期八个月的围攻,同时扫荡木拉瓦河(the Morava,今大摩拉瓦河)流域,夷平城堡,摧毁要塞,征服了保加利亚王国全境。沙木埃尔无力与瓦西里二世正面交锋,因此,采取"围魏救赵"的战术,进攻色雷斯地区重要城市亚得里亚纳堡(Adrianople,今埃迪尔内),以图引拜占庭军队救援。但是,瓦西里二世对此置之不理,坚信沙木埃尔军队没有能力夺取该城。果然,沙木埃尔不敢久留,只能退军,一路上放任部队大肆抢劫。1004年,两军相遇在西马其顿首府斯科比亚城(Skopje,今斯科普里)郊外,满载战利品的保加利亚军队被彻底击溃,被迫逃进山区。斯科比亚城总督,前保加利亚沙皇彼得之子罗曼努斯(Romanus)投降,被瓦西里任命为拜占庭帝国驻当地的总督和阿比杜斯(Abydus)军区"将军"。次年,拜占庭军队占领亚得里亚海沿岸阿尔巴尼亚和伊庇鲁斯地区,控制了其重要海港底拉西乌姆(Dyrrachium)。

这样,沙木埃尔仅剩残余部队,躲进地势险恶的伊庇鲁斯山区和奥赫利德湖(the Ohrid)、普莱斯巴湖(the Prespansko,今普雷斯帕湖)地区。在此后十年左右,瓦西里二世将更多的精力投入意大利事务中,而对保加利亚人采取清剿和防范相结合的政策,同时等待时机给他们以致命的打击。1014年7月,瓦西里二世根据密报获悉沙木埃尔重整旗鼓,派主力部队在拜占庭军队每年夏季进山围剿的必经之路设下埋伏,于是决定增派军队与保加利亚人决战。7月29日,拜占庭军队前锋进入瓦拉西察山坎('Ορος Βαλλὰσιτζα)巴隆古山谷(Παλλόνγου),沿斯特利蒙河(π.Στρυμών)西进,行至山谷狭窄处,被沙木埃尔部队设下的层层木栅栏阻挡住去路。拜占庭军队有备而来,立即使用希腊火投掷弹发起攻击,从正面冲击保加利亚人阵地,同时策动尼基弗鲁斯·科西菲亚斯(Nicephorus Xiphias)率领的保加利亚军队侧翼倒戈,从而冲破敌军防线,致使保加利亚军队全线溃退,1.5万人被俘。瓦西里二世下令将全部俘虏的眼睛剜出,每一百人分为一组,其中一人仅保留一只眼睛做向导引路,放回保加利亚王国。当绵延数里、血流满面、双目尽失、哭嚎震天的保加利亚战俘回到沙木埃尔面前时,这位身心疲惫的保加利亚国王完全被可怕的场面惊呆了,他难以相信眼前的事实,痛心不已,难以控制,脑浆崩裂,两天后不治身亡。1014年10月6日保加利亚王国末代国王、沙木埃尔的儿子拉多米尔(Gabriel Radomir)继承王位。

瓦西里二世乘胜追击,继续挥军横扫罗得比山脉以西山区,彻底捣毁保加利亚残余力量的根据地，先后占领阿尔巴尼亚和伊庇鲁斯地区所有重要城市，1014年底占领麦尼克（Melnik）、维托拉（Bitola）、普里来普（Prilep）和依斯提普（Ishtip）。1016年，拜占庭军队进攻帕拉格尼亚地区（the Pelagonia），夺取莫哥来那（Moglena），促使保加利亚王国发生内乱，拉多米尔被其侄子约翰·弗拉迪斯拉夫（John Vladislav，1015—1018年在位）杀害。在拜占庭军队攻占保加利亚国家首都奥赫利德城和卡斯托利亚（Castoria）之际，约翰·弗拉迪斯拉夫向瓦西里二世投降。然而在1018年，保加利亚末代国王再度起兵，在底拉西乌姆战役中阵亡，使拜占庭人彻底征服了保加利亚全境。拜占庭帝国在新占领的土地上建立了新军区，这样，第五次保加利亚战争就以第一保加利亚王国灭亡和拜占庭帝国的军事胜利而告结束。①

第三节　对外扩张

马其顿王朝除了解决保加利亚人入侵问题外，还妥善处理了与阿拉伯人、罗斯人、帕臣涅格人和西欧人的关系。

马其顿王朝统治时期阿拉伯人已经在其征服的广大领土上建立稳固的统治，并以此为基地继续扩张，使得拜占庭军队陷入了来自北非和西亚两方面的军事骚扰。当时，阿拉伯海军渡过突尼斯海峡占领了西西里岛的大部分，并侵入南意大利沿海地区。拜占庭皇帝瓦西里一世被迫与法兰克国王路易二世（Lewis Ⅱ，854—875年在位）结盟，联手反击入侵的阿拉伯人，最终收回了被阿拉伯人占领的马耳他岛和西西里岛。但是，在利奥六世统治时期，阿拉伯军队再次夺取了墨西拿（Mes-

---

① 关于这次战争的详细进程，〔法〕布莱赫尔的《拜占庭帝国兴亡》有详细叙述，见该书第157—160页。

sina)海峡东岸城市卡拉布利亚,活跃的阿拉伯海盗经常洗劫伯罗奔尼撒半岛和爱琴海沿岸地区,他们与叙利亚和克里特的阿拉伯海军联合行动,控制了东地中海霸权。904年,阿拉伯海军对拜占庭第二大城市塞萨洛尼基的进攻使该城损失严重。

10世纪前半期,阿拉伯帝国逐渐解体,形成许多相互厮杀的小王朝,从而缓解了其对拜占庭帝国东线边境和西部海岛造成的威胁。马其顿王朝统治中期,拜占庭军队发动全面反击,从罗曼努斯一世到瓦西里二世时期,拜占庭大体上收复了亚洲的失地。拜占庭历史上著名的军事将领约翰·库尔库阿斯(John Kourkougas)在小亚细亚和两河流域连续击败阿拉伯军队,将拜占庭帝国东部边界推进到幼发拉底河东岸和耶路撒冷附近。在海上,拜占庭军队也发起强大反攻,收复了东地中海的主要岛屿和西里西亚及西亚沿海广大区域,特别是塞浦路斯岛的收回对拜占庭人重新建立东地中海控制权具有重要意义。拜占庭军队在东部前线取得的胜利一度改变了西亚的政治格局,对各个弱小的地方政权产生强烈的震撼。当时的阿拉伯作家安条克人亚赫雅(Yahya of Antioch)记述道:拜占庭军队的进攻

> 成了其战士们愉快的旅行,因为,没有人袭击他们,也没有人抵抗他们。他(尼基弗鲁斯二世)可以向任何他想要去的地方进军,也可以摧毁任何他想攻击的地方,而遭遇不到任何穆斯林,或其他任何企图阻挡和遏止他实现其意愿的人。没有人能够抵抗他。①

在征服叙利亚阿拉伯军队后订立的拜占庭阿拉伯和约中,阿拉伯人被迫归还拜占庭帝国领土,同意进入阿拉伯国家的拜占庭商队正常经商,

---

① 〔美〕瓦西列夫:《拜占庭帝国史》第1卷,第309页。

保证修复和重建被战火毁坏的基督教教堂,并取消对基督教教徒的迫害政策。法提玛王朝也因此极为注意和拜占庭帝国保持友好关系,两国基本上维持了长期和平局面。

拜占庭帝国在亚美尼亚地区的扩张是通过外交手段实现的。马其顿王朝建立初期,亚美尼亚各个部落联合发展成为独立王国,皇帝瓦西里一世立即派遣使节与之订立友好条约,赠送王冠一顶。他在致亚美尼亚国王的信中称该国王为"亲爱的儿子",希望两国永远保持亲密的联盟关系。此后,拜占庭军队帮助亚美尼亚王国击败阿拉伯人的入侵,而亚美尼亚国王也多次到君士坦丁堡拜见拜占庭皇帝,直到 11 世纪,拜占庭皇帝瓦西里二世正式吞并亚美尼亚,并将其国王软禁在君士坦丁堡。

拜占庭和古罗斯两国的关系在马其顿王朝时期非常活跃。据记载,罗斯大公奥列格(Oleg,879—911 年在位)于 907 年率领船队沿黑海和博斯普鲁斯海峡到达君士坦丁堡,对沿岸地区大肆抢劫,迫使拜占庭皇帝与其谈判,并于 911 年最终达成协议。拜占庭人同意给予罗斯商人免缴贸易税的特权,而罗斯人则同意为拜占庭帝国提供援兵。但是,拜占庭和罗斯两国关系的发展并不稳定,双方于 941 年曾发生海战,拜占庭军队用希腊火打败罗斯人。数年后,双方谈判达成和平协议。957 年,罗斯大公奥尔加(Olga)访问君士坦丁堡,受到君士坦丁七世的热烈欢迎。在瓦西里二世统治时期,为了平息巴尔达斯·福卡斯领导的小亚细亚军队叛乱和反击保加利亚人的入侵,拜占庭人与罗斯人结盟,约定王室联姻,安娜公主将嫁给罗斯大公弗拉基米尔(Vladimir,980—1015 年在位),而弗拉基米尔则派遣 6000 名士兵组成"瓦兰吉亚罗斯兵团"援助拜占庭军队。但是,罗斯军队帮助拜占庭人取得胜利后,瓦西里二世迟迟不履行诺言,促使罗斯军队进攻拜占庭领土,夺取了克里米亚重要城市车绳(Chechen,今塞瓦斯托波尔),迫使瓦西里让步,安娜遂与弗拉基米尔结婚。弗拉基米尔还在988年接受基督教为国教,强迫全国居民受洗信仰基督教。此后,双方之间的友好关系维持了半个多世纪。

帕臣涅格人的入侵在马其顿王朝时期也是拜占庭人面临的一个重要的外部威胁。帕臣涅格人原为突厥人的部落,活动于第聂伯河与多瑙河之间的南俄罗斯平原,早在9世纪中期便与拜占庭人发生贸易往来。由于他们所处的特殊的地理位置,拜占庭人将他们视为重要的邻国,注意保持友好关系,以阻止罗斯、匈牙利等其他北方民族的南下。拜占庭帝国征服保加利亚地区后,两个民族发生直接的接触,双方的关系逐渐紧张,特别是11世纪中期以后,帕臣涅格人经常大举入侵和洗劫拜占庭帝国的色雷斯地区,成为拜占庭的北方劲敌。

马其顿王朝时期,拜占庭帝国在意大利的势力发生较大变化。阿拉伯军队入侵西西里以前,拜占庭帝国在意大利的领地包括西西里和伊奥尼亚海(Ionian Sea)诸岛,以及巴里、拉文纳和威尼斯等意大利南部、东部沿海的一些城市。马其顿王朝统治初期,阿拉伯人已经占领西西里多年,并经常袭击拜占庭人控制的许多南意大利城市。为了收复失地,拜占庭帝国尽可能联合意大利其他势力,抵抗阿拉伯海军的扩张。瓦西里一世时期甚至承认新兴的威尼斯人摆脱拜占庭皇帝的控制,建立独立的圣马可共和国,并与之进行对等的贸易谈判,企图利用威尼斯的海军力量打击阿拉伯人。同时,瓦西里一世积极推进与路易二世的结盟,以共同对付日益猖獗的阿拉伯海上袭击。"神圣罗马帝国"(962—1474年)建立后,德国皇帝积极发展其在意大利的势力,与拜占庭帝国在当地的利益发生冲突,奥托一世对拜占庭帝国的意大利属地发动进攻,彻底破坏了拜占庭人联合西方力量抗击阿拉伯海军入侵的计划。面对奥托一世的扩张,拜占庭帝国新皇帝约翰一世采取积极主动结好的政策,开展政治联姻,将拜占庭公主塞奥发诺

(Theophano)嫁给奥托一世之子奥托二世(Otto Ⅱ,973—983 年在位),从而结成两个帝国之间的政治联盟。10 世纪末和 11 世纪初,拜占庭帝国在意大利的卡拉布利亚和朗荷巴底亚两个军区被合并为意大利军区,其统治范围包括亚平宁半岛东、南沿海部分城市和西西里墨西拿地区。直到马其顿王朝统治末期,拜占庭帝国借助威尼斯舰队的海军力量,才基本上阻止了阿拉伯人的进攻,并在坎奈古战场①附近平息了拜占庭帝国将领麦莱斯(Meleas)的叛乱。

第四节 "拜占庭帝国的黄金时代"

马其顿王朝的国内政策是以强化皇权为特点的。历任皇帝十分注意制定或重修法律,以立法形式加强中央集权。瓦西里一世即位后做出编纂大型法典的计划,他打算按编年体系重新制定包括查士丁尼一世以来颁布的所有帝国法律,将已经过时的旧法和适应社会变化的新法按年代编入同一部法典中。新法典使用希腊语,并对查士丁尼法典的拉丁词汇进行系统诠释。为了完成这一庞大计划,瓦西里首先颁布了 40 卷的《法律草稿》,其中包括《民法大全》所有的基本概念和刑法的详细目次。《法律草稿》主要收集了《查士丁尼法典》和伊苏里亚王朝颁布的《六书》。瓦西里一世时期还颁布过 60 卷本的《法律详解》和 40 卷本的《法律介绍》。在这些法典中,具体规定了皇帝、大教长、各级教俗官员的权力和职责,清楚地阐明了拜占庭国家和教会之间的关系,以及社会和公共生活的结构。瓦西里一世的法典对马其顿王朝后代君主影响很大,并被翻译成斯拉夫民族多种语言,例如俄语,在东欧地区

---

① 罗马与迦太基第二次布匿战争期间,汉尼拔在此打败罗马军队,使该地闻名于世。

广泛使用。

利奥六世也积极开展立法活动,在位期间颁布了多部法典。《皇帝法律》是其中重要的一部,它以《法律草稿》为蓝本,包括对查士丁尼时代编撰的《罗马民法大全》所有内容的精心解释,全书共分60卷。该法典不是前代法律的翻译,而是立足于当时拜占庭社会环境,重新建立的法律体系。尼基弗鲁斯二世时期的《市长立法》则是君士坦丁堡社会生活立法书,它详细规定了首都各阶层的地位及其相互之间的关系,其中提到工商业各行各业的行会规则。列在该法律行会名单首位的是公证人行会,以下依次为珠宝商、丝织匠、丝绸成衣匠、亚麻成衣匠、蜂蜡工、制皂工、皮革匠、面包师、银号商人、丝织品商人、原丝商人、香料商人、蜂蜡商人、肥皂商、零售商、屠夫、猪贩子、鱼贩子、马贩子等各业行会。按照该法律,各行会均享有本行业的垄断权,在生产技术、原料进货、产品价格、工作方式、营业时间、交易方法等各个环节,法律都做了严格规定,对违反法律者将予以严厉的惩罚。上述立法活动,对建立中央集权控制下的正常社会生活秩序提供了坚实的理论基础和法律规范。

从马其顿王朝颁布的法律看,削弱日益发展的大土地势力和保护小农及农兵利益是该王朝的重要政策。自从伊拉克略王朝推行军区制,拜占庭帝国社会逐渐形成了大土地贵族阶层,军区制的确立为新兴军事大地产和贵族势力的重新发展创造了条件。军区的将军凭借其军事和行政权有效地控制着军区内经济的发展,他们可以使用颁发军役田产的权力,将辖区内的优质土地据为己有,也可以通过增加军事劳役的手段,迫使区内小农就范,以扩充自己的田产。拜占庭帝国统治的阶级基础是大地主,国家统治集团依靠的主要阶级力量是大贵族。拜占庭历代皇帝都在贵族中扶植亲信,委以重任。军区制的推行就使地方贵族获得了发展的机会。9世纪中期,在拜占庭文献中开始出现大贵族家族,例如福卡斯家族、杜卡斯家族和科穆宁家族。他们的实力是以祖辈获得的封赐地产为基础,以大地产和军事权力的结合为特点。至10世纪,在小亚细亚和巴尔干半岛北部地区即出现了一大批"权贵者",他们主要是由军队高级军官,如军区将军和中央高级官吏构成,其官职和爵位均由大家族的成员世袭。这个以大地产为后盾的军事贵族阶层的兴起必然在经济上侵害小农经济利益,构成对小农阶层的巨大威胁。事实上,贵族的大土地经济具有比小农经济更优越的发展条件。因为,大地主控制着私有农民的经济,并以各种手段将农民本应上缴国家的租税截留下来,只将其中很少一部分上缴朝廷。他们常常获取某种特权,逃避国家税收,从而将私有农民的劳动成果全部侵吞。同时,他们还掌握着军区内农兵的命运。在大地产主千方百计扩大田产、增加私有农民数量、进而减少国家税收的同时,中央朝廷为维持原有的税收量,就必然加重对国有农民的剥削,导致小农经济因负担过重而难以维持,直至破产。大地产主利用小农破产之机,以提供庇护权为代价,将小农土地吞并,并对小农的自由实行控制,使小农人身部分依附于大地主。10世纪以后的资料表明,小农日益丧失独立性,逐步沦为大地主的农奴。

马其顿王朝的皇帝们认识到保护小农对于维持其统治的重要意义,因此采取立法措施限制大地主的扩张。他们在立法中保护小农,斥责大地主"像瘟疫和坏疽一样降临到不幸的村庄,吞食土地,侵入村庄的肌体,将它们逼近死亡的边缘"[1]。皇帝们采取了两方面的措施:其一,保证小农使用土地的优先权。922年的法令明确规定,小农及其所在公社享有优先购买、租用田产和农舍的权利,还规定过去三十年期间以任何方式得自于农兵之手的军役土地必须无条件归还其原来的主

---

[1] 〔希〕泽波斯:《希腊罗马法》第1卷,第210、233页。

人。其二,严禁大地主以任何方式,包括遗赠、捐赠、购买和承租等,接受贫困小农的田产。996年,该王朝再次颁布类似的法令。实际上,这些法令具有瓦解地方分裂主义,加强中央集权的政治意义。

马其顿王朝统治时期推行的宗教政策主要围绕东西方教会的关系问题。毁坏圣像运动以后,基督教教会的分裂日益明显。罗马教会在8世纪中期摆脱了拜占庭皇帝的控制,建立和发展独立的教皇国。为了夺取基督教教会最高领导权,罗马教会和君士坦丁堡教会之间的斗争愈演愈烈。瓦西里一世时期,大教长弗条斯(Φώτιοσ,858—867年和877—886年在任)推行对罗马教会的强硬路线,与皇帝瓦西里结好西方教会的政策相对立,被罢免了职务。新任大教长伊格纳条斯(Iγνάτιος,867—877年在任)遵循瓦西里一世的方针,竭尽所能取悦罗马教皇,并邀请教皇访问君士坦丁堡。869年,基督教大会在罗马和君士坦丁堡举行,东、西方教会在许多问题上达成一致。但是,当拜占庭帝国极力扩大其在东欧斯拉夫人地区的影响时,东、西方教会再次发生冲突。对拉丁教会态度强硬的弗条斯先是被从流放地招回,进宫担任皇太子的教师,而后重新担任大教长。从此,东、西方教会之间的斗争更加激烈,最终导致基督教历史上第一次大分裂。1054年,双方因争夺对南意大利教区的管辖权再起争端,关系极为紧张。同年,罗马教皇派遣特使宏伯特(Humbert)前往君士坦丁堡与大教长米哈伊尔(Michael,1043—1058年在任)谈判基督教圣餐使用发面饼或死面饼问题,两人互不相让。这年夏季,宏伯特利用在君士坦丁堡圣索非亚教堂演讲的机会,指责米哈伊尔及其追随者犯有多种罪行,宣布开除他们的教籍。米哈伊尔则立即召开宗教会议,批驳宏伯特的指责,并宣布开除宏伯特及所有与他有关人的教籍。事实上,在米哈伊尔背后有拜占庭帝国君主和贵族的支持,他们不能容忍罗马教皇势力的迅速发展,因此,基督教第一次大分裂是东西方教会长期斗争的结果,也是拜占庭皇帝和罗马教皇争夺实际利益的结果。

马其顿王朝统治时期,拜占庭社会相对稳定,其内政外交均取得了一定的成就。但是,拜占庭历史发展的"黄金时代"并没有持续很长时间。1025年冬季异常寒冷,瓦西里二世偶感风寒,一病不起,于12月15日去世。他的去世标志一个时代的结束,拜占庭帝国从此开始走向衰落。可以说,马其顿王朝末期是拜占庭帝国从鼎盛走向衰落的转折点。

第六章 拜占庭帝国的衰落和十字军运动

第一节 拜占庭帝国的衰败

一、衰败的根源

拜占庭帝国社会矛盾极为深刻。早在马其顿王朝统治末期,各种矛盾就不断发展,诸如皇帝专制集权和地方贵族分裂、中央政府和军区权力分配、统治民族和被统治民族、大地产和小地产(包括军役土地)、大地主经济和小农经济、城市和乡村,等等。其中一些矛盾暴露和表现为难以克服的社会弊病,例如小农经济衰败和军区制的瓦解,导致大贵族势力兴起,并对中央集权政治造成破坏,一批经济势力强大并在政治上权大位高的贵族大家显赫一时,他们不仅在地方称王称霸,而且积极参与皇室内讧,左右朝政。杜卡斯王朝(the Ducas,1059—1081年)、科穆宁王朝(the Comnenios,1081—1185年)和安茸鲁斯王朝(the Angelos,1185—1204年)均是大贵族参与宫廷政治的结果。这些问题日益严重,逐渐演变成为拜占庭帝国无法克服的社会顽疾,使拜占庭国家经历了由盛到衰的深刻转变。

拜占庭军事化社会结构的瓦解是11世纪以后拜占庭帝国发生的

最深刻的变化之一,军区制的衰落和大贵族势力的迅速兴起,形成尾大不掉的局面即是明显的标志。7世纪开始推行的军区制曾加速了拜占庭帝国社会组织的军事化,使包括拜占庭军事实力和经济实力在内的拜占庭国力得到一定恢复,有力地促进了以巴尔干半岛和小亚细亚地区为中心的拜占庭帝国疆域的稳定。但是,随着军区制的发展,在以农兵为主体的小农阶层兴起的同时,以大地产主为核心的军事贵族也悄然崛起。

军区内的小农经济十分脆弱,经受不住自然灾害和战争的打击。随着占有大地产的军事贵族迅速兴起,小农经济瓦解的过程大大加速。大地产主利用小农破产之机,以提供庇护权为借口将小农土地吞并,并对小农的自主权实行控制,使小农人身部分依附于大地主。小农则因无力抵御天灾人祸造成的经济破坏,而不得不以自由为代价换取大贵族的保护。11世纪以后,小农日益沦为大地主的农奴。马其顿王朝的皇帝,如瓦西里二世和罗曼努斯一世,认识到保护小农对于维持统治的重要意义,因此采取立法措施限制大地主的扩张。然而,拜占庭历代王朝统治者,除个别者外,未能采取切实有效的措施打击大地主,因为皇帝们在发展军区的同时必须借助军事贵族的政治势力,维护其在地方的统治;另一方面,打击大军事贵族就意味着削弱军区制,小农经济也难保存。特别是在大地主贵族势力已经相当强大的情况下,对大贵族的真正打击就等于取消军区制,以农兵为主的小农亦将同归于尽。因此,皇帝的立法并未得到贯彻。而皇帝们对小农经济的瓦解也无能为力,只好听之任之,他们所能做的唯有发布几项立法,仅此而已。这样,小农的地位并不能真正得到加强,他们仍然经受不住各种灾变动乱的打击,而处于随时被吞并的境地,即便法令暂时为他们提供种种优先权,他们也只能自动放弃或转让给大地主。10世纪以后的资料表明,小农日益丧失独立性,迅速沦为大地主的农奴。① 到11世纪,随着军区制的瓦解,拜占庭国有小农几乎完全消失。

大贵族势力的兴起对拜占庭帝国中央集权制造成直接威胁,成为拜占庭社会政治动荡和国家分裂的主要因素。许多地方大贵族参与王室内讧,有些军区的叛乱甚至造成王朝的倾覆。尤其是军事贵族形成的政治势力,与中央政府的官僚势力争权夺利、明争暗斗,他们之间的较量构成了晚期拜占庭帝国政治生活的主线。因此,10世纪以后的拜占庭皇帝不断采取措施,将原有的军区分为更多更小的军区,以便加强控制。最初在全国建立的6大军区到10世纪时就分化为25个,到11世纪时,这一数字上升为38个,仅在原亚美尼亚军区境内就分划出10个小军区。② 同时,中央政府重新委派行政官员分担军区将军的行政权力。这种分权措施实际上是把军政权利重新分离,恢复了军区制以前的军政两元化领导体制。至12世纪,军区制被完全取消,"军区"和"将军"等有关军区制的"名称从此几乎完全消失了"③。

军区制的衰败对拜占庭武装力量也产生了直接的不利影响,以本国兵源为主体的农兵日益减少,代之而起的是罗斯人和诺曼人雇佣兵。晚期拜占庭国家的财政收入大多成为这些雇佣兵的军饷。而且,雇佣兵作战的目的与本国农兵不同,极易发生哗变,肆虐于拜占庭腹地。12世纪诺曼人雇佣兵的反叛就给拜占庭中心地区的巴尔干半岛造成持续数十年的兵祸。④ 至13世纪初,拜占庭几乎到了兵不能战或无兵可用的地步,只能依靠外国雇佣兵。这样一来,拜占庭国家出现了大批土耳其人、诺曼人、斯拉夫人、瓦兰吉亚人雇佣兵,由此造成了拜占庭兵匪横

---

① 〔南斯拉夫〕奥斯特洛格尔斯基:《拜占庭农民历史问题研究》,第4章。
② 〔希〕卡拉扬诺布鲁斯:《拜占庭中期地图集》,第30页。
③ 〔南斯拉夫〕奥斯特洛格尔斯基:《拜占庭国家史》,第368页。
④ 〔法〕沃比:《东方的诺曼帝国,11—13世纪》,巴黎1983年版,第4、5章。

行的局面。拜占庭军队实力急剧下降的直接后果是,13 世纪初拜占庭人在数千十字军骑士的攻击下,竟使城防坚固的君士坦丁堡轻易落入敌手。从此,拜占庭帝国就沦为东地中海的一个小国,失去了昔日雄风,只能在强国之间周旋,苟延残喘。

军区制原本是早期拜占庭帝国经历长期动荡,军事和政治经济管理制度演化的结果,是拜占庭统治阶级通过种种尝试从事的成功的改革。但是,军区制从推行之初自身内就孕育着深刻的矛盾。拜占庭统治者为了通过推行军区制有效地应付外敌入侵,就必须依靠和重用军事贵族,这就为军事贵族势力壮大创造了条件。但是,随着军区制的发展和军事贵族的兴起,小农土地必遭吞并,小农经济必然趋于衰败,从而瓦解了军区制存在的经济基础。拜占庭帝国统治者企图通过相对自主的地方管理有效地维护和保证中央集权统治,结果就不可避免地产生扩大地方权力,削弱中央集权和瓦解小农经济基础的后果。他们无法克服中央集权和地方分裂、大地产和小地产、大地主和以农兵为主的小农之间的矛盾。换言之,军区制发展的同时也准备了自身毁灭的条件。正是由于这些不可调和的矛盾的演化才使军区制这种适合拜占庭帝国统治需要的制度归于衰败,进而造成拜占庭国力的衰落,也促成了拜占庭国家在外敌的连续打击下最终灭亡。

二、科穆宁-杜卡斯王朝①

科穆宁王朝代表大军事贵族势力,其创立者依沙克一世(Isaac I Komnenos,1057—1059 年在位)是当时拜占庭帝国主要军事贵族科穆

---

① 一些学者将科穆宁和杜卡斯两王朝合二为一,有学者将两者分开。事实上,迫使依沙克一世被逼宫让位的君士坦丁十世是前者的亲戚,而从杜卡斯家族手中重新夺取皇位的阿莱克修斯一世则是君士坦丁十世堂孙女的丈夫。这个争论无伤本书体系,为了叙述方便将两个家族放在一个题目下。

宁家庭的代表人物，为了炫耀武功，他一改历代皇帝温文敬神的形象，叫人为自己绘制了持刀剑而立的画像。他精于网罗武将游勇、忠勇斗士，建立效忠于科穆宁家族的军队。1057年，他联合各地军队，向朝廷提出增加军费，提高军饷的无理要求，在遭到米哈伊尔六世拒绝后，发动军事政变，迫使米氏退位，同年9月，他被加冕称帝。他在位时间虽短，但是却采取了一系列打击大官僚贵族集团的改革措施，包括收回前代皇帝赏赐给高官贵族的产业，增加官僚贵族的纳税金额，严厉惩罚拖欠国家税收的官吏，削减官吏人数，精兵简政，坚决减少官吏薪俸。对教会贵族，他也无情课以重税。这些措施有效地打击了官僚贵族的势力，使国家收入明显增多。但是，他的政策遭到贵族广泛的反对，甚至军事贵族也担心"城门失火殃及池鱼"，对其政策采取抵制态度。1059年冬季，52岁的依沙克在围猎中受风患病，教、俗贵族乘机逼迫他退位让贤，特别是原来支持他的军事贵族的立场转变令他大感意外，最终不得不让位于他的远房亲戚君士坦丁十世。

君士坦丁十世（Constantine X Doukas，1059—1067年在位）是杜卡斯家族的代表人物，在小亚细亚地区势力显赫，凭借家族实力供职于阿纳多利亚军区。马其顿王朝末期因其家族参与宫廷斗争，获罪入狱，后隐居自家庄园，暗中结党营私，发展军事力量。1057年，他凭借实力积极支持依沙克的军事政变。而后，他大力扩张杜卡斯家族势力，通过与时任大教长的米哈伊尔一世（Michael I Keroularios）之侄女尤多西亚（Eudokia Makrernbolitissa）的婚姻，得到教会的支持，同时与反对依沙克的官僚贵族势力暗中结成联盟，组成了反对依沙克改革的强大联合阵线。1059年，他指使大教长出面，逼宫成功，顺利登上帝位。他在位七年半，其间推行与依沙克不同的政策，不仅取消了其前任皇帝限制官僚贵族的措施，而且将许多被免职流放的贵族和高官官复原职，特别是他对教会的慷慨馈赠和恩赐的多项特权使中央政府经济实力迅速下降,当朝廷提高农民税收时,巴尔干等地区爆发了农民起义。诸如当时著名作家普塞罗斯(Psellos)等有识之士就指出,他推行的政策产生了灾难性的后果,因为大贵族势力的极度发展已经不可遏止。1067年春夏之际,年过六十的君士坦丁十世患感冒病逝,此时其子米哈伊尔七世(Michael Ⅶ,1071—1078年在位)尚未成年,由母后尤多西亚任摄政王。

但是,尤多西亚代表的大官僚和教会贵族对皇权的控制立即导致军事贵族的反对,他们积极策划军事政变,其中担任多瑙河前线司令的罗曼努斯将军最为活跃,他公开勾结多瑙河北岸地区的匈牙利人。正当危险的军事叛乱再度爆发之际,控制政权仅半年的尤多西亚清楚地意识到杜卡斯家族统治面临的危机,因此宣布与罗曼努斯结婚,并承认其皇帝地位,条件是她的三个儿子应为共治皇帝。1068年1月1日,罗曼努斯四世(Romanus Ⅳ Diogenes,1068—1071年在位)与尤多西亚的儿子米哈伊尔、安德罗尼库斯和君士坦提奥斯共同加冕为帝。罗曼努斯在位期间,在内政方面毫无建树,但在对外战争中却身手不凡,取得了一些战绩。然而,杜卡斯家族不甘心皇权旁落,他们暗中勾结起来,对罗曼努斯的军事行动处处掣肘。1071年,罗氏率领部队在曼兹特克战役关键行动中被其军事助手杜卡斯家族的安德罗尼库斯出卖,使罗氏被敌军俘虏。他被释放后,又遭到杜卡斯家族的打击,最终被刺瞎双眼关入修道院。

重新控制皇权的杜卡斯家族由君士坦丁十世的长子米哈伊尔七世(Micheal VII Doukas,1071—1078年在位)担任皇帝,他当时仅21岁,根本没有能力控制局面,只好依靠其叔叔约翰·杜卡斯(John Doukas)掌握军队,依靠宰相尼基弗利齐斯(Nikephoritzes)治理内政。而他依赖的这两个文臣武将并没有取得任何成功,新兴的突厥人在小亚细亚为非作歹,肆意妄为,尼基弗利齐斯强制推行的重税政策导致全国反对,各地军阀乘机领导农民起义。米哈伊尔七世在位的六年多时间里,先后爆发了奈司脱（Nestor）、鲁塞尔（Roussel）、布林纽斯（Bryennios）和尼基弗鲁斯（Nikephoros Botaneiates）起义和叛乱，其中后者获得成功。1078年，米哈伊尔被废黜，先是出任以弗所教区主教，而后进入修道院，40岁时去世。他的妻子则嫁给比她年长50岁的新皇帝尼基弗鲁斯三世（Nikephoros Ⅲ Botaneiates，1078—1081年在位）。

尼基弗鲁斯登基时年近80岁，是军界元老，与杜卡斯家族有血缘关系，在小亚细亚的阿纳多利亚军区经营多年，一直是左右帝国政局的军事贵族。其在位三年，因年迈，无法关心或治理政务，所有的朝廷行政事务全部委托于其门客伯里尔（Boril）和日耳曼诺斯（Germanos），其赏识的军队将领依沙克（Isaac）和阿莱克修斯（Alexios Komnenos）则控制帝国军队。在其短暂的统治期间，拜占庭帝国军事叛乱此起彼伏，大规模的叛乱就有四次，即布林纽斯（Bryennios）、尼基弗鲁斯（Nikephoros Melissenos）、瓦西里盖斯（N. Basilakes）和科穆宁（Komenios）等家族的起义。尼基弗鲁斯可能已经意识到自己的下场，因此退位前即在君士坦丁堡修建了修道院。当1081年阿莱克修斯率军进入君士坦丁堡时，他已经提前躲入修道院，同年，因老迈而病逝。

阿莱克修斯一世（Alexios Komnenos，1081—1118年在位）是科穆宁王朝创立者依沙克一世的侄子，在兄妹八人中，他最为精明，工于心计。当他和二哥依沙克起兵叛乱时，已经做好了当皇帝的准备。他与杜卡斯家族的公主伊琳尼（Irene Doukas）结婚，得到该家族强有力的支持。他在位三十七年，内外政策卓有成效，其中最重要的是强化中央集权。他对所有异己力量，包括独立于科穆宁家族的贵族均采取打击排斥措施，而对效忠皇帝的贵族加以严格控制利用，但是绝不委以军权。当时，小亚细亚地区外患严重，一批贵族因此丧失了家族产业，这非常有助于阿莱克修斯削弱贵族力量，加强中央集权。他还通过调整官职和贵族爵位清除对皇权造成威胁的因素，因此，在他强有力的统治下，几乎没有出现军、政叛乱。依靠其相对强大的皇权，他对教会贵族也毫不留情地采取征税和限制特权的措施，这一行动遭到察尔西顿主教利奥（Ieo of Chalcedon）的反对，阿莱克修斯借助君士坦丁堡大教长的力量，免除了利奥的职务，公布立法取消了教会几个世纪享有的免税权。与此同时，他积极发展对外贸易，重新发行足值金币，使拜占庭帝国经济危机得到缓解。其统治期间，面临的最大问题是小亚细亚地区突厥人的兴起，为了对付这一游牧民族的入侵，阿莱克修斯向教皇发出求援呼吁，希望西欧雇佣军帮助他打击入侵者。但是，后来的事态发展证明，他的这一请求给拜占庭帝国带来长期的灾难性后果。

1118年夏，60多岁的阿莱克修斯一世患病去世，其31岁的长子约翰二世（John II Komnenos，1118—1143年在位）即位，这使其母杜卡斯家族的伊琳尼与其代表布林纽斯（Bryennios）的大姐安娜（Anna Komnena）大为不满，她们已经觊觎皇权多时，并勾结起来准备采取行动。约翰对此早已洞悉，并轻而易举地瓦解了她们的阴谋，剥夺了她们的名号，同时根据他取消严酷刑法的政策，将她们软禁起来。安娜后来专心著述，成为名垂青史的历史作家。1143年，约翰在春季围猎中意外死亡，又在拜占庭帝国历史上留下一个待解之谜。按照惯例，约翰的儿子曼努埃尔一世（Manuel I Komnenos，1143—1180年在位）即位，其时，年过25岁。但奇怪的是，他还有三个哥哥没有继承皇位，而由他这个幼子即位，其中的原因可能与其母匈牙利公主伊琳尼（Irene of Hungaria）有直接关系，她最喜欢小儿子。但是，这样的安排违背了传统的皇帝继承原则，因此，在曼努埃尔在位的三十七年间皇室内部问题不断，尤其是他的次兄依沙克（Isaac）和长嫂伊琳尼（Irene Komnena），以及其堂弟安德罗尼库斯（Andronikos）制造了许多麻烦。

激烈的皇室内讧在1180年曼努埃尔去世后逐步演化为血腥的厮杀。他死后传位于11岁的阿莱克修斯二世（Alexios Ⅱ，1180—1183年在位),而这个孩子因是曼努埃尔 51 岁时所生的唯一儿子,故自幼娇惯,顽皮成性,是一个无恶不作的恶少。他在宠臣、其叔叔安德罗尼库斯的唆使下,滥杀无辜,例如忠实的老臣康多斯代发诺斯(Andronikos Kontostephanos)、约翰(John Komnenos)等均死于非命,甚至下令将自己的亲生母亲安条克人玛利亚(Maria of Antioch)处死,理由是他们无视皇帝的尊严,对他管教太多。而老谋深算的安德罗尼库斯则另有所图,他一方面在首都近郊的冯杜斯建立军事基地,另一方面严密控制小皇帝,投其所好,任其挥霍国库金钱,同时借小皇帝之手铲除所有可能的敌对势力。1183 年,他认为夺取皇位的时机已经成熟,发动政变废黜了阿莱克修斯二世,并借口后者民愤太大而下令把 14 岁的小皇帝勒死,抛尸于大海。65 岁的安德罗尼库斯一世(Andronikos Ⅰ,1183—1185 年在位)如愿以偿地登上帝位。为了消除皇室内部的潜在威胁,他继续滥杀无辜,使许多贵族流亡国外,他也因此引起君士坦丁堡民众的强烈愤恨。1185 年,首都民众爆发起义,推翻了安德罗尼库斯的残暴统治。他被暴乱的民众撕成碎片,陈尸街头,科穆宁王朝统治因此结束。①

科穆宁王朝时期的拜占庭帝国政治混乱,国势衰微,特别是在对外战争中屡屡失利,因此不得不求救于教皇,使十字军问题成为该王朝最重要的事务。

三、十字军狂潮的泛起

拜占庭帝国曾是东地中海沿岸和近东地区的强大国家,对这一地区国际政治格局的影响相当深刻,它的衰落也引起该地区形势的变化。其中最主要的变化是塞尔柱突厥人的迅速崛起,取代阿拉伯人成为西亚、北非的强大势力。同时,意大利各沿海商业城市共和国和诺曼人国

---

① 〔美〕瓦西列夫:《拜占庭帝国史》第 2 卷,第 375—379 页。

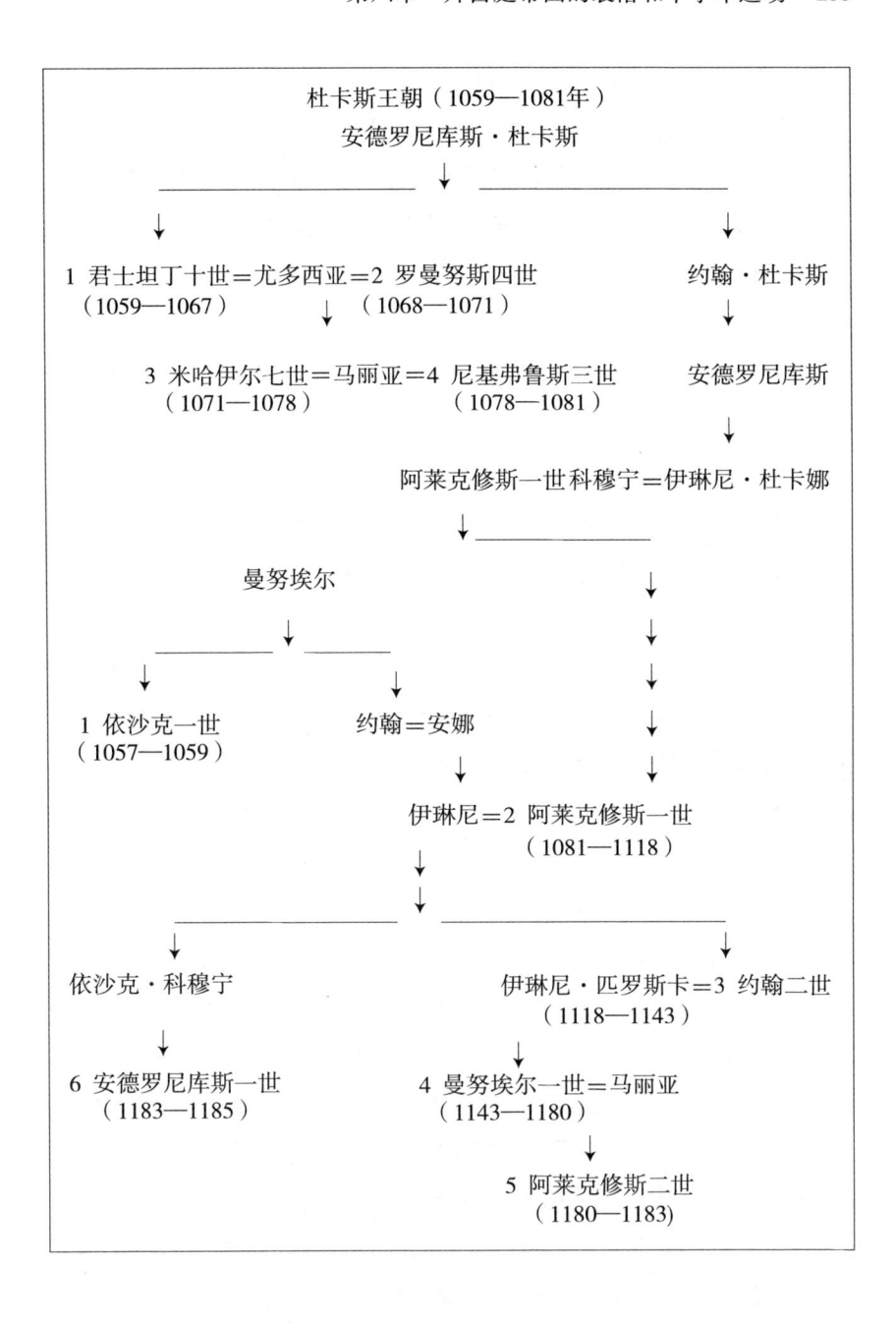

第六章 拜占庭帝国的衰落和十字军运动

```
                    杜卡斯王朝（1059—1081年）
                      安德罗尼库斯·杜卡斯
        ┌──────────────────┬──────────────────┐
        ↓                  ↓                  ↓
1 君士坦丁十世＝尤多西亚＝2 罗曼努斯四世      约翰·杜卡斯
  （1059—1067）  ↓    （1068—1071）
                  ↓
          3 米哈伊尔七世＝马丽亚＝4 尼基弗鲁斯三世    安德罗尼库斯
            （1071—1078）      （1078—1081）        ↓
                                                阿莱克修斯一世科穆宁＝伊琳尼·杜卡娜
                                                        ↓
                          曼努埃尔                ┌─────┴─────┐
                                                 ↓           ↓
        ┌─────┬─────┐
        ↓     ↓
  1 依沙克一世   约翰＝安娜                       ↓
  （1057—1059）    ↓
                   ↓
              伊琳尼＝2 阿莱克修斯一世
                    （1081—1118）
                    ↓
           ┌────────┴────────┐
           ↓                 ↓
      依沙克·科穆宁      伊琳尼·匹罗斯卡＝3 约翰二世
           ↓                 （1118—1143）
      6 安德罗尼库斯一世       ↓
        （1183—1185）      4 曼努埃尔一世＝马丽亚
                           （1143—1180）
                              ↓
                        5 阿莱克修斯二世
                          （1180—1183）
```

家的兴起,也逐步排挤拜占庭帝国在东地中海的势力。塞尔柱突厥人原是活动在咸海附近地区的游牧民族。11世纪前半期,他们向亚洲西部迁移,在小亚细亚东部地区与拜占庭军队发生接触。当时,君士坦丁九世(Constantine Ⅸ,1042—1055年在位)已经撤销了拜占庭帝国在这里的军区部队,所以对塞尔柱突厥人的入侵未能采取任何有效的抵抗措施。11世纪中期,塞尔柱突厥人征服了阿拉伯人,逐步控制了过去属于阿拉伯国家的领土,并在拜占庭帝国东部边境地区形成对帝国的巨大威胁。1071年夏季,1.5万塞尔柱突厥人军队在亚美尼亚东部幼发拉底河畔重镇曼兹克特(Mantzikert,今阿赫拉特以北)大败皇帝罗曼努斯四世(Romanos Ⅳ,1068—1071年在位)亲自统率的6万拜占庭军队,俘获皇帝本人,使拜占庭人元气大伤。虽然拜占庭人以150万片黄金将罗曼努斯四世赎回,但是这次影响深远的失败引发了拜占庭帝国统治阶层新的内讧。塞尔柱突厥人充分利用这一有利时机,占领了拜占庭帝国在小亚细亚的大部分领土,并于1081年在距离君士坦丁堡很近的尼西亚城(Nicaea,今伊孜尼科)建立都城。此后,在塞尔柱苏丹苏里曼(Suleimai ibn Kutulmus,?—1086年在位)和梅利克沙(Malikshah,1073—1092年在位)统治时期,塞尔柱突厥人准备进攻君士坦丁堡,并夺取叙利亚首府安条克城。

拜占庭人在塞尔柱突厥人的强劲攻势压力下只有招架之功,而无反攻之力,科穆宁王朝皇帝阿莱克修斯一世慌忙向教皇求援。1095年3月,他派遣特使会见教皇乌尔班二世(Urban Ⅱ,1088—1099年在任),请求西方各基督教国家出兵援助,反击塞尔柱突厥人。这一请求立即得到教皇的回应,他公开敦促西欧各国封建主和广大信徒参加圣战,帮助东方的基督教兄弟反对异教徒。同年底,他再次号召发动圣战,解放被穆斯林占领的圣地。教皇的鼓动很快在西欧各国引起强烈反响,在法国南部克莱芒市(Clermont)举行的盛大集会上,数以万计的狂热基督徒和数千封建骑士热烈响应教皇的号召,高呼口号,当即立誓出征。由于他们将十字标志缝在各自的服装和旗帜上,所以被称为"十字军战士"(the Crusades)。①

阿莱克修斯一世的请求得到教皇如此大力的支持和卖力的游说,并得到西欧各国封建主的响应绝不是偶然的,而是有其深刻的社会背景。11世纪时,经历了几百年社会变革与动荡的欧洲社会趋于安定,西欧社会经济生活日益繁荣,人口急剧增加,农业耕地等物质资源不足的问题越发突出,人口数量的急剧增加和物质资源开发的相对缓慢之间的矛盾日益激化。西欧各国封建世袭领地制曾产生了一批以作战为职业的骑士,在相对和平的环境里,他们失去了赖以为生的战争机会,无所事事、游手好闲、频生事端,成为社会不安定的因素。随着商品经济的发展,西欧上层封建领主对物质生活提出更高的要求,他们虽然不断加强对农奴的剥削,但仍然不能满足其需求,因此迫切希望找到新的财源。同时,西欧农奴对领主的压榨和人身依附的日益加强越来越不能忍受,他们也迫切希望改变现状。而西欧的商人,特别是意大利商人早就觊觎东方贸易的丰厚利润,希望分享东地中海国际贸易的丰厚利润,打破拜占庭帝国在这一区域的商业垄断权。事实上,拥有强大舰队的威尼斯和热那亚人早在10世纪时即开始得到了对拜占庭帝国的贸易优惠权,并因此获得了巨大的商业利益。但是,仅仅建立商业据点,分享国际贸易的利润还不能满足他们的贪欲,他们要垄断东西方贸易。教皇的号召无疑给西欧社会各阶层提供了机会,带来了希望:贪婪的上层封建主希望在战争中夺取新的土地和无尽的财宝;狡诈的商人计划利用战争建立自己的

---

① 〔英〕仁西曼:《十字军史》第1卷,剑桥1951年版,第100—110页。

商业霸权;没落的骑士们幻想在战争中一展身手,重新建立骑士的伟大事业;而深受剥削的农民则希望以此摆脱农奴制的压迫,在新的土地上重建小家园。这些出发点各异的梦想迅速汇集成征服东方的狂潮,形成了延续二百年的"十字军东征"运动。

十字军战争的发动者和罪魁祸首教皇除了在追求财富方面具有不亚于世俗封建主的热情和积极性外,还有其扩大宗教势力范围的特殊目的。事实上,早已经摆脱了拜占庭皇帝控制并迅速发展的教皇国,在 1054 年东西方教会相互开除教籍并导致基督教历史上第一次大分裂以后,就极力扩大其势力,教皇以基督教世界领袖自居,希望夺取最高宗教领导权。12 世纪是拜占庭帝国迅速衰落的时期,教皇便积极利用各意大利城市共和国向东地中海扩张经济势力的机会,扩大罗马天主教的势力。教皇认为拜占庭皇帝的求援请求是恢复东、西教会统一和控制东方教会的天赐良机,因此便广泛进行宣传和组织工作。

十字军东侵的序幕于 1096 年春季拉开,法国穷修士彼得(Peter)和穷骑士瓦尔特(Walter)首先率领心存幻想、愚昧无知的贫苦农民、无家可归的流浪汉和其他走投无路的下层人民沿多瑙河向东进发。从此直到 13 世纪初,英、法、德等西欧国家各级封建主发动了三次东侵。在此过程中,被蒙蔽和愚弄的广大下层十字军战士损失惨重而收获甚微,他们既没受过军事训练、缺少作战常识,又无军事装备和充足的给养,一路上风餐露宿,忍饥挨饿,仅靠抢劫沿途居民为生,未到前线已经死伤过半。他们一旦上了战场则溃不成军,被大肆杀戮,生还者极少,大部分战争所得都被指挥十字军的封建主占有,他们仅得到少许战利品和在被占土地上重新开始农奴式生活的权利。正因为如此,十字军战争表现出罕见的残暴性。首批"穷人十字军"几乎全部被歼,仅有十分之一生还。同样,付出极大代价的十字军战士在战争中身心扭曲、残酷无情。1098年和1099年攻占安条克和耶路撒冷后,基督徒十字军战士抛弃了"以仁爱为本"的所谓基督精神,对穆斯林居民进行了骇人听闻的大屠杀和十分彻底的大洗劫。在十字军征服的小亚细亚、叙利亚和巴勒斯坦地区,城市破败,农田荒芜,昔日繁荣的经济生活完全消失,当地文化遭到彻底破坏。

在最初的交战中,由于身着重甲、精于骑术和决斗的十字军骑士对近东地区的塞尔柱突厥人来说是陌生的,他们完全不熟悉汹涌而至的西方骑兵,更不了解其战术和作战方法,因此被十字军频频得手,在1096—1099年仅三年时间内就失去了东地中海沿海地区大片土地。西欧封建主在这一地区建立了第一批西欧封建国家,其中包括由波赫蒙德(Bohemond)建立的安条克公国(the Duchy of Antioch)和雷蒙德(Raymond)建立的耶路撒冷王国(the Jerusalem Kingdom)等大大小小的封建国家,它们均按照西欧的封建制度进行层层分封。十字军的暴行必然引起当地人民的反抗,于是,西欧封建骑士于1147—1149年发动了第二次东侵。埃及苏丹萨拉丁(Saladin,1169—1193年在位)统治时期担负起反抗西方入侵的领袖责任,他成为近东地区反十字军斗争的领袖和杰出代表。他于1169年任埃及苏丹后,迅速扩张势力,发兵反击十字军,进攻耶路撒冷王国,五年后便向北占领了直到大马士革在内的巴勒斯坦和叙利亚南部地区。

1187年,萨拉丁军队在提比利亚湖附近大败十字军,攻占耶路撒冷,令西欧封建主大为震动,他们于1189—1192年再次组织第三次东侵活动。这次东侵的主角是"神圣罗马帝国"皇帝腓特烈一世(Frederick I Barbarossa,1152—1190年在位),他先是气势汹汹地率兵进入拜占庭帝国的马其顿和色雷斯地区,大肆抢劫一番,而后渡过博斯普鲁斯海峡,夺取伊克尼乌姆(Iconium)。但是,两个月后,他不慎落水,淹死在塞里弗河(the Selef)。而另一路从海上进攻的十字军也无功而返。

事实上,十字军东征不仅给近东地区带来极大的灾难,而且也使拜占庭帝国惨遭破坏,十字军历次进军经过的地区都被贪婪的西方骑士大肆抢劫,这是阿莱克修斯一世始料不及的。如果说他的这种引狼入室的行为尚属无知,那么其后的皇帝则是千方百计地勾结西方势力参与帝国政治角逐,从而给拜占庭帝国带来更大的灾难。

四、安苴鲁斯王朝的内讧

拜占庭历史上王朝内讧从未间断,科穆宁王朝末期发生的皇室内部血腥的自相残杀开创了子杀母、侄杀叔和叔杀侄的先例。统治集团内部的斗争在阿莱克修斯一世去世后,进一步升级,首先是阿莱克修斯一世的长女安娜领导的推翻其弟约翰二世的宫廷政变,事发流产。而后是安德罗尼库斯一世利用首都民众对其堂兄曼努埃尔一世及其子阿莱克修斯二世推行亲西欧政策的强烈反感发动兵变,夺取皇位。紧接着,安德罗尼库斯一世的重臣依沙克二世反叛称帝,建立了短命的安苴鲁斯王朝(the Angelos)。而依沙克二世(Isaac Ⅱ Angelos,1185—1195年在位)之弟阿莱克修斯三世(Alexios Ⅲ Angelos,1195—1203年在位)废兄夺权则将这个时期拜占庭帝国统治阶层的内部斗争推到了顶点。

依沙克二世为科穆宁家族后裔,自幼受到系统的贵族式教育,但是,他对学术没有兴趣,每日沉湎于吃喝玩乐,广泛结交各路朋友,特别是长期周旋于贵族权臣的上流社会。安德罗尼库斯一世的暴政导致的君士坦丁堡人民起义为他上台提供了机会,他被推上了皇帝宝座。在位期间,他依靠心腹贵族权臣排斥异己,清除了反对派大贵族。同时,他也任命了一些才华出众的官员,提高了朝廷的办事效率,国库收入不断增加。但是，日益增加的财政收入并没有用于军事建设，而是大量投入到皇宫扩建上，他甚至在马尔马拉海上修建人工岛屿，以供其游玩。正是在他的推动下，君士坦丁堡兴起了奢侈豪华的贵族生活时尚和动辄决斗的所谓贵族风气。如果说他在内政方面尚有可圈可点之处的话，那么在对外活动中却屡屡受挫。巴尔干半岛北部的保加利亚人和乌拉郝斯人不断威胁拜占庭帝国边防，德意志君主腓特烈一世领导的第三次十字军东侵也给拜占庭帝国城乡造成极大祸害。正是由于军事上的失利，他格外注意外交策略，企图以灵活的外交取得战场上失去的东西。他在位十年间，与威尼斯、热那亚和比萨等意大利航海共和国达成和平协议，以此牵制其他强国。1195 年，他被亲兄弟阿莱克修斯三世推翻，刺瞎双眼，投入监狱。

阿莱克修斯三世曾是其弟依沙克二世的心腹战将，主持对斯拉夫塞尔维亚人的战事，1195 年，他乘其兄亲临前线之机发动军事反叛，扣押了皇帝，以瞽目的酷刑使依沙克二世致残，并将其投入监狱严加看管。在其无所作为的八年统治期间，阿莱克修斯三世一直面临依沙克二世之子、他的侄子阿莱克修斯（四世）颠覆皇权的挑战。最终于 1203 年 7 月被推翻，流亡各地。阿莱克修斯四世在其大伯废除了其父的皇位时，侥幸逃脱，乘比萨人的商船逃离君士坦丁堡，并经意大利转路到德意志寻找其姐姐伊琳尼（Irene），她是德意志国王士瓦本的菲利普（Philip，1198—1208 年在位）的妻子。阿莱克修斯得到他们为其父复仇的允诺后，又求助于教皇英诺森三世（Innocent Ⅲ，1198—1216 年在任），恳求教皇批准西欧十字军帮助他们父子恢复帝位。但是，他的这一系列引狼入室的活动只为他争取到半年的皇权，被推翻后，扼死在监狱中。其后的阿莱克修斯五世更是短命，在位仅两个多月便下台，不久被捕，处以从石柱上摔死的酷刑。

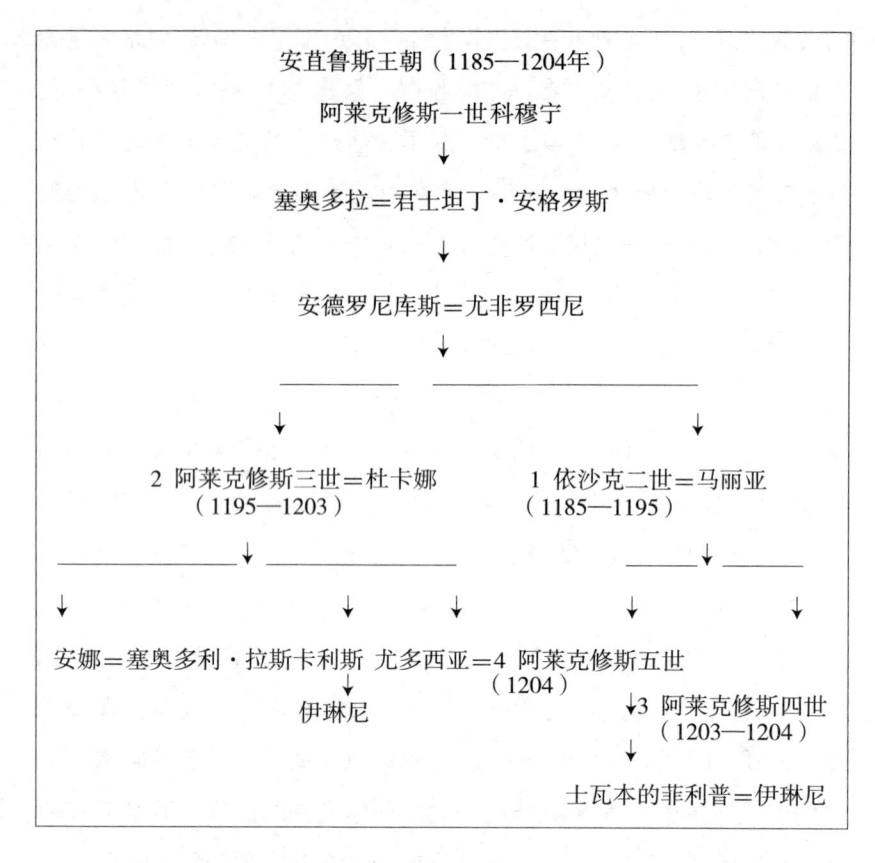

```
          安苴鲁斯王朝（1185—1204年）
              阿莱克修斯一世科穆宁
                      ↓
          塞奥多拉＝君士坦丁·安格罗斯
                      ↓
            安德罗尼库斯＝尤非罗西尼
          _____
          ↓                          ↓
  2 阿莱克修斯三世＝杜卡娜    1 依沙克二世＝马丽亚
     （1195—1203）            （1185—1195）
  _____          _____
  ↓       ↓        ↓          ↓               ↓
安娜＝塞奥多利·拉斯卡利斯  尤多西亚＝4 阿莱克修斯五世
    ↓                           （1204）
   伊琳尼                 ↓3 阿莱克修斯四世
                           （1203—1204）
                      士瓦本的菲利普＝伊琳尼
```

　　拜占庭皇室内讧为觊觎君士坦丁堡已久的西欧各国君主,特别是威尼斯商人提供了入侵的借口,他们早有吞并富庶的拜占庭帝国之心,此时终于获得良机。西欧封建主和商人征服拜占庭的愿望从百余年前第一次十字军东侵后逐步强烈起来。十字军东侵以前,西欧人对君士坦丁堡这个欧洲和地中海世界最大的城市和经济、文化中心并不十分了解,只是耳闻拜占庭人富裕舒适的生活。东征的游历使他们亲眼目睹了其壮丽雄伟的古都、豪华奢侈的皇宫、安逸闲散的市井生活和珠光宝气的贵族。东征的西欧人,无论君主,还是骑士,或是农夫和流浪汉,面对神话般的世界,惊讶得无以言表,当时人留下的许多记述无一不流露出这种心情。因此,十字军战士从一开始就把拜占庭帝国列入和异教徒领土一样的抢劫对象,他们一进入拜占庭帝国就肆无忌惮地洗劫沿途的农村和城镇,毫不留情地抢走任何他们认为有价值的东西,这就必然引起拜占庭人和十字军的对立。

拜占庭皇帝最初希望西方君主派遣雇佣军,在拜占庭帝国将领指挥下,协助拜占庭军队赶走外敌,保卫拜占庭帝国领土,而根本没有想到教皇会煽动起巨大的十字军运动,组织起庞大的十字军;更没有想到十字军竟然是一群毫无纪律约束的散兵游勇,因此,他们从一开始便对十字军抱有强烈的戒备心理。阿莱克修斯一世的女儿安娜明确指出:

> 但是,还有一些更老谋深算的人,特别像伯赫蒙德(诺曼国王罗伯特一世之子。——作者)及有类似想法的人,却另有秘不示人的目的,他们就是希望当路过这里时找适当的借口以某种手段夺取首都。①

拜占庭帝国普通民众对打着圣战旗号的十字军普遍反感,对以帮助他们打击敌人为名的西欧援军没有丝毫的感激之情和热情款待;相反,当十字军进入拜占庭帝国领土后,他们立即以驱除兵匪的态度将十字军押送到小亚细亚地区。为了有效地控制源源而来的十字军骑士,拜占庭皇帝要求各路十字军领袖按照西方封建礼仪向他宣誓效忠并保证将夺回的帝国领土归还拜占庭。这个要求与十字军将士的梦想不同,与他们各自的目的大相径庭,所以他们中许多人公开加以反对,甚至与拜占庭军队大动干戈,有的则出尔反尔,把誓言视同儿戏。伯赫蒙德即是

---

① 〔美〕瓦西列夫:《拜占庭帝国史》第 2 卷,第 404 页。

如此,他在夺取了安条克后拒绝履行诺言,并与拜占庭人发生争执和火并。于是,他返回意大利,招募了一支由法、意、德、英、西班牙等国骑士组成的军队进攻拜占庭帝国,企图夺取君士坦丁堡,但是,在亚得里亚海东岸的底拉西乌姆海港(今地拉那)遭到拜占庭人的打击。他被迫订立屈辱的条约,承认自己是皇帝的封臣,不再与皇帝为敌,并归还过去属于拜占庭帝国的领土。

拜占庭人和十字军之间的对立情绪有增无减,特别是1124—1125年,威尼斯人为重新获得商业特权派舰队大肆洗劫爱琴海岛屿及沿海地区,使希腊人对昔日的盟友深恶痛恨。1147—1158年,诺曼人舰队进攻拜占庭帝国,夺取亚得里亚海和爱琴海许多岛屿,抢劫沿海地区,摧毁了拜占庭帝国在希腊科林斯的丝织业中心,携走大批技术工匠,使已经衰落的拜占庭经济雪上加霜,再次遭到沉重打击。1147年,由德意志国王康拉德三世(Conrad Ⅲ,1138—1152年在位)领导的十字军在洗劫色雷斯地区时遭到拜占庭军队的打击,康拉德因此忌恨拜占庭人。而受到拜占庭皇帝曼努埃尔一世盛情款待的法国国王路易七世(Lewis Ⅶ,1120—1180年在位)则恩将仇报,阴谋与德意志骑士联手进攻君士坦丁堡。当他们在阿纳多利亚地区遭到突厥人打击无功而返时,便迁怒于拜占庭人,声称后者与突厥人勾结出卖了十字军。1189年,德意志皇帝巴巴罗萨领导的十字军在进军亚洲途经色雷斯地区时也无情地抢劫城市和村庄,兵临君士坦丁堡,他还写信给其子亨利六世(Henry Ⅵ,1191—1197年在位),令其率领舰队从海上进攻君士坦丁堡。同一时期的英、法十字军则毫不客气地从他们宣誓效力的"领主"依沙克二世手中夺取了塞浦路斯岛。1170—1176年,拜占庭人因拒绝威尼斯人对拜占庭帝国商业特权无止无休、得寸进尺的要求,与威尼斯人再度爆发战争,拜占庭帝国因此又饱受了丢城失地的痛苦。

拜占庭人民从百年来的历史中得到沉痛的教训,他们将十字军视为闯入其家园的凶恶敌人,西方的基督徒打着圣战旗帜,其目的只有一个,就是掠夺财富和土地。因此,拜占庭人对十字军、意大利人,乃至被统称为"拉丁人"的所有西方人充满了仇恨。这种愤怒的情绪与日俱增,终于导致了1182年君士坦丁堡人民起义。在起义中,西欧商人的商业区被愤怒的民众捣毁,商店和住宅被焚烧,大批西欧人被杀害,甚至连教皇亚历山大三世(Alexander Ⅲ,1159—1181年在任)的代表、红衣主教约翰也性命难保,他的头颅被砍下后系在狗尾巴上游街示众。拜占庭人民对西欧教俗封建主及商人各种形式的入侵进行激烈反抗,使西欧各国君主耿耿于怀,伺机报复,拜占庭帝国安茞鲁斯王朝的内讧恰好为西欧封建主提供了机会。

第二节 十字军占领君士坦丁堡

一、第四次十字军东侵的阴谋

第四次十字军东侵是由英诺森三世发动的。1198年初,野心勃勃、梦想成为世界领袖的英诺森三世当选为教皇。上台之后,他便向西欧各国君主和基督徒发出通谕,号召基督徒举起圣战旗帜,为保卫圣地而战,企图利用十字军达到控制东方教会的目的。他到处发表演说,向各国君主发寄信件,还派遣特使四处游说,信誓旦旦地保证所有参加十字军的人将被赦免一切罪孽。他公开威胁拜占庭君主,要求他们无条件地将君士坦丁堡教会合并到罗马教廷,否则将对拜占庭人动用武力。但是,对远征东方早已失去兴趣的西欧民众对教皇的呼吁反应冷淡,西欧各国君主正忙于国内事务,无暇他顾,对教皇的呼吁也不加理睬。只有急于报仇的个别封建主和威尼斯人表现得格外积极,到处游说,筹集资金,招兵买马,积极准备第四次十字军东侵。

　　长期以来,许多西欧学者认为第四次十字军的东侵是偶然发生的,基督教信徒之间的厮杀也是教皇始料不及的。事实上,第四次十字军东侵在准备阶段就已经将进攻君士坦丁堡作为主要议题加以讨论,事件的整个进程完全是有预谋、有组织和经过精心策划的。起初,英诺森三世的呼吁确实没有得到各国君主的响应,只有拜占庭帝国被废的皇太子阿莱克修斯多年不懈地往返于德、意、法三国,劝说他的妹夫、德意志国王士瓦本的菲利普及其表兄弟法国国王菲利普二世(Philip Ⅱ,1165—1223年在位)和教皇帮助他恢复帝位。事实上,早在士瓦本的菲利普成为德意志国王以前,他的哥哥德皇亨利六世就希望通过联姻获得拜占庭皇位继承人资格,并安排了菲力浦与拜占庭皇家的伊琳尼公主的婚姻。此时,士瓦本的菲利普并没有完全放弃这个想法,只因为德、法两国都忙于本国的事务,虽然对流落他乡的阿莱克修斯深表同情,但又抽不出身来,于是,力荐意大利蒙特菲拉特公爵伯尼法斯(Boniface of Montferret)于1201年担任第四次十字军首领。这位伯尼法斯公爵出身意大利贵族家庭,29岁时即开始其骑士游侠生涯,曾经陪伴其兄康拉德访问过君士坦丁堡,对拜占庭人的典雅生活早已垂涎三尺。1201年,在其表弟法国国王菲利普的劝说下,积极担当起组织第四次十字军的重任,此时他已经50多岁了,阅历复杂,老谋深算。这样的安排为进攻君士坦丁堡提供了组织领导方面的保证。

　　为了掩人耳目,十字军的组织者一开始公开声称进攻的目标是阿尤布王朝(the Ayyoubids,12—13世纪)的政治中心埃及,但是,私下里却在积极策划进攻君士坦丁堡的细节。他们对当时拜占庭帝国防务和军事力量的配置了解得十分清楚。为了避开相对强大的拜占庭陆军,从君士坦丁堡薄弱的水上防线进攻,伯尼法斯谎称巴尔干半岛北部山路难行,由陆路取道拜占庭帝国进军埃及,路途遥远,不如从海上直捣亚历山大。于是他在威尼斯集结部队,并与威尼斯人商讨具体进兵事宜。伯尼法斯深知威尼斯人对拜占庭人的仇恨和宿怨,也了解威尼斯商人急于夺取东地中海贸易垄断权和海上霸权的心情,因此,双方一拍即合,达成了用威尼斯船只运送十字军的协议,至于把十字军运往何方以及十字军的作战目标,彼此都心照不宣了。

在第四次十字军东侵阴谋策划的过程中,教皇也充当了极不光彩的角色。从理论上讲,他积极鼓噪和挑动起来的这次圣战应当以异教徒为征服对象,东正教信徒则是他们帮助和解救的兄弟。可是,他对于以武力征服拜占庭帝国的提议一直没有做公开的批评和否定,更没有发布明确的指示禁止进攻基督徒兄弟。事实上,教皇并非不了解伯尼法斯的野心和威尼斯的计划,他也不是在十字军攻入君士坦丁堡以后才听说这个消息,许多已经昭示天下的事实就是证据。首先,阿莱克修斯多次面见教皇,提出利用十字军恢复他们父子的皇帝地位,狡猾的教皇没有表示拒绝,但也没有表示同意。按理说,十字军用于基督徒内战是违背教义的,教皇没有必要吞吞吐吐,这表明教皇清楚地了解十字军领袖们正在策划进攻基督教兄弟的行动。其次,作为第四次十字军首领的伯尼法斯直接会见过英诺森三世,极力说服教皇同意他带领十字军帮助依沙克父子恢复帝位,教皇又没有明确表态。显然,英诺森三世确切了解这次十字军的进攻目标,他只是通过这种遮遮掩掩的方式暗示其默许的态度,这符合当时40多岁的教皇狡诈的行为方式。再者,就在十字军即将出发之际,包括德意志国王菲利普和阿莱克修斯(四世)在内的反阿莱克修斯三世的势力聚集威尼斯,这一动向明显地暴露出第四次十字军的作战方向。对此,消息灵通的教皇更不会一无所知,他不过是在玩弄手段,佯装不知。另外,英诺森三世在通过谈判使东方教会合并到罗马教会的努力失败之际,曾给当时的拜占庭皇帝阿莱克修斯三世发出恐吓信,声称将以适当的方式恢复依沙克的皇位。英诺森三世的意图是很清楚的,他既要保持其基督教世界领袖的清白名声,又想掩盖其利用十字军达到征服东方教会之目的的狰狞面目,他既要做圣人,又要做强盗,因此,采取模棱两可、听之任之的态度;同时,高举东西方教会联合、发动圣战进攻穆斯林、夺回圣地耶路撒冷的旗号,以欺骗世人。在玩弄这方面阴谋中,他可算经验老到,德皇、英王、匈、捷、保、波、丹、葡、瑞、挪等国君主哪一位不是被他摆弄得服服帖帖!

阿莱克修斯(四世)在这场引狼入室的大阴谋中充当了最可耻的角色。他在推动第四次十字军进攻君士坦丁堡的活动中不遗余力、丑态百出,极尽摇尾乞怜、阿谀奉承之能事。为了复辟,他在教皇和德意志国王菲力普面前哭述阿莱克修斯三世对他们父子的迫害,恳求十字军帮助他不幸的父皇,他甚至让他的姐姐向菲力普大吹枕边之风。她曾形容她的兄弟"失去祖国、无家可归,像流星一样四处流浪,他一无所有,只剩下自己的肉体了"①。为了赢得教皇的支持,他答应复位后,东方教会完全听命于罗马教皇,而对十字军首领伯尼法斯则大行贿赂,许以大笔钱财供十字军使用。按照他一厢情愿的计划,十字军在帮助他们父子复位后即离开君士坦丁堡,继续进军埃及。为了增强各位十字军将领的信心,他在十字军出发前从德意志请来德意志国王菲力普,同往威尼斯,继续策划攻打自己祖国的行动。

1202年初秋,十字军从威尼斯起航,首先按照威尼斯总督丹德罗(Dandolo,1192—1205年在任)的意愿,出其不意攻陷由匈牙利国王控制的亚得里亚海滨城市扎拉(Zara,今扎达尔),平毁城墙,城内财物被洗劫一空。由于该城市属于罗马天主教的势力范围,因此,教皇故作姿态,假心假意地表示了一番谴责,而后便不了了之。1203年5月,威尼

---

① 〔美〕瓦西列夫:《拜占庭帝国史》第2卷,第451页。

斯和十字军最后确定了进攻君士坦丁堡的计划,旋即拔寨起航,向君士坦丁堡进发。第四次十字军的阴谋由威尼斯总督丹德罗、伯尼法斯和阿莱克修斯(四世)付诸实施,拜占庭帝国也因此经历了巨大的灾难。

二、西欧骑士洗劫君士坦丁堡

第四次十字军经过一个月的航行,绕过伯罗奔尼撒半岛直达君士坦丁堡城下的博斯普鲁斯海峡,首先于 1203 年 6 月在城市北部郊区加拉大(Galata)商业特区登陆。这个区在黄金角湾北岸与君士坦丁堡隔水相望。面对君士坦丁堡,西方骑士们备感惊讶。一位参加过第四次十字军的法国骑士记下了当时的情景:

> 此时你可以想象,那些从来没有见过君士坦丁堡的人两眼直勾勾地仰望着它,他们看着那高大的城墙、环绕着城市的那些雄伟的塔楼、华丽的宫殿和巨大的教堂,简直不能相信世界上竟有如此富有的城市。城中教堂数量之多若不是亲眼所见,没人能够相信。城市建筑之高和占地之广超过所有其他君主的都城。你也能够想象得到我们没有一个人有足够的勇气不浑身颤抖,这毫不奇怪,因为,上帝创造世界以来,没有任何人从事过如此伟大的事业。①

最初,虽然十字军猛烈攻击君士坦丁堡,但是,终因兵力不足和城防坚固而未果,直到 7 月份,才攻占了城市。无能的阿莱克修斯三世弃城而逃,携国库金银财宝而走,不知去向。② 阿莱克修斯四世

---

① 〔美〕瓦西列夫:《拜占庭帝国史》第 2 卷,第 459 页。
② 阿莱克修斯三世流窜到小亚细亚地区,参与过突厥人的军事活动,后来被蒙特菲拉特公爵伯尼法斯软禁起来,直到 1209 年投靠伊庇鲁斯的希腊人国家,最终被尼西亚政府逮捕。当时尼西亚帝国皇帝是其女安娜的丈夫,故饶其不死,关押在修道院,老死终生。

（Alexios Ⅳ,1203—1204年在位）"光荣"入城,瞎眼的依沙克二世重新登上皇位,他们同时成为皇帝,共同主持朝政。心满意足的阿莱克修斯四世以为,帮助他们父子恢复皇位的十字军已经完成使命,应继续南下进军埃及。但是,出乎其预料的是贪婪的威尼斯人和十字军早已另有预谋,他们正在寻找借口大开杀戒,准备洗劫富庶的君士坦丁堡。

威尼斯总督丹德罗首先要求阿莱克修斯四世履行诺言,向十字军提供大笔金钱,以供他们继续东征。此时拜占庭帝国国库一空如洗,仅剩的钱财也被阿莱克修斯三世尽数盗走,不知去向。阿莱克修斯四世清楚了解,如果向首都居民和教会临时征集新的捐税将导致人民起义,因为拜占庭帝国各阶层对阿莱克修斯四世引来十字军极为反感。因此,阿莱克修斯四世恳求十字军宽限时日,容他筹集金钱。这正好给了十字军继续待在君士坦丁堡提供了借口。这些武装的拉丁骑士积极准备夺取君士坦丁堡,同时他们在帝国首都和色雷斯地区为所欲为,激起当地人民的反抗。十字军骑士与拜占庭人民的矛盾日趋激化,摩擦日益增多。为了防止发生意外事件,阿莱克修斯四世采取措施将十字军营地迁往城外,但是,仍然不能平息人民的愤怒,他们认为是阿莱克修斯四世把帝国出卖给了拉丁人。1204年初,阿莱克修斯三世的女婿、杜卡斯家族的阿莱克修斯领导首都人民起义,推翻阿莱克修斯四世和依沙克二世的统治,将瞎子皇帝重新投入监狱,阿莱克修斯四世则被愤怒的民众杀死,落得一个可耻的下场。

阿莱克修斯五世(Alexios Ⅴ,1204年在位)决心依靠人民的力量守住君士坦丁堡,因此,上台后立刻着手巩固城市防务,同时,拒绝履行阿莱克修斯四世对十字军许下的诺言。丹德罗清楚地意识到,夺取君士坦丁堡的时机到了。为了防止胜利后十字军内部因分赃不均发生内讧,他提议提前举行分赃会议,从而就以"商人精神"解决了瓜分拜占庭帝国遗产的问题。同年3月，分赃会议达成以下基本要点：占领君士坦丁堡后，十字军将在城中建立拉丁人的政府；十字军各方将依照协议瓜分君士坦丁堡的战利品；组成威尼斯人和法国人各六名参加的委员会，负责选出治理新国家的皇帝；皇帝将占有被征服的首都的四分之一，包括两个皇宫；其他四分之三将由威尼斯和十字军对半平分；圣索非亚教堂和大教长的职位将属于威尼斯人；所有十字军战士都将获得或大或小的封地，并按西欧封授土地方式向皇帝宣誓效忠；只有威尼斯总督丹德罗可以免除效忠式。

协议达成后，十字军上下全力投入攻城的战斗，为了即将到手的财富，他们人人争先、个个奋勇。阿莱克修斯五世虽然有心御敌，但是无兵可用。① 4月13日，经过三天激烈战斗，十字军攻克君士坦丁堡。而后十字军纵兵三日，这座被誉为"万城之城"、"众城的女王"的城市完全落入杀人放火、抢劫盗窃的种种暴行之中，任凭西欧骑士蹂躏，高举圣战旗帜的十字军骑士和道貌岸然的随军罗马教士抛弃了伪装，展开了抢夺金银财宝的竞赛。几百年来君士坦丁堡积聚的来自拜占庭各地的珍贵艺术品和古代图书手稿，以及来自世界各国的奇石异物和各种金银器物都是他们洗劫的对象，教堂、大赛车竞技场、国家图书馆、公共会议厅和私人宅院是他们光顾的主要场所。据当时目击者的记载，这场抢劫在历史上是绝无仅有的，其抢劫之残暴、手段之凶狠、洗劫之彻底、赃物数量之多都是没有先例的，甚至穆斯林对耶路撒冷的抢劫也比之大为逊色。十字军抢劫财物，坐地分赃，所有的骑士都分到了许多财宝。那位留下有关第四次十字军暴行记载的骑

---

① 阿莱克修斯五世在十字军破城之际携带家眷逃往小亚细亚，被俘后以叛国罪处以抛掷刑，摔死于塞奥多西石柱下。

士惊讶地写道：

> 自从创世以来，在任何一个城市里都不能得到这么多战利品！①

许多封建主把分得的战利品纷纷运回本国，整个西欧被这些从君士坦丁堡抢来的珍宝和艺术品装饰一新，大部分西欧教堂都得到了抢来的宗教圣物，其中法国教会收获最大，因此，法国至今仍是拜占庭古代文物主要的收藏地。威尼斯也因此变得雍容华贵起来，君士坦丁堡大赛车竞技场上的装饰物"四匹铜马"被威尼斯总督丹德罗运回威尼斯，成为圣马可教堂正门入口的装饰物，至今仍在向世人炫耀。

三、西欧骑士对拜占庭帝国的分赃

十字军除了瓜分赃物外，还对拜占庭帝国领土和政治权力进行分赃。威尼斯总督丹德罗志在发展母邦威尼斯，无意争夺拉丁帝国皇位，但是，他在选举皇帝的问题上再度起了主导作用。由于他的干预，最初的候选人蒙特菲拉特公爵伯尼法斯未能当选。这是因为一则伯尼法斯的领地十分接近威尼斯，有可能成为威尼斯的竞争对手；二则伯尼法斯身为第四次十字军的领袖，影响太大，将来有可能把新国家重新建设成为威尼斯在东地中海的商业竞争对手。心怀不满的伯尼法斯被迫接受拜占庭帝国第二大城市塞萨洛尼基作为领地。势力和影响较小的佛兰德尔伯爵鲍尔温（Baldwin of Flanders，1204—1205年在位）被推选为拉丁帝国的皇帝。5月3日，鲍尔温在圣索非亚教堂加冕称帝，拉丁帝国在君士坦丁堡的废墟上建立起来。十字军对被征服土地的瓜分基本上

---

① 〔美〕瓦西列夫：《拜占庭帝国史》第2卷，第461页。

是按照1204年3月"分赃会议"的原则进行的,但是在落实的过程中充满了勾心斗角的斗争。首都君士坦丁堡由鲍尔温和丹德罗占有,前者分得城区的八分之五,后者分得八分之三。鲍尔温作为拉丁帝国的皇帝还得到了色雷斯地区南部,以及连接博斯普鲁斯海峡和达达尼尔海峡的小亚细亚西北部地区。爱琴海上某些大岛,如莱斯伯斯岛(Lesbos)、萨莫斯岛(Samos)和休斯岛(Chios),也归皇帝鲍尔温占有。

威尼斯获利最为丰厚,除了得到富有的君士坦丁堡商业区和圣索非亚教堂外,还分得了亚得里亚海沿岸重要的商业地区,如通往意大利的枢纽底拉西乌姆(今地拉那)和"沿海七岛",爱琴海大部分岛屿和沿海地区,如伯罗奔尼撒半岛沿海地区、克里特岛、色雷斯沿海重要港口和赫勒斯滂海峡(达达尼尔海峡)港口城市。与其他领主不同,丹德罗自称"专制君主"(the Despot),不隶属于新的拉丁帝国(the Latin Empire),在历史上他的国家被称为爱琴海公国(the Duchy of the Archipaelago)。同时,占据了圣索非亚教堂的威尼斯教士选举威尼斯人托马斯·莫罗西尼(Thomas Morosini)为大教长。显然,威尼斯人控制了东地中海最重要的岛屿和口岸城市,占有了最富庶的商业区,控制了君士坦丁堡与意大利之间的航线,因而掌握了东地中海贸易垄断权。

第四次十字军领袖伯尼法斯分得小亚细亚部分地区、塞萨利地区和马其顿地区,他以塞萨洛尼基为首府建立了塞萨洛尼基王国,并承认鲍尔温一世的宗主权。但是,伯尼法斯不满足他得到的战利品,因此,出兵攻击希腊本土,并于同年秋季在希腊建立了雅典和底比斯公国,由他的封臣伯艮底骑士奥松·迪·拉·利赫(Othon de La Roche)担任雅典和底比斯公爵。而后,他应法国骑士乔浮利·迪·威利哈冬(Villehardouin)之邀,继续向南进军伯罗奔尼撒半岛,将占领地分封给他的另一个封臣,来自香槟伯爵家族的法国骑士威廉,该领地称为阿塞亚侯国(the Principality of the Achaea)。除了第四次十字军新建立的国家外,前三次十字军骑士沿叙利亚和巴勒斯坦地区建立的安条克和耶路撒冷王国等大小封建国家也死灰复燃,重新打出拉丁帝国附属国的旗号。

教皇起初由于没有得到任何好处而大为恼火,因为不仅威尼斯人和伯尼法斯这些战争的直接领导者得到巨大的利益,而且普通的骑士也获利不薄,作为第四次十字军的发动者的教皇竟然没有从十字军丰厚的战利品中分到一金半银,尤其是十字军领袖们在分赃中竟然丝毫没有将教皇放在眼中,这是英诺森三世无论如何也不能接受的。他先是给十字军发去一封措辞强硬、态度愤怒的信件,谴责他们违背上帝的,也就是他的意志,竟敢攻打基督徒兄弟,宣布开除全体威尼斯人和十字军将士的教籍。① 但是,当圆滑的鲍尔温一世因立足未稳、急需教皇支持,并以谦卑的口吻给教皇写信自称是教皇的臣属时,英诺森三世在回信中一改过去的态度,对十字军的行为大加赞扬,称赞他们攻陷君士坦丁堡是"上帝的奇迹",是东正教背叛罗马教廷应得的惩罚,说什么"我以天主之名而感到欢欣鼓舞",称十字军的所作所为

使上帝的名得到颂扬和光耀,使教宗的宝座得到荣誉和利益,……使君士坦丁堡教会恢复对教廷忠实的尊敬,……使希腊帝国臣属圣座。②

他还向所有教士、世俗君主和基督徒呼吁支持鲍尔温一世的事业,保卫拉丁帝国。显然,教皇终于达到了征服东方教会的目的,至于教皇是否

---

① 这封信件是为英诺森辩护的西方学者使用最多的证据,他们对此后的信件闭口不提,其袒护罗马教皇并进而维护天主教尊严的倾向十分明显。
② 朱庭光主编:《外国历史名人传》,中国社会科学出版社1983年版,第449页。

从十字军的赃物中分得一匙半碗则是至今尚未解开的历史之谜。

四、拉丁帝国的统治

在拜占庭首都君士坦丁堡废墟上新建立的拉丁帝国按照西欧分封制的原则改造拜占庭社会结构，这是继十字军无耻瓜分拜占庭帝国遗产后对拜占庭社会更严重的瓦解。拉丁帝国名为帝国，实为各自独立的西欧封建主的联合体。首先作为首都的君士坦丁堡被一分为二，由鲍尔温和丹德罗分别占有，各自管理。作为拉丁帝国皇帝的鲍尔温只控制色雷斯和小亚细亚西北部分地区，其他地区则出现了许多独立小国。这些小国在理论上附属于帝国皇帝，各个小国的君主均以皇帝为最高封主。在爱琴海上，除了莱斯伯斯岛、萨莫斯岛和休斯岛归鲍尔温占有外，大部分海域由威尼斯控制，如伯罗奔尼撒半岛沿海地区、克里特岛、色雷斯沿海和赫勒斯滂海峡所有重要商业城市都脱离了拉丁帝国皇帝的管辖。在巴尔干半岛，有伯尼法斯的塞萨洛尼基王国，势力范围包括马其顿和塞萨利地区；有伯尼法斯的封臣、伯艮底骑士奥松·迪·拉·利赫统治的雅典和提比斯公国，控制阿提卡半岛及其沿海岛屿；有伯尼法斯的另一个封臣、法国骑士威廉为首的阿塞亚侯国，势力范围在伯罗奔尼撒半岛。在亚洲的叙利亚和巴勒斯坦地区，存在着安条克王国和耶路撒冷王国。

各小国内的各级封建领主又结成以土地分封为基础，以封建等级义务为纽带的领主与附庸之间的主从关系。君主和各级封建主将土地分封给自己的下属，并对附庸的土地财产和人身安全提供保障，同时，附庸要向领主宣誓效忠，承担军事、司法和其他若干义务。例如塞萨洛尼基王国的伯尼法斯国王分封威廉为阿塞亚侯国侯爵，后者又将侯国分封给12个贵族，而各个贵族再分封骑士。西欧大小贵族还在四分五裂的原拜占庭帝国土地上建造起西方式的城堡，例如古代斯巴达遗址附近的米斯特拉城堡(the Mistra),便因此而闻名,而克莱蒙特城堡(the Clement)也建于此期,它们的军事作用直到希腊独立战争时期仍然没有消失。这些城堡就成为拜占庭社会分裂进一步加深的标志。

第四次十字军东征的骑士建立的拉丁帝国(1204—1261年),实际上是一个内部关系极为松散的西欧封建领主的联合体,在其七任皇帝五十七年统治期间,它不仅没能统一内部,也不能完全征服外部,"帝国"的称号虽然一直存在到14世纪,但是从一开始,拉丁帝国即名存实亡。① 在拉丁骑士们的领地周围还存在着大量希腊人和斯拉夫人反抗西方入侵者的游击队,帝国各地有许多相互独立的希腊人政权,其中存在时间最长、影响最大的是尼西亚帝国(the Nicaea Empire,1204—1261年)。它以古城尼西亚为中心,控制博斯普鲁斯海峡西岸直至卡帕多细亚地区。此外,在伊庇鲁斯山区有末代王朝远亲后裔米哈伊尔(Michael Ahgelos Comnenos)及其子塞奥多拉(Theodore)建立的伊庇鲁斯君主国(the Despot of Epirus),在黑海东南岸有末代皇室血亲建立的特拉比仲德帝国(the Empire of Trebizond)。

显而易见,第四次十字军东侵彻底摧毁了拜占庭统一帝国的物质基础和社会基础,一方面,它把统一的帝国撕成大小不等的碎片,在原拜占庭帝国版图内分立起各自独立的帝国、王国、公国、专制君主国、骑士领地和自由城市共和国,它们相互攻讦,矛盾错综复杂,很难重新统一起来;另一方面,它把西方封建制度引进拜占庭社会,瓦解了国家统一的社会基本结构,使晚期拜占庭帝国长期陷入类似于西欧中世纪社会的无政府状态,再也没有能力重新发展成为统一的中央集权制的强国。

1204年5月16日,伯尼法斯在君士坦丁堡的圣索非亚教堂加冕

---

① 此后,西欧封建主又发动过四次十字军东侵,即1217—1221年的第五次、1228—1229年的第六次、1248—1254年的第七次和1270年的第八次,大都以失败告终。

称帝。但是,他对帝国大部分地区没有直接控制权,因为他的附庸的附庸并不是他的附庸,他与其封臣的封臣之间的间接关系使他的权力仅限于君士坦丁堡和爱琴海上个别的岛屿。其直接的敌人就是与之隔博斯普鲁斯海峡相望的以尼西亚为中心的拜占庭流亡政府。

拉丁帝国君主表	
鲍尔温一世	1204—1205
亨利	1206—1216
彼得	1217—1219
尤兰德	1217—1219
罗伯特	1221—1228
约翰	1231—1237
鲍尔温二世	1240—1261

第七章　尼西亚流亡政府

第一节　拉斯卡利斯王朝

一、在流亡中崛起的政府

第四次十字军攻陷君士坦丁堡以及拉丁人对拜占庭居民的剥削压迫引起希腊人的极大反感和仇恨，广大的东正教信徒对由威尼斯人组成的君士坦丁堡教会十分憎恶，他们以各种形式展开斗争。在原拜占庭帝国领土各地形成的希腊人政权中，尼西亚城成为最大的拜占庭人流亡中心，并逐步发展成为推翻拉丁帝国、夺取君士坦丁堡、恢复拜占庭人统治的斗争中心。

君士坦丁堡陷落时，许多拜占庭贵族高官纷纷携带家眷和金银细软逃离危在旦夕的首都，来到海峡对面的小亚细亚地区。科穆宁王朝皇帝阿莱克修斯三世的女婿、拉斯卡利斯家族的塞奥多利（Theodore I Laskaris，1204—1221年在位）于城破之际，在圣索非亚教堂被人们推举为皇帝。而后，新王朝便仓皇向东撤出君士坦丁堡，先在布鲁萨城（Brusa）暂避风头，后得到担心拉丁人势力东扩的突厥苏丹的支持，在尼西亚定居下来。由于拉斯卡利斯王朝的势力发展迅速，并公开宣布继承拜占庭帝国传统，该政权有时被称为"尼西亚帝国"。

拉斯卡利斯王朝的实力范围在小亚细亚西部沿海地带，以萨卡里亚河(the Thakaria)和大门德雷斯河(the Mendries)为其东界,其西临爱琴海。王朝按照所控制的领土的自然地理状况,将版图大体分为两大地区,即以大教长驻地尼西亚为首府的北部地区和以南菲宏(Nymphaion,今图尔古特附近)皇宫为首都的西南部地区。随着尼西亚王朝实力的增强,其疆界向东推进到安卡拉以西,向西控制了博斯普鲁斯海峡和达达尼尔海峡及爱琴海东部沿海,并将势力扩张到色雷斯地区。王朝的金库设在马格尼西亚(Magnesia,今马尼萨),皇室和朝廷住在南菲宏,海军基地设在斯米尔纳(Symirna,今伊斯米特)。

拉斯卡利斯王朝统治五十七年,四位皇帝先后在位。据史料记载,该王朝有波斯血统,原为小亚细亚军事贵族,塞奥多利娶科穆宁王朝公主后,以皇室成员身份参与帝国政治斗争,被拥立为皇帝。他死后由女婿即位,长女伊琳尼的丈夫约翰·瓦塔基斯三世(John Ⅲ Vatatzes,1222—1254年在位)时期最大限度地扩张了王朝的疆域。其子塞奥多利二世(Theodore Ⅱ Laskaris,1254—1258年在位)统治时间虽短,但已经完成了推翻拉丁帝国的准备工作,可惜英年早逝。王朝统治在其子约翰四世(John Ⅳ Laskaris,1259—1261年在位)时期中断。

尼西亚流亡政府建立之初面临拉丁帝国的追剿攻击。当时,在小亚细亚地区已经存在几个拜占庭人残余势力建立的独立政权。1204年,拉丁帝国皇帝鲍尔温的兄弟亨利和根据第四次十字军东侵时的分赃协议分得尼西亚地区的路易斯(Lewis)伯爵,率领拉丁骑士出兵小亚细亚,并在今巴勒克埃西尔(Palikesir)附近打败塞奥多利的拜占庭军队。此后,拉丁帝国军队横扫马尔马拉海沿海地区,将比塞尼亚地区(Bithynian)的城镇全部攻占。但是,在尼西亚王朝生死存亡之际,色雷斯希腊人和保加利亚人起义迫使拉丁帝国军队回师西向,从而使尼西亚政府获得喘息的机会。1205年4月,希腊保加利亚联军在亚得里亚纳堡战役中全歼拉丁帝国军队,皇帝鲍尔温被俘,路易斯伯爵阵亡,拉丁帝国受到致命打击。尼西亚政府从此摆脱了拉丁骑士的威胁。

拉斯卡利斯王朝首先统一小亚细亚地区各个希腊人小政权,其中有盘踞在菲拉德菲亚地区的塞奥多利·曼卡法斯(Theodore Mankafas)、米莱图斯城(Miletus,今穆拉附近)周围地区的萨巴斯·阿塞德努斯(Sabas Athedenus)、今大门德雷斯河的曼努埃尔(Manuel)和地中海沿海的大卫·科穆宁(David Comnenos)等。他们先后接受了尼西亚政府的统一领导。而后,拉斯卡利斯王朝致力于恢复拜占庭政治制度,建立中央和地方的统治机构,按照拜占庭帝国旧制全面整顿政府各部、教会、军队和法庭。博学的米哈伊尔·奥托利亚努斯(Michael Ottolianus)被任命为大教长。1208年他为塞奥多利正式加冕为帝,宣称拉斯卡利斯王朝为拜占庭帝国合法继承人。这样,尼西亚政府就成为拜占庭反抗拉丁帝国的政治和宗教中心。

1206年,拉丁帝国新任皇帝亨利(Henry of Haenault,1206—1216年在位)再次入侵小亚细亚,但因保加利亚人进攻色雷斯地区而被迫撤军,并于1207年与尼西亚政府订立和约。为了清除拉斯卡利斯王朝势力,1209年,亨利与尼西亚帝国东部的突厥人罗姆苏丹库斯鲁(Kai-Khusru)签订秘密同盟。1211年,罗姆苏丹国军队对拉斯卡利斯王朝发动进攻,在突厥人军队中,有800名拉丁骑士为中军前锋,前拜占庭皇帝阿莱克修斯三世也充当土军的指挥官。双方在敏德尔河流域的安条克附近进行决战,塞奥多利大获全胜,击毙苏丹,活捉其岳父阿莱克修斯。这次胜利彻底解除了尼西亚帝国东部威胁,极大地提高了拉斯卡利斯王朝的地位。1214年,尼西亚帝国和拉丁帝国在南菲宏订立边界条约,划定以萨卡里亚河上游和苏苏尔卢河为两国分界线。从此,尼西亚帝国的疆域基本稳定,拉斯卡利斯王朝遂着手进行富国强兵的内政改革。

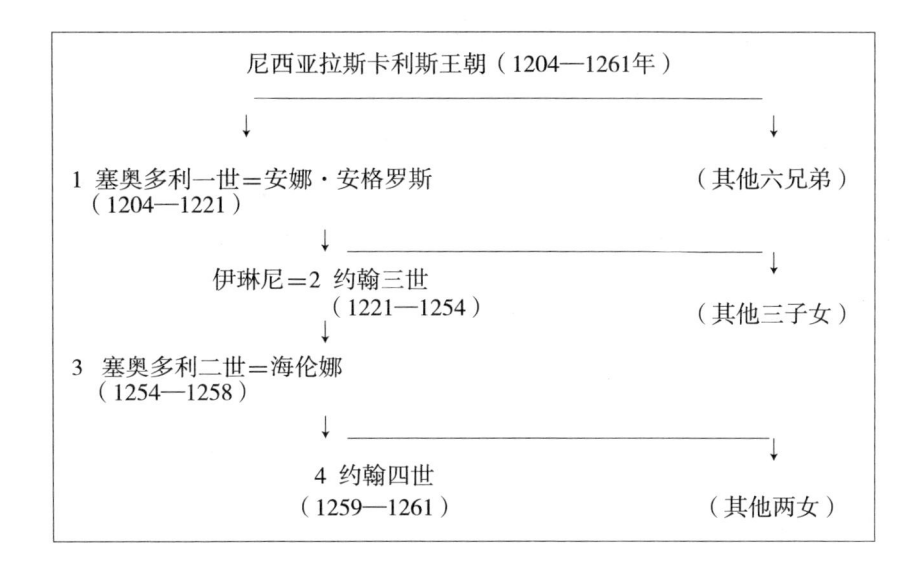

```
              尼西亚拉斯卡利斯王朝（1204—1261年）
       ┌──────────────────────┬──────────────────────┐
       ↓                      ↓                      ↓
1  塞奥多利一世＝安娜·安格罗斯                    （其他六兄弟）
   （1204—1221）
                   ↓                                 ↓
          伊琳尼＝2 约翰三世
                 （1221—1254）              （其他三子女）
                   ↓                                 ↓
3  塞奥多利二世＝海伦娜
   （1254—1258）
                   ↓
             4 约翰四世
             （1259—1261）                   （其他两女）
```

二、改革和重建军区

拉斯卡利斯王朝的统治者充分地认识到自强图存的唯一出路在于推行改革，祛除时弊。塞奥多利和瓦塔基斯统治时期大力实行各项改革措施。首先，政府全面实施旨在休养生息、恢复生产的轻徭薄赋政策，减轻农牧工商各业的税收，免除过去因天灾人祸拖欠的税款。同时，朝廷采取一系列促进农业生产的措施，一方面改善农业和畜牧业的生产条件，实行优惠政策，调动农牧民的积极性；另一方面皇帝们亲自下田耕作，建立皇帝示范农庄，并亲自经营农、牧、渔、园艺业，希望以皇帝的模范行为为臣民树立榜样。塞奥多利明确表示，他要以成功地经营皇帝示范农庄的行为告诉自己的臣民，只要全身心地投入经营，那么无论是在农田、牧场，还是在果园、作坊，都会获得好收成，取得好利益。约翰三世亲自养鸡，并用其出售鸡蛋的钱制作了一顶皇冠，作为礼物赠送给皇后。这个"鸡蛋皇冠"的故事传遍全国，极大地鼓舞了尼西亚帝国的农牧业生产者。他们积极投身农业生产，使尼西亚社会经济繁荣，物质充足,成为东地中海和小亚细亚地区最富裕的国家。当时的历史家欣喜地记述到:在很短的时间里,尼西亚帝国的所有仓库都装满了粮食和水果,公路、牧场和围栏里都挤满了各种牲畜,周围国家的居民纷纷到尼西亚帝国的城市来换取生活物资,因此,尼西亚人的家中堆满了突厥和阿拉伯人的金银宝石。

其次,拉斯卡利斯王朝根据其特殊的处境,借鉴以往拜占庭帝国经济发展的经验教训,坚持自力更生和自给自足的原则,积极发展国内贸易,削减进口,建立关税壁垒,减少意大利商业势力的渗透,终止前朝政府授予意大利各航海共和国的商业特权。同时,皇帝下令臣民停止购买外国奢侈品,特别要求各级官吏和大小教、俗贵族"应该满足于罗马人(指尼西亚帝国臣民)在自己土地上所产之物和罗马人亲手制作的商品"①。为了促进生产,政府鼓励出口,特别是对贫穷的土耳其国家的农副产品贸易十分活跃,从中获得巨大利润。

再者,拉斯卡利斯王朝推行社会公平化的政策,以缓和由于社会贫富不均产生的矛盾,降低社会内部分裂的可能。限制贵族和官僚的发展与赈济贫民、扶助农工是这一政策的两项主要措施。瓦塔基斯统治时期不仅规定了贵族拥有土地的最高限额,而且没收了许多违法贵族官吏的地产和浮财。同时,他利用经济发展带来的钱财建立了许多救济院、医院,甚至分配土地帮助农民生产,因此,现代学者有理由称之为"农民和市民的保护人"。这一政策必然引起贵族的不满,招致高级官僚的反对。因为,皇帝们在限制大贵族的同时,毫不吝啬地将土地赏赐给中下级官员和将士,以此培植新的政治势力,削弱大贵族的力量。事实上,拉斯卡利斯王朝的社会公平化政策带有明显的中央集权化目的。

---

① 〔美〕瓦西列夫:《拜占庭帝国史》第2卷,第394页。

在尼西亚帝国的各项改革措施中,重建军区和恢复军区制是最重要的一项。拜占庭军区制早在12世纪时便废弃不用了,拜占庭国家实力因此大为衰落。尼西亚王朝吸取前朝的教训,在稳定了王朝统治后,立即着手恢复军区制。在重建军区的工作中,中央政府坚持伊拉克略时代的原则,实行军、政权力合一的一元化管理体制,军区中最高首脑"将军"由皇帝亲自任命。各级军事官员和士兵在重新占领和控制的地区按照原军事编制驻扎下来,并以皇帝的名义根据兵种和级别重新分配土地。在色雷斯、马其顿和小亚细亚地区,中央政府都建立起大小不等的军区。军区的农兵以终身服役换取经营小块军役地产的权利,平时携家带口耕种农田,遇有战事随军作战。农兵除负担有限的军事劳役,如修桥铺路外,还要通过经营土地满足军事方面的各种需求,例如,兵器和装备、粮草和马匹都由农兵自备。中央政府还仿照10世纪安置斯拉夫移民的方法,将受到蒙古人入侵打击而大批进入尼西亚帝国的库曼人(the Cumans)编成拜占庭军队,驻扎在边境地带。军区制的恢复解决了尼西亚军队的兵源问题,减轻了因长期战争造成的财政负担,特别是建立起边境地区的防务体系,对稳定形势起到了重要作用。对于拉斯卡利斯王朝重建军区的措施,当时和后来的作家均给予高度的评价,认为这是尼西亚帝国不断发展强盛,并最终夺回君士坦丁堡的根本原因。布莱赫尔称赞:尼西亚的拜占庭人"日益加强了其政治和军事活动,一系列出色的法令鼓励农耕,提倡纺织业,建立军区制以确保边境防御,组织对突厥人的贸易,这样就使其帝国兴旺富有,拥有强大的财力。……因此,尼西亚的皇帝试图组织夺回君士坦丁堡的反攻就毫不奇怪了"[1]。瓦西列夫认为塞奥多利是功绩最大的君主,"他已经在小亚细亚建立了希腊文化的中心,一个统一的国家,并将欧

---

[1] 〔法〕布莱赫尔:《拜占庭帝国兴亡》,第265页。

洲的希腊人的注意力都吸引到这里。他奠定了其后人得以建筑大帝国的基础"①。

三、文化救亡运动

尼西亚帝国的经济昌盛为其文化繁荣提供了雄厚的物质基础,拉斯卡利斯王朝发展文化事业的活动使尼西亚成为13世纪东欧和东地中海新的文化中心。

拉斯卡利斯王朝统治者大多是接受过良好教育的饱学之士,他们在发展国家经济、进行军事与外交活动的同时,积极支持文化活动。塞奥多利一世把发展文化作为稳固新政权的措施之一。他邀请分散在原拜占庭帝国各地的学者,特别是被拉丁骑士占领地区的希腊学者到尼西亚帝国,例如雅典主教米哈伊尔(Michael)在第四次十字军征服之际流亡到克斯岛(Cos),当塞奥多利听到这位学者的消息后立即派人将他和他的兄弟请到尼西亚。后者虽然被塞奥多利委任为新国家的官员,但却在皇帝的支持下以更多的时间和精力从事写作和教育。当时,东地中海地区的希腊学者纷纷投靠拉斯卡利斯王朝,各类知识分子纷纷云集尼西亚皇宫,他们成为直接促进尼西亚帝国文化复兴运动的主角,在发展拜占庭文化的事业中发挥了重要作用。

尼西亚皇帝们推进文化发展政策的另一个重要措施是为文化和教育发展提供优越的条件,为学者们创造良好的环境。塞奥多利的继承人约翰三世在亲自主持大量紧迫的军事和外交工作之余,仍然亲自过问建立国立学校的计划,他还下令在各大小城市建立公共图书馆,特别是艺术博物馆和科学技术图书馆。他和其子塞奥多利二世(Theodore Ⅱ Laskaris,1254—1258年在位)派遣学者到各地收集古代书籍,能够

---

① 〔美〕瓦西列夫:《拜占庭帝国史》第2卷,第517页。

购买的不惜重金加以收购,不能买到的则指派博闻强记的人前往阅读,记录笔记或写下摘要。当时,不仅在尼西亚帝国,而且在拉丁骑士和各希腊人独立政权或保加利亚人控制地区都有尼西亚派出的文化"特使"。皇帝们将广泛收集到的书籍分发给各个国家图书馆,一方面作为图书馆的馆藏图书;另一方面为学者们提供学习和研究的条件。塞奥多利二世皇帝在一封写给首都国立图书馆馆长的信中,要求图书馆为读者提供方便,并允许读者将图书带回家去阅读,这大概是西方图书馆借阅制度的滥觞。

拉斯卡利斯王朝皇帝们发展文化的政策极大地促进了尼西亚帝国的文化繁荣。一大批希腊文化的著名学者和作家集聚在皇宫,有的著书立说,有的担任皇家宫廷教师。著名的历史家尼西塔斯(Nicethas)流亡到尼西亚后被任命为宫廷史官,创作了许多文学作品,其中《东正教的宝藏》影响极大,流传后世,为我们提供了有关当时社会生活和宗教活动的珍贵资料。在众多知名学者中,布雷米狄斯(Blemmydes)是最突出的代表人物。他生于君士坦丁堡,第四次十字军征服帝国都城后,他随父母流亡到小亚细亚。在尼西亚帝国浓厚的学术气氛中,他师从许多著名学者,接受多方面系统教育,精通诗歌、韵律文的写作,熟悉哲学、逻辑学、医学、几何学、算术、天文学、物理学,成为当时最博学的作家。后来,他进入修道院,潜心钻研《圣经》和早期基督教教父的神学著作,对神学理论极为精通,并成为皇帝与罗马教廷谈判的顾问。布雷米狄斯还在皇帝的支持下建立了学校和修道院,一方面培养年轻学者,另一方面写作了大量科学和神学教材。他曾接受约翰·瓦塔基斯皇帝的派遣,游历色雷斯、马其顿、伯罗奔尼撒和小亚细亚各地,收集古代手稿和民间流传的图书。在其大量作品中被认为最有价值的是两部自传,它们为后人提供了研究拜占庭历史的丰富资料,使我们得以了解13世纪拜占庭社会生活的真实情况,至今仍被认为是研究尼西亚帝国历史最重要的资料。他为东正教教会宗教仪式写作的赞美诗广泛流传，其优美清新的风格使它成为东正教晚祷礼仪的常用诗歌，至今仍然是希腊、前南斯拉夫和俄罗斯教会的晚祷词。

这一时期，拜占庭文化成就主要集中在文学方面。首先，由于君士坦丁堡的沦陷，云集在尼西亚帝国的希腊学者们对政治问题给予极大的关注，最有代表性的作品是布雷米狄斯的《皇帝的形象》。这部著作是他写给他的学生、皇太子塞奥多利的论文，描述了一位理想的开明君主的形象。他把君主的政治素质摆在首位，提出皇帝"是上帝派往人间的最高官员"，首先应关心臣民的利益，照顾百姓的冷暖，并以身作则，为臣民树立榜样，引导百姓到达尽善尽美的境地。作为一邦之主，君主应成为人民的后盾和支柱，应特别注意军队建设，和平时期应居安思危，随时备战，因为对臣民最有力的保护就是国家的武装力量。皇帝还应特别关注国家的组织建设、关心宗教问题、完善司法制度，用法律治国。布雷米狄斯的主张反映出尼西亚帝国知识界希望通过开明君主的统治，实现驱除拉丁统治者，光复拜占庭帝国的思想。其次，历史作品也成为这一时期重要的文学成就。例如，布雷米狄斯的学生和塞奥多利的另一位老师阿克罗颇立塔（George Acropolita）曾撰写了尼西亚帝国的断代史，记述了十字军征服君士坦丁堡及其后的历史事件。由于作者作为所记述事件的直接参与者，且因为其特殊身份可以接触大量宫廷文献，其作品的可靠性和记述的合理性大大提高了它的历史价值。再者，各种形式的文学作品纷纷涌现，极大地丰富了这一时期的拜占庭文化内容。除了大量优美的宗教诗歌和葬礼词外，还出现了浪漫叙事诗，它冲破了只歌颂上帝的宗教文学的限制，描写爱情，讴歌人的真实情感。在匿名作者的《伯商德罗斯和赫里尚查》中，作者描写了年轻王子伯商德罗斯在浪迹天涯时误入"爱之堡"仙境，知道他未来的爱人是赫里尚查。于是，当他在安条克王国遇到公主赫里尚查时，一见钟情,与公主双双堕入情网。不幸的是,国王反对他们的婚事,并在他们约会的时候将伯商德罗斯抓住,于是,他们以智慧和勇气克服种种困难,逃离国王的追捕,最终回到祖国,这对恋人终成眷属,并继承了王位。

还值得一提的是,尼西亚帝国文化发展过程中表现了明显的恢复古典文化的特点。当时的学者特别崇尚古典的希腊文化,他们不仅在国家的支持下收集和整理古典作家的作品,而且在文学创作和教育活动中研究和使用古代作品。布雷米狄斯进行哲学研究的主要对象是亚里士多德,他的《简明物理学》和《简明逻辑学》即是以亚里士多德的作品为蓝本。阿克罗颇立塔的历史作品则模仿了修昔底德的《伯罗奔尼撒战争史》。尼西亚帝国的复古之风对巴尔干半岛地区的知识界产生了深刻的影响,伊庇鲁斯的著名学者奥博考库斯(John Apocaucus)就是古典文化的热情崇拜者,他对荷马、阿里斯托芬、修昔底德、亚里士多德等古希腊作家的作品极为熟悉,并模仿他们的作品进行创作。①

尼西亚帝国的文化繁荣增强了民族复兴的凝聚力,提高了它作为拜占庭人驱逐和抵抗拉丁人统治、复兴拜占庭国家的中心地位,极大地加强了拜占庭希腊民族的自信心,并有力地促进了以尼西亚帝国为主力的推翻拉丁帝国的政治斗争。

第二节 推翻拉丁帝国的斗争

推翻拉丁帝国统治的斗争主要是由尼西亚的拉斯卡利斯王朝和伊庇鲁斯的安茞鲁斯家族领导的。这两股力量虽然没有统一指挥,但是,却从东、西两个方向打击了原本就十分虚弱的拉丁帝国政权。

---

① 〔美〕瓦西列夫:《拜占庭帝国史》第2卷,第548—563页比较详细地记述了尼西亚帝国时期的文化活动。

拉斯卡利斯王朝首先致力于建立小亚细亚根据地,尼西亚军队主要开展了肃清小亚细亚的拉丁骑士的攻势,并利用各种机会争取首先占领君士坦丁堡。第一次机会出现在1216年6月拉丁帝国皇帝亨利去世之际。当时,拉丁帝国的皇位由亨利的妹夫彼得伯爵(Peter of Countenay,1217—1219年在位)继承,罗马教皇也为之加冕。但是,他在前往君士坦丁堡赴任途中被伊庇鲁斯专制君主国的军队俘获,不久病逝于监狱。皇帝塞奥多利乘机与彼得遗孀尤兰德(Yolande,1217—1219年在位)谈判,并娶彼得之女玛利亚(Maria of Countenay),企图通过政治联姻重新入主君士坦丁堡。同时,他派遣以弗所市长尼古拉斯(Nicholas)与教皇的代表谈判东西教会消除分歧、联合统一问题,为名正言顺地恢复对君士坦丁堡的控制铺平道路。此后,塞奥多利又将女儿嫁给拉丁帝国皇帝。但是,正当这一系列活动紧张进行之际,塞奥多利不幸去世,从而中断了希腊人"和平演变"的努力。

在约翰·瓦塔基斯皇帝统治时期,迫使拉丁帝国签署了1225年协议,承认尼西亚帝国对小亚细亚的占领。瓦塔基斯在加强内部调整和建设的同时,频繁出击,先后攻占了爱琴海主要岛屿,如莱斯伯斯岛、休斯岛、罗得岛、萨莫斯岛和伊卡里亚岛(Ikaria)。在此基础上,尼西亚军队攻入色雷斯,受到希腊居民的热烈欢迎,几乎未遇抵抗就占领了色雷斯全境。与此同时,伊庇鲁斯专制君主国的军队从西向东进攻,夺取塞萨洛尼基城,灭亡了塞萨洛尼基王国。此时,如果两支希腊军队联合作战,全力进军君士坦丁堡,则有可能完成重新夺取君士坦丁堡的共同事业。为此,瓦塔基斯也曾做过努力,可惜的是,伊庇鲁斯专制君主塞奥多利(Theodore)担心胜利后皇权可能落入拉斯卡利斯家族之手,因此,挑起争夺反拉丁统治斗争最高领导权的内讧,并向尼西亚军队进攻,迫使瓦塔基斯退出巴尔干半岛,进而使拉丁帝国皇帝得以联合保加利亚沙皇阿森二世(Asen Ⅱ,1218—1241年在位)对希腊人进行反击,断送了重新夺取君士坦丁堡的大好时机。形势的变化迫使尼西亚帝国必须暂时搁置恢复拜占庭帝国的计划,而首先进行统一希腊各派力量的工作。在此过程中,尼西亚国家推行静观其变、坐山观虎斗的策略,即在拜占庭人各派斗争中采取消极防御的方针,在巴尔干半岛各种力量的角逐中"退避三舍",等待其他派别自相削弱力量,而后坐收渔利。

伊庇鲁斯专制君主国是由科穆宁王朝远亲后裔米哈伊尔于1205年建立的。起初,他利用巴尔干半岛混乱局面控制了希腊西北部临近亚得里亚海的伊庇鲁斯地区,而后逐渐向马其顿地区扩张。1216年,第二任专制君主塞奥多利(Theodore,1215—1230年在任)派军队占领了拉丁骑士伯尼法斯控制下的塞萨洛尼基,并侵入色雷斯西部地区,与尼西亚军队发生冲突。塞奥多利为发展自己的实力,与保加利亚沙皇阿森二世结盟,企图称霸巴尔干半岛,控制各派拜占庭希腊人反拉丁统治力量。然而,阿森的野心是建立包括原拜占庭帝国领地和多瑙河南岸地区的大保加利亚王国,于是他出尔反尔,背信弃义地与拉丁帝国皇帝结盟,并将女儿许配给拉丁帝国小皇帝鲍尔温二世(Baldwin Ⅱ,1240—1261年在位),企图不动干戈,坐享皇权。于是,伊庇鲁斯军队便与保加利亚军队反目为仇,1230年双方在马利卡河流域的科洛克尼察战役(Klokotnitsa)中进行血腥厮杀,伊庇鲁斯全军覆没,塞奥多利被俘。为了报二百多年前拜占庭皇帝瓦西里二世残害保加利亚人之仇,阿森将塞奥多利双眼刺瞎释放。保加利亚军队则乘胜进军,夺取色雷斯、马其顿和伊庇鲁斯大部分地区。伊庇鲁斯专制君主国从此势力急剧衰落,不久便被迫加入巴尔干半岛反保加利亚人大同盟,并承认尼西亚帝国的盟主地位,1236年即位的塞奥多利之子约翰(John of Epirus)放弃对皇帝权力的要求,承认尼西亚帝国的宗主权。1246年和1252年,尼西亚军队两度平息伊庇鲁斯复辟势力的反叛,占领了巴尔干半岛大部分地区。

保加利亚人也是巴尔干半岛势力强大的王国,它控制着拉丁帝国与西欧母邦的陆上通道。为了实现建立大保加利亚王国的梦想,沙皇阿森二世先与伊庇鲁斯专制君主国结盟,而后弃友投敌又与拉丁帝国结盟,企图通过政治联姻吞并虚弱的拉丁帝国。当拉丁帝国皇帝鲍尔温意识到保加利亚人的阴谋时,立即中断盟约,采取了敌视保加利亚的政策,并积极促成巴尔干各国反保大同盟,承认尼西亚帝国的盟主地位。瓦塔基斯皇帝则极力挑起巴尔干地区各派势力的相互斗争,因此,他与保加利亚和新兴的塞尔维亚人结盟,策动他们向拉丁帝国进攻。最终,反复无常的保加利亚人再度中断与尼西亚帝国的友好关系,准备向色雷斯进攻。这时,西征的蒙古人侵入东欧和巴尔干半岛,其强大的骑兵所向披靡,所过之处一片焦土,俄罗斯、波兰、波希米亚、摩拉维亚、匈牙利以及多瑙河下游地区全部沦陷,保加利亚人也被迫纳贡求和。尼西亚帝国皇帝约翰三世立即主动结好蒙古人,利用保加利亚人势力衰落的机会,稳固其在巴尔干半岛的权力,对拉丁帝国构成南北夹攻之势。这样,尼西亚的拜占庭人军队已经具备了夺取君士坦丁堡的一切必要条件。

1261 年,拉斯卡利斯王朝末代皇帝约翰四世(John Ⅳ,1259—1261年在位)统治时期,大权旁落,他即位时年仅七岁有余,朝政由时任摄政王的科穆宁王朝后裔、帕列奥列格家族的米哈伊尔掌握。① 米哈伊尔出身贵族,其祖母为科穆宁和杜卡斯王朝后裔,而其母亲是安苴鲁斯

---

① 拉斯卡利斯王朝的末代皇帝约翰四世自幼丧父,在即位后的三年里,受到米哈伊尔的严密控制。1261 年,后者重新入主君士坦丁堡建立新王朝后,担心皇位不稳,因此将他刺瞎关押在首都附近马尔马拉海南岸达基柏左(Dakibyze)要塞,并霸占了小皇帝的未婚妻。这导致了一场政治危机。约翰此后长期生活在黑暗中,直到 1305 年去世,享年 55 岁。拉斯卡利斯家族长期控制小亚细亚,1284 年帕列奥列格王朝皇帝安德罗尼库斯二世巡视小亚细亚时,专程拜访了约翰,并对其父亲米哈伊尔的行为向心灰意冷的约翰道歉。约翰死后葬于君士坦丁堡的圣底米特里(St. Dimitrios)教堂,供后人参拜。

王朝公主,他集中前代三个王朝血统,天生精明,在五兄妹中最有心计,不仅涉猎广泛,而且对拜占庭帝国兴败得失有深刻了解。为了重振王朝大业,他自青年时代即投身军界,广交朋友,建立贵族私党和效忠于他个人的军队。他表面上温文尔雅,平易近人,但内心狠毒无情。1258年,他利用幼主约翰无知,联合贵族发动军事政变杀死摄政王乔治·木扎伦(George Mouzalon),取而代之,并任专制君主职,次年成为共治皇帝,为建立新王朝做好了准备。1259年,他在帕拉格尼亚平原打败伊庇鲁斯专制君主米哈伊尔二世的联军,确定了其不可动摇的强权地位。此后,米哈伊尔致力于夺回君士坦丁堡的最后准备,并依靠热那亚舰队的帮助,将其心腹战将阿莱克修斯(Alexios Strategopoulos)将军率领的800人部队派往色雷斯前线地区侦察保加利亚人的动静。他们在完成任务返回尼西亚的途中,在希腊居民的帮助下混进城门,兵不血刃地占领了君士坦丁堡。拉丁帝国末代皇帝鲍尔温二世闻讯慌忙乘小船逃走。1261年8月15日,米哈伊尔八世举行光荣的入城典礼。失陷了半个多世纪的君士坦丁堡重新回到拜占庭希腊人手中,拜占庭帝国似乎重新站立起来。

但是,这个重新建立的拜占庭国家比刚刚被它推翻的拉丁帝国政权强大不了多少。足智多谋、心狠手辣的米哈伊尔八世虽然使出浑身解数,企图恢复帝国的实力,重建帝国的威严,但终因问题成堆、积重难返而未能有所建树。在帕列奥列格王朝(the Palaiologos,1261—1453年)近二百年的统治期间,拜占庭帝国已经名不副实,国家政治混乱、经济衰退、社会动荡、军队瓦解,列强任意欺辱,外敌肆意蹂躏,只能在周围的强国之间苟延残喘。

第八章　拜占庭末代王朝统治及灭亡

第一节　帕列奥列格王朝的统治

一、帕列奥列格王朝

帕列奥列格王朝是拜占庭历史上最后一个王朝。王朝创立者为米哈伊尔八世(Michael Ⅷ,1259—1282年在位),他代表新兴的军事贵族势力,利用手中的军权,发动宫廷政变,夺取对当时年幼的约翰四世的摄政权。1261年,他重新入主君士坦丁堡后,废黜了约翰四世,建立帕列奥列格王朝。该王朝统治长达一百九十二年,经历了十代君主。它是拜占庭帝国历史上统治时间最长的王朝,同时也是最衰弱的王朝。米哈伊尔八世绝顶聪明,能力超群,工于心计,足智多谋,是衰败中的拜占庭帝国的杰出君主。但是,拜占庭社会深刻的矛盾和拉丁帝国半个多世纪统治造成的破坏,使他面临的问题太复杂,也无法解决。他在位期间,首先致力于重建帝国军队,修缮长期无人维护的城防要塞、教堂和其他公共建筑,计划组建拜占庭人的舰队。为筹集实现这些计划所需的大量金钱,他对已经陷于贫困的民众加征捐税,向富有的教会借钱,同时实行财政紧缩政策,并严厉惩处在各级政府管理中出现的贪污腐败。为此,他颁布了一系列立法,成为末代王朝司法建设最后的成就。

在对外关系方面,米哈伊尔将拜占庭人灵活多变的艺术发挥到顶峰,多次化解了拉丁帝国残余势力策动的进攻,最终粉碎了西欧反拜占庭人的复辟阴谋。米哈伊尔八世于 58 岁时巡视色雷斯,偶感风寒,一病不起。

米哈伊尔八世去世后,由其早熟的儿子安德罗尼库斯二世(Andronikos Ⅱ,1282—1328 年在位)即位,当时年仅 13 岁。他统治的时间将近半个世纪,是拜占庭历史上少有的长寿皇帝之一。他虽然在位时间长,但因治国能力差而没有什么作为。在内政方面,他加强税收管理,以增加新税种的方式加重了农民的负担,同时以取消免税权的措施扩大税收来源,使国库收入增加。他继续完成其父修缮君士坦丁堡的工程,并积极推动和支持知识界复兴古代文化的学术活动。他在宗教事务方面改变了米哈伊尔八世的政策,放弃了 1274 年由东、西教会代表在里昂会议上签署的"东、西教会合并协议"。其内政最大的败笔是因皇族家务内讧导致的长期内战,而他因无力提供维持舰队的费用,被迫解散海军并凿沉军舰,从而奠定了拜占庭军队最终瓦解的基础。在外交方面,他也是个失败者。塞尔维亚王国在此期间,迅速向南扩张,迫使他求和结亲,将五岁女儿西蒙尼嫁给塞尔维亚王米鲁廷。面对土耳其人在小亚细亚的扩张,拜占庭军队无计可施,听任其势力坐大,因而给其后人留下了巨大的隐患。他招募来的西班牙雇佣兵也给拜占庭帝国造成致命伤害。最终,他被其宠幸的孙子安德罗尼库斯三世推翻,被囚禁在修道院四年后去世。

安德罗尼库斯三世(Andronikos Ⅲ,1328—1341 年在位)聪明伶俐,深受其祖父的喜爱,11 岁时成为共治皇帝。但是他因老皇帝溺爱而自幼放荡不羁,沉湎于狩猎骑马,放鹰斗狗。他虽然身为皇子,却混迹于三教九流,甚至与意大利商人从事走私贸易。朝廷上下对他无可奈何，即使是他的父亲、共治皇帝米哈伊尔九世（Michael Ⅸ, 1294—1320年在位）也无法管教他，最终被他气死。这一事件发生在他指使打手教训亲弟弟时导致后者意外死亡，米哈伊尔闻讯极度悲伤，气绝而亡。祖孙反目，大打出手。安德罗尼库斯三世赢得战争。他在位13年间继续放浪形骸，将朝廷事务全部委托给其好友约翰。他唯一的政绩是进行了司法改革，设立由法学家组成的"最高法庭"。他于44岁时去世，将皇位留给九岁的儿子约翰。

约翰五世（John V, 1341—1391年在位）即位后，受母亲安娜和其他亲西方的大贵族的监护，而担任摄政王的约翰·坎塔库震努斯受到排挤，因此引发了新的内战。约翰五世虽然在位时间长达五十年，但实际控制权力仅三十年。大贵族约翰·坎塔库震努斯凭借雄厚的家产，以武力驱逐了反对派贵族，重新夺回摄政王地位，并自立为共治皇帝。约翰六世（John Ⅵ, 1347—1354年在位）强迫小皇帝与自己的女儿海伦娜结婚，以巩固统治地位。客观而论，约翰六世具有比较突出的政治才能，但是他长期陷于皇族内战，限制其治国才能的发挥。最终，他被长大成人的约翰五世击败，退位进入修道院。在近三十年的修道生涯中，他完成了著名的回忆录。约翰五世独立执政后，没有任何建树，反而却因确定皇帝继承人问题与长子安德罗尼库斯四世和孙子约翰七世闹得不可开交，陷入新的内战。1376年，安德罗尼库斯四世（Andronikos Ⅳ, 1376—1379年在位）在奥斯曼土耳其人和热那亚人雇佣兵帮助下夺取君士坦丁堡，次年登基，而将其父约翰五世和弟弟们关押在首都。安德罗尼库斯四世死后，其子约翰七世（John Ⅶ, 1390年在位）继承皇位，但是同年便被约翰五世推翻。重新入主皇宫的约翰五世最终给了他一块封地养老。

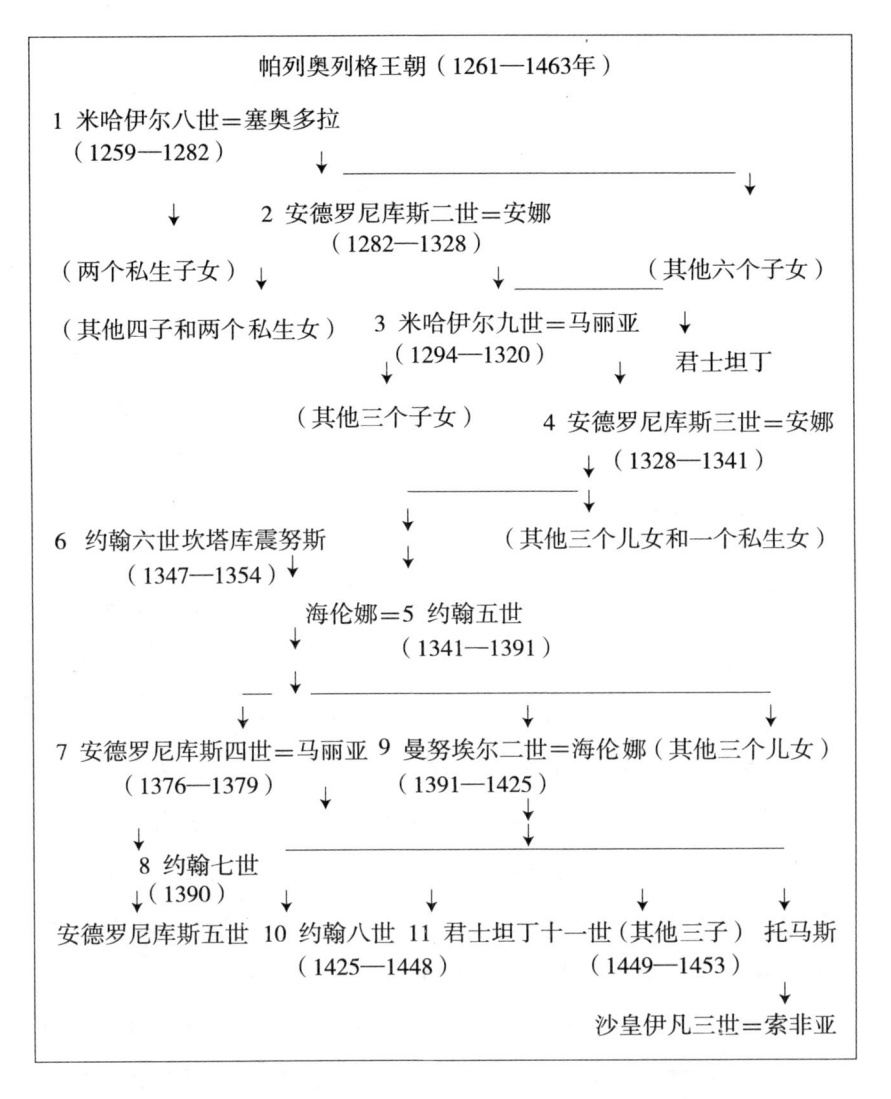

```
            帕列奥列格王朝（1261—1463年）
1 米哈伊尔八世＝塞奥多拉
  （1259—1282）      ↓ _____ ↓
         ↓       2 安德罗尼库斯二世＝安娜
                  （1282—1328）
（两个私生子女）↓      ↓ _____ （其他六个子女）
（其他四子和两个私生女）3 米哈伊尔九世＝马丽亚 ↓
                  （1294—1320）   ↓
                               君士坦丁
                  （其他三个子女）4 安德罗尼库斯三世＝安娜
                              ↓  （1328—1341）
                  _____↓
6 约翰六世坎塔库震努斯  ↓     （其他三个儿女和一个私生女）
  （1347—1354）      ↓
                海伦娜＝5 约翰五世
                    ↓ （1341—1391）
  _____↓_____
7 安德罗尼库斯四世＝马丽亚 9 曼努埃尔二世＝海伦娜（其他三个儿女）
  （1376—1379）      （1391—1425）
       ↓
    8 约翰七世
    ↓（1390） ↓     ↓       ↓        ↓
安德罗尼库斯五世 10 约翰八世 11 君士坦丁十一世（其他三子）托马斯
              （1425—1448） （1449—1453）
                                              ↓
                                         沙皇伊凡三世＝索非亚
```

继承约翰五世皇位的是其次子曼努埃尔二世（Manuel Ⅱ, 1391—1425年在位）。他生于1350年，即位时41岁，已任共治皇帝十八年。他是约翰五世的次子，但是特别受到其父的器重。当约翰五世计划"弃长立幼"，变换皇帝继承人时，其长子反叛，曼努埃尔因此受连累。

1382年以后五年间,他回到受封地塞萨洛尼基,直到约翰五世重新成为皇帝。他在位三十四年间,主要精力用于对付奥斯曼土耳其人的军事扩张,曾长期滞留意大利等地,致力于游说西欧各国君主组织新的十字军,援助拜占庭帝国抗击土耳其军队的侵略。但是,当时的西欧各国正处于剧烈的社会变动,没有精力和能力顾及拜占庭人,因此,曼努埃尔的努力几乎没有取得任何成果。在土耳其军队的围攻下,拜占庭帝国灭亡在即。1402年安卡拉战役后,拜占庭帝国又苟延残喘了近半个世纪。如果,没有发生蒙古帖木尔大军击败巴耶扎德的西征,曼努埃尔可能就是拜占庭帝国的末代皇帝了。除了军事外交方面的失败以外,他对挽救拜占庭帝国危亡没有任何作为,只是在文化和学术上留下些许作品。他晚年患脑溢血,在病痛中挣扎了三年去世。

曼努埃尔的长子约翰八世(John Ⅷ,1425—1448年在位)即位后,力图有所建树,他计划重新整顿军队,扩充加强武装力量,但是因缺乏经费而作罢。他积极参加发生在希腊地区的对土战争,向阿提卡半岛扩张,但是因兵力不足,最终失败,拜占庭帝国第二大城市塞萨洛尼基被土耳其军队占领。他也曾寄希望于西欧国家的援助,为此还不顾东正教教会的反对签署了屈服于罗马教廷的"教会合并协议",但是拟议中的援兵始终没有到来。他在位二十三年,可谓呕心沥血,日夜操劳,但是最终也没能挽救拜占庭帝国的衰落。当拜占庭帝国的气数已尽时,再有抱负和能力的皇帝也无法挽救其衰亡之势。这在末代皇帝君士坦丁十一世(Constantine Ⅺ,1449—1453年在位)身上体现得同样明显。君士坦丁是约翰的弟弟,因约翰无子女而即位。他在位四年,几乎与约翰八世一样,恪尽职守,尽心竭力,为拯救拜占庭帝国做最后徒劳的努力,最终战死在君士坦丁堡街头。他的阵亡不仅标志帕列奥列格王朝统治的结束,也标志拜占庭帝国的灭亡。

二、末代王朝的窘迫

帕列奥列格王朝控制下的拜占庭帝国领土仅包括君士坦丁堡及其郊区、塞萨洛尼基、莫利亚(the Moria)、塞萨利和靠近色雷斯海岸的利姆诺斯岛(Lemnos);远在黑海南岸的特拉比仲德(今特拉布宗)名义上是拜占庭帝国的领土,但实际上独立于中央政府;而伊庇鲁斯地区一直与中央政府对抗,直到被新兴的塞尔维亚人征服也没有承认帕列奥列格王朝的宗主地位。在这些零散的领土之间,散布着保加利亚、突厥等外族敌对势力。作为拜占庭帝国政治中心的君士坦丁堡已经完全破败。据当时慕名而来的西班牙旅行家皮罗·塔夫(Pero Tafur)记载,君士坦丁堡城内完全不像城市,到处是已经种了庄稼的农田和菜地,人们只能从坍塌的房屋和许多巨大宫殿、教堂和修道院的废墟上想象它昔日的繁荣:

> 被人称为"天堂"的教堂如此破败不堪,已经无法修复。破烂的码头一定曾十分繁忙,因为即使在今天还能停泊大量船只。皇宫也一定曾宏伟辉煌,但如今它和整个城市都败落了,成了人们遭受和放纵各种罪恶的场所。

在空旷的城区里,为数不多的居民衣衫褴褛、面露菜色,好像在痛苦的炼狱中挣扎,反映了君士坦丁堡极度贫困。①

政治上的分裂和中央集权的瓦解是帕列奥列格王朝统治时期最明显的特征。昔日组织严密的中央政府和地方管理体制完全瓦解,中央各部几乎无事可做,机构形同虚设,人员急剧减少,而朝廷的政令几乎

---

① 〔美〕瓦西列夫:《拜占庭帝国史》第2卷,第679页。

不出京城。分散在巴尔干半岛和小亚细亚的省份也几乎均成了独立国家,它们除了承认君士坦丁堡的宗主地位外,和中央政府没有其他联系,既不纳税也不提供士兵。到帕列奥列格王朝统治中期,皇室成员分封土地的习俗加剧了拜占庭国家的政治分裂,塞萨洛尼基和莫利亚都成为皇帝兄弟们的领地,而且不对中央政府承担任何义务。这些统治者拥兵自重、各自为政,有时相互大打出手,血腥厮杀。

  政治混乱使整个国家经济崩溃,特别是农业经济在内乱和外敌入侵的双重打击下几乎被完全摧毁。结果,一方面国家传统的农业税收因此全部丧失;另一方面,传统的以谷物和农副产品为主要商品的国内贸易完全消失。尼西亚帝国时期一度恢复的军区制再度瓦解,不仅由于外敌侵蚀,土地资源急剧减少,使国家无地可以用来屯田,而且由于居民逃亡,人口大量流失,使国家无人可以用作农兵。过去作为拜占庭帝国谷仓的富庶农业地区,如小亚细亚和色雷斯地区大多沦陷于保加利亚和突厥人,拜占庭帝国能够控制的地区则因内战和外敌入侵以及外国雇佣军的破坏,迅速成为无人耕种的荒凉地区。由国家直接控制的纳税小农纷纷托庇于新兴的大地主和地方贵族。拜占庭国家几乎没有收入,国库空虚,靠变卖皇家财产土地和借款度日。约翰五世就把达达尼尔海峡入口处的泰尼多斯岛(Tenedos)以3.5万杜卡特(威尼斯金币)卖给威尼斯人,他还以2.5万杜卡特和几条战船为代价将皇冠抵押给威尼斯人。安娜(Anna of Savoy)皇后也下令将宫中金银器皿熔化铸造货币,应付财政危机。皇宫礼仪庆典虽然还继续维持,但其"金玉其外败絮其中"的可悲情景被当时的史官记载下来。像皇帝约翰五世的婚礼这样的重大庆典也不得不简单操办,场面十分寒酸,整个王宫

    连金银杯盘都没有,一些杯盘是锡制的,其余的用陶土制成,婚礼上皇帝穿戴的衣帽礼服装饰也仅有黄金宝石的样子,其实都

是染上金色的皮革,或饰以彩色玻璃,……到处可见类似具有天然魅力的宝石和绚丽多彩的珍珠一样的东西,但是,这些都骗不过众人的眼睛。①

朝廷为维持税收总量,通过增加税收量和新税种等手段加重对税户的剥削,但仍然于事无补。14世纪时,拜占庭年收入不足1.27万金币,仅相当于中期拜占庭年收入的2.18%。②

拜占庭曾经具有极大优势且获利巨大的国际贸易在帕列奥列格王朝时期几乎完全终止,商业贸易的权利也几乎全被热那亚和威尼斯等意大利商人夺取。在君士坦丁堡北部郊区的加拉大(Galata)和佩拉(Pera)商业特区成为热那亚和威尼斯控制拜占庭商业贸易的基地。曾使拜占庭帝国获利最多的"黄金角"的港湾里,来自意大利、西班牙、法国、英国和东方的商人大多与热那亚和威尼斯商人做生意。热那亚共和国早在帕列奥列格王朝统治初期就获得了贸易特权,包括进出口免税权,在加拉大设立商业殖民区权。在爱琴海诸岛开办工厂和设立商站权,以及垄断黑海贸易权等。威尼斯共和国后来也步热那亚人的后尘得到同样特权。拜占庭金币在此期间不断贬值,其国际货币的地位遂逐渐被意大利城市共和国的金币所取代。

土地资源的减少和人口的流失直接造成兵源枯竭,军队士兵无以为继。拜占庭帝国政府被迫在内外战争中大量使用雇佣兵。当时在拜占庭帝国领土上为金钱而战的外国雇佣兵来自欧洲各地,包括西班牙卡塔兰人、突厥人、热那亚人、威尼斯人、保加利亚人、塞尔维亚人、益

---

① 〔美〕瓦西列夫:《拜占庭帝国史》第2卷,第680页。
② 〔英〕仁西曼:《拜占庭文明》,伦敦1959年版,第96页。另见〔古罗马〕哥里高拉斯《罗马史》第1卷,第317页。

格鲁-撒克逊人、瓦兰吉亚人等。他们名为士兵,实为匪徒,在拜占庭帝国城市和农村肆意妄为,稍有不满即大动干戈,无情洗劫当地居民。特别是在拜占庭政府无力支付其高额军饷时,他们的洗劫就更为彻底,抢劫的范围更大。拜占庭海军与陆军同时衰落,中央政府无钱建造战舰,只能依靠热那亚和威尼斯人的舰队,其代价是拜占庭帝国彻底丧失在爱琴海、黑海和地中海的全部利益,意大利城市共和国控制了上述海区。

内外交困的拜占庭末代王朝还面临剧烈的社会动荡。大地主贵族的兴起和农民的破产使拜占庭社会贫富差距迅速增加,形势的恶化首先将贫苦农民推入绝境,他们被迫沦为大地主的农奴,其处境极为悲惨,成为社会的最底层。在城市里,两极分化的现象也进一步加剧,中等的业主经受不住大商人和高利贷者的盘剥,迅速下降为干体力活的工匠,手工业工匠和雇佣工人则因失业沦为贫民,各个城市都充满了流浪汉和乞丐。拜占庭城乡各地人民起义此起彼伏、愈演愈烈。在广泛的人民起义中,富人和穷人、贵族和平民、官吏和百姓的矛盾冲突极为剧烈。1328年君士坦丁堡人民起义迅速蔓延全国,下层民众将贵族作为攻击的目标,富人的宅院大多遭到起义者的洗劫。1341年全国性的人民起义再次爆发,其中塞萨洛尼基的人民运动最具代表性。当时的塞萨洛尼基是拜占庭最活跃的商业中心,其繁荣程度超过了君士坦丁堡。但是,巨大的商业利益几乎完全被一小部分富有的贵族所吞食,包括小业主、零售商、小农、工匠、雇工和流浪者在内的中下层人民生活状况不断恶化,不能从城市商业利益中获得任何好处。因此,下层民众的不满与日俱增,任何事件都可能引发大规模的骚乱。1341年,塞萨洛尼基爆发人民起义,并迅速引发全国性的骚乱。起义民众洗劫了贵族和大商人,杀死积怨最大的城市官员。次年,起义民众在"狂热派"领袖阿莱克修斯(Alexios)和米哈伊尔(Michael)领导下将贵族和富人赶出城市,建立了"塞萨洛尼基共和国"独立政权,多次击退皇帝军队的进攻。尽管这次起义与当时皇家争夺皇权的内战有密切的联系,但是,人民群众在起义中对城市上层阶级的打击非常沉重,特别是1346年起义民众对城中贵族残余势力的再度屠杀,清楚地表明当时拜占庭社会阶级矛盾已达到不可调和的程度。这次起义延续了九年多,是拜占庭历史上规模最大、持续时间最长、影响深远的人民起义。①

帕列奥列格王朝时期的拜占庭帝国内外危机严重,统治阶级腐败无能,而皇室成员为争夺最高权力进行的长期内战则是加速拜占庭国家衰败的最主要的因素,对拜占庭帝国最终灭亡起了推波助澜的作用。

三、皇族内战

帕列奥列格王朝统治时期拜占庭帝国政治生活的主要特点是皇室内部斗争异常激烈且长期不断,包括先后爆发的"两安德罗尼库斯之战"、"两约翰之战"和"约翰祖孙之战"。

"两安德罗尼库斯之战"是老皇帝安德罗尼库斯二世与其孙安德罗尼库斯三世之间长达八年的内战。战争的起因纯粹属于偶然发生的皇室矛盾。当时,儿孙满堂的安德罗尼库斯二世特别宠爱其长孙小安德罗尼库斯,但是,由于老皇帝对他自幼娇宠放纵,使这个聪明过人、精力充沛的皇太子养成游手好闲、为所欲为的恶习。其青年时代即是在走马放鹰、纸醉金迷的生活中度过的。老皇帝曾多次对他进行规劝,但他恶习难改,背着皇帝与拜占庭帝国的商业竞争对手热那亚人合伙做

---

① 近年来,一些学者就这次起义的性质提出了新的理论,认为它是当时拜占庭皇室政治斗争的一部分,是"两约翰内战"的另一个战场。这种新意见引起学术界较大争论。〔美〕瓦西列夫:《拜占庭帝国史》第2卷,第659—662页。

起投机买卖,并私结党羽要挟皇帝封赐土地。这使安德罗尼库斯二世极为恼火,虽然与他发生过激烈的争吵,但对他还是奈何不得。皇帝尚且如此,各级官员更不敢过问,从而进一步助长了他为所欲为的气焰。1320年,小安德罗尼库斯发现其弟曼努埃尔与自己的情妇有染,怒火中烧,暗中雇杀手将亲兄弟杀害。此事传出后,他的父亲、当时的同朝共治皇帝米哈伊尔九世悲痛欲绝、一命呜呼。老皇帝大为震怒,下令将他投入监狱,并当即废除了小安德罗尼库斯的太子资格,另立皇帝继承人。小安德罗尼库斯二世获释后立即与私交甚深的大贵族约翰·坎塔库震努斯密谋反叛,从而揭开了内战的序幕。

叛军首先集结在君士坦丁堡西部重镇亚得里亚纳堡,而后向首都挺进。老皇帝惊慌失措,提出议和,答应孙子的要求,甚至提议自己退位、隐居为僧。但是,在交战双方签署了划分地界、东西分治的协议后,安德罗尼库斯二世单方面撕毁协议,发兵进攻安德罗尼库斯三世占领的城市,使皇太子因此一度陷入绝境。在此危难之时,大贵族约翰·坎塔库震努斯对小皇帝施以援手,出钱帮助他重整旗鼓,招兵买马,向君士坦丁堡进军。为了赢得民心,叛军提出轻徭薄赋、减免税收,因此受到人民普遍欢迎,塞萨洛尼基人开城迎接,并将老皇帝拟议中封为太子的君士坦丁抓起来交给小皇帝。① 在人民的支持下,安德罗尼库斯三世击败了安德罗尼库斯二世派来的土耳其人雇佣兵,迫使老皇帝订立城下之盟。协议规定安德罗尼库斯二世继续承认安德罗尼库斯三世为皇太子和皇帝继承人,而后者则承认前者的皇权。老皇帝亲自为其孙加冕,战争似乎有了圆满的结果。事实上,老皇帝采取缓兵之计,暗中准备发起新的进攻。当准备完成后,安德罗尼库斯二世开始迫害小皇帝的亲信,并禁止后者返回首都。安德罗尼库斯三世立即在马其顿地

---

① 君士坦丁是安德罗尼库斯三世的叔叔,后加封为"专制君主"。

区发动进攻,大败其祖父,而后未经战斗便占领了首都,迫使老皇帝退位。这场内战不仅使本来就极为衰弱的中央集权遭到彻底削弱,而且更为危险的是内战双方都投靠或借助某个强大的外国势力,安德罗尼库斯二世与土耳其人和塞尔维亚人关系密切,而安德罗尼库斯三世则与保加利亚人结盟,从而为外敌侵入拜占庭提供了充足的借口。

在引狼入室方面,紧接着第一次内战之后发生的"两约翰之战"更是有过之而无不及。这场内战是由大贵族约翰·坎塔库震努斯发动的。他被后代学者评价为"帕列奥列格王朝统治时期最杰出的政治家"①。坎塔库震努斯在安德罗尼库斯三世统治时期,曾任宰相和军队总司令,其军事素养和政治家及外交家的才能得到充分发挥,在内政和外交方面都取得重要成就,以致安德罗尼库斯三世临终前希望他继承皇位。坎塔库震努斯坚决不受,发誓全力扶助九岁的小皇帝约翰五世。但是,安德罗尼库斯三世死后仅四个月,皇后安娜和大教长约翰(John Kalekas)等人设计陷害坎塔库震努斯,迫使他起兵反叛,这样,以皇后安娜为一方,以约翰·坎塔库震努斯为另一方的内战便爆发了。战争一开始,交战双方都积极勾结外国势力。安娜依靠保加利亚军队击败约翰·坎塔库震努斯对亚得里亚纳堡的进攻,而后者则凭借雄厚的家资雇用塞尔维亚人和土耳其人军队在色雷斯和马其顿地区与皇家军队展开拉锯战。随着战事的激化,安娜向其母邦意大利萨伏依王国(the Savoy Kingdom)请求派遣十字军骑士,并勾结塞尔维亚国王从背后打击坎塔库震努斯。后者被迫勾结奥斯曼土耳其人,最终赢得了战争第一阶段的胜利。1347年,他将女儿海伦娜嫁给约翰五世后,在承认小皇帝约翰五世的前提下,被立为皇帝,称约翰六世。

但是,内战并没有结束,各地贵族纷纷效仿两个约翰的做法,勾结

---

① 〔法〕布莱赫尔:《拜占庭帝国兴亡》,第306页。

强大的外国势力为靠山,塞萨洛尼基人甚至准备开城迎接塞尔维亚国王斯迪芬(Stefan Uros Ⅳ Dusan,1331—1355年在位)。皇帝约翰六世由于没有足够的兵力,也不得不大量雇用奥斯曼土耳其人军队。1351年,已经成年的约翰五世起兵进攻其岳父约翰六世,意在恢复帕列奥列格王朝的正统地位,由此揭开了内战的第二阶段。他首先与当时巴尔干半岛最强大的势力塞尔维亚人结盟,而后出兵迫使约翰六世议和割地。约翰六世一面假意谈判,一面暗中雇用两万名奥斯曼土耳其士兵,大败塞尔维亚人,约翰五世只好逃到泰尼多斯岛暂避一时。此后,约翰五世多次试图反攻均未能得手,辗转流窜于各地,争取地方势力的支持。约翰六世似乎在内战中占了上风,但是,他与奥斯曼土耳其人的亲密关系却导致了他的倒台。一方面,新兴的奥斯曼土耳其人乘机侵入欧洲,不断扩大领土,构成对拜占庭帝国最严重的威胁;另一方面他的亲土政策引起朝野上下一片反对,宫廷内外怨声四起,各种阴谋层出不穷。约翰五世乘机于1355年底乘坐两艘热那亚人平底船经马尔马拉海在君士坦丁堡登陆,心怀不满的首都人民迅速起义,配合小皇帝推翻了约翰六世的统治。这次内战的后果比"两安德罗尼库斯之战"严重得多,因为奥斯曼土耳其军队乘机顺利进入欧洲,并在巴尔干半岛建立了桥头堡和军事基地,他们将成为此后数百年欧洲人的劲敌和拜占庭帝国的掘墓人。①

　　帕列奥列格王朝统治时期发生的第三次内战并不是真正意义上的内战,而是外国列强打着皇室旗号瓜分拜占庭帝国利益的斗争。约翰五世共有五子一女,原定皇太子为长子安德罗尼库斯,但是,由于父子关系一直不好,特别是当约翰五世在次子曼努埃尔陪同下因债务问题

---

① 约翰六世后来成为修道士,留下自传体历史,其中多是自我辩解和吹嘘,但是也为后人提供了珍贵史料。

被扣押在威尼斯期间,安德罗尼库斯坐视不救,引起皇帝的极大反感。而次子曼努埃尔善于察言观色、见风使舵,颇受皇帝喜爱,因此,约翰五世决定废长立幼,遂引发皇室内战。安德罗尼库斯两度策划反叛未成。1373年,安德罗尼库斯勾结奥斯曼土耳其苏丹之子韶德兹(Savci Bec)起兵反叛当时关系极为亲密的两位父王,但事泄流产。韶德兹被奥斯曼土耳其苏丹投入监狱并刺瞎双眼,安德罗尼库斯及其子约翰也受到同样的惩罚,但安德罗尼库斯侥幸留下一只眼。1376年,威尼斯人和热那亚人为取得在拜占庭帝国的商业特权发生激烈斗争。当热那亚人察觉约翰皇帝偏袒威尼斯人时,便帮助安德罗尼库斯从监狱逃走,并突然出兵推翻约翰五世的统治,代之以安德罗尼库斯四世。后者上台后立即将原来割让给威尼斯人的泰尼多斯岛转让于热那亚人作为报酬,并按照热那亚人的意旨,迫害君士坦丁堡的威尼斯人。不甘失败的威尼斯人经过认真的准备,于1379年出兵救出约翰五世和曼努埃尔二世,将他们重新扶上台。

帕列奥列格王朝的内战对晚期拜占庭帝国造成严重后果,而该王朝的外交政策则加速了拜占庭帝国的最终灭亡。

四、"二等小国"

帕列奥列格王朝统治下的拜占庭帝国已经不是"帝国","它已经下降到二等小国的地位,是个处于守势的国家"①。帕列奥列格王朝的内外政策和国事活动本质上是小国的作为。

帕列奥列格王朝在米哈伊尔八世、安德罗尼库斯二世和安德罗尼库斯三世时期尚能自主确定外交政策。在这一阶段,其外交政策首先表现出自主性和独立性,没有明显的倾向性。米哈伊尔八世重新夺回

---

① 〔法〕布莱赫尔:《拜占庭帝国兴亡》,第287页。

首都君士坦丁堡以后,拜占庭国家面临西方和北方强敌的威胁,特别是刚刚被推翻的拉丁帝国残余势力的复辟活动,如同悬挂在拜占庭人头上的"达摩克利斯利剑",使立足未稳的拜占庭统治阶级感到恐惧。可以说,复辟与反复辟是新生政权面临的第一个生死攸关的斗争。当时,复辟势力以西西里国王安茹的查理(Charles of Anjou,1265—1285 年在位)和被废的原拉丁帝国皇帝鲍尔温二世(Baldwin Ⅱ,1240—1261 年在位)为领袖,他们联合对拜占庭抱敌对态度的巴尔干国家,如塞尔维亚、保加利亚、残留在希腊半岛的拉丁人势力和伊庇鲁斯专制君主国,结成反拜占庭帝国同盟,并发动了第一次旨在复辟拉丁帝国的十字军。对此,米哈伊尔八世展开积极的外交活动。一方面主动向教廷派遣使节,提出重新开始关于东西方教会统一问题的谈判,表示愿意领导东正教教会服从教皇,以此分化教皇和查理的关系;另一方面紧紧抓住查理之兄、法国国王路易九世(Louis Ⅸ,1226—1270 年在位),主动遣使结好,并投其所好,馈赠许多希腊古代手稿和文物,同时,以谦卑的姿态请法王仲裁东、西教会之间的争论,从而赢得路易的好感,促使法王出面阻止了其弟安茹的查理的东侵计划。最后,米哈伊尔八世与埃及苏丹和西班牙阿拉贡国王进行秘密谈判,推动阿拉贡国王彼特罗三世(Petero of Aragon,1276—1285 年在位)远征西西里,利用 1282 年 3 月 31 日爆发的"西西里晚祷"事件①击败查理,彻底粉碎了西欧拉丁骑士的复辟阴谋。这个时期拜占庭帝国外交活动还具有某些灵活性。米哈伊尔八世除了巧妙地周旋在西欧各种政治宗教势力之间,利用他们之间相

---

① 西西里人民不堪忍受安茹的查理的残暴统治,1282 年复活节后的星期一在巴勒莫城郊教堂举行晚祷时,当地人民杀死侮辱他们的法国士兵,从而导致西西里全境大规模人民起义。阿拉贡国王彼特罗三世以恢复被查理推翻的霍亨斯陶芬王朝在西西里的统治为借口,乘机进军该岛,从而引发了长达十三年的战争。见〔美〕瓦西列夫:《拜占庭帝国史》第 2 卷,第 597—599 页。

互的矛盾和利害冲突,达到巩固新王朝统治的目的。他还摆脱宗教信仰的束缚,大胆地开展对东方各国的灵活外交活动,遣使于蒙古军队统帅旭烈兀,主动结好,并与马木路克王朝和金帐汗国结成同盟,为维护拜占庭帝国在亚洲和东地中海地区的势力创造有利条件。

但是,自1341年以后帕列奥列格王朝外交政策转变为先亲土耳其人后亲西欧,失去外交活动的独立性。由于"两约翰之战"的进行,使得交战双方为了各自的利益,分别向周围强大的保加利亚军队和土耳其人求援。当时,势力迅速发展的奥斯曼土耳其人完全控制了小亚细亚地区,正在寻找进入欧洲的机会,这一外交政策恰恰为之提供了正当的理由。1345—1356年,土耳其人先后五次对巴尔干半岛大规模增兵。为了巩固其傀儡皇帝的地位,约翰六世于1346年还将亲生女儿塞奥多拉(Theodora)许配奥斯曼土耳其苏丹乌尔罕(Orkhan,1326—1362年在位)。约翰五世则在西欧人的帮助下击败约翰六世,因此,在其恢复帝位的初期,他对西方国家充满幻想。1366年和1369年,他前往匈牙利和罗马,企图说服西方君主再次发动援助东方基督徒的十字军,但结果使他大为失望。他们不仅没有响应他的求救的呼吁,反而大敲其竹杠。威尼斯人以其赖账为借口将他扣押在威尼斯。1371年以后,他步约翰六世的后尘,投靠土耳其苏丹,缴钱纳贡,送交人质,甘心情愿地成为奥斯曼土耳其国家的附属国。

自曼努埃尔二世成为皇帝后,帕列奥列格王朝再度推行亲西方外交政策,拜占庭皇帝以各种形式乞求西欧国家的救援,直到最终灭亡为止。当时奥斯曼土耳其帝国已经扫清了占领君士坦丁堡的一切障碍,完成了灭亡拜占庭帝国的准备工作。新苏丹巴耶扎德(Bayezid,1389—1402年在位)通过一系列战争,征服了整个小亚细亚和巴尔干半岛地区,并组建庞大的舰队控制了爱琴海,使拜占庭人龟缩在君士坦丁堡城内。在此背景下,曼努埃尔二世只能将得救的希望寄托于西欧国家。他先是请求威尼斯人向被封锁的首都运送粮食,以缓解城中发生的饥荒,而后,向包括教皇、法、英、阿拉贡、威尼斯在内的西方国家和俄国求援,但只是得到各国口头响应,俄国人的金钱支援和法国人派来的1200名骑兵根本不足以挽救拜占庭帝国。于是,曼努埃尔二世在法国将军布希考特(Boucicaut)的陪同下前往西欧进行了为期三年半的游说活动,但是得到的几乎全部是空洞的许诺。

皇帝约翰八世也先后访问了威尼斯、匈牙利和米兰,费时一年。1438年,他率领包括东正教大教长约瑟芬二世在内的希腊教会代表团再赴西欧,参加教皇主持召开的佛罗伦萨宗教会议,签署"佛罗伦萨东西教会统一协议"(the Union of Florence),以推动教皇尤基尼乌斯(Eugenius Ⅱ,1431—1447年在任)发动的反土耳其人的十字军东征。1444年,由匈牙利、波兰和罗马尼亚等国军队组成的十字军在匈牙利国王弗拉迪斯拉夫(Vladislav,1434—1444年在位)统率下于瓦尔纳战役中遭到重创,全军覆没,弗拉迪斯拉夫阵亡。这是欧洲人抵抗奥斯曼土耳其扩张、挽救拜占庭的最后尝试。此后,约翰八世停止了外交努力,听凭命运之神的摆布,消极等待最终的末日。拜占庭帝国末代皇帝君士坦丁十一世在位的四年中,尽其所能,进行最后抵抗,并向西欧各国发出绝望的求救,直到战死沙场。

帕列奥列格王朝外交政策是随着当时西亚和欧洲,特别是小亚细亚和巴尔干半岛形势的变化而变化的,它是当时国际形势发展的一个结果。但是,帕列奥列格王朝历代皇帝外交政策指导思想的错误对整个形势的恶化也起了重要作用。其外交活动没有成为强化内部改革的补充,也没有为加强国力提供外部条件,而只是成为他们寻求援助和救护的渠道。在该王朝统治的近二百年期间,人们几乎找不到任何旨在富国强兵的措施,甚至连在尼西亚流亡政府期间推行的军事和土地改革也被废止了,从而错过了从内部救亡的时机,堵塞了从内部解决边防问题的可能性。特别是该王朝统治者引狼入室的行为对衰弱的拜占庭帝国内部结构是最后的致命打击。

五、王朝内战的后果

帕列奥列格王朝推行的错误外交政策首先使新兴的土耳其人势力顺利发展。

早在13世纪时,拜占庭人完全有能力清除土耳其人这个未来的隐患,但他们或是未能预见其潜在的威胁,或是忙于内战,而任其发展。而后拜占庭帝国朝野贵族更将凶猛剽悍的土耳其人作为内战和对斯拉夫人作战的主力,使之发展更为迅速。正是由于该王朝的支持和保护,奥斯曼土耳其势力才没有被扼杀在发展的初期阶段,也没有像巴尔干半岛各小国那样相互牵制、难于发展。也是由于该王朝的亲土政策,使土耳其人获得充足的理由和借口大肆扩张,在很短的时间里便完成了对小亚细亚和巴尔干半岛地区的征服。还由于该王朝的屈服,奥斯曼土耳其帝国的征服扩张活动被合法化。土耳其人势力强大后,拜占庭人只能唯土耳其人马首是瞻,甚至成为帮凶。约翰五世时期,作为苟延残喘的弱小国家的皇帝,完全听从奥斯曼土耳其帝国的命令。他不仅于1355年与土耳其人苏丹乌尔罕订立割让色雷斯地区的条约,使他们对色雷斯地区的占领合法化,而且还不得不接受土耳其人将其首都从小亚细亚地区的尼西亚迁入欧洲巴尔干地区的亚得里亚纳堡的事实,续而,他曲意迎合奥斯曼土耳其帝国在巴尔干半岛的扩张,在谈判中处处让步。1374年,约翰五世和其他巴尔干国家一样正式承认苏丹的宗主地位,并将次子曼努埃尔送入苏丹宫中作为人质。也是在苏丹的命令下,他将长子安德罗尼库斯和孙子约翰的眼睛刺瞎。

其次,该王朝推行的亲西方政策延误了解除边防危机和自救的时机。帕列奥列格王朝君主对西欧国家的游说和对教皇的争取工作几乎没有产生任何实际的成果，但是却付出了大量的时间和精力。约翰五世、曼努埃尔二世和约翰八世先后访问西欧国家，短则数月，长则数年。正是在这个时期，塞尔维亚人一度控制了巴尔干半岛，兵临君士坦丁堡城下；也是在这个关键的时期，土耳其人发展起来，建立起奥斯曼土耳其帝国。

帕列奥列格王朝的对外政策还加剧了国家财政经济危机。该王朝在外交活动中动辄割让土地，使国土资源急剧萎缩，如1298年安德罗尼库斯二世被塞尔维亚人击败后，割让大片被占领土给塞尔维亚国王米鲁廷（Milutin，1282—1321年在位）。1302、1308、1331和1355年拜占庭人多次割让土地，以换取与土耳其人的暂时和平。特别是拜占庭人割让色雷斯、加拉大等对国家生死攸关的重要地区导致拜占庭帝国丧失了最后的自救资源，以致到1423年帕列奥列格王朝将第二大城市塞萨洛尼基卖给威尼斯后，已经无地可割，无税可收，仅靠首都城内少许工商税收勉强度日。该王朝不仅由于割地减少了资源，还通过出让经济权利断绝了最后一点经济来源。早在11世纪末，拜占庭人即用君士坦丁堡的商业特权换取威尼斯舰队对诺曼人的海上打击。这对占据天然地理优势的拜占庭国际贸易是沉重的冲击。1267年米哈伊尔八世许可热那亚人在首都近郊的加拉大建立商业特区，次年又出让该区全部商业特权，使拜占庭国际贸易的优势尽失。1402年土耳其军队在安卡拉战役中遭到帖木儿统率的蒙古军队的致命打击，奥斯曼土耳其苏丹巴耶扎德及其子被杀，①奥斯曼帝国解体。这一事件曾给了拜占庭帝国自救的机会，但苟且偷生的拜占庭人没有抓住这一机遇，却在同

---

① 帖木尔曾因巴耶扎德作战骁勇而生招降的念头，但骄横的巴耶扎德骂不绝口，终被斩首。当时，奥斯曼帝国正处于兴起阶段，因而并未因巴耶扎德之死而衰落，二十年后再度强盛。

年将整个东方贸易的交通权拱手让于威尼斯,以换取其外交上的支持。

　　该王朝在外交活动中的巨额开支也加重了国家的经济负担,例如,安德罗尼库斯二世原打算在热那亚和威尼斯战争中坐收渔人之利,计划落空后,不得不倾国库所有向双方支付大笔赔偿。约翰五世和曼努埃尔二世在游说西欧国家援助的旅途中开销巨大,他们与威尼斯人订立的协议几乎是用钱买下的,而这笔巨额款项完全超出了王朝的经济能力,最终因无力支付而使协议无效。雇佣兵的军费也是拜占庭国家巨大的财政负担。1351 年约翰六世因使用土耳其雇佣军作战耗尽国库最后的金钱,不得不以没收教产的方法支付军饷。从约翰五世到约翰八世统治的百余年间,拜占庭帝国与土耳其人签署的协议大多包括纳贡的内容,从而使土耳其人榨干了拜占庭人的最后一点点油水。

　　晚期拜占庭王朝政治动荡,人心涣散,几次大规模内战几乎都伴随着外交政策上的争论。可以说帕列奥列格王朝忽而亲西忽而亲土的外交是加剧其政治分裂的重要原因。米哈伊尔八世时,为取得朝野贵族对其外交政策的支持,推行政治高压措施,监禁和流放反对派贵族,没收其财产,开启了该王朝皇室内部政治斗争的序幕。其子安德罗尼库斯二世对"统一派分子"①大开杀戒,甚至连其兄弟君士坦丁也不放过,只是由于朝臣说情,才改处没收家产,流放边疆。中央政府外交政策的摇摆不定直接造成朝野上下的分裂,安德罗尼库斯二世和米哈伊尔九世在使用西班牙雇佣兵政策上的分歧直接导致雇佣兵哗变,造成希腊地区巨大的灾难。② 1342 年宣布独立的"塞萨洛尼基共和国"起义的

----

　　① 拜占庭帝国晚期历史上,围绕是否与罗马教会统一问题展开激烈争论,支持东正教与罗马天主教联合的派别被称为"统一派",反之是"分裂派"。

　　② 1307 年受到安德罗尼库斯青睐的西班牙雇佣兵首领罗吉尔(Roger)被曼努埃尔刺杀,导致雇佣兵在拜占庭帝国色雷斯、马其顿、希腊诸地区的洗劫,直到 1311 年方告结束。但是,此后他们自封的"雅典公爵"称号保持了八十年之久。

重要原因是对当时的外交政策不满。1383—1387年,土耳其军队利用拜占庭帝国外交失误夺取第二大城市塞萨洛尼基。此后,土耳其人的每一步扩张几乎都是有合法的理由和外交上的借口,直到他们完成了对整个拜占庭帝国陆海领地的征服占领,以及对君士坦丁堡的包围和封锁。

晚期拜占庭帝国政治上的分裂是以其社会全面解体为背景的,其明显的表现在于帕列奥列格王朝统治时期教会内部的激烈斗争和社会形势的动荡。以罗马为中心的西方教会和以君士坦丁堡为中心的东方教会于1054年互相开除教籍标志东西教会的正式分裂。这一分裂在拜占庭帝国有着深厚的社会基础,社会各阶层支持东正教的立场,特别是在罗马教会支持的拉丁帝国统治被推翻后,东、西教会的对立进一步加深。帕列奥列格王朝统治初期出于纯粹政治目的而进行的"统一教会"活动,从一开始就引起社会的剧烈反应。1273年"里昂教会和解令"一经公布,立即在君士坦丁堡掀起了轩然大波,大教长约瑟芬愤然辞职,以示抗议,而支持"统一"的拜库斯(John Beccus)取而代之,由此形成了教会上层的对立两派。随之而来的政治迫害将教会上层的分裂推广到教会基层,并进而推广到整个社会。宗教问题本身就是非常复杂、敏感和微妙的问题,如今与帝国政治问题纠缠在一起更成为晚期拜占庭帝国社会解不开的"死结"。加之中央政府政策摇摆不定,社会分裂更趋严重。1312—1323年,由于"统一教会"问题造成的分裂使教会五易大教长,其中还有两年空缺。1369年和1433年约翰五世和约翰八世亲赴意大利订立和签署"教会统一令",都引发了教会更深刻的分裂和更大规模的社会骚乱,皇帝的镇压措施也没能解决问题。当土耳其军队兵临城下,团团包围了君士坦丁堡,准备发动最后攻击时,拜占庭帝国的教士们还在圣索非亚教堂里喋喋不休地争论"统一或分裂"问题,甚至公开宣扬宁可欢迎伊斯兰教也不要天主教。大教长卢卡斯·诺塔拉斯(Loukas Notaras,1402—1453年)公开宣称:

宁可在都城内看到头裹方巾的土耳其人统治,也不愿意看到顶着三重教冠的拉丁人统治。①

社会解体的程度由此可见一斑。

在帕列奥列格王朝,几乎没有出现"一言以兴邦"的卓越政治家,无论是皇帝亲王,还是高官显贵,或是将军武士,都对东地中海和欧洲形势缺乏必要的理解,对国家的前途缺少应有的洞察力,以致在外交活动中采取了许多短视行为,外交政策忽左忽右。他们不是将政策的重心放在整顿朝纲和内政改革方面,不是把外交确立在富国强兵的基础上并使之为加强国力服务。另外,由于他们不能清醒地认识本国国情和周围世界的形势,因此做了不少"不可为之事",采取了许多愚蠢的外交措施。他们不能正确估计本国民众对罗马天主教的反感情绪和西欧各国内部动荡,无心东顾的局势,因此在争取西方援助的外交中付出的代价太大、损失的精力太多、浪费的时间太长,而没有取得任何成果。同样,由于他们不能正确判断土耳其人迅速崛起的趋势和其称霸地中海和黑海世界的野心,因此采取了许多有利于奥斯曼土耳其人发展扩张的政策。他们在对外事务中认敌为友,认贼为父,引狼入室,相互厮杀,只能自掘坟墓,最终走向灭亡。

第二节　拜占庭帝国的灭亡

一、奥斯曼土耳其人的准备

拜占庭帝国的掘墓人是土耳其人,他们是在13世纪小亚细亚原罗

---

① 当时的作家杜卡斯记载了这一可悲的争论,参见其作品《历史》,底特律1975年版,第156页。

姆苏丹国衰落以后，开始建立奥斯曼土耳其国家和奥斯曼王朝统治的。14世纪前半期，奥斯曼土耳其国家发展迅速，基本完成了对小亚细亚最重要的核心地区的征服。奥斯曼土耳其人之所以迅猛崛起，主要原因有两个，其一，新兴的奥斯曼土耳其国家接受了伊斯兰教统治方式，重视军队建设，建立起政教合一的军事封建专制制度。高度的中央集权和彻底的全民军事化使这个新兴的国家生机勃勃，具有强大的生命力。其二，奥斯曼土耳其人生逢其时，拥有良好的发展环境。当时，西亚地区、特别是小亚细亚地区没有强大的敌对势力，罗姆苏丹国已经瓦解，阿拔斯王朝也灭亡了，拜占庭帝国早已贫弱无力，内外交困，无暇东顾。

在有利的国际环境中，土耳其人大举扩张。到14世纪中期，土耳其人已经控制了黑海、马尔马拉海和爱琴海沿海的小亚细亚西北地区，奠定了奥斯曼土耳其帝国发展的基础。1345年以后的半个多世纪，奥斯曼土耳其人将势力扩大到欧洲，并完成了对整个小亚细亚地区和巴尔干半岛部分地区的占领，控制了这一地区周围各个海域，成为名副其实的奥斯曼土耳其帝国。

奥斯曼土耳其帝国占据了原拜占庭帝国的疆域。在这广大的领土上，苏丹巴耶扎德迫使所有民族臣服，包括拜占庭帝国在内的各国君主都必须向他称臣纳贡、送子献女，或作为人质，或作为妻妾；他则以宗主身份对各国君主发号施令，左右各国朝政，决定君主兴废，如有不从和反叛则无情镇压。1390年，俯首称臣的约翰五世试图加固君士坦丁堡沿海自马尔马拉海到黄金角湾一段城墙，刚刚开始动工就接到巴耶扎德的停工命令。次年，约翰五世去世，曼努埃尔逃回君士坦丁堡即位，巴耶扎德大为震怒，下令海军封锁君士坦丁堡达七个月之久，并要求曼努埃尔二世割让首都部分城区给土耳其人，允许土耳其人在那里建立清真寺，同时要求增加年贡，开放加拉大商业特区作为奥斯曼土耳其帝国军营。对于具有反叛倾向的波希尼亚人、瓦兰吉亚人、罗马尼亚人和保加利亚人，他多次镇压，甚至将他们迁离故土，安置在小亚细亚地区。

为了在政治上造成既成事实,他以最高宗主的名义召集巴尔干半岛各国君主会议,强令其臣属国的君主,即拜占庭帝国皇帝、米斯特拉专制君主、法兰克的阿塞亚侯爵和塞尔维亚君主到会。到15世纪初,他已经为最后攻占君士坦丁堡做好了准备。

二、君士坦丁堡的陷落

征服拜占庭帝国的事业是由穆罕默德二世(Muhammad Ⅱ,1451—1481年在位)完成的。当时的形势对土耳其人极为有利:巴尔干半岛各国已经臣服,色雷斯、马其顿、保加利亚和希腊处于奥斯曼土耳其帝国的直接统治下;拜占庭、塞尔维亚、波希尼亚、瓦兰吉亚和莫利亚也承认苏丹的宗主权,缴纳贡赋、提供军队。奥斯曼土耳其帝国的实力空前强大。而敌视土耳其人的西欧各国君主正处于专制王权形成的关键时刻,无力顾及东方事务。一度凌驾于西欧各国君主之上的教皇也早已从基督教世界领袖的地位上跌落下来,无法组织起十字军。经济实力强大的意大利人,特别是威尼斯和热那亚两国,正在为商业霸权激烈交锋,打得难解难分。当时的欧洲和西亚没有与奥斯曼土耳其帝国抗衡的力量,也不存在能够阻止奥斯曼土耳其帝国夺取君士坦丁堡的势力。

形势虽然十分有利,穆罕默德二世仍然为攻城做最后的准备,表现了政治家的精明和军事家的战略洞察力。他首先孤立拜占庭人,与所有有可能援助君士坦丁堡的势力进行谈判。1451年9月,他与威尼斯人订立协议,以不介入威尼斯和热那亚战争为代价换取了威尼斯人的中立。同年11月,他又与匈牙利国王订立和平条约,以不在多瑙河上建立新要塞的承诺换取了匈牙利人的中立。同时,他进行攻城的军事准备,组建莫利亚军团和阿尔巴尼亚军团,前者用于在希腊方向上作战略牵制,防止土耳其军队在攻击君士坦丁堡时遭到两面夹击,而后者用于阻止马其顿西部可能出现的西欧援军。他还组织大规模军火生产,特别是用于攻城作战的军事机械,专门高薪聘请匈牙利火炮制作工匠乌尔班(Urban)指导生产了当时世界上最大的巨型火炮,其口径达99厘米,可发射1200磅(相当于448公斤)重的石弹,是攻击君士坦丁堡高大坚固的城墙最有效的武器。他还在博斯普鲁斯海峡最窄处建立鲁米利·希萨尔城堡和炮台,配置强大的火炮,它与海峡对面的阿纳多利·希萨尔城堡隔水相望,有效地封锁海峡,以阻止从海上可能对君士坦丁堡的援助。

面对穆罕默德二世有条不紊的备战,守城的拜占庭皇帝君士坦丁十一世也在做最后的努力。他一方面向几乎所有的欧洲国家和罗马教廷派出使节,请求援救;另一方面与莫利亚地区的希腊专制君主、他的兄弟联系,希望他们停止内战,增援危急中的首都。但是,所有的欧洲国家君主除了表示同情和开具出兵援助的空头支票以外,没有及时做出任何具有实际意义的行动,个别君主派出的小股部队对抵抗即将到来的土耳其人的大规模攻击是杯水车薪、无济于事。莫利亚地区的拜占庭帝国皇室成员内争正酣,彼此势同水火,对君士坦丁十一世的呼吁根本不予理睬。这样,君士坦丁十一世就处于既无内助又无外援的可悲境地。他可以用来抵抗土耳其人的防御力量只有不足5000人,另外还有两三千外国自愿军,其中热那亚贵族乔万尼·贵斯亭尼安尼(Johwani Giustiniani)率领的队伍最有战斗力。而在海上,拜占庭人仅有的26艘船一字排开,防守在黄金角湾入口处的铁链之后。

拜占庭帝国皇帝最后的搏杀十分悲壮,值得我们稍作详细叙述。① 1453年初,穆罕默德二世开始部署围攻君士坦丁堡的部队。据不同史料记载,参加这次战役的攻城部队有10万—20万人,其中包括奥斯曼土耳其帝国精锐的禁卫军上万人和阿纳多利亚军团万余人。穆罕默德

---

① 有关细节可参看〔英〕仁西曼《1453年君士坦丁堡的陷落》,剑桥1965年版。

还将50多门大炮,分成14个炮群,其中最大的巨炮费时两个月才从铸造地亚得里亚纳堡运到君士坦丁堡城外。此外,土军集中了120艘战船于马尔马拉海和南北两条海峡水面,其中15艘是大型军舰。外围战役于4月以前完成,奥斯曼土耳其军队攻占了所有通往君士坦丁堡的道路,在距离城墙1200米的地方扎下军营。

4月6日,攻城战正式开始,50多门重炮一起开火,一时间石弹横飞,轰鸣声震天动地,一枚周长近两米的巨型石弹击中主城门圣罗曼努斯门,摧毁一座城楼。守城将士在兵力相差极为悬殊的情况下,以大无畏的英雄气概奋起反击。君士坦丁十一世亲临城头指挥作战,将有限的兵力分为14个防区,并留有后备队随时增援薄弱部分。当土耳其军队准备从炮火轰开的城墙缺口进攻时,却受阻于护城河,于是,苏丹下令使用大量灌木填平河道,而守军则利用这个机会迅速修复缺口。经过十几天试探性进攻,奥斯曼土耳其军队于18日对几处缺口同时发起陆地进攻。吼声震天的土军将士挥舞弯刀,越过护城河,在高大的活动塔楼上施放的弓弩流石的掩护下,蜂拥直冲到城下,顺着云梯或塔楼天桥向城墙进攻。希腊人则使用陈旧的武器,不断地向敌军投掷"希腊火",飞箭流石如暴雨倾泻而下,土军死伤惨重,不得不停止进攻。

海上进攻从19日开始,奥斯曼土耳其军队先攻占了君士坦丁堡的滩头阵地,而后强攻黄金角湾,企图冲破横在湾口的粗大铁链,从城墙薄弱点攻进城。但是,集中在此的希腊热那亚威尼斯联合舰队在卢卡斯大公(Roukas)指挥下,以猛烈的炮火和希腊火击退土军舰船的多次进攻。当时,奥斯曼土耳其海军军事技术比意大利人略逊一筹,因此,第二天,竟然有三艘热那亚军舰满载士兵和军援,以猛烈的船上火炮冲破土耳其人严密的封锁线,成功地驶入君士坦丁堡海湾。愤怒的穆罕默德二世因此用权杖打倒了他的海军司令。他亲自视察了前线,观测地形,提出大胆的进攻计划,企图攻入黄金角湾。22日夜晚,土军士兵人推牛拉将17艘20米长的战船从陆地拖进黄金角湾,他们用木板铺地,上涂黄油,把船拉上41米高的佩拉山丘,而后顺坡滑入黄金角湾深处,陆上拖拉距离大约1330米。次日,土军舰队进入海湾的消息对守城将士产生了极大的心理影响,因为,这意味着守城舰队处于腹背受敌的危险境地,还意味着城防的薄弱点暴露在敌人面前,极为有限的守军必须抽调相当一部分力量防守海湾一侧,从而影响防务的整体布局。23日,君士坦丁十一世派出代表请求和谈,穆罕默德加以拒绝,他斩钉截铁地回答:"我要与这个城市决一死战,或是我战胜它,或是它战胜我。"所幸的是,进入海湾的土耳其舰队没有发挥重要作用,一来守城舰队船小灵活,不断袭击笨重的土军大船,使之难有作为,二来由于守城舰队的骚扰,原来就不善于水上作战的土耳其水兵在攻城中屡屡受挫。海上进攻的唯一意义在于牵制了君士坦丁堡守军的兵力和注意力,并造成其心理压力。

5月7日和12日,穆罕默德命令精锐军团向城墙缺口冲锋,都被希腊人抛掷的火弹击退。君士坦丁堡守城军民不分男女老幼,僧侣尼姑,轮番上阵,皇帝君士坦丁十一世始终在城头指挥,他们冒着土军的炮弹和飞箭,修复了破损的城墙,以最快的速度填补了每个缺口。14日,土军集中所有的重炮轰击圣罗曼努斯城门,企图由此打开进城的道路,由于乔万尼·贵斯亭尼安尼部队的殊死抵抗而未能成功。18日,经过精心的计划,土军将高大的活动塔楼运过护城河,由于它高于城墙,可以用来掩护攻城部队,也可以用来直接攻上城头。在一昼夜的激战中,不足千人的守军打退无数次进攻,城墙下堆积着土耳其人的尸体,庞大的攻城塔楼被希腊火点燃,成了巨大的火把,土军死伤惨重,被迫停止进攻。穆罕默德见地面、"空中"、水上的进攻均未奏效,遂下令挖掘地道,从地下攻入城内,但是,不能保守秘密的地道战很难起到出其不意的作战效果,最终也归于失败。守军此时精神大振,他们已经从最初对奥斯曼土耳其大军兵临城下的恐惧中摆脱出来,并且已经顶住了敌人各种方式的进攻,已经在数十倍敌军轮番攻击下坚守了40多天。他们收集了城中可以用来加固城墙的所有东西修补三处坍塌的城墙,砖石瓦砾、土袋棉被都被派上了用场。他们同仇敌忾,誓与城市共存亡,21日到25日,又击退土军14次进攻。但是,抵抗似乎到了尽头,修补城墙缺口的速度放慢了,特别是口粮不足使守军各部之间口角频生,威尼斯人和热那亚人的争吵几乎到了兵戎相见的地步,幸亏君士坦丁十一世出面调解,将他们分配在不同防区。

5月28日土军总攻开始了。为了统一思想,鼓舞士气,穆罕默德举行战前首脑会议,下令全军休整,准备最后的攻城战。他亲自视察各军团,对将士们发表鼓舞士气的讲话,宣布攻占城市后许可全军将士抢劫三日,除了城市本身,城中一切财产,包括居民和金银财宝都属于胜利的将士。这一系列战前动员使土军士气大振。当夜幕降临时,君士坦丁堡城外无数营地的篝火映红了夜空,海面上土军舰船都点燃了火把,全军高奏土耳其乐曲,人人高唱胜利之歌,鼓噪之声,震天动地,使城中居民惊恐万分。守城军民已经清楚地意识到最后的时刻来到了。君士坦丁十一世命令举行全城祈祷仪式,最受民众爱戴的圣母子像在神圣的歌声和"上帝啊,赐福于我们"的祈求声中被抬上城头和巨大的缺口中央。而后,长长的祈祷行列返回圣索非亚教堂。君士坦丁十一世悲壮的声音回荡在圣索非亚教堂高大的穹顶下:

> 我们的敌人是用大炮、骑兵和步兵武装起来的,占尽了优势,但是,我们依靠我主上帝和救世主耶稣基督之名,依靠我们的双手和上帝全能之力赋予我们的力量。……我要求和恳求你们每一个人,无论等级、军阶和职务如何,都要爱惜你们光荣的名誉并服从你们的长官。要知道,如果你们忠实地执行了我给你们的命令,那

么,我相信在上帝的帮助下,我们将避开上帝正义的惩罚。①

5月29日,礼拜四,凌晨子时,奥斯曼土耳其军队发起了征服君士坦丁堡的总攻。穆罕默德下令水陆并进、三面同时发起攻势,进攻的重点是主城门圣罗曼努斯城门,他要求各部队要不间断地连续攻击,直至破城。第一攻击波持续了两个时辰,由外籍兵团和非主力部队担任,但是被守军抛掷的火弹和弓箭击退,伤亡严重,而守军弹药弓箭几乎耗尽。紧接着,土军发动第二攻击波,由纪律严明的阿纳多利亚重装精锐军团担任主力,他们攀上城墙,冲入缺口,双方展开激烈的肉搏战。圣罗曼努斯城门守军主将乔万尼·贵斯亭尼安尼与部下英勇无比,将敌人杀退,赶出缺口。狂怒的苏丹命令用密集炮火猛轰缺口,而后再次猛攻,因伤亡过大,仍未能成功,但是,乔万尼·贵斯亭尼安尼胸部负重伤,奄奄一息,撤出战斗,使君士坦丁十一世失去重要的助手。天将破晓,穆罕默德动用全军最后的预备队、精锐的禁卫军团发起第三攻击波,土军士兵发出恐怖的吼叫,挥舞军刀,涌入缺口,君士坦丁十一世带领筋疲力尽的少数战士和亲兵仍然顽强地杀退敌人。这时,一面土耳其人的战旗在城中升起,城市陷落的丧钟响彻全城,土军已从其他方向攻入城市,拜占庭帝国末代皇帝仍然阻挡在穆罕默德进城的道路上,直到敌人将他团团围住,最终战死。君士坦丁堡陷落了。

胜利的土耳其人从各个方向杀入城市,他们逢人便杀,不分性别年龄,发泄愤怒和狂喜的情绪,而后,便开始了无情的抢劫。惊慌的居民争先恐后躲进巨大的圣索非亚教堂,紧闭大门,祈求上帝在最后的时刻显灵,拯救他们。但是,奇迹没有发生,门外传来的却是利斧劈门的可怕声音。幸存的居民大多被俘为奴,城中仅剩的金银财物被抢劫一空。

---

① 〔美〕瓦西列夫:《拜占庭帝国史》第2卷,第651页。

事实上抢劫仅进行了一天,在抵抗完全停止后,精明的穆罕默德即进城,宣布提前停止抢劫,因为他要的不是一个被摧毁的城市废墟,而是一个完整的首都。君士坦丁堡的陷落标志着拜占庭帝国这个具有千余年历史的国家寿终正寝。

为了防止拜占庭国家死灰复燃,穆罕默德在此后十四年中继续剿灭帕列奥列格王朝后裔。1460年,吞并了该王朝最后一块属地,王朝最后的男性继承人迪米特里(Dimitres)和托马斯(Thomas),一个被关押在君士坦丁堡,另一个客死科孚岛。1461年,穆罕默德灭亡了最后一个希腊人国家,即由科穆宁王朝统治的特拉比仲德帝国,将皇帝大卫一世(David,1459—1461年在位)及其七个儿子扣押在君士坦丁堡,几年后,将他们全部杀害。

当代著名拜占庭学者在分析拜占庭帝国衰落灭亡的原因时提出过种种假说,发表了许多颇有说服力的意见。学者们从宗教束缚、经济停滞、政治腐败、社会分裂、精神颓废、生产水平低下等各个方面提出根据,得出仁者见仁、智者见智的结论,有些甚至完全对立。这里,我们不准备对此详加评述,读者自会从拜占庭帝国千余年历史发展中找到答案。然而,几乎所有的学者都一致认为,拜占庭文化在中古时代起了相当重要的作用,是人类文化宝库中重要的组成部分。著名的拜占庭学者奥斯特洛格尔斯基写道:

> 1453年拜占庭灭亡了,但是其精神永存。其信仰、文化和政治生活的概念仍然发挥作用。其影响不仅在曾经是拜占庭领土的那些国家,而且在拜占庭帝国旧疆界以外的国家中仍然存在。拜占庭文化在东欧和西欧甚至具有更深远和强大的影响。[①]

[①] 〔南斯拉夫〕奥斯特洛格尔斯基:《拜占庭国家史》,第508—509页。

另一位当代拜占庭学者仁西曼也不无惋惜地写道：

> 1453年5月29日,一种文化被无情地消灭了。它曾在学术和艺术中留下了光辉的遗产;它使所有的国家摆脱了野蛮,并给予其他国家文化精华;它的力量和智慧几个世纪中一直保护着基督教世界。君士坦丁堡在11个世纪中始终是文明世界的中心。①

---

① 〔英〕仁西曼:《拜占庭文明》,第299页。

第九章　拜占庭社会生活

第一节　皇族和贵族

一、首都君士坦丁堡

君士坦丁堡是拜占庭帝国的心脏,是其千年历史的见证,也是展示其社会生活的最重要的舞台。

拜占庭帝国的首都君士坦丁堡的前身是古希腊商业殖民城市拜占庭,始建于公元前 7 世纪前半期,以当时希腊人的首领柏扎思的名字命名,称拜占庭城。此后数百年,它只是东地中海的一个普通城市,并无特别之处,几乎默默无闻。直到 4 世纪初,它受到罗马帝国杰出政治家君士坦丁一世的注意,被确定为建设新都的城址。

古城拜占庭城坐落在博斯普鲁斯海峡欧洲一侧的小山丘上,南临马尔马拉海,北靠"黄金角"海湾,东面博斯普鲁斯海峡,控制赫勒斯滂(今达达尼尔)海峡,把守马尔马拉海北向黑海出口,西面居高临下俯瞰色雷斯平原,易守难攻,是具有独特经济地理和军事战略优势的据点。这里是罗马帝国重要的军事大道埃格南地亚大道和小亚细亚地区军事公路的汇合点,是通向亚洲的必经之地。它还控制着黑海经由爱琴海进入地中海的水上交通要道。拜占庭城北的"黄金角"海湾是一个条件极佳的自然港湾,全长约 10 公里,主航道宽约 460 米,并有多处分支水巷，可供船只停泊，成为世界各地商船汇集的地方，给当地居民带来财富，故被称作"黄金角"。拜占庭古城优越的地理位置可以满足新都城对外交往的需求。

君士坦丁一世于324年发布命令兴建"新罗马"，开始着手为期一年的建筑工程准备工作。而后，调集帝国各地的建筑师和能工巧匠，按照罗马城的样式和规模精心设计，全面建设。为了加快施工进度，他调动数万士兵投入建筑工作，并从帝国各地调集大量的奇石异物，强行从罗马、雅典、亚历山大、以弗所和希腊各地古代建筑中拆除艺术杰作，运往拜占庭城，还从黑海沿岸原始森林砍伐优质原木，从爱琴海岛屿开采各色大理石。一时间，拜占庭城变成巨大的建筑工地。经过五年的精心施工，新都基本完工，古城拜占庭荡然无存，一座规模宏大、豪华典雅的"新罗马"坐落在博斯普鲁斯海峡上，成为名副其实的首都。

君士坦丁大帝（一世）的理想实现了。他就是要使新都城具有全新的面貌，不仅像罗马城一样是全世界最优秀人才荟萃之地，而且是上帝在人间的代表的驻节地。而在旧城原址的小山丘上拔地而起的豪华皇宫俨然是人间天堂，大理石墙面、雕花阳台和柱廊在阳光和大海的衬托下显得格外典雅庄重，比罗马的宫殿更多了宏大的气势，使造访者在惊叹之中增添了敬畏之心。大皇宫占地60多万平方米，占据城内最高的山丘，是全城的制高点。它是由几个毗邻的独立宫院组成，内有各种大殿、宫室、花园和柱廊，人们置身在这个君士坦丁堡最豪华的建筑群中大有亲临仙境的感觉。皇宫里草木繁茂，曲径通幽，有地下通道与大赛场相通，从皇家花园通过大理石码头直达马尔马拉海，幽雅中透着几分神秘。

为了展示帝国唯一君主的威严，新罗马的面积超过旧城十几倍。以大皇宫为三角形城区的顶点，城墙沿黄金角海湾和马尔马拉海岸向西伸延约 4300 米,与城西的君士坦丁城墙连接,面积达 8 平方公里。在这巨大的城区内集中了大量优美的建筑,除了大皇宫外,还有元老院议事大厦、公共学堂、大赛场、2 座剧场、8 个豪华的公共浴池、153 个私人浴池、52 道沿街柱廊、5 座囤粮谷仓、8 条引水渠道、4 座用于集会和法院公审的大厅、14 所教堂、14 座宫殿和 4388 座私人拥有的贵族官邸。[①] 其面积和规模都远远超过了罗马,也超过了古代的巴比伦、雅典,中世纪的伦敦和巴黎,成为中世纪西方世界第一大城。豪华典雅不是君士坦丁刻意追求的东西,他只是以此吸引整个帝国的上流社会,并将他们组织成为服从其意旨的政府。这个政府不再是公民的公仆,而是上帝的工具和臣民的主人。

君士坦丁堡似乎还保留了罗马城的生活习俗,但是其精神实质却发生了变化。旧城墙被改建为高大的皇城城墙,将皇帝和高官显贵与普通民众分隔开,普通民众再也无缘参与国家事务。城门塔楼正对西方的宽广大道,大道南侧修建起巨大的大赛场,完全仿照罗马竞技场的式样,但比罗马的大赛场还长 40 米左右,赛车道可容多辆马车并排奔跑。场内均匀地分布着许多立柱和方尖碑,赛场中央耸立的是从埃及运来的古埃及方尖碑,立柱上则装饰各种雕像。可容纳数万人的看台用花岗岩分区建造,外墙则由四层拱形门廊构成,上面装饰精美的大理石雕刻。然而赛场不再仅仅作为民众娱乐的场所,而是臣民晋见皇帝或向皇帝表达意愿的地方,因为罗马时代的政治中心元老院在此已失去了原有的作用。这里还是皇帝们举行庆典仪式或炫耀武功的重要场所。

民众参与国家事务的传统迅速消失。沿柱廊拱卫的麦西大道继续向西,圆形的君士坦丁广场周围矗立着一大片公共建筑群,是公众从事

---

① 〔英〕吉本:《罗马帝国衰亡史》,芝加哥 1952 年版,第 239 页。

商业和政治活动的第一大中心。这里,最高大雄伟的建筑是帝国议会和元老院,可是它们已经变成执行皇帝命令的工具,元老们不再讨论军政大事,不再对战争与和平进行决策,而只是对皇帝的法令表示拥护;元老只是一个表示贵族身份的头衔,失去任何实际政治意义。城市里宣扬皇帝至高无上权威的标志到处可见。中心广场耸立着数十米高巨型花岗石圆柱,顶端是从雅典运来的高大的阿波罗铜像,后来被说成是君士坦丁大帝的形象。

稍后在该广场西侧建立的塞奥多西广场,是多条重要的罗马军事大道的汇合点,也是全城最大的集市贸易区。这里作坊店铺遍布,商号钱庄毗连,衣食住行,应有尽有,分区设立,井井有条,形成了方圆数里的商业区。这些商号店铺大多是由官办性质的行会控制,一些重要的产品则完全由政府直接掌握。向西南伸展的麦西大道是举世闻名的大理石柱廊大道,两侧有巍峨的市政厅,森严的将军府和国库,它们是主宰君士坦丁堡庞大经济生活的机构,通过各种税收和法令控制其工商业活动的开展。

国家图书馆和优雅的贵族宅区风格各异,按罗马城式样建筑的贵族庭院也无一相同,来自各地的名门显贵只是因为同意迁徙到君士坦丁堡就享受朝廷的优厚补贴。全城主要街道、广场和建筑物前都布满了精彩绝伦的艺术品,使任何从"金门"进入首都的人始终处于目不暇接的兴奋状态。"金门"墙壁使用白色大理石建筑,两扇高大的城门用黄铜制造,打磨得锃光瓦亮,因此得名。我国古籍对此传说也有记载。① 城市最西侧建立的君士坦丁城墙长约 3000 米,是第一道城防,数十年后加修的塞奥多西城墙则构成了第二道城防。它们是皇帝对

---

① 《旧唐书·西戎传》称:"有大门,其高二十余丈,自上及下饰以黄金,光辉灿烂,连曜数里。"

外抵御侵袭对内防止叛乱的屏障。除此之外,君士坦丁堡拥有大型引水渠和蓄水池,有完善的地下排水系统,保证数十万居民生活在清洁的环境中。

此后,君士坦丁一世批准罗马贵族免费迁入新都,君士坦丁堡在帝国政治生活中地位不断提高,不仅其元老院获得了与罗马旧元老院同等的法律地位,而且由于君士坦丁鼓励和命令原罗马城骑士以上的贵族全部迁居新都,使其居民的数量和素质迅速提升。君士坦丁堡人口急剧增长,在数十年内,城区居民数翻了几番,人口达50万—100万。如此众多的人口需要巨大的物资供应,这意味着君士坦丁堡必须有极为活跃的商业贸易活动和严格高效的管理。因此,在最初的几百年间,君士坦丁堡市长权力极大,地位极高,市政衙门官员队伍庞大。

作为拜占庭帝国行政中心所在地,大皇宫如同帝国的神经中枢和心脏,每天有大量政令从这里发出,通过遍布帝国的公路网,传送到各地。街道上来往着衣冠楚楚的高官显贵,信使们则来去匆匆,将帝国各地的军事和政治情报送入大皇宫,或带着皇帝的命令奔赴各地。一些标有"军情"标志的流星信使常常马不停蹄地奔驰过各个城门。更有许多怀着不同目的和愿望的大小政客和希图仕途升迁的青年人迁居到新都,还有那些已被派往各地的官员也不时来首都活动。君士坦丁堡的政治中心作用决定了它在宗教、文化等社会生活方面的特殊地位。由于君士坦丁堡大教长成为东部各教区的首领,因此首都各大小教堂常常是各地教士云集;来自各地教会的主教,包括罗马的主教也到首都参加会议,或面君接受皇帝的训示。

作为拜占庭帝国千年都城的君士坦丁堡本质上是皇帝为首的贵族和官僚统治阶层的天堂,为了养护君主专制的中央集权政府,在其高大围墙内积聚着众多的居民,形成了丰富的社会生活。在首都各个阶层千变万化的社会生活中,皇帝及其家族和官僚贵族,以及教士和高级知识分子构成了上层社会,他们是拜占庭社会生活的典型,引领着君士坦丁堡乃至整个帝国社会生活的方向。

二、皇帝及其家族

皇帝控制拜占庭帝国的最高权力。从君士坦丁时代,任何登上皇帝宝座的人都成为整个帝国的象征。在最初的百余年间,被拥立为皇帝的人首先要在全体元老、军队或首都居民的欢呼声中站立在由将士抬起的盾牌上。皇冠是皇帝的标志。最初,皇帝从帝国高级官吏手中接受皇冠。457年,利奥一世成为皇帝,由君士坦丁堡大教长加冕,从此开皇帝加冕的惯例。皇帝加冕仪式一般在君士坦丁堡的圣索非亚教堂举行。拜占庭帝国上层人物,包括所有的达官显贵、高级教士和军队将领都要身着镶金边的白色礼服参加加冕仪式。仪式开始时,大教长要在教堂前迎候皇帝的到来,并陪伴皇帝更换特殊的服装,据说它是君士坦丁一世受之于天使,只在皇帝出席重大教会仪式时穿戴。而后,大教长手牵皇帝进入教堂,通过众宾客夹道欢迎来到第二道大门,点燃特制的蜡烛。皇帝由大教长继续陪同来到圣坛屏风前专为皇帝准备的斑岩石板上,面向基督圣像祈祷,并进入圣坛。大教长在唱诗班伴唱下,为皇冠祝圣,为皇帝加冕。最后,皇帝在黄金或象牙制作的宝座上落座,接受全体文臣武将的顶礼膜拜,他们按照地位高低依次来到皇帝面前,匍匐在地,宣誓效忠。

拜占庭帝国皇帝的称呼有三种,瓦西里 Βασιλεύς 是最常见的称呼。这个称呼来源于古代希腊人对国王的称呼,在古希腊文献和日常用语中一直沿用。罗马帝国时代流行反对君主专制的政治思潮,当时的皇帝极力淡化专制政治色彩,因此使用 imperator 的称呼,它更多具有军事领袖的含义,而瓦西里则具有突出的政治意义。君士坦丁一世强化君主专制的合法性,利用基督教神学和希腊政治哲学奠定了皇帝专制制度的理论基础,瓦西里也因此被广泛使用,取代其他名字成为皇帝的主要称呼。① 事实上,瓦西里在古希腊人中泛指所有的国王,但是在罗马帝国统治东地中海时期,这个名称常指大国君主,例如波斯国王可以称为瓦西里,而小国君主则被称为 rex。αυτοκράτωρ 是 imperator 正规的希腊语翻译,它具有突出的军事首脑的意义,该称呼与瓦西里混用反映出皇帝专制制度发展的现实。以上三种皇帝的称呼以及它们的变化过程反映出,拜占庭皇帝从罗马帝国时代逐步发展成为集政治、军事、宗教、司法等多种权力于一身的最高权力的事实。皇帝的权势渗透到拜占庭社会各个方面,他被神化为上帝在人间的代表,无论在军队、元老院,还是在公民中,他都受到跪拜和山呼万岁。太阳是皇帝的象征,沉默是他保持庄严的方式。皇帝拥有对教会的"至尊权",不仅掌握着召集宗教大会和任免高级教士的权力,而且拥有对教义的解释权和对宗教争端的仲裁权。他还是法律的制定者。他的这些权力使他能控制帝国全部土地的所有权和由此产生的财政税收权,而对军队的控制是其统治稳定的基础。皇帝为了推行其意旨并保持君主专制制度的运行,拥有庞大的官僚机构,并逐步使所有的官吏成为只对皇帝个人负责的工具。

　　拜占庭皇帝继承方式比较复杂。在拜占庭帝国 93 个皇帝中有 65 个通过血亲继承,即由 12 个王朝的皇室宗亲继承皇权。其中长子继承的有 24 例,其他儿子继承的 11 例,兄弟继承和情人继承的各 5 例,遗孀、远亲继承各 4 例,侄甥、姐妹、女儿继承的分别为 3 例,父母和孙子继承的分别为 2 例和 1 例。有将近半数皇帝是由皇室男女宗亲,即兄

---

① 当时的御用文人和基督教思想家就大力论证皇帝专制政治的合理性,认为上帝创造的生命世界自然存在着"王",皇帝就是人类的"王",如同"蜜蜂王"。参见〔美〕德沃林克《早期基督教和拜占庭政治哲学》第 2 卷,华盛顿 1966 年版,第 611 页以后。

弟姐妹、女儿、女婿、孙子、父母、遗孀、侄子和外甥等亲戚,甚至由皇帝的继承人情人构成。拜占庭帝国皇帝继承方式多样,既有父死子继、兄终弟及的,也有翁婿相传、叔侄相继的,还有子亡父继、祖孙相继的,甚至有女继承人即情人登基的。需要指出的是,拜占庭皇帝继承方式的多样性并不意味着在多样的继承形式中缺乏主从关系,事实上,父死子继是各种继承形式中占主导地位的形式。长子在拜占庭皇帝继承人中的地位极为重要,约占血亲继承人数的四成,构成维系王朝世系的主线。同时,作为皇帝权力继承制度的辅助组成部分,还存在其他多种继承方式,它们是对长子继承的补充,其中最重要的是长子之外其他诸子继承,既包括次子、幼子继承,也包括诸子共同继承的方式。一般而言,父系氏族社会解体后,随着财产和社会权力私有化程度的加深,男性在财产继承中的优先地位不断强化,而皇权继承中父死子继的现象是财产私有在政治上的表现,这一继承制度在各国历史上呈现不断加强的趋势,这在世界上许多民族和国家发展的历史中是一种带有规律性的普遍现象。拜占庭皇帝继承制是在父死子继基础之上的多样性的继承制度。那么,拜占庭皇帝继承的依据是什么呢?

拜占庭皇帝继承制度以其继承法为基础,其多样性的继承方式符合《查士丁尼法典》关于继承人法权规定的基本精神。按照《查士丁尼法典》,被继承人的直系血亲卑亲属,即死者的子女、养子女等属于第一顺序继承人,直系血亲尊亲属,即被继承人的亲父母,和全血缘的兄弟姐妹等属于第二顺序继承人,同父异母的兄弟姐妹属于第三顺序继承人,其他旁系血亲亲属于第四顺序继承人。[①] 在同一顺序中,按照继承人与被继承人之间亲等的远近来确定先后顺序,父母与子女为一亲等,祖父母与孙子女为二亲等。这个继承法强调了子女的继承地位,在

---

① 周枏:《罗马法原论》,商务印书馆1996年版,第512—517页。

拜占庭皇帝继承实践中得到充分体现。但是，皇权继承又有其特殊性。由于男子在履行皇帝职责中具有比女性更优越的条件，因此在继承皇权中也优先于女性。虽然法律承认女性拥有与男性同等的继承权，但在实践中，第二顺序男性继承人仍然优先于第一顺序女性继承人。

拜占庭皇帝继承多样性的主要原因在于拜占庭人一夫一妻的婚姻习俗，因为父死子继和兄终弟及制度的重要前提之一是在位皇帝必须有男性继承人，如果缺乏这一条件，父死子继制度就要落空。而一夫一妻的婚姻很难保证皇帝有男性继承人。为了保证血亲继承和不使皇权旁落，包括女儿继承、姐妹继承、遗孀继承等其他继承形式即成为必不可少的辅助形式。在拜占庭历史上，皇帝遗孀通常是以年幼皇帝的摄政身份出现的，她们继承皇权仅具有象征意义，实际权力由其再婚的夫君执掌。这一方式的意义是缓和由于缺乏皇权继承人而产生的政治危机，防止王朝的中断。一般来说，当某个王朝因无男性后嗣而面临断绝时，女性后嗣就自然成为合法继承人；如果皇帝既无儿女，又无兄弟姐妹时，继承权就可能转移给皇帝的任何亲属，侄子、外甥、孙子、父母等，甚至皇后的情人也有机会登上皇位。

父死子继制度的产生是人类社会私有制发展的结果，"随着财富的增加，它一方面使丈夫在家庭中占据比妻子更重要的地位；另一方面，又产生了利用这个增强了的地位来改变传统（即母系——引用者注）的继承制度使之有利于子女的意图"①。皇权作为最高的社会权力，不仅可以像财富一样成为继承的内容，而且其继承的意义比财富继承的意义更大。为了确保统治权力能够长期稳定地为皇族或王室控制，父死子继制度就成为近代以前世界各国、各民族政治发展的最高形态。但是，这种制度的形成和实施需要有必要的外部条件为前提，或者

---

① 《马克思恩格斯选集》第4卷，人民出版社1972年版，第51页。

说,由于外部条件的差异,父死子继制度在古代世界各国的表现有所不同。拜占庭帝国传统的婚姻制度和保守的基督教婚姻法制约其父死子继制度的正常推行,同时也产生出多种补充形式辅助这种主要的继承方式。拜占庭皇帝继承方式表现出的多样性是拜占庭社会特定环境造成的,具体而言,是拜占庭传统的婚姻习俗使皇室缺少足够的继承人。这一缺陷对维系封建王朝"家天下"是致命的弱点,需要靠其他继承方式加以克服。多样的继承方式确实从表面上维系了拜占庭王朝的延续,但是仍然不能解决皇室缺乏继承人的根本问题,因此,皇权继承极不稳固,而争夺皇权的斗争也极为残酷。

拜占庭皇帝和罗马皇帝的重要区别是,前者作为上帝在人间的代表具有至高无上的神圣性。他在艺术品中有时被描绘为第十三使徒①,头上有诸神和圣徒的光环,他居住的皇宫也被冠以"神圣宫殿"的名称。皇帝的宝座也随之逐渐发生了变化,宽度增加了一倍。通常,皇帝不坐在中间,而坐在左侧,空出右侧放置一本《福音书》,象征基督的降临。普通民众和官员难以目睹皇帝的尊容,因为皇帝出行必有大队随从相伴,前有御林军开道,有唱诗班咏唱圣歌,内宫侍卫高举蜡烛火把、锦旗帆帜、华盖招牌陪同左右,皇帝乘坐的御辇前有高级教士高举圣像或十字架。拜占庭帝国的标志雄鹰来自罗马大神朱庇特,后来演变为双头鹰,它也常常随皇帝外出。当皇帝出行的大队人马出现时,普通百姓并不躲避,只是静静地站立在道路两侧。在色彩绚丽的队伍中,最吸引人们注意的是紫色的御辇。紫色是皇家专用的色彩,只有皇帝和皇家成员才能使用这种色彩,由于皇宫寝室悬挂紫色丝绸装饰,所以皇帝的子女常被称为"生于紫色(皇家)之家的"。

皇帝的婚礼是拜占庭帝国最盛大的庆典仪式,在圣索非亚教堂举

---

① 耶稣基督早期传教中收取十二位弟子,被称为十二使徒,其中彼得为大弟子。

行。拜占庭帝国所有贵族官吏均要盛装出席。皇帝和新娘身着皇袍头戴皇冠,皇冠上套婚礼头饰,一般是紫色长纱巾。婚礼由君士坦丁堡大教长主持,出席婚礼的贵族和官员首先向新婚夫妇行跪拜大礼,而后列队伴随皇帝皇后前往大皇宫。在皇宫前,由蓝、绿两个竞技党组成的唱诗班高唱颂歌以示庆贺。皇帝和皇后回到新婚寝室后,脱掉皇袍卸去盛装,进入餐厅与宾客共进婚宴。直到此时,妇女才被允许参加庆祝活动,但是不许梳理高装发式。除了婚礼外,皇家的其他喜事庆典活动也受到高度重视。

拜占庭帝国时代,妇女地位比罗马帝国时代低,但是高于亚洲各地妇女地位。皇家女性成员虽然不能享有与男性成员同等的权利,但是没有被禁止参与国家事务。她们平时不参加公共活动,而是在皇宫的女眷住区做手工,或编织或刺绣,或在皇家花园里消磨时光。平民出身或贫穷貌美的女子也有进入宫廷的机会,一般是通过选后途径入主后宫。她们经常到教堂参加祈祷和弥撒,但是也要遵守教会的规定,与其他妇女一样,在教堂回廊专为妇女特设的区域活动。皇家公主的命运常常与皇帝和亲政策联系在一起,她们充当拜占庭帝国与周围其他民族友谊的使者,或者成为拜占庭帝国大家族之间的纽带。

拜占庭帝国地处战略要地,长期受到外来民族的侵袭,因此拜占庭历史上有许多能征善战的皇帝。为了保持良好的体魄和骑射技艺,皇帝在和平时期经常举行狩猎活动,而色雷斯地区浓密的林区是天然的皇家猎园。平时,皇帝与家人生活在宫廷和皇家花园中,皇帝在家人面前仍然保持其尊严,同行时家人须跟在皇帝身后,就餐时男女成员在皇帝两侧依次就座,除了年幼的孩子外,任何成员不得在皇帝面前大声说笑或行为放任。皇帝寝宫分为夏宫和冬宫,前者称为"珍珠宫"(Pearl Palace),后者称为"紫禁城"。

大皇宫既是皇家驻地,也是朝廷所在地。中央政府行政、军事各部门和教会的最高机关都设在大皇宫内，所有的朝廷官员均在大皇宫内有各自的办公房间。皇帝住区所在的紫禁城被称为"第八宫"（Octagon），皇后的住区称为"第五宫"（Pantheon），皇帝举行圣事的宫殿称为"达弗尼宫"（Daphne Palace），"十九躺椅大厅"是皇帝去世后放置尸体的地方，皇帝上朝议事的宫殿称作"黄金议事宫"（Chrysotriclinium）。皇帝宝座设置在黄金议事宫大厅半圆形顶点的圣坛上，圣坛高出地面，以黄金铺地，台阶为花色大理石。皇帝的座椅华贵典雅，上有华盖，半圆靠背上有象征基督的镶嵌画，并写着"万王之王"的字样。9世纪中期以后，皇帝的座椅添加了机械装置，玉树上有金鸟在鸣叫，两侧有金狮在咆哮，座椅缓慢升起之际香云骤然涌出，令外国使节万分惊讶。圣坛周围以官阶高低和亲疏远近为序，站立着文臣武将和内宫侍卫。较低一级的高官在第二层站立，最外圈是大批仪仗队和武装的御林军。

　　大皇宫是由许多宫殿构成的建筑群，几乎每一个在位时间较长的皇帝都要修建新的宫殿，以便为不同活动提供场所。此外，各种由皇家直接控制的作坊工场、仓库、办公室、档案处、马厩兽舍、御林军营房等分布在皇宫内。因此，大皇宫需要数万仆人维护清扫。在靠近马尔马拉海的紫禁城内，每当皇后洗浴，大批侍女要陪伴左右，有演奏乐器的，有抬举香料箱、珠宝盒、热水罐的，亲随侍女簇拥其身边。皇帝的日常起居更是极尽奢华。皇宫内还有许多教士，他们不仅参与频繁的礼仪活动，而且负责各个城门的关闭，每天清晨开放和下午三点关闭所有入口。

　　根据君士坦丁七世的记载，皇帝必须举行的大型庆典仪式的场合包括加冕、皇家子女出生、皇家婚礼、出行、回朝、葬礼，日常活动包括上朝，会见外国君主或使节，出席观看大型竞技，参加宗教祈祷和国家节日。在所有重大场合，皇帝必须全副盛装，左手持"地球十字架"，标志其上帝在人世代表的身份，右手斜持权杖。每当皇帝班师回朝，首先在文武百官的迎候欢呼中举行盛大入城仪式，从"金门"入城后沿麦西大道向西,经过圆形的君士坦丁广场和塞奥多西广场,在大竞技场接受百姓欢呼,最后回到大皇宫。许多民间传统节日也需要皇帝到场,例如每年秋天8月25日,皇帝要在大教长陪同下来到首都附近的皇家果园参加丰收节,此时皇帝的坐骑需披金银挂丝绸;12月25日太阳节,皇帝甚至要头戴金光环,以太阳的身份参加复杂的仪式;庆祝活动直到1月6日的圣诞节也要皇帝亲自参加,并在仪式上向亲信大臣赏赐象牙折板①;5月11日,皇帝要参加君士坦丁堡建城纪念活动。所有在京的达官显贵都必须亲自参加这些活动,最高级贵族要亲吻皇帝右侧心口,皇帝则亲吻其头顶,其他人要向皇帝行吻靴大礼。

作为庞大的拜占庭帝国的权力中心,皇帝每天非常忙碌。清晨六时,他被寝宫卧室大门的几声柔和的敲打声唤醒,简单穿戴后直接到专用的房间内向圣母圣子像祈祷。他边早餐边与宫廷总管讨论一天的活动安排。上朝的主要目的是了解各方面事务的进展,与主要大臣讨论处理方法,此时,皇帝和大臣都要身着官服。大教长地位特殊,上朝时只有他可以和皇帝一样坐着,其他人退朝后,也只有他一直陪伴皇帝直到中午,与皇帝共进午餐。大教长离开后,皇帝要批阅重要的文件,参加重要庆典或会见外国使节。

皇帝也有其私人爱好和活动,大多安排在日常公务活动以外的时间。例如查士丁尼一世愿意花更多白天业余时间与皇后塞奥多拉厮守,夜晚在灯下读书;利奥六世乐于穿便装独自一人在宫廷花园的小道上散步,以致被巡逻兵误抓;瓦西里二世则喜好骑马飞奔,或在皇宫操场上或在皇家花园的树林里;米哈伊尔四世经常带卫兵骑马深夜巡视君士坦丁堡,不是出于公务,而是一种爱好;君士坦丁七世喜欢深夜伏案写书绘画。当然,也有一些暴君乐于在监狱和刑讯室消磨时光,某些

---

① 一种精致的象牙雕刻,内容大多是基督教故事,常常被当作贵重礼物赠送他人。

荒淫皇帝则常微服私访,寻花问柳。皇帝死后一般下葬在某所教堂。

三、贵族和官吏

拜占庭帝国实行高度专制的中央集权制度,其政府机构庞大,官吏众多,官职变动比较频繁。根据 6 世纪作家普罗柯比的《秘史》,人们可以对拜占庭贵族和官吏有如下了解。

元老院曾在晚期罗马帝国政治生活中发挥过重要作用,拜占庭帝国初期元老政治虽然逐渐衰落,但仍然保留元老的名义。罗马帝国时代那种权力极大、声誉最高、积极参与国家重大决策的元老院不复存在。君士坦丁一世继承戴克里先皇帝实行剥夺元老院大部分行政功能的改革,但是加强了元老院参与市政工作的权力,不仅保留罗马城的元老院,而且在君士坦丁堡建立了新的元老院,指令他们在城市金库收支计划、城市粮食和其他食品的供应和城市建筑的规划方面协助市长。元老院元老在继续参与行政和司法工作的同时,还经常就皇帝的决议提交自己的决议。他们承袭自古代的立法权在 6 世纪仍然保留。但是,元老们似乎无权改变皇帝的法令,例如查士丁尼修改法律,以便他可以与妓女出身的塞奥多拉结婚,对如此重大且敏感的法律任何元老都不敢表示反对。有些学者认为,元老只有象征民意的意义,他们的实际作用是表决通过皇帝法令,而元老院议事大厅则成为皇帝颁布立法的场所。① 在部分司法领域,元老院还发挥一定作用。除了旧都罗马城和新都君士坦丁堡各自有独立的元老院以外,其他大城市也存在地方元老院,至少在巴勒斯坦和阿什凯隆存在地方元老院。君士坦丁大帝建立君士坦丁堡元老院后,明确授予它仅次于罗马元老院的地位。为了区别两地元老,罗马元老称为 clarissimi,而君士坦丁堡的元老称为

---

① 〔希〕赫里斯多非罗布鲁:《拜占庭国家的元老院》,雅典 1949 年版,第 46 页以后。

clari,最初的人数有 50 名。随着罗马在动荡的局势中地位不断下降,君士坦丁二世于 357—361 年颁布法令,授予君士坦丁堡元老院具有最高地位。后来,在查士丁尼一世的法令中提到,罗马元老院只有监督物价和度量衡的权力,而君士坦丁堡元老院不仅继续发挥咨询会议和典礼及仪仗队的作用,而且参与司法工作。

总之,拜占庭帝国的元老院已经失去了权力中心的地位,皇帝取代了其原有的地位,"元老"逐渐成为荣誉头衔。他们作为一个利益集团,在政治生活中形成独立的政治势力,拥有最高的社会地位,成为拜占庭等级社会中的最高等级。为了扩大君主专制的阶级基础,君士坦丁一世取消了戴克里先只允许少数达官显贵成为元老的法令,承认西部新增加的元老数额,鼓励东部名门大户和高级官吏进入元老阶层。同时,他推动"元老"向头衔转化,成为皇帝控制下的荣誉地位的象征。元老头衔被正式划分为 Illustris("杰出者")、Spectabiles("显赫者")和 Clarissimus("辉煌者"),他们在《礼仪书》中的位置依此排列。其中地位最高的("杰出者")只授予大政区总督、执政官、首都市长、总理大臣和君士坦丁堡大教长的职位。后来,随着元老名号的大量授出和元老人数的增加,上述头衔逐渐贬值,只有"杰出者"一直被用于元老,并采用了新的拉丁语形式 Magnifiei,到 6 世纪时又改称为 Gloriosus("荣耀者"),有资格获得者除了上述达官显贵外,增加了陆军司令、司法大臣和皇宫宦官大总管,而贬值了的 Magnifiei 则授予下一级别的各部门或省区伯爵。① 这些头衔只能终生享用,不能世袭继承。在 7 世纪初被皇帝福卡斯血腥镇压政策消灭的元老家族,是君士坦丁大帝在大贵族和大地主中发展元老以后,存在的最后一批早期元老家族了。除了一些大家族的成员可能成为元老,还有一些出身低微的人也进入高官和

---

① 〔英〕阿尔黑姆:《晚期罗马帝国的元老贵族》,牛津 1972 年版,第 46—102 页。

元老的行列,某些元老甚至有来自于当时在拜占庭帝国备受歧视和迫害的犹太人家族。无论他们原来的出身和地位如何,一旦获得元老头衔,都享有特殊权和很高的地位,其财产不受侵犯,可以进宫觐见皇帝,其政治上的特权和社会地位则反映在婚姻生活中。元老们在政治上的特权只是相对于普通民众而言,事实上,在皇帝为最高权力的君主专制统治下,元老已经丧失了与皇帝平等的地位,他们都是皇帝的臣民,只是地位比其他臣民更高些而已。他们觐见皇帝时以手捂在胸口向皇帝致敬,同时亲吻皇帝心口,皇帝则要亲吻元老的头顶。其他等级的觐见者则必须跪地向皇帝致敬。查士丁尼时,所有元老和贵族都被要求向皇帝和皇后五体投地跪拜,并亲吻皇帝和皇后的两脚,行"吻靴礼"。

拜占庭帝国官僚机构具有庞大完备、等级森严的特点。拜占庭官制大体上分为行政、军事和教会三个系列。① 各级官吏都有自己的办公地,其中高级官员的任免权控制在皇帝手中。

拜占庭帝国的执政官来源于罗马共和国时期,但在晚期罗马帝国时它已经失去行政职能,转变为荣誉称号。拜占庭帝国时期,执政官头衔继续保留,其拉丁文形式为 Consul,希腊文形式为 Ὕπατος。《查士丁尼法典》第 105 条第 1 款规定,皇帝每年任命两名执政官,其中一名在帝国西部都城,另一名在帝国东部君士坦丁堡。当选为执政官在当时是一种极大的荣誉,通常由皇帝提名任命。但执政官的主要来源是富有的贵族,因为这个头衔需要有大量的资金为后盾。当选的执政官必须负责出资安排大型公共欢宴,向穷苦市民发放救济,在大竞技场组织赛车活动,并向市民免费提供观礼票。普罗柯比估计,仅每年用于比赛活动的开支就高达 2000 金镑,②当然,皇帝也要为此支付一定的开

---

① 〔英〕布瑞:《9 世纪帝国政府制度》,第 36—39 页。
② 相当于 3 万多英镑。〔英〕里斯:《拜占庭的日常生活》,伦敦 1967 年版,第 94 页。

支。他写道:"其中一小部分出自他自己的钱财,大部分则由皇帝支付。"(《秘史》XX—Ⅵ.13)虽然执政官荣誉贬值,但是当时的拜占庭社会上层仍然认可执政官的荣誉地位。由于6世纪前后,像查士丁尼及其舅父查士丁这样一些来自社会下层的人进入上流社会,甚至爬上皇帝宝座,执政官中也增加了许多并非出自大户名门的人物,使得这一头衔逐渐失去了原有的特殊社会地位。特别是执政官的传统义务使它成为花费巨大的头衔,因此,洞悉其中弊端的上流社会没有人乐于接受这个"徒有虚名而必使倾家荡产的光荣头衔",以致"执政官名表的最后一段时间常有缺漏"[①]。目前所知,拜占庭文献中有关执政官的记载到7世纪上半期即消失了,也就是说在查士丁尼去世后几十年,执政官就退出了历史舞台。

大政区总督又称为大区长官,其全称为 Praefectus praetorio,其希腊语为 Επάρχος των πραιτωρίων。这个名称起源于晚期罗马帝国奥古斯都或恺撒控制下的御林军。拜占庭帝国初期,它成为对御林军事务负责的行政官职。查士丁尼主持编撰的《罗马民法大全》公法部分对大政区总督有如下规定:"有必要简要讲述一下大区长官(Praefectus praetorio)是从哪里起源的,根据某些文献的记载,在古时,设立大区长官是为了代替骑兵队长,因为,如同以往一样,把最高治权暂时地赋予独裁官,独裁官自行任命骑兵队长,骑兵队长作为其军队管理方面的助手,位于独裁官之后行使职务,与骑兵队长相似,大区长官也由皇帝任命。并且皇帝赋予其在修改公共规章方面更广泛的权力。"[②]大政区是由几个省区组成的,最初是在皇帝戴克里先改革划分四大区的基础上

[①] 〔英〕爱德华·吉本:《罗马帝国衰亡史》下册,黄宜思等译,商务印书馆1997年版,第213页。
[②] 〔意〕斯奇巴尼选编:《民法大全选择·公法》,张洪礼译,中国政法大学出版社1999年版,第97页。

形成的。君士坦丁统一帝国以后,削弱该官职的权力,取消其军事权力,保留其行政司法权力。在拜占庭帝国早期历史上,东方、伊利里亚、意大利和加利亚四大政区设立总督。查士丁尼时代,继续保留了伊利里亚和东方大政区总督,分别驻扎塞萨洛尼基和君士坦丁堡,534年和537年又重新恢复了意大利和非洲大政区,分别以拉文纳和迦太基为首府。作为皇帝和副皇帝的助手,其地位仅次于皇帝。他经常以副皇帝的身份在其所辖区域内行使行政司法职权,负责辖区内的税收、司法、公路、邮政驿站、公共建筑、食品供应、士兵征募、军械兵器生产、区内贸易、商品物价和国立高等教育等项事务,代表皇帝处理上诉至帝国最高法庭的案件。他们有权按照皇帝的意旨起草和公布法规。为了完成工作,大政区总督设立各自的府邸,其属下官员大体可以分为行政司法事务官吏 schola exceptorum 和财政官吏 scrinarii 两大类。由于大政区总督权力极大,君士坦丁大帝以后的皇帝,采取逐步削权的措施,其部分职权转移给总理大臣。大政区存在的时间不长,因为这种体制不利于管理,特别是不能及时应付边境区域的外敌入侵活动。因此,在查士丁尼统治时期,省长的作用日益加强,在一些特殊地区如埃及则实行省区总督制,下文将会涉及。大政区总督在普罗柯比去世几十年后的7世纪上半期被取消。

司法大臣是拜占庭帝国的高级官吏,由君士坦丁一世开始设立,当时称为 Quaestor sacri palatii,负责起草皇帝法令,并具有呈递皇帝奏折和司法诉状等职责。该官职的希腊语为 Κυαίστωρ。司法大臣的重要性最初并不明显,其协助皇帝的作用大体上与法律秘书相似,但是,作为皇帝心腹的法律顾问,其影响力极为广泛,且具有很强的发展潜力。随着皇帝专制统治的强化,中央政府各部门权力得到发展,包括司法大臣、总理大臣在内的高级官吏日益重要,地位不断提高。查士丁尼统治时期,最著名的司法大臣是具体主持《罗马民法大全》编纂的特里波尼安。由于他权势太大,在朝野树敌过多,故君士坦丁堡"尼卡起义"民众迫使查士丁尼将其罢免。查士丁尼一世为了加强司法管理,曾增设君士坦丁堡司法总监,称为 Quaestor,处理首都政治与司法事务,特别是管理日益增多的外来定居者。司法大臣直到 8 世纪以后地位下降,最终成为普通法官。拜占庭立法和司法体系完备,法官素养与执法水平较高。按照规定,他们必须接受五年以上法学专门教育,全面掌握罗马民法后,通过严格的国家考试,取得证书,方可从事司法工作。[①] 拜占庭帝国早期历史上,法官享有广泛的司法权,他们中的许多人同时担任行政或财政官职。查士丁尼推行的司法改革要求法官专职化,《新律》第 82 条第 1 款规定建立专业法官团体,其目的在于将执法的法官与立法的法学家区别开来。《秘史》提到的这个名称即来自于《新律》,它与以前的称呼有所区别。[②]

市政长官可以简称为"市长"。君士坦丁堡市长起源于罗马帝国时期的罗马市长 Urban Prefect,其希腊语为 Επάρχος της πολέως。罗马市长属于高级官吏,排名在大政区总督之后。他的职责是管理罗马城的治安与秩序,打击犯罪。君士坦丁一世确定其辖区为罗马城方圆 100 英里,并增加了其权限,即除了负责首都治安外,还控制内外贸易,组织提供食品供应,规划公共建筑,安排城市大型活动。他因为掌握治安权,故控制一定的军事指挥权,是罗马帝国政治生活的重要人物。在多数情况下,他担任元老院首脑。君士坦丁大帝建立帝国东都后,其后人于 359 年设立君士坦丁堡市长一职,赋予其相当于罗马市长的权力,使之地位与一人之下万人之上的大政区总督一样。他的职责包括君士坦丁堡及其郊区范围内的所有事务,举凡市政建设与修缮、食品和饮用

[①] 〔英〕琼斯:《晚期罗马帝国》第 1 卷,第 499—507 页。
[②] 〔英〕舒尔茨:《罗马法学史》,牛津 1953 年版,第 36—67 页。

水供应、城市卫生与消防、罪犯惩罚与监管、治安与秩序维护、工商业管理、商品物价、高等教育等,都在其职权范围内。他还是君士坦丁堡的最高法官,对司法纠纷和疑难案件做出终审判决。君士坦丁堡市长在其辖区内的巨大权力,不仅表现在商业领域,而且在司法领域。他的权力来自于皇帝,首先要贯彻执行皇帝的命令。事实上,首都地区的司法审判原来属于司法大臣的职权范围。当皇帝对司法大臣的工作发生怀疑时,就指派首都市长和其他官员参与司法审判工作。早在罗马帝国时期,首都市长的人选多为当地大户和权势家族的代表,后来查士丁尼确定君士坦丁堡市长时仍然挑选地方势力强大的市绅代表。

总理大臣或被翻译为"执事长官"①,其拉丁文为 Magistre officiorum,希腊文为 Μαγίστρος τῶν οφφικιών。这一官职最早见于 320 年的文献,是由君士坦丁一世设立的,目的在于制衡大政区总督权力的发展。最初,该官职是半军事性质的,负责行政事务,后来,大政区总督的部分权力转移给总理大臣。他参与重大国事的决策,与大政区总督、军队司令和司法大臣等一样成为御前会议伯爵。② 查士丁尼时代,总理大臣仍然是朝廷最重要的高级官吏。总理大臣的职权包括:指挥禁军团,检查巡视东方边境部队,派遣稽查使全面监督各级官员,监管全国各级公路和驿站,签发通关文牒,主持外交活动,参与对外谈判和缔结条约,安排外宾接待,掌管宫廷庆典仪式,参与审理重大案件,控制宫廷日常事务,管理皇宫内外全部照明事务。③ 查士丁尼时代总理大臣的

---

① 博克对总理大臣有专题详细研究,我国学者徐家玲对此也有比较充分的研究,参见其作品《早期拜占庭和查士丁尼时代研究》,东北师范大学出版社 1998 年版,第 62—67 页。

② 御前会议是皇帝的咨询机构,起源于罗马帝国时代的议事会,由于与会者均站立开会而得名。君士坦丁一世确定的御前会议成员包括大政区总督、总理大臣、司法大臣、圣库伯爵、皇家私产长官和军队司令官,以及部分职能部门的顾问和办事官员。参见琼斯《晚期罗马帝国》第 1 卷,第 333—341 页。

③ 〔德〕克劳司:《晚期帝国的总理大臣》,慕尼黑 1980 年版,第 122—160 页。

来源主要是那些能力超群且忠实于皇帝的中下层人士,其职责的特点决定了这一选任的标准。有学者认为,在选任总理大臣时不注重其贵族出身和是否有相应头衔,反映了当时的皇帝消除古代罗马共和传统,削弱元老政治势力的意图。① 7世纪期间,总理大臣的权力被逐步剥夺,最终仅保留其官名,参加宫廷仪式而已。

地方总督是拜占庭帝国在某些特殊地区或城市设立的高级官吏,他们不隶属于省区行政机构,而是直接对皇帝或中央政府负责。

埃及地区早在罗马帝国时期地位就十分特殊,当时它是皇帝直接控制的行省。戴克里先统治时期,该地区被重新区划,分为六个行省。由于埃及盛产粮食和农产品而成为君士坦丁堡等帝国中心地区城市的主要食品供应地,所以拜占庭帝国初期,朝廷在埃及设立民事和行政机构,直属中央政府。埃及政府机构的首脑称为"埃及总督",其衙门设在首府亚历山大城,属下官员包括"将军"(Duces)等武将和"长官"(Praesides)等文臣。382年立法,确定埃及为高于一般普通省区的政区Diocese,其下分为若干地区。查士丁尼于538年立法中再度重新区划埃及地区,为强化民事行政和军事权力,特别规定埃及各省区省长Doux总揽各自辖区的军事行政权力,同时地方税收则指派专门官员根据特殊方法征收。拜占庭帝国在埃及地区推行特殊政治经济和宗教文化政策,因此在该地区始终设立特殊统治机构。②

拜占庭帝国时期的巴勒斯坦比今天包括的地域更广泛,约旦、叙利亚都在其辖区内。5世纪初,巴勒斯坦地区被划分为三个省区,称为"巴勒斯坦甲、乙、丙",省会分别为恺撒利亚、埃鲁撒和斯基多堡。至查士丁尼时代,该地区首脑地位提升为总督,因为查士丁尼认为巴勒斯

---

① 徐家玲:《早期拜占庭和查士丁尼时代研究》,第67—69页。
② 陈志强:《拜占庭学研究》,人民出版社2001年版,第294—310页。

坦是上帝之子降临人世的圣地，应该在皇帝的直接控制下，并使它更加繁荣。事实上，查士丁尼加强控制该地区是为对抗波斯人对远东国际贸易的垄断，大力发展东地中海和阿拉伯半岛沿海商业区，以求通过海上贸易突破波斯人的封锁。正是在查士丁尼的特殊政策支持下，巴勒斯坦地区进入繁荣阶段。但是，埃及和巴勒斯坦地区的基督教信徒坚持独立信仰，与拜占庭帝国官方支持的正统信仰发生长期对立，中央政府在这两个地方多次进行宗教迫害，导致地方离心倾向日益增强，最终导致 7 世纪中期在伊斯兰军事扩张中完全脱离拜占庭帝国，成为哈里发国家的领土。类似于埃及总督和巴勒斯坦总督这样的官吏在帝国其他地方，如北非和意大利地区也可以发现。

拜占庭帝国中央政府的重要官员是国库官，其中既有国库长官，也有皇产官员。根据学者研究①，6 世纪拜占庭帝国财政管理被置于三个部门长官监管之下，即大政区总督、圣库伯爵和皇家私产长官。

大政区总督控制与公共工程、军队供应和谷物贸易有关的财政事务，因此，他掌管大政区金库（άρχα）。该金库分为"总银行"（γενικέ τραπέζα）和"专业银行"（ιδική τραπέζα）两个部门。国库长官在财政上的职责是征收辖区内工商业税收，各种税收测定和薪俸测定。测定的结果由大政区总督下发给政区首脑和省区首脑，最后各地方议会任命的官员负责向纳税人公布税额和具体要求，完成税收。原则上，大政区总督负责管理税收的征收和使用。政区财务部门中有多种官吏分头管理，大政区总督则派遣省级巡视员对地方工作进行监督。

圣库伯爵主要负责管理国家金银矿、铸币厂和国家手工作坊，后者包括军械武器生产、高级服装的贵金属装饰、丝绸染色和成衣制作，他还负责发放军饷。为了完成其复杂工作，圣库伯爵主管十个司，分别为

---

① 〔英〕哈尔顿：《7 世纪的拜占庭帝国》，剑桥 1990 年版，第 173—214 页。

教会事务司、岁入统计司、邮驿司、军饷司、铸币司、政区财政事务司、矿务司、工场司、军械司、皇帝服装司。圣库伯爵在各个政区和省区设立办事处或代表,并有独立的运输系统。圣库伯爵还监管国外贸易长官的工作。各司内部管理体系完备,例如铸币司首脑铸币司司长直接控制各铸币厂,查士丁尼时代,设立君士坦丁堡、塞萨洛尼基、迦太基和拉文纳四大金币厂,尼克米底亚、安条克、希吉库斯、亚历山大、车绳、卡撒基那六大铜币厂。①

皇家私产长官负责国家土地的管理和地租的征收。所谓国家土地理论上包括所有国土和附属国捐赠给帝国皇帝的土地。有些地区,例如卡帕多细亚和比塞尼亚,几乎整个属于皇帝私产。皇家私产长官后来被称为皇家私产伯爵,其下属官员再分为若干专门司,如土地转让司、地租司、土地出租司等。他们在各省建立自己的工作机构,监督所属职权范围内的事务。皇家私产部门设立独立的金库,其收入主要用于皇家各项开支,有时皇帝从该金库提取金钱用于公共事业。由于拜占庭帝国早期历史上政府部门变动频繁,财政官员及其名称和职责时常变化,后人难于掌握。据566年的资料,皇家私产部分为五个司:私产司、私产库、卡帕多细亚皇产司、(其他地区)皇产司和意大利皇产司。意大利皇产司显然是查士丁尼胜利进行意大利战争的结果。②

秘书是一种专门从事文字工作的职员,或称书记,在拜占庭各级政府中广泛存在,只是因其服务的对象级别不同而地位有别。总体上看,秘书分为皇帝的秘书和普通秘书两类。前者专门为皇帝个人服务,起草各种文书,《秘史》中提到的主要是他们。后者则多为行政和军队长

---

① 〔英〕琼斯:《晚期罗马帝国》第1卷,第374、437页。
② 〔英〕哈尔顿:《7世纪的拜占庭帝国》,第173—175页。

官的副手,发挥重要作用。例如,普罗柯比就是贝利撒留的法律秘书。道路秘书后来成为邮驿大臣的副官,相当于邮政部副部长。①

拜占庭帝国对外活动频繁,外交活动多由使节担负。使节地位一般比较高,多为皇帝心腹。他们既包括世俗官员,有时也包括教士,完全依据其担负的外交使命而定。为了保证军事外交活动,拜占庭帝国驿站发达。驿站来源于罗马帝国时代遍布全国各地的邮驿制度。拜占庭帝国早期皇帝重新组织规划国家邮驿系统,君士坦丁一世下令将道路分为用于商旅的商道和用于信使军旅的官道两大类。前者因重于商货运输,规定使用牛车,而后者强调时间且通行规模大,规定使用马车和骡子。除了信使外,官道上禁止任何人骑马疾行。沿国家公路,设立了大量国家驿站。《秘史》中记载,一般信使在一天内可以骑马通行5—8个驿站。驿站中备有过往人员所需要的粮草和休息的房间,以及国家信使换乘的马匹。驿站和道路最初由大政区总督下的邮驿官管理,后来转交总理大臣掌握,至7、8世纪专门处理邮驿事务的邮驿长官就上升为邮驿大臣($Λογοθέτης$ $του$ $δρόμου$)。驿站一度成为国家征收紧急物资的工作站。由于驿站所需马匹、粮草等开支成为地方政府的沉重负担,这一体制后来难以维持。②

拜占庭帝国皇宫中设立了许多内宫官职。君士坦丁一世设立了宫廷大总管($Πραιποσιτός$ $του$ $ευσεβεστάτου$ $κοιτώνος$)以取代过去的管家(Cubiculo)。其职责是安排皇帝的内室,如寝宫、书房、服装室,并负责安排大臣们觐见皇帝的时间表。最初,他的官职地位虽然不高,但是,他作为皇帝的亲信,参与许多重要的事务。到了5世纪,他在官职表中就上升到与司法大臣相当的地位,皇后可以任命自己的管家。宫

---

① 〔美〕薛瓦莱尔:《罗马道路》,伯克利-洛杉矶1976年版,第82—90页。
② 〔美〕薛瓦莱尔:《罗马道路》,第90—106页。

廷管家权势的扩大也增加了其他官僚的怨恨,其职权遂被逐渐削弱。由于宫廷生活繁杂,宫廷大总管管理一大批以宦官为主的管家,除了负责内宫生活的管家外,还有负责喂养皇帝的坐骑,管理皇家游艇、狩猎、放鹰等各方面的管家。但是,由于内宫管家与皇帝联系更密切,其地位普遍高于其他管家,例如服装管家被称为"圣装伯爵"(comes sacrae vestis)。① 值得注意的是,在拜占庭帝国领取薪俸的官职表中,还名列医生和教师。显然,部分医生和教师被确定为国家官员。晚期罗马帝国的教师大多在各市镇学校教书,拜占庭帝国初期继承了这一传统。由于教师工作的国有性质,他们从国库领取薪俸,并享有免除劳役和税收的经济特权。查士丁尼继续将教师编入国家官吏系列,《查士丁尼法典》第 10 卷第 53 条明确规定教师享有的经济特权。拜占庭帝国的教师分为初级学校和高级学校两种教师,前者主要从事相当于今天初中以下的教育工作,收入较低;后者多为高中和大学教师,由于他们大多是著名学者或科学家,故收入较高。医生的情况与教师相似,他们在拜占庭帝国初期也属于国家"干部",直到 7 世纪中期以后,医生和教师才逐渐失去其传统的特权,只有大学教授、宫廷医生和军队医生继续保持在国家官职名单中。②

由于官吏均有房地产和其他产业,因此他们都在常住官府所在地。每年基督受难日,皇帝接见并发放货币薪俸,教师和将领则领取实物薪俸。每年的复活节,皇帝向各级官吏赏赐官职徽章和官服。据现代学者估计,4、5 世纪时,有级别的拜占庭帝国中央政府官员总数达到 2000 人,他们的生活都十分富有。8 世纪皇帝君士坦丁六世的国丈非拉利

---

① 〔美〕博克等:《对晚期罗马和拜占庭管理机构的两项研究》,纽约 1924 年版,第 178—223 页。
② 〔美〕里梅尔雷:《拜占庭人文主义》,堪培拉 1986 年版,第 286—298 页;〔美〕马克金尼:《中世纪手稿中的医药图画》,伯克利-洛杉矶 1965 年版,图 1、5。

图斯就是一个典型,他拥有多处田产和庞大产业,他使用的餐桌全部用金银制造,并镶嵌象牙和宝石,可以容36人同时用餐。其父母、兄弟姐妹及其子女共30多人共同生活。他拥有48个农庄、100头牛、600匹雄马、800匹母马、80匹骡子、12000只羊,以及其他家畜和家禽。而普通农民仅有一所家庭住房和生产用房、1头驴、1头奶牛和2头耕牛。10世纪的贵族寡妇达尼丽斯比非拉利图斯还富有,她拥有80个农庄、300个家奴。14世纪的大贵族约翰·坎塔库震努斯在塞撒利地区的农庄遭到洗劫,损失了500头牛、2500匹马、200头骆驼、300匹骡子、5000头驴、50000只猪和70000只羊,以及大量金银财宝等。

第二节 农业和农民

一、农村生活

拜占庭社会是以农业为基础的农本社会,大部分人口居住在农村,从事满足整个帝国主要物质需求的生产,因此了解农村生活对于了解拜占庭历史具有特别重要的意义。

根据8世纪成文的《农业法》可以知道,拜占庭农村以村庄为基层组织单位,农民组织成大小不等的村庄。村庄内以农民住区为核心分布着农民的生活区域和生产区域。农村中的村庄组织具有纳税单位的含义。《农业法》比较清楚地表明农民因破产而迁徙的自由权利,明确地肯定了与逃亡农民同在一个村庄的其他农民具有使用弃耕农田的优先权,强调因农民逃亡成为弃耕土地的使用和该土地产品的归属,以及纳税义务的转移和完税的责任,即当一块田地成为弃耕田后,该田地原来承担的国家税收义务并不因为原主人的消失而消失,其税收义务不是确定在农民身上,而是承负在田地上。而确保农民完成国家土地税收的组织机构是村庄,逃亡农民所在村庄的其他农民以完成该土地税收的责任和义务换取了使用弃耕田地优先权。对村庄内农民而言,每块荒芜农田都意味着税收量的增加。这就是拜占庭帝国特有的"连保制",按照这一制度,荒芜农田的税收由其所在的村庄代缴。①

由于农业税收是国家收入的主要来源,因此拜占庭帝国皇帝多次颁布"保护小农"的立法。根据皇帝罗曼努斯一世922年立法规定,农民及其所在村社享有优先占用农田和农村建筑的权利,②这一法令除了通常人们理解的限制大土地发展,进而加强中央集权的政治含义外,还具有国家保护其税收,维持财政收入的经济含义。③ 拜占庭国家通过行省政府实现对地方的管理,地方政府则主要以派遣巡回法官和税收官吏控制农村居民。④ 法官不定期地在某一地区各村庄之间巡回,处理农民日常生活中发生的各类纠纷,例如有关地界、借用牲畜和利息等纠纷。在法官离开某村庄期间,农民可以按照法律订立契约。法官具有行政管理权,通过司法管理来实现。国家对村庄的经济管理则是通过行省税务官员每年5月和9月征税活动实现的,他们每三年重新清查农村土地状况,确定税收额度。

在村庄内,土地主要用于耕种,农田以"份地"形式分配给农民,种植谷物等粮食作物的田地不在农民住区附近,采取敞开式耕作方法,农

---

① 〔希〕卡拉扬诺布鲁斯:《拜占庭国家》,塞萨洛尼基1983年版,第90—99页。
② 〔希〕泽波斯:《希腊罗马法》第1卷,雅典1931年版,第233页。
③ 陈志强:"拜占庭军区制和军兵",载《历史研究》1996年第5期。
④ 菲洛塞奥斯的《官职表》完成于9世纪,是研究此期数百年拜占庭帝国行政管理问题的最重要的资料,目前有多种文本行世,本文参考〔英〕布瑞《9世纪帝国管理制度》,牛津1911年版,第131—179页,所附原文本。

民份地之间以"沟渠"为界,这里所谓"界沟"是指村庄内农民份地之间的分界。菜园、果园、葡萄园和种植橄榄的林地①也分配给农民使用,除了后者采取敞开式耕种外,园地都以栅栏和壕沟围起来,防止牲畜啃噬和不法之徒偷盗。各村庄还保存一定数量的公共土地,为村庄所有农民共同使用,它们分散在村庄核心区的农民生活住区和村庄周围地带,放牧用的草场、砍伐生活用材的树林、河流经过的河畔等均为公共土地。

农村中每年进行弃耕土地和公共土地划分。从有关村庄集体缴纳税收的研究中可以了解到,村庄为保持完税的能力,必须使弃耕的土地恢复生产,而农村人口的变动也迫使村庄不断划分公共土地。因此,村庄中进行的土地划分就不是土地的重新分配,而是土地追加分配。有能力经营的农民有权参与非正式的土地划分,并占用划分后的土地。在确保土地生产的前提下,所有农民都可以参与村庄内的土地划分。而由政府派遣的税务官吏主持进行的正式土地划分具有决定意义,因为平时进行的非正式土地划分由于多户农民的参与,必然会在划界、地点等问题上产生争执,进而在税收方面造成问题。政府每三年进行一次的农村土地清查登记,就成为村庄内土地的正式划分。在正式土地划分期间,税务官和法官将按照《农业法》审查认定农民平时进行的土地划分的合法性,同时进行土地税收清查。

农村中数量较多的土地是份地,它是农民的主要生产资料,大多是一些不连成片的可耕地。份地还具有财政税收的意义,为纳税人所有和经营,由农村组织监督管理。份地通常由农田、住区构成,但是其财政上的含义还包括牲畜和农业投资。根据 10 世纪的文献,份地可以通

---

① 橄榄树种植多在贫瘠的山坡地,《农业法》中多处论及,其中使用的词汇为当时拜占庭人习惯用语,这使个别学者产生误解,以为当时拜占庭人放弃橄榄种植。参见〔法〕勒梅尔勒《拜占庭农业史》,第 37 页。

过买卖转给所有人。农民的份地通常都包括一部分菜园,主要用于满足农民及其家庭的副食消费。大部分农民均有自己的小块菜地和果园,有些靠近城镇的农民则将份地的大部分用于蔬菜生产。由于包括葡萄在内的水果和蔬菜混合种植,所以在实践中果园和菜园区分并不明确。份地上的主要生产设施是引水管道,设在山上的蓄水池提供旱季生产用水,除了靠近河流的地区有提水车外,多数地区的蓄水池主要靠雨季蓄水。

拜占庭农村的规模不大,一个农村一般有几十户人家。除了用于生产的土地外,农村里还有闲置的公共土地和住宅区。根据考古发现,村庄里房屋集中一处,但是相互并不毗邻。每处农舍既有住房,还有磨坊、谷仓、草垛、酒窖、饲料棚、车库等,房前屋后一般有菜园和果园。村庄里还包括林地、牧场、打谷场、羊栏、马厩等家畜区和公共用地。

拜占庭农村生活属于慢节奏的田园生活。清晨天将破晓,此起彼伏的鸡鸣将人们从沉睡中唤醒。住在地下室和阁楼中的仆人或家庭主妇们最先起床,生火做饭,忙碌着准备早餐。农夫和子女们纷纷起床,穿着棉布或亚麻布的内衣和宽松的睡袍洗漱,女人们还要梳头化妆。拜占庭妇女们使用诸如动物油脂、植物口红、矿物增白霜之类的化妆品,贵族妇女也经常使用脱毛剂。妇女的发型也时有改变,或梳成发髻,或自然披肩,一些贵族妇女梳高挽式发式。拜占庭农夫一般穿长及膝盖的套头长衫,妇女穿长袖套头束腰衣衫和束腰上衣,下身穿长筒袜。地位较高的人身穿宽袖紧身短外套和披风斗篷,脚穿浅邦鞋。农夫穿的束腰长衫适应地中海温暖的气候,服装颜色鲜艳,多为天然物质染色。在冬季,农民们要穿驼毛或山羊毛编织的长袍,只有北方部分地区的人穿毛皮长袍,包括水獭皮、松鼠皮、羊皮、兔子皮、貂皮、海狸皮、狐狸皮和银鼠皮等。每个家庭都有节日服装,不仅色彩艳丽,而且饰有流苏、金银丝线镶边或彩色玻璃镶嵌。人们平时还佩戴各种样式的腰带和首饰,如戒指、胸针、项链、发带、衣扣、手镯等。

平时,农庄里的居民按部就班各自从事自己的工作,妇女或仆人们做家务,女人们或者做一些镶边、刺绣之类的针线活,或清扫庭院和准备饭菜。孩子们则在母亲身边玩耍,或在教师的指导下学习。农夫们按照季节安排自己的农活,或扶犁耕地,或锄草施肥,或修理果树,或挥镰收割。他们日出而作,日落而息。农庄中有专门的铁匠,为本村的农夫打造蹄铁、钉子和牛车配件。富裕人家的仆人们则要为主人擦地板洗杯盘,女工负责床单、桌布、毛巾、脏衣服的清洗。家庭主妇还要准备冬季食物,腌制肉类,即是把肉埋在盐粒中,或浸泡在浓盐水中。有时她们用酒、葡萄汁、醋、圆葱、姜、胡椒、番红花、肉桂、芥末和丁香烹饪食物。拜占庭人多生活在靠海地区,水产品比较丰富,他们喜食海鱼,池塘或河流、湖泊的鱼多用来喂猫。采摘水果和蔬菜的农活大部分也由妇女完成,她们在住宅附近的果园里收集成熟的柑子、葡萄、无花果、苹果、梨、李子、桃子等。养殖蜜蜂和酿制蜂蜜的工作则属于男子,蜂蜜主要用于制作甜食。香料、食品调料和海产品等农庄里不生产的东西大多是从定期的集市上换来或买来的。

农闲时节,农庄里到处可见游戏的农夫,他们在树下门厅玩掷骰子的"达乌里"棋。晚餐是农村里最欢快的时刻,一家大小聚集一堂,大人们忙碌不停,准备饭菜,儿童们游戏打闹。他们在大桌上铺好台布,摆好刀叉,放上各种调料,端上面包和烤肉。一般家庭分长幼宾主,客人坐在最重要的位置,其他成员依次落座。饭前要祈祷。席间有葡萄酒和茴香酒。葡萄酒是各家自己酿造的,方法简单,即是将葡萄汁放置在酒窖中发酵,过滤后即可饮用。茴香酒的酿造工艺复杂,一般由农庄中专人酿制,原料为黑麦和燕麦,添加茴香调料。拜占庭家庭饭后甜点和水果必不可少,甜食大多浸泡在橄榄油中。

二、农业

拜占庭人的消费结构决定了拜占庭农业生产的内容。根据拜占庭匿名作家的《论食物》记载，不同地区的拜占庭人饮食略有不同，每天吃一至三餐，主要包括面包、豆类（加入汤或菜中）、鱼、肉、蔬菜、水果和葡萄酒，其中橄榄是每餐必备，奶类食品除鲜奶外，奶酪也必不可少。葡萄酒多为家酿，酒精含量约在10%。蔬菜的种类很多，史料提到的有卷心菜、黄瓜、各种萝卜、大蒜、圆葱、韭菜、南瓜和莴苣等，而水果以苹果、无花果、桃子、葡萄和西瓜为主。拜占庭人喜食海鱼而讨厌淡水鱼，来自江、河、湖的鱼多用来喂猫狗。海鱼的种类很多，按口味和多寡分不同档次，最贵的高档海鱼是从非洲贩运来的鲟鱼。新鲜肉类是主餐的中心食物，包括鸡鸭鸽鹅等各种飞禽和牛羊猪马等各种家畜鲜肉，采用晒、腌、熏、烤等方式制作的肉食也是常用食品。泡制橄榄的食用可能不如对橄榄油的使用，因为几乎所有拜占庭人的食物里都加入橄榄油。拜占庭人的口味偏甜，逢餐必有甜点，多是用蜂蜜、鸡蛋、奶和面粉烤制而成。温暖的地中海气候使拜占庭人的服装比较轻快单薄，其样式复杂丰富，从贵族到农民，从教士到乞丐，服装的质料千差万别，主要有棉、麻、毛、丝绸，其中丝绸为皇家控制材料，没有皇帝的特许不得穿戴，而棉布和亚麻服装最普通。羊毛织物因其厚重，多为冬季服装的材料，或制作拜占庭特产地毯、挂毯、帐篷等。拜占庭帝国多山地，少平原，因此交通工具以驴马为主。

拜占庭人所在的东地中海地区属于亚热带农业区域。自该地区出现早期人类文明以来，大气候环境的变动并不剧烈。数千年来，每年大体分为旱季和雨季，虽然文献中提到春夏秋冬季节，但没有明显的四季之分。当4月阳光普照、春暖花开时，气温迅速上升，晴朗无云的旱季可以延续到10月，而后风雨骤至，阴雨连绵，北部马其顿各地甚至雨雪交加，但少数最寒冷的日子气温不过零下10摄氏度。温暖潮湿的气候使拜占庭帝国一度广袤的土地形成了地方特色多样化的农业。南意大利、埃及和小亚细亚平原盛产谷物，巴尔干有限的可耕地适合各种蔬菜水果的生长，特别是日照时间很长的山地丘陵更适合橄榄树生长，而且产量稳定，质量上乘，含油量高。各地所产的谷物、肉类和蔬菜首先满足当地人口的需求，而像拥有50万—100万居民的君士坦丁堡这样的大型城市和中等规模城镇的粮食供应则主要依靠贸易和中央政府调拨。7世纪以后，拜占庭帝国丧失了北非、西亚大片领土后，粮食供应短缺，人们的饮食习惯发生了变化，肉类食品比例增加，也带动畜牧业长足发展，而拜占庭帝国多山的中心地区适合各类家畜放养。据记载，同一时期服装原料也因盛产棉花的埃及被阿拉伯军队占领而转向以亚麻和羊毛为主。总之，与生产生活资料相关的主要自然资源首先是土地，其中可以耕作和经营的土地包括农田、果园、草场和林地，而水资源的利用完全是原始形态，即靠天吃饭，或靠水吃水，或靠山吃山。

拜占庭帝国多样性的土地条件和充足的日照适合种植橄榄和棉花，以及燕麦和葡萄。在土壤层较浅的山丘地区，土地面积较小，葡萄、各种水果、蔬菜、亚麻、棉花、橄榄和芝麻是主要的经济作物，在埃及、小亚细亚和色雷斯等土地肥沃的平原地区，谷物则是主要的农作物。当作为拜占庭帝国"谷仓"的埃及和非洲行省被阿拉伯军队占领后，后两者成为拜占庭帝国城市口粮的主要来源地。在土地贫瘠干旱少雨的山区，畜牧业要比农业更为发达，成为居民主要生活资料的来源。土地资源和气候条件决定了拜占庭农业的多样化，土地种植的主要形式包括以谷物生产为主的农耕土地，以葡萄、水果和蔬菜种植为主的菜园果园和橄榄林，以及希腊南部发展养蚕和丝织业的桑树林。

拜占庭农业技术的发展缓慢，使用的主要农具大多沿袭古代农具，变化不大，适用于多石土地的犁耕农具包括单划浅翻牛拉犁、犁铧、牛鞅等，田间管理农具包括厕铲、锄头、剪枝刀和各种手锄等，收获庄稼农具包括大镰刀、斧头等，农耕中主要利用人力、畜力（牛和驴等）。这些农具与古希腊农业家塞奥非拉斯杜斯在其《论种植业》中提到的农具相比没有大的区别。谷物脱粒多使用牲畜踩踏，或是用木枷敲打，而没有脱粒机械。比较复杂一些的机械是橄榄葡萄榨汁和磨坊装置，其动力以畜力和水力为主。在埃及地区有大型的农田灌溉设施，从尼罗河引水浇灌农作物，在叙利亚和小亚细亚有直径达10米左右的提水车。农业中普遍注意保墒，或使用人畜粪便作肥料，或施行两田轮作制恢复地力。每年两季种植，夏、冬作物比较普遍。拜占庭农业的发展主要体现在谷物质量的提高，例如小亚细亚地区种植的硬粒小麦和巴尔干半岛种植的黑麦均为产量稳定、易于保存的种类。随着拜占庭帝国领土面积的缩小，谷物生产地区的丧失，使畜牧业更加发达，与此相关的技术逐渐发展，例如奶酪等奶制品的制作工艺进一步完善。

学者依据税收量推测，农民年收成的三到四成纳税，五成维持家庭生活所用。与西欧中古时期农奴相比，拜占庭农业生产水平略高一些。12世纪的文献记载，谷物产量可以达到播种量的20倍，这大概只是少数地区的最高产量，而更普遍的情况是收获量与播种量之比低于6∶1。其他农产品种类繁多，产量较高，供应充足，弥补了谷物短缺，也因此影响了拜占庭人的饮食习惯，奶制品和肉类食品的比重越来越大，蔬菜水果的食用量日益增加。

由于拜占庭人严格遵守基督教的婚姻制度，人口增长缓慢，劳力短缺的现象一直非常严重，人力资源不足，地多人少，一方面造成农业技术发展的压力不足，另一方面人口增长和土地资源之间的矛盾不突出，拜占庭历史上始终没有出现大规模垦荒或毁林造田的现象。为了补充农业劳力，拜占庭帝国多次进行移民，将进入巴尔干地区的斯拉夫人迁移到适合谷物生产的小亚细亚地区，形成了以平原为中心的谷物生产区，和以山地丘陵为中心的畜牧业生产区，以及巴尔干沿海各地的蔬菜水果生产区。

三、拜占庭封建化问题

拜占庭封建化是现代学者用以说明拜占庭社会、政治和经济多样性特点的常用词。国际拜占庭学界对"封建主义"及其相关概念的定义多有争议，因此，对于拜占庭帝国是否存在过封建主义，何时成为封建社会，拜占庭社会的哪些部分可以算作是封建的，以及"封建主义"是否能用于拜占庭历史等均提出不同观点。

拜占庭学界对此问题的意见可以大体归纳为以下两种。最早提出这一问题的是坚持以马克思主义历史唯物论分析拜占庭历史的苏联学者。他们认为，封建主义概念有广义和狭义之分，相当长时间里一直被当作是西欧中古社会各国共有的，并被视为西欧地区区别于其他地区的封建主义概念属于后者。而前者是指社会发展的一定阶段。根据历史家和社会学家的说法，这个阶段是任何民族社会演化和发展必经的历史时期。那种认为封建主义复杂的政治、社会和经济现象只属于西欧的观点是一种偏见。正是由于广义封建主义概念逐渐为人们所认同，拜占庭学者如同其他学者在古代埃及、阿拉伯哈里发国家、古代日本、中国和古代俄国发现封建化现象一样，也深入研究拜占庭封建化问题。他们主张，拜占庭封建化的方式和程度不同于西欧封建社会，其封建化过程远没有达到完善的程度，只表现在社会生活的某些方面。但是，他们强调只有运用封建社会的理论才能了解拜占庭社会。他们在拜占庭社会完成封建化的时间上有不同意见，分别持 3 世纪、7 世纪和 10 世纪说，主要依据包括，晚期罗马社会的 coloni（隶农）是否演变为农奴，以及 10 世纪的农村公社成员是否是自由的小农,或国家的农民。这派学者中认为封建主义是指公共国家权力转移到私人手中,拜占庭社会广泛的特权,如经济上的免税权、管理权和司法权等权力何时和在多大范围上转移到大地主手中是衡量拜占庭封建化的标志,而这一过程在14—15世纪拜占庭帝国灭亡前夕时才达到顶峰。

还有一些拜占庭学者将封建主义定义为统治阶级成员中等级制度确立的关系体系,因此认为在西欧中古社会普遍存在的封主封臣之间的封建义务、采邑和封地等封建概念不适用于拜占庭社会。他们认为高度君主专制的拜占庭帝国的贵族并没有形成"我的封主的封主不是我的封主,我的封臣的封臣不是我的封臣"形式的等级贵族。部分学者甚至认为,用封建主义概念说明拜占庭社会将产生严重的误导,把完全属于西欧社会本土特有的现象硬塞进拜占庭社会,使拜占庭社会的许多特点被忽视。

尽管拜占庭学者对封建主义的看法各异,但是他们都承认,拜占庭社会存在某些与西欧中古社会相似的制度和现象,例如免税权(immunity)、依附农(pronoia)、亲王封地(appanage)等,这些制度和现象似乎不是古代罗马社会的遗产而是拜占庭帝国后来出现的"土特产品"。因此,大多数拜占庭学者主张即便不使用封建主义这个词,也要使用"封建倾向"或"封建化"来说明相关问题。

如果按照广义的理解,把封建主义当作中古社会发展的一个阶段,并就这个阶段人们对包括生产资料在内的资源占有形式、物质产品的生产和分配方式、劳动组织以及相关政治制度和居民精神文化生活等事实进行全面考察,那么拜占庭封建化的提法是成立的,因为毕竟多一种解释体系有助于了解拜占庭社会,进而通过比较研究,了解世界各地中古社会的多样性。事实上,人们已经不再把狭义的西欧封建主义当作普遍适用的模式,诚如马克垚先生在《西欧封建经济形态研究》中指出的:"随着史料的增多,地方史研究的兴起,发现即使在西欧,原来概括出的普遍性能否成立也大有问题。"拜占庭封建化是指拜占庭社会政治、经济、司法、宗教、文化各项制度和生活方式形成的过程,其内容涉及社会生活的各个方面。

由于拜占庭帝国实行高度中央集权的皇帝专制制度,皇帝在理论上拥有全国土地的所有权,因此,无论是皇产、教产还是农民或地主的私产,都自愿或被迫服从皇帝的安排。如果一定要以"国有"或"私有"的概念来衡量的话,拜占庭帝国土地是处于皇权控制下的流动状态,即不断变换两种所有权。皇帝可以将土地赏赐贵族,使该土地从国有变为私有。皇帝也可以没收贵族的土地充公,使该土地从私有转变为国有。以服兵役为代价分配给农兵耕种的军区所辖地被军事贵族侵吞后,就使该土地的所有权发生转移。而国家通过法令强制恢复对教会土地的税收则意味着恢复了该土地的国有性质。总之,拜占庭国家以纳税为条件将土地通过多种形式分配给个人使用,个人之间以地租为条件转换使用权,国家始终保持对任何土地的税收和没收的权力,这是否相当于"普天之下莫非王土"？税收是皇帝实现其土地所有权的主要方式,因此拜占庭帝国拥有西方中古世界最完备的税收体制,有一支训练有素、素质极高的税收官僚队伍。拜占庭帝国从开始就征收货币和实物结合税,而纳税人的范围包括所有臣民,税收的种类遍及所有行业。直到拜占庭帝国晚期,皇权衰落使政令只能在首都及其郊区实行,此时在遥远的黑海南岸和爱琴海沿海个别地区出现了"亲王封地",在小亚细亚出现了军事贵族大地产,脱离了国家税收体制的控制。

所有制问题说到底是资源配置方式问题。为了能最大限度发挥物质资源的潜能,人们总是寻求和保持某种合理的配置,不仅包括经济的,也包括政治和意识形态的。拜占庭社会的政治结构呈金字塔形,皇帝处在塔尖,其下有庞大的等级森严的官僚贵族集团。皇帝严密控制高级军政官僚贵族的任免权,并将包括教会在内的各种势力当作维持统治的工具,使各种社会权力高度集中,使拜占庭帝国拥有欧洲中古时期最完备的官僚机构。为了保持官僚系统高效率的运行,拜占庭人广泛继承了古典时代文明的丰富内容,通过完善的文化制度和系统的教育方法,不断培养各级官员。为了防止官僚集团势力控制皇权,每代皇帝都不断调整官僚的等级,从而使各个社会阶层都有机会进入最高政治核心。

拜占庭社会"封建化"具有如下突出特点:首先,在拜占庭社会经济生活各种因素中,人力资源相对匮乏,而自然资源比较充分,特别是土地资源的利用面临的压力主要来自劳动力短缺,没有出现人多争地的现象,尽管有大规模的移民运动,但仍无法根本解决问题。因此,对资源的利用长期停留在浅层开发和使用自然状态的资源,技术发展迟缓,发展动力不足。另一方面,大土地所有和小农生产之间的矛盾始终不突出,地主和农民之间的对抗也不明显。作为罗马帝国的继承者,拜占庭帝国承袭了罗马时代的诸多封建因素,包括完善的国家机构和官僚体制,以及维持庞大中央集权国家机器的税收制度。皇帝专制制度使拜占庭人避免了西欧等级封建制度的诸多弊端,并依靠国家的整体实力在东地中海动荡的军事环境中保持了相对的安定,维持了相当长时期的社会繁荣。强大的中央集权为国家维持农村村社组织和集体纳税提供了保障。造成拜占庭皇权专制和中央集权强大的重要原因除了历史因素外,主要是其所处地理战略位置而引发的战争需求,而不是经济因素使然。拜占庭帝国中期历史上出现的军区制改革完成了社会军事化,使资源配置适合战争的需要,保持了国家近五百年的强盛。而当这一合理的资源配置遭到破坏后,拜占庭帝国就进入其衰亡阶段了。拜占庭经济生活中的突出现象是工商业发达,而工商业发达的重要因素在于城市生活的水平较高。特别是拜占庭农业深刻地卷入商业贸易活动中,为维持城市生活和国际市场提供了坚实的基础,同时使以自我消费为主的拜占庭社会一直能够保持较高的生活水准,成为欧洲和地中海中古世界生活质量最高的地区。

四、农民

农民是拜占庭社会的主要成分和基本劳动力,他们的生产生活状况决定拜占庭帝国的兴衰,因为农业税收是拜占庭国库的主要来源。

拜占庭帝国缺乏人力资源而不乏自然资源,皇帝通过立法限制人口流动,或大力推行移民政策。例如对斯拉夫部落的几次移民,最多时达到数十万人。8世纪的《农业法》最能反映农村劳动者的状态和能力,即各种劳力(人力、畜力、自然力)是如何与自然资源相结合的。在拜占庭帝国,农民是指以土地耕种为生的农村居民。由于他们的地位频繁变化,在拜占庭历史上出现了许多类型的农民。学者们对4—6世纪自由农民是否衰落存在不同解释,原因在于当时的立法将农民固着在土地上。事实上,限制农民迁徙自由的立法旨在解决劳力不足的问题。7世纪初以后,拜占庭军区制普遍推行,促进了以农兵为主体的小农经济的发展。8世纪以后长期通行在拜占庭各地的《农业法》表明,农民普遍生活在村社里,耕种由村社分配的份地或经营葡萄园和果园,集体承担赋税,并由村社集中缴纳,每年两次。他们大多有自己独立的经济,土地使用权来自"古老"的传统,农民有迁徙的自由,并不丧失原有土地的使用权,只是要对在他们离开期间耕种其土地的邻居给以经济补偿。而拥有使用土地优先权的邻居则必须承担迁徙农民应负的税收义务。

拜占庭农村中大体有如下几种劳动者,即富裕农民、贫穷农民、佃户、奴隶。按照7—11世纪普遍施行的军区制,农兵以服兵役为代价换取耕种兵役土地的权利,平时以生产为主,战时以打仗为主,兵器马匹和粮草服装自备。10世纪以后,军区制开始瓦解,农民的地位不断下降,逐渐依附于新兴的大地主。这个时期出现的依附农被称为"帕力克",希腊语原意为"外来的邻居",他们与地主达成租佃契约,以支付赋税和承担国家劳役为代价获得土地耕种权。他们有独立经营的经济权和自由迁徙权,只是无权主张自愿或非自愿离开租佃土地时的权利。11世纪以后,依附农的数量增加,到13世纪超过了以前的小农。值得注意的是,以经营租佃土地为生的依附农一直没有丧失人身自由。

《农业法》涉及的农民成分比较复杂,包括什一分成租佃制和对分租佃制的承租人和租佃人、领取工钱的雇工、收取定金的代耕者、破产逃亡农民、牧牛人、园林看管人、磨坊主、牧羊人等。他们中既有以种植土地为生的农业劳动者,也有以经营畜牧业为生的牧民,贫富不同,生产劳动形式有别,但是,其地位平等,享有同等权利。农民拥有独立财产,包括住房、库房、酒窖等消费财产和份地、果园、劳动工具、牲畜等生产资料,他们对这些私人财产拥有完全的自由支配权,并受到法律的保护。农民还享有自由迁徙移居权,可以将自己的土地委托他人经营而远走他乡,还可以随时返回原来的村庄,收回其原有的土地。农民有参与村庄公共事务的权利,他们不仅可以作为证人参加邻里之间的协议,而且可以监督村庄内共有土地和水资源的使用情况,甚至可以否决村庄中不公平的土地追加分配。所有的农民,无论是贫穷的还是富有的,无论是土地出租者还是承租者,都是经营自己土地的劳动者,目前掌握的史料中没有类似西欧式领主的资料。

农民虽然享有平等的法权,但他们间的实际状况却存在较大的区别,主要反映在贫富差距比较大这一事实上。村庄中最富有的农民拥有多份土地,除了其自家的份地外,还代耕暂时离开村庄农民的土地。这部分农民既种植谷物,又经营葡萄园和橄榄树林,还饲养牲畜或拥有磨坊,甚至放贷取息。作为村庄中的普通成员,他们不是不劳而获的地主,而是经营份地的劳动者。与此同时,村庄中贫穷的农民只有少量的份地,一些外来农民则没有土地,他们依靠租佃来的土地为生,其中什一分成租佃农民可以占有土地收成的十分之九,而五五对分租佃农民只占有二分之一的收成。拜占庭帝国中期,包括土地税、园地税、牲畜税、户籍税和各种非常规特殊税在内的税收总量大体相当农村人均年收入价值的三分之一。[①] 显然,村庄农民逃亡的重要原因在于摆脱国家税收负担,因为逃亡农民在新的定居村庄至少可以逃避部分税收义务,尤其对贫穷农户而言,逃亡可能是减少税收负担的主要途径。拜占庭农村中还有少量的奴隶,他们主要放牧牛羊,可能属于家奴。由于奴隶不具有法人地位,所以奴隶造成的损失由奴隶主负责赔偿。

  农民对自己的份地拥有完全自主的使用权和处置权。他们在自己的土地上具有种植决定权,有权采取包括筑篱笆、挖壕沟和设陷阱等保护庄稼的措施。农民的土地权利还包括农产品所有权,产品归劳动者所有的原则保护农民的权益。法律对偷盗或故意毁坏他人劳动果实的行为给予极为严厉的处罚,包括鞭打、砍手、处火刑和瞽目。

  拜占庭农村中主要居民贫富差距较大,土地贵族富比王侯,而贫苦农民无力承担税收,被迫逃亡。沉重的税收导致农民起义不断。9世纪由斯拉夫人托马斯领导的农民起义在小亚细亚地区爆发,持续了三年。亚美尼亚和格鲁吉亚地区的斯拉夫人和遭到毁坏圣像派当局迫害的希腊人纷纷参加起义军。不久,伯罗奔尼撒半岛也爆发了农民起义,

---

① 〔希〕卡拉扬诺布鲁斯:《拜占庭国家》,第 95—96 页。

他们与小亚细亚地区的"保罗派"农民起义遥相呼应。农村中的骚动不安长期困扰着拜占庭政府。

第三节 教会和教士

一、正统神学和异端

拜占庭人确信基督教信仰是他们的立国之本，正如《查士丁尼法典》中所说：上帝对人类充满了爱，其恩典在于他赐予人的两大礼物，其一是处理上帝事务的教士，其二是处理人间事务的帝国。而帝国和教会如同人的身体和灵魂。由于基督教坚定地主张一神信仰，为不同国家和民族的不同肤色不同语言的信徒提供了单一的标准，把千年王国的希望奉献给所有人，并将其信条渗透到日常生活的各个方面，所以在拜占庭社会几乎人人热衷于宗教问题，上自皇帝贵族下至黎民百姓都在以今生的努力追求来世的理想。教会因此在拜占庭社会占有极为重要的地位。

拜占庭基督教也叫东正教，其发展的重要内容在神学领域。基督教是古代罗马帝国留给后世的重要遗产，8世纪中期罗马教皇国形成以前，基督教各派在共同名义下共同发展。1054年基督教东、西方教会正式分裂以后，罗马天主教和拜占庭东正教各自走上不同的发展道路。可以说，不了解拜占庭基督教就无法了解拜占庭历史。作为地中海世界广泛传播的世界性宗教，基督教在相当长时期里没有形成比较稳定的信仰体系，教会内部对于主要的信条也存在多种解释，直到8世纪才大体形成比较完整、独立和稳定的思想体系。

东正教神学的主要来源是古典希腊哲学和犹太宗教的神秘思想。

古代希腊哲学对基督教有广泛而深刻的影响,其中柏拉图哲学的"理念论"和"灵魂"学说对拜占庭神学影响至深。亚里士多德哲学中的世界体系原则和灵魂等级学说对拜占庭神学也同样产生重要影响,[1]这一哲学认为灵魂的等级依照世界万物的等级而排列,"如同整个自然之中的每一种存在物里都有一种潜在的原则和一个把它们带入存在的动力因"[2]。这种等级不同的世界体系和每个等级灵魂寻求最高原则的动因的学说就为拜占庭神学提供了外在的理论轮廓。斯多葛派哲学中理性心灵[3]演化为禁欲节制、服从忍让、仁爱慈善等基督教伦理思想,古希腊哲学与希伯来宗教思想相结合形成的"逻各斯"理论成为基督教"道成肉身"和"基督救赎"等主要信条的来源和拜占庭神学的重要内容。[4]

晚期罗马帝国和拜占庭帝国时代的希腊教父对拜占庭神学具有直接的影响,他们在基督教神学、犹太教神学和古希腊哲学碰撞和融合的过程中,以"正统"教义捍卫者的身份对尚在形成中的基督教教义进行系统的神学说明,逐步建立起神学体系的框架。这些神学理论通过325年尼西亚会议以后的七次宗教会议发展成为拜占庭基督教的基本信条。其中,于325年5月20日(另一说为6月19日)至8月25日举行的第一次宗教大会在斥责阿里乌派学说为异端的同时,有针对性地

---

[1] 《亚里士多德全集》由苗力田先生主编,中国人民大学出版社出版,其中第3卷《论灵魂》全面反映了亚氏的灵魂等级理论,见秦典华译该卷,1992年版,第1—93页。

[2] 转引自赵敦华《基督教哲学1500年》,人民出版社1995年版,第38页。

[3] 斯多葛派为古希腊哲学流派,因常在雅典集市画廊柱下讲学论道被称为"画廊学派",斯多葛派为其音译。由于该派哲学主张整个世界和所有人共享同一理念,服从同一"道"(Λόγος)的世界主义,因此为罗马统治当局所欣赏。

[4] 逻各斯"Λόγος"这一概念是由新柏拉图主义思想家提出的,后经基督教哲学家演变为神的概念。《圣经·新约》"约翰福音"开章明意写道:"Εν αρχη ητο ο Λόγος, καὶ ο Λόγος ητο παρα τω Θεώ, καὶ Θεος ητο ο Λόγος。"(太初有道,道与神同在,神就是道),这里最后半句中,英文《新约》译为"道就是神",可能有误。

发表《尼西亚信经》①,确定圣父、圣子、圣灵三位一体等基督教基本信仰。381年5月1日至7月9日间举行的第二次大会进一步肯定基督教国教地位,圣父、圣子、圣灵三位一体,同质同性同位同格的关系始被明确。在这次会议上,君士坦丁堡教区的地位得到承认,被排列在五大教区的次席。② 431年6月22日至7月22日在以弗所召集的第三次基督教大公会议进而解决了人、神两种性质是如何结合的问题。451年10月在察尔西顿举行的第四次基督教大公会议、553年5月5日至6月2日间在君士坦丁堡召集的第五次基督教大会只是强调和肯定了前几次大会确定的基督教基本信仰,680年11月7日至次年9月16日在君士坦丁堡举行第六次基督教大公会议再次明确提出,基督的神性和人性演化为相互统一为一体的两种意志、两种能量和行为,称为"为拯救人类而和谐共存的两种天然意志和行为"。③ 第七次基督教大公会议是在毁坏圣像运动期间于787年9月24日至10月13日在尼西亚召开的,会议文件从神学上解释了合法的圣像崇拜和非法的偶像崇拜的区别,强调对圣像的崇拜不应导致基督神性和人性的分离,也不应导致将基督的人、神两性混为一性。此后,拜占庭教会神学没有发生重大变动。

与正统神学同时存在的是多种"异端"思想,其信奉者构成异端教

---

① 《尼西亚信经》的主要内容:"我们信:独一天主全能的父,创造天地有形无形万物的主;信独一主耶稣基督,天主的独生子,在万世之前为父所生,从光而来的光,从真神而来的真神,受生而不是被造,与父同体,万物都藉着主而被造,为我们世人和拯救我们从天降临,因圣灵和童贞女马利亚取着肉身,成为世人,在本丢彼拉多手下为我们钉在十字架上,被害埋葬,照《圣经》的话第三日复活,升天,坐在父的右边,将来必有大荣耀再降临审判活人死人,主的国无穷无尽;信圣灵为主,是赐生命的,从父子而来,与父子同受崇拜,同受尊荣,曾藉着先知训言;信使徒所立独一圣而公之教会;信赦罪的独一洗礼;指望死人复活和永久生命。"引自罗竹风主编《宗教经籍选编》,华东师范大学1992年版,第421页。
② 〔英〕瓦西列夫:《拜占庭帝国史》第1卷,第78—83页。
③ 〔英〕海弗莱:《基督教大公会议史》第5卷,爱丁堡1876—1896年版,第175页。

派。所谓异端是基督教中占统治地位的派别对反对派的贬称,而异端思想专指与正统神学理论不同的观点。拜占庭东正教历史上出现过多种异端派别,其中阿里乌派、马其顿尼派、贝拉基派、聂斯脱利派、阿波利拿里派、一性论派、基督一志论派、保罗派、鲍格米勒派等,这些异端教派与东正教正统教派共同构筑了其神学体系,其活动则形成东正教历史的重要内容。

阿里乌派(Arians)是以该派首倡者阿里乌的名字命名的。阿里乌(Arius,约250—336年)是利比亚人,曾师从安条克著名学者路济安(Lucianus,约235—312年),深受其思想影响。他终生致力于基督教神学研究和布道,曾在安条克和亚历山大任教职。他公开主张圣子低于圣父,由圣母玛利亚所生,不是上帝,不与圣父同性同体,而是被造者,从属于圣父,而圣灵比圣子地位更低。这一观点与"三位一体"的正统信条相悖,在325年尼西亚宗教大会上被定为异端,他本人被流放,后来病死在君士坦丁堡。他的理论赢得拜占庭帝国东部地区很多信徒的拥护,他们认为基督是人不是神,由上帝所造,故品级低于上帝。该派仇视教会上层,反对教会占有大量财富和田地,故在下层民众和地位低微的哥特人和汪达尔人中很受欢迎。

马其顿尼派是支持君士坦丁堡主教马其顿尼(Macedonius,? —362年)观点的派别。他于342年任君士坦丁堡主教,因与安条克和亚历山大等拜占庭帝国东部教会观点不同发生激烈争论,进而演变为人身攻击,他被迫一度辞职。他与正统神学的争论在于对圣灵的解释,他认为圣灵不是上帝,而是受造者,介于上帝和圣子基督之间。这一观点与阿里乌的理论比较接近。但是他复职后不满阿里乌派教士对宫廷的控制,再度遭阿里乌派排挤,被免职。该派理论只在少数教士中得到承认。

聂斯脱利派(Nestorians)是基督教的小派别,首倡者为君士坦丁堡主教聂斯脱利（Nestorius，约380—451年）。他是叙利亚日耳曼尼西人，曾是安条克著名学者和教士狄阿多鲁（Diodorus，? —约390年）的学生，受其神学思想的影响。后者反对基督只有神性的理论，认为基督的人性来自作为人的玛利亚，其神性则来自上帝，圣母玛利亚不是上帝的母亲，因此其子基督与上帝并不同体。聂斯脱利后来进入修道院，研究"三位一体"神学，担任君士坦丁堡大教长后公开反对基督的神性和人性合二为一的"本体"论，提出"二性二位"说，即认为基督为玛利亚所生，而玛利亚是人不是神，因此基督的神性依附于其人性本体上，基督具有两种不同的位格。这一两元论神学在431年宗教大会上被定为异端，他本人也被免职流放。当时许多信奉其理论的信徒形成独立教派，因逃避迫害和镇压而流亡各地，其中向东流亡者在叙利亚和两河流域地区扩大了势力，并在波斯受到保护，因而发展迅速。该派流传至今，于唐代初期传入我国。

阿波利拿里派是信奉阿波利拿里主义（Apollinarianism）的教派，由叙利亚老底嘉主教阿波利拿里（Apollinaris，约310—390年）首先提倡。他是坚定的反阿里乌派神学家，强调基督的神性，认为人是由灵、魂、体三者构成的，基督只有其中后两者而无人的心灵，因此具有不完全的人性，其心灵则是神性的逻各斯。这种理论与阿里乌派强调基督人性的理论相对立，也不符合正统的神学理论，故遭到罗马教会的谴责。拥护阿波利拿里学说的信徒明确提出，基督的人性和神性合二为一，具有完全的神性和不完全的人性，因此基督没有道德上的成长过程，其与生俱来的完整的神性决定其完美的道德。在4世纪的教义争论中，该派处于劣势，在381年的宗教会议上被确定为异端。

一性论派（Monophysites）是信奉基督一性论的教派。该理论比阿波利拿里派更绝对，主张基督的人性完全结合进其神性中，因此他只有神性而无人性，并反对当时正统教会关于基督之神人两性联合而不混淆的理论。这种神学主张最初由君士坦丁堡附近修道院的尤迪克院长（Eutyches，378—454）和亚历山大主教迪奥斯哥鲁斯（Dioscorus，？—454年）提出，在拜占庭帝国东方各个省区获得广泛拥护。尤迪克在青年时代即献身修道生活，后升任神职和修道院长，主持数百修道士的修炼。他明确反对聂斯脱利的两元论神学理论，驳斥基督神、人二本体和二本性说，认为两元论神学只是阐述了基督早期的性质，而当其两性结合之后，基督就只有神性而无人性，只有一个神性的本体。他的理论得到迪奥斯哥鲁斯的坚定支持，并在宗教大会上为之辩护。该派在448年宗教会议上被判为异端，但次年被以弗所宗教会议平反，最终在451年的察尔西顿大会上被确定为异端。尤迪克遭流放，客死埃及。然而，一性论派继续在埃及、叙利亚、亚美尼亚和埃塞俄比亚等地盛行，并在查士丁尼时代形成广泛的群众运动。由于该派信徒遭到长期的歧视和迫害，拜占庭帝国东部省区持一性论的教会逐渐与大教长分裂，形成独立的柯普特教会，保持至今。

基督一志论派是支持基督一志论（Monothelitism）的教派。这一理论是拜占庭皇帝伊拉克略一世为平息基督教教义争论，推行思想统一而构思出来的。他授意君士坦丁堡大教长塞尔基乌斯（Sergius，610—638年在位）公开宣称，无论基督神、人两性关系如何，其本体只有上帝的一种意志，决定基督的其他方面。他还致信罗马主教洪诺留（Honorius，625—638年在位），要求西部教会信奉基督一志论，条件是东部教会同时信奉基督神、人两性并存说。伊拉克略及其后人多次颁布法令，命令全帝国臣民必须遵从该信仰，否则以违法治罪。但是，伊拉克略以行政手段强制解决信仰问题的政策最终遭到失败，不久西部教会公开加以反对，东部教会则消极抵抗，直到680年宗教大会将该说判定为异端，这一教派迅即烟消云散。

保罗派（Paulicians）是5世纪产生于拜占庭帝国东部小亚细亚和

亚美尼亚地区的教派，主张两元论神学。据说其领袖为小亚细亚的保罗，他的生平不详，原为基督教徒，后来提出类似摩尼教信仰的理论。摩尼教又称"明教"，原发自3世纪的波斯，以当地的祆教两元论教义为基础，结合基督教和佛教等理论，形成独特信仰，主张善与恶、光明与黑暗、正义与邪恶对立，认为宇宙间有善神和恶神，善神或称光明神创造世界，恶神或称黑暗神不断腐蚀善神完美的创造。摩尼教的善恶之争学说影响广泛。保罗接受其理论，提出基督教善恶两元论，认为上帝代表善和秩序，撒旦代表恶和混乱。这种理论受到正统教会的否定，他被革职流放。但是，处境艰难的广大贫苦民众对其教义极为拥护，认为现实世界的苦难和肉体都来自罪恶的撒旦，纸醉金迷的贵族和道貌岸然的教会上层是撒旦的代表，他们反对正统教会的教阶制度，要求信徒平等，要求用清洁神秘的宗教仪式驱除罪恶，使信徒得到解救。该派在下层民众中有广大的支持者，长期存在，流传甚广，至10世纪在保加利亚地区形成鲍格米勒派。

鲍格米勒派(Bogomili)是受保罗派影响形成的教派，流行于10—15世纪的保加利亚地区。"鲍格米勒"为古代斯拉夫语，意为"爱上帝的人"。该派在保罗派影响下，提出两元论宗教理论，认为基督和撒旦都是上帝之子，基督是人世上善的代表，撒旦是恶的代表，基督不是真实的人，而是具有人的幻影的神。善恶对立，相互斗争，一切压迫和残暴行为都是恶的产物，遭到善的反对，善最终将获得胜利。鲍格米勒派是受压迫民族和下层人民的宗教派别，他们反对教会的特权和拜占庭政府的剥削，反对压迫，反对国王和贵族，主张没收教会财产，废除教会等级制度，取消除婚礼之外的所有宗教仪式等。

正统教派和异端教派都是拜占庭东正教的组成部分，后者的理论不仅促进了正统神学的发展，也提供了丰富的思想内容，特别是异端思想为受奴役受压迫的下层民众提供了改变现状争取解放的精神武器，源于 9 世纪并在 14 世纪中期塞萨洛尼基兴起的"狂热派"教派,和在下层民众中有广泛影响且于 14 世纪以后发展成为社会运动的"静默派"就是异端教派发展的结果。但是,长期以来人们只是对前者给予关注,而忽视后者,使相关宗教史缺失不全。①

二、教会与国家

每当东正教最重大的节日复活节来临时,皇帝都身着白色绣带,在 12 位随从陪伴下,扮演庆祝活动的主角。皇帝还在圣诞节登上神圣祭坛焚香点燃长明灯,在斋戒日巡礼游行中由大教长陪伴走在队伍的最前,而这些都是皇帝在东正教中享有特殊地位的标志。当皇帝在朝廷上宣布,"朕以上帝恩典和上帝赋予之帝国至高无上权力的名义,任命此人为君士坦丁堡大教长"时,他在东正教中的最高权威得到充分体现。

拜占庭国家世俗权力和东正教教会的关系十分复杂,他们代表拜占庭社会世俗和宗教两大势力,在共同利益受到威胁时,他们能够联合,而在利害相互冲突时,则激烈斗争。东正教教会一直处于皇帝的严密控制下,拜占庭帝国严厉的法律和富有实际效率的行政管理不仅剥夺帝国臣民参与国家政治的权力,而且也极大地限制了教会参与国家政治活动的余地。基督教教会获得合法地位并成为国教以后,教会事务就成为拜占庭帝国国家事务的一部分,皇帝则成为教会的保护人。世俗君主在晚期罗马帝国普遍的精神危机中,充分感受到基督教安抚世人精神的特殊作用,其宣传和对未来世界的预言,劝导人们遁世、逃避现世苦难和追求永恒幸福的思想,不仅赢得民众广泛欢迎,而且也使统治者逐渐了解其作用,进而大力扶植和利用基督教。拜占庭教、俗权力的特殊关系是在相互斗争中形成的。自 4 世纪基督教成为国教之

---

① 本节部分资料参考任继愈主编《宗教大辞典》,上海辞书出版社 1998 年版。

初,拜占庭皇帝就享有控制教会的"至尊权",这一权力是早期拜占庭皇帝作为羽翼未丰的教会的保护人而自然形成的。从理论上讲,皇权和教权的结合是拜占庭君主权力的基础,两者相互支持,相互配合,皇帝需要教会从精神统治方面给予帮助,而教会则是在皇帝的直接庇护下发展起来。最初,皇帝对教会的权力是无限的,但是,随着教会实力的增强,这种权力被侵害。因此,直到毁坏圣像运动爆发前,皇帝们维护其"至尊权"的斗争一直没有停止,教、俗统治集团之间的斗争愈演愈烈。毁坏圣像运动使教会势力受到沉重打击,此后一直处于皇帝的控制下,成为专制统治的工具之一。

皇帝除了严格控制基督教大会召集权,还极力控制基督教高级教职人员的任免权,干涉各教区争夺最高地位的斗争。早期基督教曾以势力最大的教会为首形成罗马等大教区,325年的尼西亚会议确定罗马、亚历山大和安条克三大教区。随着君士坦丁堡政治地位的上升,381年的大公会议在皇帝塞奥多西一世干涉下,置亚历山大和安条克教区的不满情绪于不顾,确定君士坦丁堡教区地位上升至第二位,仅次于罗马教区。451年的察尔西顿会议更进一步提高君士坦丁堡教区的地位。拜占庭皇帝牢牢控制着罗马和君士坦丁堡两个最高教区的主教和大教长任免权,对不与皇帝合作者撤职迫害。君士坦丁一世就曾免去亚历山大城主教阿苦纳修斯的教职,塞奥多西二世则通过宗教会议罢免了君士坦丁堡大教长聂斯脱利,将其流放。查士丁尼一世统治时期,皇后塞奥多拉曾命令驻扎于意大利的拜占庭军队统帅贝利撒留罢免罗马主教西尔维留斯(Silverius,536—537年在任)。在8世纪中期以前,罗马主教一直被迫听命于拜占庭帝国皇帝,服从皇帝的指令,随时到君士坦丁堡面君。皇帝们则利用这一权力将那些敢于抗旨的罗马主教置于死地。同时,任何教职人员无权开除皇帝的教籍。

皇帝们努力扩大其调解和仲裁教会争端的权力,他们极为重视教会内部的思想动向,一方面是出于防止教会脱离皇权控制的考虑,另一方面则是及时制止宗教争端造成的社会分裂。自基督教成为国教以后至8世纪的数百年间,皇帝们几乎参与和决定教会所有争端的最后结果。除了我们上面提到有关三位一体等重大神学教义之争是由皇帝最终做出裁决以外,皇帝泽诺提出过旨在平息教义争端的"联合论",伊拉克略一世提出过调和察尔西顿派和一性论派争端的"两性一意论"神学方案①,君士坦二世甚至颁发了《信仰模式》作为全帝国基督徒共同遵守的信仰方式准则。皇帝们企图以此保持其凌驾于教会各派之上的最高权力形象。

拜占庭皇帝控制教会的努力是与基督教势力迅速发展同时进行的,换言之,随着教会实力从小到大、从弱到强的发展,教权一直力图摆脱皇权的控制。由于基督教势力大发展,教会不仅要求教、俗权力平等,甚至提出教权高于皇权的理论。教会权力的扩大主要表现在下述诸方面。首先,教会司法权力图摆脱皇权的控制而独立。君士坦丁一世时,主教即有权审理世俗法庭经手的任何案子,而主教的判决则被认为是终审判决,任何世俗法官都必须接受教会法庭的判决。塞奥多西一世时,教会进一步获得税收和司法等方面的特权。教会司法权的扩大必然与皇帝为首的世俗司法权发生冲突,因此,塞奥多西一世在承认基督教为国教的同时,却限制教会司法权,取消了教会的"罪犯庇护权"。值得注意的是,5世纪时尚处于拜占庭皇帝控制下的罗马主教获得立法权,其决定从此具有法律效力,这就为6世纪

---

① 一性论主张上帝神性与信徒人性的联合,而两性一意提出基督虽有两性但其唯一的意志起决定作用,企图绕开教义争论的焦点,使各方都能接受。见〔法〕埃瓦及利《教会史》第3卷,巴黎1932年版,第14页。另见〔法〕瓦坎特和阿曼主编的《天主教神学词典》第10卷,巴黎1922年版,第2307—2323页。

末、7世纪初皇帝被迫承认罗马主教是基督教教规最高捍卫人,并有权对皇帝进行司法监督打下基础。其次,教会力图在宗教理论的争论中保持独立性,并积极发展教权高于君权的理论。451年,尚在拜占庭皇帝控制下的罗马主教利奥就公开否定由皇帝支持的察尔西顿大公会议关于罗马和君士坦丁堡两教区地位平等的决定,其目的不仅在于保持罗马教区在基督教世界的最高地位,而且在于摆脱皇帝控制。此后,罗马主教积极参与反对由皇帝提出的"联合论"和"两性一意论"的活动,并取得成功。5世纪初君士坦丁堡大教长约翰充当反对皇帝的政治领袖,公开著书立说兜售其教权高于君权,教会高于世俗政府的理论。

君权和教权之间的斗争自5世纪后便愈演愈烈。当时作为拜占庭皇帝臣民的罗马主教格利高里一世(590—604年在任)公开与皇帝分庭抗礼,反对禁止官员和士兵在未完成职责以前进入修道院的皇帝敕令,并利用拜占庭世俗大贵族争夺皇权的斗争,迫使皇帝承认其"基督教教规最高捍卫者"的地位。① 另一位罗马主教塞尔基奥(Sergius,687—701年在任)在与皇帝的斗争中公然煽动军队反叛朝廷。对于教会势力的膨胀,以皇帝为首的拜占庭世俗统治集团深感忧虑。特别是在8世纪初时教会的势力已经发展到足以与皇权抗衡的地步,并在帝国政治生活中对皇权构成威胁,这就不能不引起世俗君主的极大恐惧。毁坏圣像运动即是拜占庭教、俗统治集团之间长期较量的结果。

拜占庭世俗统治集团借助有关圣像的神学争论通过自上而下的政治运动打击教会势力,他们在这方面的积极性超过对圣像的关心。利奥三世迫害以大教长日耳曼努斯为首的反对派势力就极大地瓦解了教

---

① 〔英〕J.理查德:《上帝的代表:格利高利一世生平及其时代》,伦敦1980年版,第105页。

会组织;君士坦丁五世采取的包括在君士坦丁堡游斗教会上层人士等激烈的暴力措施,使教士人格备受侮辱,昔日威风尽扫,他还处死许多高级教士,以刺瞎眼睛、砍去手脚、监禁流放等方式迫害崇拜圣像派教士;在毁坏圣像派皇帝的许可下,各地迫害教会人士的行动不断升级,教士和修女们被集中在广场上,在"所有服从皇帝的人换上白衣并领走新娘,所有违抗者将被刺瞎眼睛或流放塞浦路斯岛"的威胁下,使他们被强迫还俗[①];支持崇拜圣像的世俗君主在反攻倒算中也对毁坏圣像派教士大肆迫害。这样,在毁坏圣像运动进行的百余年期间,教会元气大伤,势力迅速下降,很难再与皇权对抗。无论毁坏圣像还是崇拜圣像的皇帝在限制教会势力发展、干涉教会事务和剥夺教会财产的问题上都是毫不犹豫的。843年的法令虽然确定崇拜圣像的教义,但是再次明确皇权对教会的控制。显然,毁坏圣像运动对教会势力的致命打击是东正教始终未能像罗马教会那样发展成为凌驾于世俗权力之上的至高权力的重要原因。

　　毁坏圣像运动之后,拜占庭基督教教会面临的问题大都不是来自神学争论,教、俗统治权力之间的关系,也没有形成重大危机,但是,教会内部争夺最高领袖地位的斗争和拜占庭社会长期存在的政治、经济、民族等各种深刻矛盾伴随宗教问题或披着某个宗教派别的外衣构成拜占庭历史的重大事件,也成为东正教历史的重要内容。基督教早期发展过程中形成的教区在神学论战的同时也积极进行争夺最高宗教地位的角逐,形成大大小小的宗派和异端,使基督教教会长期陷于分裂。9世纪以后,各教会之间的斗争更带有个人色彩,以塞奥多利院长创建的斯都底奥斯修道院僧侣组成斯都底奥斯派,与大教长麦绍底乌斯

---

　　① 君士坦丁五世对此大加赞赏,他在信中说:"你是完全实现朕意愿的人。"见〔美〕瓦西列夫《拜占庭帝国史》第1卷,第262页。

(Μεθόδιος,843—847年在任)为首的教派发生严重对立,前者借口后者对毁坏圣像派斗争不利,反对后者的宗教宽容政策,企图以此取代后者地位。为平息两派斗争造成的教徒分裂,皇后塞奥多拉任命伊格纳条斯(Ιγνάτιος 847—858、867—877年在任)为君士坦丁堡大教长。当伊格纳条斯被皇帝米哈伊尔三世罢免后,拜占庭教会大约有半数僧侣表示反对,他们结成新的宗教派别拒绝承认新任大教长弗条斯(Φώτιος,858—867、877—886年在任)。后者是当时拜占庭帝国著名学者,在教、俗两界均有较大影响,在其担任大教长的近二十年期间,通过教俗势力的支持,建立起以其名命名的教派,并与伊格纳条斯派和罗马教皇尼古拉斯一世(Nicholas Ⅰ,858—867年在任)发生长期斗争。在斗争中,对立的各方几乎都利用神学教义问题为武器攻击对方,实质上没有提出任何新理论。他们共同的手段是无情打击异己分子,顺我者昌,逆我者亡,使东正教内部对立情绪极为紧张。当某一宗派的首领去世后,东正教内部斗争暂时缓和或停止。但是,新的宗派和教派间的斗争随着新的大教长的上任重新开始。①

除了东正教内部争权夺利的教派之争外,教派斗争常常与世俗统治集团内部斗争相结合。皇帝利奥六世统治时期,大教长尼古拉斯(Νικόλαος Μυστικος,901—907年、912—925年在任)为首的宗派深深地卷入"皇帝第四次婚姻"事件。利奥六世前三次婚姻十分不幸,皇后塞奥发诺、邹伊和尤多西亚先后早亡,所生一子三女中其子也幼年夭折,王朝因此面临没有男性继承人的政治危机。在婚姻问题上,拜占庭人继承了古罗马的婚姻法,但是,修改了罗马法关于夫

---

① 拜占庭帝国宗教问题非常复杂,有兴趣的读者可以参考〔英〕胡塞《拜占庭帝国的东正教会》,牛津1986年版。涉及拜占庭帝国晚期历史中的宗教问题则主要参考〔英〕尼科尔《拜占庭帝国末世纪的教会和社会》,剑桥1979年版。

权和离婚的规定,允许离婚和再婚,5—6世纪的许多法律都有类似的规定。此后,由于教会影响的扩大,社会只承认第一次婚姻的神圣性,谴责第二次婚姻,至于第三次婚姻,教会法加以严格的限制,并坚决反对第四次婚姻。利奥担心皇权旁落,因此与其情妇"黑眼圈"邹伊于905年生下一子,取名为君士坦丁。但是,当利奥打算明媒正娶邹伊为妻进而使其子具有继承皇位的合法权力时,却遭到尼古拉斯的反对,后者甚至禁止利奥进入教堂,因此被皇帝免职。在这一问题上,东正教教会内部再度陷入分裂,支持皇帝第四次婚姻的宗派在新任大教长尤塞米欧斯(Ευθύμιος,907—912年在任)领导下积极参与利奥皇帝迫害反对派的行动,而尼古拉斯则支持大贵族杜卡斯家族对皇帝的斗争。直到利奥死后,君士坦丁的合法地位经多年才得到认可。[1] 显然,东正教的分裂常常与拜占庭世俗统治阶层的政治斗争相联系。这种东正教教会参与皇室政治斗争的习俗继续到拜占庭末代王朝统治时期,大教长阿森尼乌斯(Αρσένιος,1254—1265年在任)因参与拉斯卡利斯家族和帕列奥列格王朝之间的政治斗争而被罢免,教会也因此分裂。

东正教与罗马天主教的斗争是基督教历史上的重大事件。这两个教派原来都是基督教的主要教区,但是,在基督教发展壮大的过程中,两大教区为争夺最高宗教地位展开激烈的斗争,最终导致公开分裂。按照325年尼西亚大公会议的决议,罗马教会在几大教区中名列首位,其次为亚历山大教会和安条克教会。后来随着君士坦丁堡的建成和发展,这种情况发生了变化。君士坦丁堡教会因其特殊的政治地位而获得迅速发展,381年基督教第二次大公会议确定其地位在罗马教会之下、其他教会之上。但是,君士坦丁堡教会不满足其基督教世界第二的

---

[1] 〔美〕约翰·斯基利奇斯:《简明编年史》,格拉兹1983年版,第35—40页。

地位，特别是古都罗马已经丧失其原有的政治文化中心地位后，它希望取代罗马教会的地位。451年第四次大公会议决定扩大君士坦丁堡教区的宗教管辖权，并明确承认君士坦丁堡教会享有与罗马教会一样的宗教特权，会议决议第28款指出："与罗马教区"同样的特权授予最神圣的皇都新罗马，因为这个拥有皇权和元老院光荣并享有与帝国故都罗马同等特权的城市理应在宗教事务中享有与其地位相符的权力"①。罗马教会在日耳曼民族迁徙造成的西欧世界混乱中，不甘心接受其世界中心地位丧失的现实，于是打起"彼得教会"的大旗，坚持其在基督教世界中的最高地位。两大教区在争夺最高地位的斗争中各持一端，日趋激烈。罗马教会利用君士坦丁堡教会与亚历山大和安条克等东方教区的矛盾达到自己的目的；而君士坦丁堡教会则利用拜占庭皇帝来控制和打击罗马教会。双方均利用神学问题相互攻击，任何细微的神学争议都成为两大教区领袖借用的武器，都可能演化为势不两立的信仰大战。当大教长约翰（John，582—595年在任）公开采用"普世的"教会时，罗马主教格利高里一世立即加以否认，声称在上帝面前人人平等，任何教区都不拥有对其他教区的管辖权，自称代表他人的普世的教会就是反对基督。在毁坏圣像运动期间，双方的斗争导致互不承认对方的合法性。拜占庭皇帝决定由驻拉文纳的总督监管罗马教会，并收回罗马教区在西西里和意大利南部地区的财政权等措施加速了罗马教会脱离拜占庭帝国的过程。当意大利北部伦巴底人进攻罗马城时，罗马主教立即向法兰克王国寻求支持。756年教皇斯提芬二世（StephanⅡ，752—757年在任）接受法兰克宫相丕平的"献土"，开始行使其教、俗君主权力结合的教皇权，而教皇利奥三世（LeoⅢ，795—816年在任）于800年底为查理大帝加冕标志罗马教会最终脱离拜占庭帝国控

---

① 转引自〔美〕瓦西列夫《拜占庭帝国史》第1卷，第106页。

制。这一事件加剧了两大教会之间的对立。

拉丁教会和希腊教会不同的文化背景更使它们相互蔑视和仇恨,终于导致基督教历史上的第一次公开大分裂。1054年7月16日,教皇利奥九世(Leo Ⅸ,1049—1054年在任)派往君士坦丁堡的特使宏伯特利用在东正教最高圣坛圣索非亚教堂做弥撒之机,宣读开除大教长米哈伊尔一世(Μιχαήλ Κηρουλάριος,1043—1058年在任)教籍的命令,指责"米哈伊尔及其追随者犯有上述(使用面包做圣餐)的错误和渎神之罪"。米哈伊尔立即在宗教大会上反唇相讥,对罗马特使及其有关教徒处以破门律,指控他们"如同野猪一样来到圣城企图推翻真理"①。基督教东西教会的分裂是双方长期斗争的结果,此后,东正教和罗马天主教分别沿着各自的道路继续发展,在教义信条、宗教礼仪和组织制度等方面形成不同的特点。两大教会间的对立在第四次十字军攻占君士坦丁堡前后,因拜占庭居民与西欧骑士之间的矛盾冲突而进一步加强,势不两立,如同水火。

在拉丁帝国统治拜占庭国家期间,各地东正教教会被罗马教皇所控制,坚持东正教信仰的希腊信徒遭到迫害,纷纷流亡,但是,深刻的民族对立情绪和社会矛盾使大部分东正教信徒拒绝承认罗马天主教的信条,拒不承认罗马教皇。他们认为教皇是第四次十字军征服君士坦丁堡的幕后支持者。1207年,拉丁帝国统治下的东正教领袖联合致信教皇英诺森三世(Innocent Ⅲ,1198—1216年在任),明确坚持东正教信条,拒绝天主教信条,声称英诺森所要求的最高宗教领导权应归基督教大公会议。在拉丁帝国统治的半个多世纪里,东正教教会一直采取不与罗马教会合作,不承认教皇领导的态度,直到1261年帕列奥列格王朝恢复拜占庭人在君士坦丁堡的统治。

---

① 〔美〕瓦西列夫:《拜占庭帝国史》第1卷,第338页。

拜占庭末代王朝统治的恢复迫使罗马教皇改变征服东正教的政策，采取争取联合的政策，而帕列奥列格王朝的皇帝们也希望得到教皇的支持，进而联合西欧其他国家的君主粉碎西西里国王安茹的查理领导下的复辟拉丁帝国的阴谋。皇帝米哈伊尔八世（Μιχαηλ Παλαιολογος，1259—1282年在位）首先提出东正教与罗马教皇重新合并的问题，主动派遣特使觐见教皇，表达其领导东正教归顺教皇的意愿。1274年5月7日至7月17日举行的里昂会议达成两大教会的联合决议，米哈伊尔提前签署《联合宣言》承认教皇的宗主权，他的三名特使在会上宣誓服从罗马教皇。但是，一纸宣言不仅没有解决两大教会联合的问题，而且引起东正教各阶层普遍的反对，分布在巴尔干半岛各地的东正教组织纷纷表示拒绝联合，连皇族内部也因此发生内讧，米哈伊尔的妹妹尤洛基亚公主宣布与皇帝决裂，内阁中最得力的大臣则成为公开的反对派。事实上，帕列奥列格王朝时期围绕东正教与罗马教会联合问题进行的斗争是出于政治的而非宗教的目的，衰弱的拜占庭国家无力抵抗巴尔干和小亚细亚地区任何国家的入侵，尤其是新兴的奥斯曼土耳其人的扩张，因此将获救的希望完全寄托于西欧基督教国家。然而，东正教不能接受皇帝们纯粹出于政治目的的宗教政策，东正教普通信徒对拉丁骑士的统治和民族仇恨记忆犹新，两大教会的联合遂成为拜占庭末代王朝愈陷愈深的难题。1438—1439年在菲拉拉-佛罗伦萨举行的两大教会和解会议即是在此背景下召开的，拜占庭皇帝约翰八世（John Ⅷ，1425—1448年在位）和大教长约瑟芬二世（Ευσεφενός Ⅱ，1416—1439年在任）亲自到会，为争取西欧国家的军事援助而接受教皇提出的所有条件，包括承认罗马教会在所有神学问题上的正确性和教皇在基督教世界的最高权威。但是，正像教皇早已丧失对西欧世俗君主的指挥权而不能组织援助拜占庭人的十字军一样，约翰八世根本控制不了东正教信徒的信仰，这一教会联合宣言引起更强烈的反对，极端反对派甚至认为土耳其苏丹尚且允许东正教保持自己独立的信仰,比剥夺其信仰自由的罗马教会要好得多。直到土耳其军队攻破君士坦丁堡之际这一争论仍在进行。

宗教争论加剧了拜占庭社会的分裂解体,帕列奥列格王朝统治初期出于纯粹政治目的进行的"统一教会"活动,从一开始就引起社会的剧烈反应。1273年《里昂教会和解令》一经公布,立即在君士坦丁堡掀起轩然大波,大教长愤然辞职,以示抗议,而支持"统一"的派别占了上风,由此形成了教会上层的对立两派。① 随之而来的政治迫害活动将教会上层的分裂推广到教会基层,并进而推广到整个社会。宗教与政治纠缠在一起成为晚期拜占庭社会解不开的"情结"。而中央政府宗教政策的摇摆不定使社会分裂更趋严重。1312—1323年,由于"统一教会"问题造成的分裂使教会五易大教长,其中还有两年空缺。1342年,对西欧人洗劫记忆犹新并因此对"统一"极端不满的教派发动民众起义,占领了马其顿重镇塞萨洛尼基。1369年和1433年约翰五世和约翰八世亲赴意大利订立和签署《教会统一令》都引发了教会更深刻的分裂和更大规模的社会骚乱,皇帝的镇压措施也没能解决问题。当土耳其军队兵临城下团团包围了君士坦丁堡时,拜占庭教士们还在圣索菲亚教堂里喋喋不休地争论着,一些主教甚至公开宣扬宁可欢迎伊斯兰教也不要天主教,社会解体的程度由此可见一斑。两大教会的分裂对欧洲近现代历史影响极为深刻,这一分裂成了东、西欧基督徒不同教派划分的界限,至今保持不变。

拜占庭国家深刻的社会矛盾和不同社会利益集团之间的冲突也是东正教宗派斗争的重要根源。例如,10世纪兴起于保加利亚的"鲍格米勒派"②即在不满拜占庭王朝统治的下层民众和斯拉夫民族中广泛

---

① 〔英〕尼科尔:《拜占庭最后的世纪》,剑桥1993年版,第61—62页。
② 10世纪形成于保加利亚的新摩尼教派,以其创立者而得名,属于两元论宗教。参见〔英〕奥伯林斯基《伯格米派》,剑桥1948年版。

传播,他们攻击现存世界是罪恶的根源,否定东正教的所有正统教义,并与主张两元论神学的"保罗派"①和主张灵魂净化高于圣礼仪式的"静默派"②相结合,组织下层民众和农民反抗拜占庭官吏的敲诈勒索。再以源于 9 世纪的"狂热派"为例,他们在 13—14 世纪拜占庭社会动荡中迅速发展,组织和领导了 1341 年塞萨洛尼基人民起义。狂热派领导人阿莱克修斯和米哈伊尔利用人民对王朝和贵族的不满,夺取政权,建立"塞萨洛尼基共和国",打退皇帝约翰六世的军事进攻。起义民众杀死贵族,没收富人的财产,旧世界的秩序被颠倒过来,奴隶役使主人,平民殴打贵族,士兵攻击将军。斗争坚持了九年,最终为起义军上层贵族分子所出卖。③

东正教在其历史发展过程中形成某些不同于罗马天主教的特点,可以大致归纳为如下几点:其一,东正教坚持 8 世纪末以前基督教形成的正统教义,坚持以《圣经》为信仰经典,不承认任何后世教会权威制定的律法,保持其教义的纯洁和正统性,因此,东正教教士自称为"正统",在基督教各派中显得最保守。其二,东正教坚持原始基督教平等的组织原则,各地教会之间平等相待,各民族教会可以使用本民族语言举行宗教仪式,可以实现适当的自治。9 世纪由君士坦丁(或称希利尔)兄弟传入斯拉夫民族的东正教不仅使用新创造的斯拉夫文字传教,而且实现了自治;在教会组织内部,任何人不

---

① 5 世纪中期形成于亚美尼亚地区,一度建立独立国家,后被拜占庭军队镇压,其信徒流散于巴尔干半岛、意大利南部和叙利亚地区。参见〔英〕仁西曼《中世纪的摩尼教》,剑桥 1955 年版。

② 该派自称"静默者"ησυχάσται,主张静默祈祷,以此与上帝沟通。该派起源于早期修道士,14 世纪以后发展成为社会运动,在下层民众中有广泛的影响。参见〔美〕瓦西列夫《拜占庭帝国史》第 2 卷,第 665—670 页。

③ 14 世纪中期在塞萨洛尼基兴起的教派,但是,其领导人更关注社会政治问题,反对靠内战起家的皇帝约翰六世,因此被时人称作"激进派"或"狂热派"。参见〔美〕瓦西列夫《拜占庭帝国史》第 2 卷,第 659—662 页。

论出身和地位高下,唯才唯德是用,因此,东正教始终没有出现类似于罗马教皇的最高宗教权力中心。其三,东正教始终没有摆脱拜占庭皇帝的控制,始终作为国家政权的工具而存在,教会的神职人员起着国家精神官吏的作用。其四,东正教因其所处的多种文化冲突和交融地区而更多地汲取包括神秘主义在内的东方宗教思想,因此在不同文化的交流中发挥重要作用。例如,东正教和伊斯兰教保持比较经常性的接触,并长期维持着比罗马教会更亲密的友好关系。

三、修道生活

修道院是东正教组织的重要组成部分,在拜占庭历史上发挥了极为重要的作用。

拜占庭修道院起源于基督教早期历史上禁欲苦修的思想。3世纪上半叶的亚历山大教区教士奥立金(Origenes,约185—254年)是最早从事苦修自省的人,为了断绝性欲,他自我阉割。被称为"隐居修道之父"的安东尼(Antony the Great,251—356年)在埃及比斯彼尔沙漠中开创了隐居修道生活的先例,他放弃优越舒适的家庭生活条件,自愿隐居人迹罕至的沙漠中苦修十五年,而后将自己关闭在空墓穴中二十年左右。当时,罗马帝国社会危机严重,人们朝不保夕,精神颓废,避世思想流行,因此其事迹传出后立即吸引了大批追随者,他们效仿他,居住在他的墓室周围,聆听他的教诲。但是,安东尼及其弟子没有建立修道组织,他和弟子之间也只是保持精神和道德上的关系。① 而后,在埃及各地兴起的众多隐居修道中心逐渐发展起修道团体。史料证明,最早的修道团体出现在埃及尼特利亚和塞特

---

① 〔美〕格里格:《阿塔纳修斯:安东尼生平及致马西林努斯的信》,纽约1980年版,第29—99页。

沙漠的修道士中，他们三五成群分散居住在沙漠的简陋茅屋中，只在礼拜六日集中举行礼拜仪式，由德高望重的年长者担任领袖，聚会时以讨论《圣经》和神学问题为主。对拜占庭修道制度影响最深的是埃及南部的教士帕毫缪斯（Pachomios，290—346年），他年轻时经历过隐修生活，但是深感单独苦修对隐士造成诸多危险，不利于在精神上的修养，因此开始将附近的修道士组织起来，在塔比尼西建起第一所修道院，吸引许多修道士。最初的修道院由若干建筑组成，每所建筑集中居住30—40名修道士，由一位长者管理，平时从事祈祷、冥思、咏诗和力所能及的体力劳动。帕毫缪斯修道团的人数急剧增加，345年时发展成为九所男修道院和两所女修道院。①

拜占庭帝国统治时期，埃及修道生活的风气极盛，有的城市修士修女达数万人。这种风气又从埃及迅速传入巴勒斯坦和叙利亚，并在加沙、约旦、尼西比斯等地形成修道中心，大小不等的修道院到处出现，修道士的组织方式和修道生活制度逐渐多样化。在加沙出现单独隐居和集体共同修道相结合的方式，称为"拉乌拉"。它是由中心修道院和分散隐居点组成的修道团体，修道院院长为领袖，平时修士们单独祈祷、冥思或从事手工劳动，礼拜日集中举行礼拜仪式。年轻的修道士首先需进入修道院锻炼三年，经考核批准方可成为隐修居士。这种修道方式和隐居与集体修道同样坚持"禁欲、守贫、服从"三原则，但是由于集体修道具有许多优点，故成为主要的方式，而隐修独居因其更加艰苦而更受敬重。同时，各地出现极端的苦修派别，他们放弃自然修道，认为在肉体能够忍受的限度内修道还不能达到最高的境界，因此采取诸如长期斋戒、长期不眠、严格避世、自我鞭打、自我残害等方式，但这派修

---

① 〔英〕柏尼斯等编：《拜占庭：东罗马帝国文明概论》，牛津1948年版，第137—139页。

道方式未能广泛传播。

埃及、巴勒斯坦和叙利亚等地流行的修道风气,在向北方传播的过程中受到寒冷天气的不利影响,因此集体修道成为主要方式。随着集体修道生活的发展,形成影响极为深远的修道制度。瓦西里(Basil the Great,329—379 年)被认为是完整修道制度的制定者。他青年时曾在君士坦丁堡和雅典接受系统教育,后受其姐马克利娜居士的影响进入小亚细亚的安尼斯修道院。为制定修道生活法规,他游历埃及、巴勒斯坦和叙利亚等地,考察各地修道生活方式,形成比较完整的修道理论。他认为单独隐居修道生活不符合人的社会性,因为如果没有稳定的社会施舍环境,单独隐修的居士会因实际生活困难而影响精神上的修道,所以不宜提倡。根据考察的结果,他认为集体修道是最佳方式,但是,埃及等地修道院的人数过多,不利于修道院院长指导修炼,安排生活,因此应限定各修道院的人数。他制定的修道生活制度包括修道院所有的细节,例如修士每天祈祷、学习、劳动、饮食和睡眠的时间比例,服装的样式,修道院必须建立的纪律,等等。①

当埃及以及拜占庭帝国在亚洲的其他领土受到阿拉伯军队入侵时,拜占庭修道生活的中心即逐步转移到小亚细亚、马其顿和君士坦丁堡地区。现代考古学家在这些地区的荒凉山区和沙漠地带发现许多古代修道院的遗迹,证实古代文献有关修道院记载的真实性。早在君士坦丁一世时期,君士坦丁堡即有 15 所修道院,其中比较著名的有阿基麦尼修道院,其特点是修道士们分三班昼夜唱诗,没有睡眠时间。值得注意的是,君士坦丁堡修道风气受埃及南部极端苦修派的影响甚深,除了有以"无睡眠"命名的修道院外,还出现许多向人类肉体忍受极限挑

---

① 本节关于早期基督教修道士的资料多来自〔英〕柏尼斯的《拜占庭:东罗马帝国文明概论》第 5 章"拜占庭修道生活"。

战的修道士。其中达尼埃尔(Daniel the Stylite,409—493或518年)以他长期居住在石柱顶端而闻名,这个石柱位于博斯普鲁斯海峡阿纳不鲁斯,此地也因其弟子云集而著名。皇帝利奥一世专门为他们建立修道院。

为防止不法之徒浑水摸鱼和杜绝不能自律的修士任意滋事,拜占庭中央政府和教会一方面建筑更多修道院将分散的修士集中起来,另一方面推行严格的修道制度,禁止修士擅自离开修道院上街玩耍。察尔西顿大公会议和冈拉大会都为此通过决议,要求修道院严格执行修道纪律。察尔西顿会议决议明确指出,许多人对修道生活缺乏必要的了解,他们从事修道不是为追求更高的境界,而是为摄取功名,许多人到处游说,募集资金修建修道院,只为个人身后留名,因此禁止未经大教长和主教批准随意建立新的修道院,要求修士必须服从主教,任何修士除必须外不得走出修道院,明确修士的职责就是在修道院内吃斋祈祷。同时,决议还注意解决僧源问题,禁止修道院未经核查和主人同意就接受奴隶成为修士。规定修士和修女一经宣誓修道即不可结婚,也不得以任何借口分割或占有修道院的财产。查士丁尼一世时期注意立法工作,其法典以前述瓦西里制定的修道制度为依据,对修道生活的意义和细节做出规定。法典指出:"修士从事静思苦修的修道生活是神圣的事业,它使人的灵魂与上帝相通,不仅为修道的人服务,也对所有人有益。"[1]法典具体规定修道院的作息时间,修士的居住条件,要求修道院必须以高墙围筑,由可靠的年长者管理,看守大门,不经院长同意,任何人不得擅自出入;还要求男女修道院必须分开。这样,东正教修道制度逐步得到完善。修道院由修士们选出的院长进行管理,由若干名高级修道士组成的修士团进行监督。修道院内以修士的居室为主,其

---

[1] 转引自〔英〕柏尼斯等编《拜占庭,东罗马帝国文明概述》,第146页。

活动中心是自用教堂。如果某修道院自己没有教堂，其修士可以集体前往附近教堂参加宗教仪式，而后立即返回本修道院。修道士在最初的三年预备期期间，身着普通服装，可以自由支配个人财物，期满后，经考核合格，并验明身份不是奴隶，即可获得修士资格，但其财物归属修道院。修士不得接受世俗权力监护和世俗职位，必须服从修道院纪律和院长的管理。《查士丁尼法典》成为此后拜占庭东正教修道生活的统一标准。

事实上，东正教势力和思想影响的扩大是以其雄厚的经济实力为基础的，因此修道制度的完善和修道院经济增长有助于东正教的发展。4世纪以前基督教常常遭到罗马统治当局的查抄，它成为国教后受到国家权力的特殊保护，教会财产迅速增加。君士坦丁一世的《米兰敕令》即明确规定，发还教产，许可教徒向教会捐赠各种形式的财产。尼西亚基督教大公会议后，教会不仅得到大量地产、金钱和粮食，而且在皇帝的直接支持下，还兴建了大批教堂和修道院。君士坦丁一世和皇族其他成员在各大城市和帝国境内直接捐建的教堂就有上百座。此后，教会逐步获得许多经济上的特权，其中最主要的特权包括免税权、征收教产税权和接受遗产权。这些特权使得教会产业急剧增加，教会经济实力迅速增强，至7—8世纪已经超过世俗君主，构成对皇权的威胁。

教会强大的经济实力主要表现在：首先，庞大的教会地产，一般由各级教堂和修道院控制经营。这种地产大多为庄园，或由教会委派的庄头管理，或由教堂和修道院直接经营。以君士坦丁堡教区为例，它拥有29处大小不等的庄园。各庄园内包括农用耕地、房产、果园、橄榄园、葡萄园、山坡牧场、小型手工作坊、农户、畜群等。据现代学者估计，当时拜占庭帝国有各种修道院千余所。各修道院除了直接控制的地产外，还占有其他地产。在修道院的高墙内，有修道士的居室、工作间、教堂、会堂,其周围的田地由下级修道士耕作。536年,仅在君士坦丁堡就有70所大小不等的修道院。① 可以想见,教会的房地产是相当庞大的。教会的地产一般都享有免税权,因此,随着教会地产的增加,包括地租在内的教会地产收入也急剧增加。其次,教会通过接受捐赠、遗产和经营庄园等途径,每年都可以得到相当丰厚的收入,其数额远远高出世俗封建主的收入。再者,教会以教堂和修道院为实体聚敛大量财富,其富有的程度是世俗封建主难以攀比的。最后,教会通过吸引大批青、壮年出家增加其劳动力资源。按照教会的规定,年满18岁的成年人都可以自愿进入修道院。大批修士成为教会庞大经济的基础,因为他们中的多数充当农庄式修道院的劳役僧侣,仅有少数过着独居或隐居或行游式的生活。据学者们保守的估计,8世纪初拜占庭帝国有10万修道士,约占总人口的2%②,亦即每百人中有两名修道士。

7世纪以后拜占庭修道制度出现的重要改革是由塞奥多利($\theta\varepsilon\acute{o}\delta\omega\rho o\varsigma$,759—826年)进行的。他出身帝国贵族家庭,22岁进入奥林匹亚山区属于其家族并由其叔父柏拉图任院长的修道院学习,后续任该院院长。他的改革是在其担任君士坦丁堡斯都底奥斯修道院院长期间进行的,主要包括建立修道院等级制和强化避世措施。修道院原有的各种职责均被确定为某个级别,从院长、高级修士、管理执事,到司务长、车夫、伙夫、木匠都分别属于各自的级别,修道院内人人职责明确。他作为院长的权力最大,负责维护修道院的纪律和秩序,分派工作,甚至将每个修士的职责抄写成卡片分发所有修士,以便各负其责完成任务,也便于检查。为防止出现道德败坏的事情,他严格规定禁止妇女和任

---

① 〔英〕布里连托夫:《皇帝君士坦丁一世和米兰敕令》,伦敦1937年版,第157页。
② 〔美〕瓦西列夫:《拜占庭帝国史》第1卷,第256—257页。

何雌性动物进入修道院,并禁止雇用俗人到修道院工作。他还制定有关违犯或破坏制度的惩罚措施。同时,他增加修道士的学习时间,每周举行三次讲座,宣讲关于服从、守贫、禁欲、仁慈、同情等神学道理,并以此为主要内容进行测验和考核。这些改革措施加强了修道院的管理,使斯都底奥斯修道院发展迅速,修士人数超过千人。其中的大部分条款仍然被今天希腊北部东正教圣地阿索斯的修道院所采用。

在加强修道院院长权力方面,9世纪以后形成的《修道院规范》反映其集权化的趋势。它详细地规定修道院院长的选举过程,并通过具体措施保证院长本人的廉洁,要求他每日早晚进行两次反省和对上帝悔罪。修道院各级管事均由院长任命,并只对院长负责,其中重要的职位有负责教堂和圣器事务的"教堂司事",主管钱币和账目的"财务管事",采买分发生活用品的"实物总管",负责维持修道院安全和秩序的"值班修士",负责饮食和伙食的"司务长",等等。

女修道院的情况大体与男修道院相同,但是比后者更加与世隔绝。从1118年伊琳尼皇后为圣母女修道院制定的法规中,我们知道女修道院的一般状况。它们大都在某位亲王的庇护下独立自治,各院人数限制在30—50人。修女们地位完全平等,所有人一视同仁,除患病和例假外,对修女的严格要求绝不亚于男修道院。由于东正教禁止女性担任神职,当进行宗教礼仪或为新修女举行绝世仪式时,专门聘请已经阉割的主教前来主持。和男修道院一样,女修道院强调禁欲、守贫和服从,严禁分配任何财物,按需分配生活必需品,劳动成果归全体共同所有。白天祈祷和做适当的体力劳动,禁止懒惰和无所事事,禁止任何人参观访问。饮食和服装均有统一规定。由全体修女选举的院长多为德高望重的老年修女,因为修女比较安定,院长的权威也不似男修道院院长那样严厉。

东正教修道制度在拜占庭帝国历史上发挥的作用首先表现在政治

生活中。修道院虽然是避世隐居思想的产物,但是作为东正教重要的组成部分,修道士并非始终远离世俗生活,特别是在有关东正教神学教义的争论中,修士们或是自觉主动或是被迫卷入斗争;在教、俗两界统治集团的斗争中,修士们基本上站在教会一边。因为修士们宁可暂时放弃修道院的平静生活,也不能坐视正统的教义和纯洁的真理被世人曲解。例如在拜占庭皇帝反对一性论的斗争中,成千上万的修士走出修道院,参加抵制皇帝法令的暴力活动,他们以丝毫也不亚于普通信徒的残酷手段殴打、致死反对派主教。又如著名的修士达尼埃尔在篡位皇帝瓦西里斯库斯($Βασιλισκὸς$,475—476年在位)因一性论问题与君士坦丁堡人民发生冲突而离开他长期居住的石柱,被民众抬到圣索非亚教堂,劝说皇帝改变自己的错误。再如,伊拉克略一世统治时期的修士马克西姆(Maximus,580—662年)公开反对皇帝提倡的"两性一意"理论,因此遭到严刑拷打和流放,但是始终不改变观点,成为著名的反对派精神领袖。正是由于修道士在拜占庭帝国政治生活中发挥的巨大作用而引起世俗君主的极端恐惧,皇帝君士坦丁四世利用圣像问题的争论,对教士和修士修女进行大规模迫害,拷打和流放反对派领袖,下令处死著名修士斯提芬(Stephen the Younger,713—764年),查抄和封闭许多修道院,没收教会财产。几乎所有的著名修道士在拜占庭重大政治斗争中都不甘寂寞,均青史留名。前述塞奥多利就是毁坏圣像运动后期反对派的主要领导人,在皇帝利奥召集的宗教会议上,他公开反对毁坏圣像政策,提出教会的事务只能由教士考虑,皇帝的权力只能涉及世俗事务。他不仅本人抵制朝廷的法令,而且组织民众反抗政府,带领大批修士高举圣像走出修道院上街游行。此后,他在被流放的十二年间,继续写信鼓动其弟子斗争。可见,修道士参与政治斗争的方式主要是起精神领袖的作用,他们利用自己崇高的宗教理想和威望感染民众,以自己坚韧不拔的殉道精神和榜样鼓舞追随者。

修道制度在拜占庭经济生活中的作用是复杂的、多样性的。当我们在有关毁坏圣像运动的描述中比较详细地探讨修道院对拜占庭帝国经济的消极作用时，还应该注意修道院在动乱的形势中组织生产劳动和修士们在荒山野岭垦荒种地所发挥的积极作用。正是在修道院里，古代世界的生产技术通过书籍保留下来，并在生产实践中得到应用，有些技术还得到进一步的改进和发展，例如古罗马时代的提水技术在拜占庭修道院的农业生产中得到推进。也是在修道院的有效组织下，修士们集体劳动创造出提高生产技术的有利条件，因为在集体劳动中，生产过程的分工和劳动的专门化使技术的发展处于远比个体小农劳动更有利的环境。修道院所享有的各种经济特权使其生产经营更具有长远性，对各种农、林、牧、渔、手工业资源的利用更合理更充分，因为他们的生产不是以赢利为目的。他们的土地、林场、鱼塘能够得到更长久的保护，因为他们对生产资料的占有能够得到保证，没有朝不保夕的不安全感，可以防止采取杀鸡取卵的短期行为。有关修道制度在经济生产中的这些理论推断已经得到大量现代考古发现的证明，特别是近年来学者们通过对"活的拜占庭社会博物馆"——阿索斯圣山修道院的考察研究，证明了上述的结论。①

阿索斯圣山位于希腊北方哈里基底基半岛东侧，是一个伸入爱琴海中约50公里的细长形小岛，面积只有332.5平方公里，小岛主体为海拔2033米的阿索斯山。963年，岛上出现第一所修道院，是当时散居在岛内各个角落的隐居修士的集合体。此后，大大小小的修道院先后建立，至14世纪时达到300个左右，阿索斯圣山逐渐成为东正教的宗教圣地和拜占庭宗教生活的世外桃源。1204年第四次十字军曾大

---

① 笔者曾亲赴东正教圣地阿索斯进行为期一周的考察，对拜占庭修道生活有了比较直观的亲身感受。有关资料可参见〔希〕阿哥赫利迪斯《圣山》，塞萨洛尼基1981年版。

肆洗劫岛上的修道院,造成阿索斯圣山最严重的破坏。1430年,奥斯曼土耳其军队征服巴尔干半岛后,阿索斯圣山的修道士以13万银币向苏丹换取部分的独立和自由。从此以后,不论是在俄土战争中还是在希腊独立战争中,阿索斯圣山始终作为希腊的自治区,保持独立自主的地位。本世纪初的多项国际协议均认可阿索斯圣山的独立地位。作为希腊的"国中之国"阿索斯圣山保留着从古代遗留下来的文化传统和生活习惯,目前全岛20所修道院、12处修道士集合点和700个隐居舍都采取拜占庭时代的生活方式。岛上的修道士为营造断绝七情六欲的环境并防止岛内出现家庭、进而出现财产分割的现象,禁止女性进入圣地,这个不成文法保持一千余年,使它成为世界少有的"男性王国"。圣山修道院类似于封闭的大农庄,高大的围墙内拥有生活所需的一切基本设备,如磨坊、粮仓、小铁匠炉、牲畜房、羊圈和库房等等。修道士除了参加必要的集体劳动和宗教活动外,日常生活完全自由。自己劈柴生火做饭,自己到库房中领取需用的物品和食物,由负责的修士进行登记。食物除了面包和青菜外,可以喝自酿的葡萄酒。由于这里与外部世界和现代生活没有任何联系,保持着中世纪欧洲的生活方式和几近原始状态的生活水平,所以自然资源和生态环境保持完好。阿索斯圣山所有的修道院都保存着拜占庭风格的建筑和大量历史文献文物。据学者们的初步调查,至今仍然保存在阿索斯圣山各修道院的文献有11万份,其中1/3是珍贵的手写文书。

  东正教修道制度对拜占庭文化的积极作用也值得重视。修道院相对安定的生活环境,为文化水平普遍高于普通信徒的修士修女从事宗教文化艺术活动提供了合适的环境。正是在修道院的圣像画、装饰艺术中许多具有绘画天赋的年轻修士获得展示其天才的机会,他们用美丽的壁画和镶嵌画装饰教堂和饭厅的墙壁,以精巧的微观插图点缀珍贵的古代手抄图书。也是在修道院的手工作坊里,心灵手巧的修道士有足够的时间精心制作各种贵重的金银宝石工艺品。还是在修道院幽静的书斋里，没有衣食忧虑的修士能够将他们冥思苦想的思想成果写成不朽的文史作品。修道院相对封闭的图书馆也成为古代文化作品的收藏地。

四、教士

君士坦丁堡大教长是东正教地位最高的教职人员。他生活在首都圣索非亚教堂建筑群的一套寓所和比邻的宫殿里。每天清晨他在教堂做过晨祷仪式后，便赶往皇宫参加早朝活动。作为教会事务最高权力的中心，他拥有自己的神圣会议作为咨询机构，拥有独立于行政机构之外的教会政府，各地教区大主教及其所属下级主教有资格参加神圣会议。该会议的一个重要职责是向大教长提出教区大主教候选人名单，大教长则在三名候选人中做最后的选择任命。大主教也依靠所在教区的神圣会议管理区域事务，其确定主教的方式大体与大教长相同。

按照惯例，有望成为高级教士的人必须年满 35 岁，受过系统的教育，且熟悉《圣经》，能够背诵祷告诗篇。最初，其妻子进入修道院的已婚者也可以担任高级教职，后来只有未婚的修道士才能胜任主教以上教职。低级教职没有婚姻状况的限制。两者服装上的区别是，独身教士因宣誓献身上帝的事业而穿戴黑色长袍和黑色平顶法帽，被称为"黑衣教士"，而有家室的教士因着白色法衣被称为"白衣教士"。进入修道院的年龄降低到 10 岁，但是在 16 岁以前可以自愿选择是否还俗。在获得修道院院长会议批准以前，申请者要通过严格的测试，并需经过一定时间的考验。六个月左右的见习期后，合格者才能宣誓成为修道士，并终身成为其选定的修道院的成员。

圣索非亚教堂是整个拜占庭帝国的精神中心，它作为大教长的驻地,不仅因其宏伟豪华的建筑营造出人间天堂的氛围,而且因保藏着大量基督教圣物成为信徒朝拜的圣地,例如镇堂之宝圣母的法袍和腰带被认为具有御敌驱邪的神奇力量,圣索非亚教堂的圣母子圣像直到土耳其军队攻破君士坦丁堡的前夜还被抬上城墙,拜占庭人笃信它们会显灵,在危亡之际能拯救拜占庭帝国。然而,作为拜占庭帝国最神圣的殿堂,圣索非亚教堂只对高级教、俗贵族开放,普通民众只能在教堂前顶礼膜拜。该教堂拥有大批神职人员,根据612年的文献,共有80名神甫、150男执事、40名女执事、70名副执事、150名经文咏读者、25名唱诗班领唱、65名看门人在此工作,此外还有大教长及其高级助手和众多清洁工。

拜占庭教士严格遵守《教会法》(Nomocanon),该法共14卷,涉及教义信仰宣传的条目有85款,还汇集了关于教会管理事务的全部规定。根据该法典,教会阐述所有信仰,包括正统的和异端学说,负责解释教义,经营教产,主持教会司法,监督信徒在现世日常生活中的言论举止,指导信徒的行为,施行各项圣事,包括为儿童或成人施洗,主持青年人的婚礼和逝者的葬礼。总之,教会要进入信徒生活的所有领域。因此,所有教士们每天都十分忙碌。他们力图以自己辛勤的工作和高尚的道德为上帝服务,赢得信徒的尊重。

教士们日常的生活比较清贫,因为守贫是基本的要求。教会的重要职能是救济穷苦人,而仁慈善良是教士的基本品德。据说7世纪亚历山大主教约翰曾因为收受一件贵重的棉被而彻夜不眠,他不断扪心自问:"此刻有多少人因为寒冷而发抖,牙关打颤?"次日清晨,他将棉被卖掉,用卖被的钱购买了140条毯子送给露宿街头的人。各个教堂和修道院都建立和维持孤儿院、贫民之家、救济中心、诊所和医院。例如皇帝约翰二世时期建立的两所医院由教会管理,每所医院各有医生12人,每名医生配备12名高级助手和8名护理人员。许多教士的职责就是照料无家可归的流浪儿，为流浪汉和妓女发放救济食品。

　　修道士生活更为单调，他们每天半夜集体在修道院小教堂进行祈祷，直到清晨结束。而后德高望重的年迈修道士打开大门，修道士分别接待普通信徒的朝拜，因为每所修道院均收藏圣人的尸骨和圣物，以及古代器物供人瞻仰。每天一顿饭一般安排在上午，而后修道士各自从事已经分派好的工作，其中包括耕种修道院的农田菜地，修理修道院房屋墙院，外出采购必需日用品，喂养修道院的牲畜等。在以集体生活为主的修道院，下午四点所有修道士集中祈祷直到黄昏，而在以个人活动为主的修道院，其他时间由修道士在各自的小房间自由安排，或祈祷咏经或著书立说。修道士死亡后下葬在修道院公墓，三年后开棺清理，用酒洗净尸骨后重新下葬，仅将头骨保留在外。刻写着死者生卒年月日的头骨集中摆放在修道院纪念地窖中。

　　教士的服装根据所在教堂或修道院的富有程度而有所区别。6世纪以前，教士与普通信徒的服装没有大的不同，每个人根据自己的状况和喜好选择穿戴。6世纪以后，普通信徒特别是贵族的服装发生变化，罗马时代的长袍让位于拜占庭人的长衫和外套，而教士们仍然保持传统的服装习惯，长袍逐渐成为教士的法衣。在许多拜占庭镶嵌画和壁画上，我们可以看到教士服装的样式。它们不再是宽大的罗马长袍，而是可身的法衣，长及脚面。服装上的等级更加明显，大教长全身衣服华贵，珠光宝气，特别是其法冠由大量珍珠宝石镶嵌而成，与皇冠相比毫不逊色。大主教佩戴的天鹅绒法带用金银丝线绣饰醒目的十字架，丝绸腰带和披肩也是主教服装不可缺少的配件。执事的服装标志是法兰绒围巾，长出部分搭在身体左侧胸前，普通教士大多身穿白色长袍。主教以上教士的服装在拜占庭帝国晚期趋向豪华，增加了金银珠宝制作的袖口、领口和搭肩。

第四节　军队和军人

一、军队的组成

拜占庭帝国地处欧、亚、非三洲交界,军事战略地位十分重要,君士坦丁堡扼守黑海与地中海之间的航道和欧洲与亚洲之间的陆路交通。拜占庭帝国特殊的地理位置给它带来巨大的商业利益和交通便利,但是同时也使它成为来自亚洲民族不断侵袭的主要对象。正因为如此,其历史上外族入侵不断,对外战争不绝,它似乎处在敌人长期包围之中,似乎没有一刻能够摆脱外敌入侵的威胁。君士坦丁堡半岛形地貌虽然使它易守难攻,但是也使它长期受到来自水陆两方面的攻击。建设强大的军事力量对拜占庭帝国具有极为重要的意义,拜占庭帝国的历史犹如一部战争史,而军事力量的强弱既是其国家兴衰的标志,也是帝国兴衰的决定性因素。

拜占庭帝国军事发展的主要特点是其防御性。与罗马时代咄咄逼人的对外扩张相比,拜占庭人似乎更重视防守,有的学者认为是他们对基督教信仰的结果。① 事实上,决定其军事特点的因素除了意识形态的影响外,还有政治经济和社会生活等其他很多方面。例如拜占庭社会人口增长缓慢可以作为一个因素,因为人力资源始终匮乏,人口增长和资源开发的矛盾不突出,因此生产技术开发和对外扩张的社会深层动力不足。换言之,拜占庭帝国没有对外扩张的需求。又如拜占庭人普遍具有的优势文化心态也可以算作一个因素,因为他们始终认为自己是世界上最文明的民族,而周边其他民族在精神世界和文化领域远

---

① 〔英〕里斯:《拜占庭的日常生活》,伦敦1967年版,第106页。

比他们逊色，所以他们可以凭借上帝的"福音"和高水平的文化，以及典雅的生活方式驯化野蛮人，而无须使用武力进行征服。这种心态在所有优先开化的民族中都普遍存在。

正是由于拜占庭军事发展的防守性，在拜占庭帝国境内存在大量的城堡要塞。它们多建立在山丘高地上，俯视周围地区。土耳其人征服拜占庭帝国以后，这些军事要塞继续发挥作用，直到今天，拜占庭帝国城堡要塞成为人们寻访古迹的风景线。在这些军事建筑中，君士坦丁堡是最具代表性的防御工事。君士坦丁一世在修建新都城的同时，注意城防工事的建筑，在该城市面向大陆的一侧加修君士坦丁城墙。后来，随着城市人口的增多，塞奥多西二世皇帝又将城墙向外扩建，并增加了多个城门。此后，拜占庭历史上重视军事建设的皇帝均重视君士坦丁堡的城防建设，沿"黄金角"和马尔马拉海也修建起高大的城墙。城墙平均高度为 8 米以上，共有 96 个圆筒形或方形城楼碉堡，相互间隔距离 60 多米。城堡塔楼既是城墙的支撑，也有利于作战，它们从城墙基准线向外突出约 5 米，比城墙平均高约 2.5 米。城墙外侧陡立，有城垛作掩体，其上有人行道和作战平台；其内侧设计为斜坡，有岩石支撑墙和囤兵营房以及武器库。城墙外有 18 米宽的护城河。君士坦丁堡城防工事设计合理，建筑质量高，有效地防御各方敌人的攻击达千余年。

与其周边的邻国或民族相比，拜占庭人并不崇尚武力，勇猛无畏固然是值得钦佩的，但并不是人人应该必备的品质。西欧中古骑士的尚武之风和斯拉夫人剽悍好斗的性格在拜占庭社会遭到鄙视，被视为无知和粗鲁的表现。拜占庭人将战争看作是一种艺术，是知识和学问的一个分支，因此，他们在战争中更重视作战的完美和智能的较量，而轻视战争的结果，甚至看不起通过血腥厮杀取得的胜利。拜占庭将军们特别重视研究战争的类型、军事组织的结构、战略战术及各种军事技术的应用。

拜占庭武装力量是在晚期罗马帝国军队基础上发展而来的。皇帝戴克里先和君士坦丁曾进行军事和行政改革，将行政和军事权力分离，设立和强化大行政区区长权力，取消大军区和后备军，御林军也改为宰相管理下的"皇宫警备队"，其目的在于消除晚期罗马帝国军阀拥兵自立和左右政局的弊端。当时，拜占庭军队主要分为边防军和野战军，前者驻扎在罗马帝国边境地区，沿陆地边界驻防的称为"陆界兵"，沿河界驻防的称为"河界兵"，守护城堡的称为"城堡兵"。野战军则是由过去的仪仗军、御林军和后备军组成，皇宫警备队多是由小亚细亚山民和日耳曼人构成。仪仗军的名称源于拉丁语"扈从者"之意，他们最初是罗马军事领袖的亲兵，御林军出现后取得了仪仗军的部分职能，拜占庭皇宫警备队主要的职责是陪伴皇帝出行，或作为机动部队参加边界防御战争。禁卫军的名称来源于拉丁语"宫殿"一词，主要职责是为皇宫担任警戒，保护皇帝的安全。按照传统的从军制度，这两部分士兵需服役 20 年，而边防军需服役 24 年。只有作为战时紧急增援部队的后备军是临时性的军事组织，多由定居在帝国边境地区的"蛮族"组成军团形式，拜占庭帝国初期，这种蛮族军团由皇帝直接控制，其作用日益增强。据史料记载，拜占庭帝国的武装力量由皇帝指挥，其组织规模逐渐缩小。值得注意的是边防军中的陆界兵不仅是驻防边界的士兵，而且是定居在边境地区的土地耕种者，他们以服兵役为条件从拜占庭政府得到所在地区的农田，独立经营，自给自足，既可终身使用，也可雇工耕种。这种类似屯田的形式对于稳定拜占庭帝国疆界起了十分重要的作用，对后世影响极为深远。①

新边防军编为许多小军区，由"边防督军"指挥。根据 425 年的一

---

① 〔希〕卡拉扬诺布鲁斯：《拜占庭国家》，塞萨洛尼基 1993 年版。

份《官职表》可知,拜占庭帝国在埃及驻扎两支边防部队,在包括美索不达米亚、叙利亚、巴勒斯坦、阿拉伯半岛和幼发拉底河流域的东方地区驻扎六支边防部队,在小亚细亚驻扎三支边防部队,在巴尔干和亚平宁半岛驻扎两支部队。这些边防军中比较重要的可以提升为伯爵指挥下的军区,当时仅埃及和色雷斯地区各有一名伯爵。6世纪期间,为了便于统一指挥更大区域的军事活动,又恢复了东方、色雷斯和伊利里亚三大军区总督建制。查士丁尼一世时期,波斯入侵东部边境,亚洲各军区作用日益重要,528年,亚美尼亚边防军建立,537年又因海战的需要增设海上军区,其辖区包括塞浦路斯、爱琴海等海区。

  野战军由皇帝直接指挥,平时驻扎在内地军事要塞和交通枢纽地区,包括骑兵部队,其职责是在外敌入侵或内乱突发的紧急时刻,及时应对危险,迅速摧毁敌人或将敌人驱逐出去。他们也随时准备参加远征军事行动,并构成远征军主力。驻守首都的警备队主要活动在君士坦丁堡城区、郊区和博斯普鲁斯海峡两岸,其职责除了保卫首都和皇宫的安全外,也在必要时作为总后备军的一部分参加大规模战争。由于皇宫警备队与皇帝关系密切,其在军队中的地位不断上升,人数也持续增长,4世纪末时,其人数为3500人,5世纪时上升为5000人,查士丁尼一世统治初期为5500人,据普罗柯比在《秘史》中记载,6世纪末,皇宫警备队有上万士兵。[①] 拜占庭帝国军队以皇帝为最高统帅,平时在皇帝任命的军事长官指挥下各司其职,但在大规模战争时期则由皇帝亲自指挥,或由皇帝指派的亲信将领指挥。野战军的基层单位是军团,但是,拜占庭帝国的军团与罗马时代的军团不同,后者一般由6000名步兵组成方阵,行动迟缓,拜占庭军团有1000人,多为轻装步兵,在作战中更具机动性和灵活性。边防军仍保持古代的传统,一般的军区大

---

① 〔古罗马〕普罗柯比:《秘史》,伦敦1940年版,第24章。

约有6000人，按照驻防地区的范围大小确定其建制。

骑兵是在对日耳曼人和波斯人作战中逐步建立的，由君士坦丁一世首先建立，他在各军团配备500人的骑兵队，作为突袭力量，最初在战争中仅起辅助作用，后来发展成为军队中主要的攻击力量。由于骑兵的作用不断加强，各边防军团也设置600人的骑兵部队。波斯军队在与中亚游牧民族频繁战争中吸收了许多先进的骑兵骑术和战术，他们一直是拜占庭人学习的榜样。特别是马鞍和马镫技术的引进，彻底解放了骑兵的双手，射箭与骑术结合就形成了更为强大的攻击力量。此后，拜占庭军队又发展出重装骑兵。拜占庭骑兵人数最多时达到12万人。

皇帝提比略在查士丁尼一世军事改革的基础上全面整顿军队编制，按照地理划分设立东方、伊里利亚和色雷斯三大军团。军团以下又分6—8个师，每师人数3000—4000人，其下再分团、营、连、队，最基层单位为队，因每队有五人，其长官又称"五夫长"。两队为一连，其长官为"十夫长"。10连为一营，营长也称为"百夫长"。6营为一团，团也称"部"，团长称"部长"。三（或4）团为一师，也称"旅"，其长官分别称"左旅长"、"中旅长"和"右旅长"。边防军团人数大约为6000—7000人，大军团有9000人，长官为督军（Dux）。但是，野战军不以军团为作战单位，而以师或团为单位。

除了边防军和野战军外，拜占庭帝国还设立临时辅助部队，如"骑兵冲击队"，其前身为蛮族骑兵队，拜占庭军队采用骑兵技术后，发展成为特殊兵种，担当保护君主和贵族安全及参与突袭军事行动的职责。此时的蛮族骑兵队称为"盟友骑兵团"，主要由拜占庭帝国周边的少数民族构成。

雇佣兵又称为"蛮兵"，是在战时临时组建的，他们一般都有各自的军事领袖，有确定的军事任务，战事结束后即自行解散或离开拜占庭领土。在很多情况下，雇佣兵是拜占庭贵族的私人武装，由富有的高官出钱雇用,为私人看家护院。当国家面临外敌入侵的威胁时,雇佣兵可能临时为政府服务。由于拜占庭帝国人力资源短缺,兵员不足,皇帝被迫雇用外籍士兵。从君士坦丁时代,拜占庭军队中就有大批外籍将士,直到拜占庭帝国灭亡前夕,雇佣兵是拜占庭军队的重要组成部分。雇佣兵的国籍非常复杂,几乎包括了拜占庭帝国周边所有民族,诸如哥特人、匈牙利人、土耳其人、保加利亚人、塞尔维亚人、盎格鲁-撒克逊人、西班牙人、伦巴底人、突厥人、瓦兰吉亚人、加泰罗尼亚人、诺曼人和罗斯人等。

查士丁尼时代的皇宫御林军已经演化为地位特殊的部队,由贵族青年和取得重要战功的军官组成,他们在进入御林军时需对皇帝和队长宣誓效忠,而御林军成员因与皇帝和宫廷高官接触频繁而获利不菲,军事仕途顺利,个别人甚至平步青云,当上皇帝。该部队按照惯例分为七支,每支人数在500人以上,由警备队长(schola)指挥,受宰相管理。随着其地位的提高,其人数增加,分工更细,例如皇帝卫队分为骑兵和步兵,驻扎在皇宫内。该部队长官的地位相当于伯爵。根据9世纪的历史资料分析,拜占庭皇宫御林军仍保持军团建制,大体分为以下几部分:内宫卫队由骑兵和步兵组成,其主要职责是保卫皇帝人身安全,控制皇宫内院的警戒范围;由伯爵指挥的机要卫队,主要用于皇帝出外巡查和其他机密出访的保卫场合,这支部队是利奥一世于468年建立的,后来保留了数百年;外宫卫队也有骑兵和步兵,主要职责是保证皇宫外院的安全,在皇帝出征时负责皇帝所在中军大营的保卫工作;皇帝直接控制的后备部队最初是皇帝约翰一世建立的,专门用于对罗斯人战争的紧急增援。皇宫御林军平时驻扎在君士坦丁堡及其郊区,最初其士兵由斯拉夫人和突厥人构成,后来瓦兰吉亚人和加泰罗尼亚人、诺曼人和罗斯人也参加皇帝卫队。拜占庭军队的指挥系统在7世纪以后发生变化,军区的最高首脑将军控制地方军政权力,相对独立地行使职权,他们多为皇帝信任的军事领袖。但是，由于皇宫御林军与皇帝的特殊关系，其队长地位迅速上升，使该部队具有军官团的性质，特别是在大规模对外战争和远征行动中，高级指挥官经常从御林军中产生。御林军总指挥一般是皇帝的亲信。

拜占庭士兵的来源主要有三，其一为继承兵，即世袭兵役义务的士兵；其二为自愿兵，他们为获得土地或定居权而自愿当兵，其中既有蛮族也有希腊族人；其三为税务兵，即是在拜占庭税收制度下，按纳税人头合算的士兵，他们或一户或几户承担一个名额，大都是以税代兵，即向政府缴纳相应的兵税，由国家雇用士兵。这样，拜占庭人参军人数越来越少，雇佣兵不仅人数持续上升，而且在军政机构中地位越来越高。5世纪时，拜占庭军队中当地贵族对于哥特人占据军政要职并排挤希腊贵族不满，引发统治集团内部的激烈斗争。400年7月11（或12）日，他们在君士坦丁堡发动起义，希腊军政贵族大肆杀戮哥特人，反映了在早期拜占庭帝国武装力量中雇佣兵势力上升和希腊军事贵族的忧患情绪。457年，控制拜占庭帝国军事指挥权的阿兰族雇佣兵领袖将其亲信利奥扶植上台，但是代表小亚细亚伊苏里亚族军事势力的利奥旋即与之反目，471年的屠杀事件标志两派军事势力的斗争终以伊苏里亚人的胜利结束。不久，伊苏里亚军人也遭到排挤，拜占庭军队中的蛮族势力逐渐减弱。从6世纪初以后，拜占庭军队的民族成分以希腊人为主，特别是军队重要职位均由希腊贵族充任。

关于拜占庭军队人数问题，学者们提出多种意见，认为在查士丁尼时代最多时达到65万，有人认为拜占庭军队总数为15万人。分歧的原因可能是各家所用的资料不同，反映的历史时期有别，计算的方法不一，比如在查士丁尼一世发动大规模对外战争前后，其军队数量因帝国疆域的变化出现巨大变动，而普罗柯比反映该时期战争的几部书很可能对参战部队的人数做了夸大的描述，这在古代作家中是常见的。

11世纪以后，拜占庭军队因军区制瓦解而实力急剧下降。瓦西里二世以后除个别皇帝外，几乎全是文官出身，他们以解散军区和部队的方式遏制军事贵族势力的发展，以招募雇佣军队取代本国士兵，一些皇帝通过赏赐大量财物收买行政贵族，同时削减军队经费，以限制军人势力；一些皇帝则扩大地方行政首脑的权力，以减少来自军队的政治危险，这些短视政策从根本上起了瓦解拜占庭帝国武装力量的作用。军事贵族因实际利益受到损害铤而走险，军事叛乱日趋频繁，从而加速了拜占庭帝国军政管理体制的恶性循环。拜占庭帝国晚期历史上出现的诸如依沙克一世和罗曼努斯四世这样的具有军事天赋的皇帝也未能扭转其武装力量衰败的趋势。

12世纪以后，拜占庭军队进一步解体，本国士兵人数越来越少，军事单位越划越小，军队将领的地位越来越低，最高级别的军阶相当于过去的师长。雇佣兵成为拜占庭帝国御敌作战的主力，皇帝阿莱克修斯一世和曼努埃尔一世采取的加强本国军队建设的措施只取得暂时的效果，他们极力恢复的军区制和努力保持的农兵兵役地产也未能持久，而雇佣兵的不稳定性和易于哗变都加剧外敌入侵的危机。1204年第四次十字军攻占君士坦丁堡，证明拜占庭武装力量瓦解的程度，可以说已经到了无兵可用的地步。帕列奥列格王朝时期，拜占庭军事历史已经不是本国军队的历史，而是雇佣兵的历史。瓦兰吉亚人、加泰罗尼亚人、突厥人、罗斯人、诺曼人，特别是土耳其人雇佣兵充斥拜占庭帝国。每当战事爆发，无论内战还是外战，拜占庭皇帝和贵族都把自己的命运交付给雇佣兵，在保卫君士坦丁堡的最后战斗中，皇帝君士坦丁十一世能够指挥的所谓军队也主要来自威尼斯和热那亚。为雇佣外国军队而提供的巨额财政负担加重了国家的财政危机，加剧了拜占庭社会的贫困化。作为地区小国，拜占庭国家失去了昔日雄风，只能在强国之间周旋，苟延残喘，直到灭亡。

二、军事改革与技术发展

在拜占庭帝国历史上,军队将领出身的皇帝都重视军队建设,每个人都从事程度不同的军事改革,其中除了提比略、莫里斯、查士丁尼外,最重要的改革是伊拉克略一世的军区制改革。

提比略军事改革除了全面整顿拜占庭军队的编制,主要突出了两点:其一是加强了骑兵的作用,将骑兵作为突击力量的核心,置于步兵方阵的前列;其二是强化了军团所辖的师团的作用,使之成为实际战争中的作战单位,师团长官因此被委以更大的权力。为防止军团督军将所辖部队变为私人武装力量,皇帝常常直接任命师团长官,并命令一些重要的师团直接对皇帝负责。这种双重领导体制提高了皇帝对军队的控制力。

莫里斯也是拜占庭历史上对军队建设卓有贡献的皇帝,他的军事改革全面反映在其《战略》一书中。① 在其多项改革中,最重要者为"全民兵役制",即强制性要求所有年龄在 40 岁以下的成年人必须参军,履行保家卫国的义务。在推行这一制度中,新编部队由独立的司令官指挥,每团(部)400 人,7 团为一师(旅),3 师为一军团,总数约为 9000 人。这一制度暂时缓解了拜占庭帝国兵员短缺的问题。他的另一项改革是建立了以矛手为主的后备军团,其中大部分士兵来自日耳曼部落和伊利里亚山民。他们尚武剽悍,战斗力极强,常常在两军对阵的关键时刻决定胜负。

查士丁尼一世在位时间很长,对拜占庭军事发展也多有建树,主要反映在总督区制上。"总督区"(exarchates)是当时拜占庭帝国大部分地区推行省区管理的一种特例,仅在迦太基和拉文纳两地实行。这两

---

① 〔古罗马〕莫里斯:《战略》,G. T. 丹尼斯翻译,费城 1984 年版。

个总督区是拜占庭中央政府控制西地中海霸权的立足点和重要的贸易港口。迦太基一直是拜占庭帝国非洲大政区的首府和谷物出口的集散地,①而位于意大利中部的拉文纳是拜占庭帝国在意大利领地的首府。② 由于两城重要的政治经济地位和特殊的地理位置,它们均于6世纪中期被确定为总督区。其管理上的特征是军政权力合一,由总督区首脑"总督"控制。这种体制有别于拜占庭地方军政权力分离的省区管理。总督区的管理形式有利于总督的一元化领导,使总督统一指挥,便于应付战时的紧急军务。总督区体制影响极为深刻,它成为后来军区制改革的基础。

7世纪初以后拜占庭军队发生的最重大变化是军区制改革。这一改革的首倡者是皇帝伊拉克略一世。当时,拜占庭帝国驻守北非、两河流域、巴尔干半岛北部地区和意大利的军队抵抗不住外敌入侵,纷纷后撤,帝国版图迅速缩小,各地驻军和防务陷于混乱,必须重新部署。在此背景下,伊拉克略首先在小亚细亚地区推行军区制,揭开了拜占庭军事改革的序幕,也开启了拜占庭社会经济结构重新调整、政治经济和军事管理制度全面调整的过程。629年出现的亚美尼亚军区和奥普西金军区成为最早一批军区,它们成功的运作为全帝国实行军区制树立了榜样。军区的建立使混乱的局面得到初步整顿,在此基础上,拜占庭政府致力于建立军区内部组织系统,理顺军事等级关系,即恢复原军事建制,重新确定军事等级序列,调整军队内各级官兵的关系,自上而下地以军事系统取代或合并地方行政管理系统,使过去行省、地区和村社的行政管理机构合并为军事机构。由于拜占庭帝国得以生存的财源和兵

---

① 〔英〕J. H. 汉佛雷:"汪达尔和拜占庭时期迦太基考古",引自J. 彼得利:《古迦太基的新发现》,安纳布尔1980年版,第85—120页。
② 〔英〕R. A. 马库斯:"拉文纳和罗马",引自《拜占庭》,1981年,总第51期,第566—578页。

源问题得到合理的解决,军区制改革意义非同小可。

军人的装备分为武器和盔甲,前者为攻击手段,后者为防卫手段。骑兵头戴尖顶金属头盔,身穿铁链铠甲,套头军服和长及小腿的披风,脚上穿带金属迎面防护板的战靴。骑兵的战马也穿厚重的皮革防护装。由于拜占庭军人的甲胄不是西欧流行的整块金属板铠甲,所以他们在上阵前都戴上金属面具。铁链铠甲以动物皮革为底,铁链或缝在皮革上或相互连接成"链子甲"。铠甲一般长及大腿,类似小大衣,袖子长及肘关节。战斗中,他们还配有金属手套和护腿。步兵的铠甲大体与骑兵的相似,只是比后者更短,长及腰部,而袖子更长,到腕部。步兵的头盔比较简单,没有面具,一般下身穿及膝短裙和轻便软靴。指挥作战的军官和文职人员,或后勤部队的战士军服更简单,多为毛制厚外套,军服的正面有金属防护板。所有将士的军服都染成统一的颜色,不同军团或师团各自颜色有别,这一点与欧洲其他国家的军队不同,换言之,拜占庭军队是欧洲中古时期最早推行统一军装制度的军队。军服还根据气候变化而变化,冬季的军服更厚重,夏季军服更轻便,而雨季的军服多为亚麻制成。

士兵的武器按照不同兵种配置,而军官的武器比较复杂。他们在战争中时刻随身携带弓箭、双刃短剑、长矛、标枪、梭镖,装弓箭的箭袋悬挂在右侧腰间,短剑则挂在左侧腰间。投标兵、重装骑兵、轻装骑兵都配有长矛、战斧、短剑和盾牌。有的战马还头戴前有尖顶和枪刺的头盔。这些担负进攻任务和投掷武器的部队都使用风标,以便校正投掷方向和力量。风标类似长条形旗帜,使用丝绸制作,上面绣有所在部队的标志。

拜占庭军队在进攻时都高声呐喊,步兵方阵的前排和两侧最外一排由盾牌兵手持将近一人高的盾牌,肩并肩齐步推进。其身后是手持长矛的三排士兵,再后面是投掷兵。他们呐喊的口号是由随军神甫编制的,例如"十字架战无不胜","上帝指引我们无往不胜,无坚不摧"等。随军神职人员和后勤服务人员除了帮助上阵士兵穿戴甲胄外,其重要的职责是组成啦啦队,在部队进攻时高声呐喊,或齐声唱歌,以鼓舞将士斗志。

进军中,旗手的作用非常大,他们引导部队的前进方向。士兵们则根据方阵指挥的命令统一行动,使用战斧、长矛、梭镖、弓箭、长剑、抛石器发动进攻。一般,步兵是随在骑兵后面发起攻击,将骑兵冲开的敌方军阵中的裂口撕大。攻城机械在拜占庭时期也得到普遍使用,包括由60名士兵推动的攻城塔楼、撞击城门的撞击车、抛掷石块的抛掷器等。

7世纪出现的希腊火是拜占庭军事技术的一大发明。据说它是由一个来自叙利亚的名叫加利尼科斯的希腊人发明的,此人曾在叙利亚当过建筑师,在寻找和研究建筑用防水材料时对炼丹术发生浓厚兴趣,后在长期研究中逐渐掌握火药的配制方法。阿拉伯军队侵占其家园后,他随逃难的人群撤往拜占庭内地途经小亚细亚地区时,发现当地出产一种黑色的黏稠油脂,可以在水面上漂浮和燃烧,这种油脂实际上就是我们今天所说的石油。他用石油结合易燃物质发明了"希腊火"。在阿拉伯人的记载中,它被称作"希腊火",而在拜占庭文献中则被称为"液体火焰"。据现代学者的研究,希腊火是一种以石油为主体、混合了易燃树脂和硫黄等物质的黏稠油脂,容易点燃,但不具备爆炸力,因此便于携带和运输。其性状如油,可以在水面上漂浮和燃烧,而且容易附着于物体表面。经过配制的希腊火一般装入木桶,运往前线,士兵们通常使用管状铜制喷射器将它喷洒向敌人,然后射出带火的弓箭将它点燃。根据一部古书中的插图,拜占庭海军派遣轻便小船引诱敌军大船出击,在诱敌过程中将大量"希腊火"洒在水面上,点燃后借助风力烧毁敌船。喷射器的结构并不复杂,大体类似于今日常见的儿童水枪,只是体积更大,喷口更粗,便于大量喷洒黏稠的"希腊火"。这种武器一经发明,在实战中给敌人以极大杀伤,发挥奇效,故被拜占庭军方视为秘密武器,皇帝亲自过问,指示负责军械和武器生产的官员在大皇宫内组织秘密研制和生产,由加利尼科斯担任技术指导。有关的一切事情特别是这种新式火器的配方和制作过程严格保密,甚至不许用文字记载下来,正是由于这些严格的保密措施才使这种威力巨大的新式武器在浩繁的拜占庭帝国文献中没有留下任何记载,我们只能从阿拉伯人的记载中了解它的细节。据说,保加利亚人在夺取大量"希腊火"液体和发射管以后,因为找不到使用说明而放弃使用。历史文献表明,"希腊火"不仅用于海战,也用于陆军防御和攻城战,但是效果均不如海战。

拜占庭士兵常用兵器包括各种刀剑。根据6世纪完成的《战略》一书,剑有多种,如直式双刃长剑和短剑,长剑又有双柄和单柄之分,短剑仍为古罗马流行的式样,但是在战斗队中不太流行,大多用于装饰,因为拜占庭军队重视整体作战而轻视单兵决斗。长剑在骑兵和步兵中都很流行,据考古测定为94厘米长。与此类似的兵器为单刃弯刀,多为骑兵使用,分长柄和短柄两种。长矛也是拜占庭军队常用兵器,总长四米左右,用整棵橡树苗为柄,带有尖锐的铁矛尖,长柄中部系有小旗和皮鞭,为重装骑步兵使用,而轻装士兵使用的长矛大多只有三米左右。10世纪以后,拜占庭人从罗斯人那里学会使用狼牙棒,由多面带齿的铁头制成,使用方法与罗马传统的战斧相似,即在两军对阵时首先被扔向敌方,而后发起攻击。战斧多为单刃,有圆刃和直刃两种,劈形,斧背多有尖钉。拜占庭人使用的硬弓为木质皮弦,发射距离可达300米,步兵弓箭大于骑兵弓箭。骑兵使用的弓箭总长1.2米,射距不到150米。箭头多为金属制作,有青铜和铁两种,个别的带钩刃。使用弓箭的技术是在6世纪以后开始的,分为地中海式和东方式两种,前者是以食指、中指和无名指向身体左侧引弓,而后者是以拇指向身体右侧引弓。据普罗柯比记载,拜占庭士兵因训练比较正规,故比波斯士兵技术更高,战斗力更强。

　　拜占庭军队没有火炮。据说火炮的制作技术早在13世纪即为拜占庭人所了解,只是由于缺乏足够的经济实力而无法制作。在攻城战中,拜占庭人多使用强弓硬弩,特别是抛石机。其构造并不复杂,在一根长梁上安置抛臂,由数名士兵向下猛拉抛臂,将石弹甩出。弩是步兵单兵使用的武器,能发射石子和箭。这些兵器在普罗柯比的《战史》中多有描述。攻城兵器中集体使用的机械还有滚动塔楼,为木质长方梯形体,最高处设置攻击平台,其总高度依据被攻击的城墙高度而定,通体使用湿兽皮覆盖,以防火烧。塔楼下装有木轮,可以活动。在攻城中,高于城墙的塔楼用来施放弓箭,抛掷石弹,摧毁守城敌军。撞击车也是木制的,可以前后移动,撞开城门。

　　拜占庭骑兵战术是向古代罗马军队学习的,但是有所改革,其中最重要的发展在于引进马镫子和为骑兵装备弓箭。罗马时代的骑兵尚不知道使用马镫,拜占庭人使用马镫的时间是在7世纪中期。它的重要性在于大大提高骑手在马上的稳定性,使之能够腾出双手进行搏击或使用弓箭和其他兵器,极大地提高骑兵的战斗力。另外,骑兵配备弓箭也增加骑手杀伤敌人的范围和突击能力。因此,拜占庭骑兵多用于进攻的前锋部队,据《战略》一书,骑兵在大规模作战中以其高度灵活性实现突击和包围的任务,一般将骑兵的三个冲锋队放在攻击线上,另有四个骑兵方阵在第二线后备,侧翼则有重装骑步兵作掩护,对敌军实行包围的骑兵布置在第三线上,在第一线骑兵攻击吸引敌军主力后实施包围。《战略》一书描述3—4世纪罗马帝国军队使用重装骑兵抵抗波斯人的进攻。到10世纪,重装骑兵及其战马都披挂战袍,有铠甲片和锁子甲两种,配以金属护臂、护腿和头盔。骑兵楔形阵由400—500人组成,外围骑兵重在防护,阵中央配备弓弩骑手,他们首先确定攻击目标,而后以均匀的速度直接进攻敌人中军,其他轻装骑兵和步兵在侧翼跟随进攻。

拜占庭武器制造由国家严格控制,4 世纪时,武器生产中心共有 35 处,其中 15 处设在东方,其他在西方,均由皇帝任命的重要官员管理。武器作坊的劳动者被当作士兵看待,每人按月完成定额。生产定额以武器的重量计算,完不成任务的人将受到处罚。君士坦丁堡是拜占庭帝国重要的武器生产中心,在皇城内设有"希腊火"制造作坊,在君士坦丁堡修道院内也建立冶铁高炉。除此之外,民间也有兵器生产作坊,打造士兵常用武器,特别是在边境地区,各地必须自行满足农兵自备武器的需求。但是,国家武器作坊是集中提供大批兵器的中心,如塞萨洛尼基兵器作坊于 911 年得到中央命令,要求提供 20 万支箭、3000 支长矛和"尽可能多的"盾牌。

在军事远征中,拜占庭军队十分注意营地的安全,因此,扎营的地点和地形,军营的结构都是首先被考虑的问题。在拜占庭军事家完成的作品中,如何建立军营也是重点讨论的问题。一般来说,由专门的测量人员选定扎营地点,考虑的主要因素包括水源、地形。军营呈方形,分三圈安排,最外圈为步兵营,第二圈为骑兵和辎重营,中军大帐为全营的核心,是统帅和军官议事的地方。军营外围设立木栅栏和壕沟,挖掘壕沟的土石沿内圈堆成土垒。内部以十字形通道分区,这与古罗马时代的"T"形军营有区别。

当拜占庭军队外出作战或发动远征时,往往需要有人数众多的庞大辎重队伍随行。举凡食品饮料、粮草武器、备用军服、建营设备、医疗器械和工程材料等战争物资均需辎重车队运输。每个师团近万将士需要 350 辆辎重车、175 名骑兵卫队和 2800 名脚夫。他们跟随大队人马前进,宿营时所有马匹集中在营地中央,辎重车辆围成一圈,工兵在最外圈挖掘临时壕沟。随军医生也是战争中不可缺少的,他们分成医疗小组,由一名外科医生和八名助理,以及若干助手组成。他们还使用特设的马鞍运送伤员。随军神甫的作用不仅在战前战后举行宗教仪式，还在于关心将士的心理状况，随时进行思想工作，鼓舞士气。

拜占庭军事技术在相当长时间内保持较高的水平，对周围民族产生广泛影响，但是，从历史发展的角度看，其军事技术仍属于中古战争的范畴，还没有出现作为近代武器发展基础的火器。12世纪以后，突厥人和奥斯曼土耳其人的军事技术迅速发展，超过拜占庭人，特别是后者凭借其强大的经济实力制造出大型火炮。他们聘请匈牙利人乌尔班指导生产出当时世界上最大的巨型火炮，其口径达99厘米，可发射1200磅重的石弹。正是这个乌尔班因为拜占庭人无钱制造重型武器而转投土耳其军队，也是这种火炮在奥斯曼土耳其人灭亡拜占庭国家的最后战争中发挥了至关重要的作用。

三、水上武装力量

海军是拜占庭帝国武装力量的重要组成部分，因为，地中海在相当长时间里几乎是拜占庭帝国的内海，而与地中海关系密切的黑海和红海，以及拜占庭帝国北部边疆多瑙河都需要水上武装力量加以保护。但是，由于在上述水域拜占庭人没有遭遇对手，因此在相当长时期里，他们似乎不重视海军建设，至少没有以对陆军建设的热情关心海军建设。拜占庭人总是在海上入侵严重威胁帝国安全或海上商业贸易受到骚扰的时候才发展水上武装力量。

拜占庭早期历史上没有关于舰队的记载。如果我们从君士坦丁一世时代开始考察这一问题，就会发现在324年的卡尔普托莱奥海战中，君士坦丁与其对手分别投入200和350艘船只参加决战。此后，尽管统一的拜占庭帝国继续保留着古罗马帝国遗留的海军基地和少量水手，但是，这些基地充其量只是海岸巡逻部队的基地，舰只得不到维修，士兵也得不到补充，海军不仅没有发展，反而持续衰落。唯一值得一提的是多瑙河水师。由于来自多瑙河以北的蛮族入侵持续不断，拜占庭人被迫加强该道界河中下游水师的建设。最初，多瑙河水师规模较小，不是独立的军事单位，而是根据战事需要随时归属不同边防部队指挥。

拜占庭帝国海军比较大的发展是在汪达尔人从北非沿岸进攻地中海东西部海域以后开始的。当时，罗马帝国西部军队为解除汪达尔人的骚扰，派出 300 艘舰船组成的远征舰队，但是遭到失败。利奥三世时期，拜占庭帝国为扫灭汪达尔王国曾发动有 1113 艘船只和 10 万士兵的远征军，由于指挥不当，在卡尔西多纳海战中被汪达尔海军击败。此后，查士丁尼一世在位期间，为进行西地中海战争积极发展帝国海军，仅用于汪达尔战争的运输船只就达到 600 艘，其中护航战舰 92 艘。值得注意的是，虽然海军发挥了重要作用，此时仍然没有独立的海军建制，它们仅担负战争的辅助工作，隶属于此次战争的前线陆军总司令贝利撒留统一指挥。查士丁尼完成统一西地中海的战争后，为维持地中海航线的安全，分区建立小型舰队和常备的小型海军基地，在西班牙的休达、黑海的克里米亚半岛、红海的巴所斯等古代海军旧港址上出现了拜占庭海军的新基地。各个基地如同各个海军小型舰队一样统归各地陆军督军管辖。

海军独立发展是从君士坦丁二世开始的，当时，阿拉伯海军发展迅速，在地中海进行海上扩张，将拜占庭人有限的海上力量排挤出主要航海区。为扭转不利局面，拜占庭政府建立独立的海军建制九支舰队组成基维莱奥冬军区，下属包括直到罗德岛的小亚细亚南部海区的基维莱奥冬军分区和包括爱琴海及小亚细亚北部沿海的爱琴海军分区，分别由两名将领指挥，但是统一归军区将军管辖。然而，海军势力的发展直接威胁拜占庭皇帝的统治，698 年海军军区司令提比略发动政变，其舰队兵临城下，围攻君士坦丁堡，后在首都中下层人民支持下夺取皇帝权力。711 年，远征黑海车绳的拜占庭舰队发动起义，迫使在位皇帝查士丁尼二世离开君士坦丁堡,弃城而逃,后在小亚细亚被杀,起义的海军拥立海军司令腓力比格斯为帝。伊苏里亚王朝建立后,为避免重蹈前朝覆辙,利奥三世采取限制陆军军区和海军发展的措施,将海军重新编为皇帝直接控制下的皇家舰队,其他部分被化整为零,分散到各地陆军军区中。这对拜占庭海军的发展打击十分沉重。由于抵抗阿拉伯人海上进攻的迫切需要,不久基维莱奥冬军区和爱琴海军区再度恢复,但是海军的最高指挥由陆军和海军将领共同担任。同时,各地小型舰队仍然由各军区将军指挥。海军地位仍然处于陆军之下,海军舰队司令的地位相当于陆军中级军官,这在当时制定的一份官职表格中得到证明。

8世纪中期,阿拉伯帝国发生重大政治改组,新建立的阿拔斯王朝哈里发改变旧王朝的海上扩张政策。这使拜占庭人有机会重新夺取丧失的海上强国地位和东地中海霸权,而退役的阿拉伯水手纷纷转移至西地中海,并揭开阿拉伯海盗肆虐西西里的历史。在有利的国际环境中,拜占庭政府首先加强爱琴海军区的建设,增加士兵数量,修造大型舰船,建立新的海军基地和停泊码头,其司令被提升为军区将军。不久,在爱琴海南部又建立另一个独立的海军军区,以其司令部所在的撒莫斯岛命名为撒莫军区。9世纪初建立的该发利尼阿斯海军军区负责地中海中部地区的防务。这样,拜占庭海军在10世纪期间达到其历史发展的高峰期,961年以海军为主力的远征军夺取克里特这个爱琴海最南端的第一大岛,因此,皇帝尼基弗鲁斯对德意志皇帝的使节吹嘘说:"罗马帝国(中古拜占庭人自称为罗马人。——作者注)是大海的主宰。"①

拜占庭海军辉煌的时期极为短暂,皇帝们对于海军反叛的恐惧超

---

① 〔希〕卡拉扬诺布鲁斯:《拜占庭国家》,第77页。

过对陆军的看法,7—8世纪海军将领反叛自立的阴影始终笼罩在忐忑不安的皇宫上空。10世纪末拜占庭皇帝分散军权的措施和此后限制军事贵族的政策也极大地降低了帝国海军的战斗力,更依赖于船只和海上装备的海军在缺乏政府资助的情况下衰落极为迅速。1071年曼茨克特战役之后,突厥人占领小亚细亚大部地区,拜占庭人因此丧失大部分海军基地,这就进一步加剧了拜占庭海军的衰落。此后,拜占庭帝国采取雇用外国舰队的方式应付临时出现的海上威胁,皇帝阿莱克修斯一世在位期间为抵抗诺曼海军的进攻而雇用威尼斯舰队,为此,他授予后者许多贸易特权,这一做法被认为对拜占庭帝国产生灾难性后果。作为比较开明的君主,阿莱克修斯很快认识到建立强大海军的必要性,因此,他做了相当大的努力恢复各海军舰队,并在对帕臣涅格人、阿拉伯人和诺曼人的战争中使用水兵,充分发挥海军特殊的水上作战能力,取得许多有史可查的胜利。但是,并不是所有的皇帝都具备这样明智的头脑,例如,12世纪的皇帝们担心舰只落入突厥人之手而将小亚细亚沿海仅剩的船只凿沉。1204年第四次十字军进攻君士坦丁堡时,拜占庭帝国已经没有海军,海防线完全暴露在敌人的进攻下。

拜占庭海军军事技术基本上沿袭古代希腊罗马的技术,战船以拥有一两排桨手的轻型船只为主,因其速度快称为"快船",其结构并不复杂,分甲板上下层,上层是作战层,下层为桨手层,可载20—30人左右。船头设立藤条编织的盾牌,以防止弓箭和石弹的袭击。30人以上、70人以下的大船出现得比较晚。舰队中最大的船只是舰队的旗舰。在海战中,轻型船主要用于围攻和引诱敌方船只,而后使用"希腊火"烧毁敌船。轻型船只除了具有灵活和速度快的优点外,它还因吃水浅,可以在江河湖海浅水区行动而被广泛使用。较大的船只仿照古代希腊船在船头装置尖锐的铁锥,以便利用冲击力撞沉敌舰。船上建立塔楼,以便士兵攻击敌人或冲上敌船。

拜占庭帝国晚期历史是衰败的历史,帕列奥列格王朝时期在尼西亚流亡政府海军基础上重新组建帝国水上武装力量,其军权控制在海军军区将军手中,由于海军规模极为有限,各舰长直接由皇帝任命并对皇帝宣誓效忠。海军军区内将军之下为舰长,其下属包括舰上各级军官和海军基地后勤官。但是,在国家经济实力衰落的情况下,海军也不可能得到发展,甚至连维持生存的可能性也最终丧失,只在国家官职表中保留有关的称号。

四、军事家

拜占庭帝国历史上涌现出许多杰出军事将领,其中首推贝利撒留,因为正是由于他的军事才能方使查士丁尼建立大帝国的梦想得以实现。据同时代作家普罗柯比记载,他出生在色雷斯和伊利里亚交界地区,年轻时即显出过人之处,不仅相貌堂堂,一表人才,而且臂力惊人,善于骑射,特别重要的是他处事果敢、性格坚毅。优良的天赋使他能够从众多军事人才中脱颖而出,受到查士丁尼一世的赏识和信任。他曾被任命为皇帝卫队长和美索不达米亚督军,24 岁时晋升为东部战区总司令。531 年,贝利撒留率部巡弋于美索不达米亚北部达拉斯城,与波斯军队相遇。面对波斯国王侯斯罗埃斯的 4 万远征军,贝利撒留镇定自若,以 2.5 万人迎战,凭借达拉斯城防之险和新的"五军阵法",以少胜多,取得大捷。达拉斯战役大捷奠定其赫赫战功的基础,使查士丁尼一世对他更加赏识,因此,在恢复罗马帝国西部版图的战争中,被委以最高指挥权,他的军事生涯因此达到顶峰。533 年,他受命统领 1.5 万人和大批战舰渡海直取汪达尔王国,开始征服西地中海世界的战争。经过代基蒙战役、特里卡马洛战役和伊彭城战役,贝利撒留生擒汪达尔国王盖利麦,取得征服汪达尔人的胜利。这次胜利为他赢得了极大荣誉。他班师回朝后,查士丁尼举行盛大的凯旋典礼为之庆功,并授予他执政官荣誉称号。535年,贝利撒留再次领军向西渡海,开始征服东哥特王国,先后夺取那不勒斯和罗马,后审时度势,施展外交手段,诱骗东哥特军队投降,544年最终获得胜利。贝利撒留对拜占庭军事技术和战争艺术的贡献比其战功影响更深远,例如他组建的装甲骑兵成为其后拜占庭军队重装骑兵的前身,他首先在骑兵装备中引进的日耳曼式长矛和波斯弓箭奠定了拜占庭骑兵在此后数百年发展的基础。贝利撒留的军事成就使查士丁尼一世重建罗马帝国的政治抱负得以暂时实现。

与贝利撒留同时代的纳尔西斯是查士丁尼时代的另一位著名军事将领,他早年曾在皇宫中任宦官,因积极参与镇压君士坦丁堡"尼卡起义"而受到皇帝的信任和重用。535年,他受命前往亚历山大平息"一性论"教派骚动,取得成功,显示其处理复杂问题的能力,因此被晋升为"皇宫圣殿总管"和钦差督军率军赴意大利支援贝利撒留,解除哥特人对罗马城长达一年的围攻,由此取得显赫战功。545年,他指挥拜占庭军队取得色雷斯保卫战的胜利,而后,被任命为意大利远征军司令前往亚平宁作战。在战斗中,他采取利用矛盾分化瓦解的策略,首先击败西哥特人,迫使他们撤往西班牙,而后联合当地部落酋长击退法兰克-阿勒曼尼人的进攻,并在意大利北部建立稳固的防线。562年,他又率军击退伦巴底人的侵袭。纳尔西斯作为宦官从事军事活动实属不易,且能大器晚成,年近50岁方有战功,并青史留名,可谓军事奇才。

塞奥弗鲁斯是9世纪拜占庭军事家,原为小亚细亚东部伊朗或库尔德血统拜占庭人,834年率部落军队投奔拜占庭帝国,接受基督教信仰,被任命为骑兵团指挥,因作战勇敢且忠实受到皇帝信任,与皇家公主塞奥多拉结婚。837年他陪同皇帝塞奥非罗斯出征小亚细亚,攻占阿拉伯人控制的扎比特拉,夷平城池,并在次年达茨蒙战役惨败中救驾有功。他一生以善于采用骑兵作战而著称,创造了许多骑兵突击作战的成功战例。

拜占庭帝国出了许多具有军事天才的皇帝,其中瓦西里二世是突出的代表,他是罗曼努斯二世的长子,两岁时被确定为皇位继承人奥古斯都。他生性刚烈,果敢坚毅,少年时代便无心向学,热心军事。为了专心进行拜占庭帝国军事扩张,他终身不娶,身着军服,不戴首饰,亲自指挥作战和判决案件,并学习和锻炼成为优秀的骑手。为了打击保加利亚人,他以"围魏救赵"的战略击退保加利亚王沙木埃尔对希腊中部地区的进军,迫使保加利亚军队急速后撤,退出希腊战场,表现了杰出的战略家才能。994年,瓦西里二世亲临西部防线大败沙木埃尔,而后,率数千轻骑昼夜兼程,突袭叙利亚南部,取得胜利。稍后,他指挥西线部队再次击溃保加利亚人的入侵。在随后进行的西亚战争中,他率领拜占庭军队连续取胜,占领叙利亚南部和巴勒斯坦北部,并乘乔治亚国王被刺身亡之机,吞并该王国。1001—1114年,瓦西里二世连续击败保加利亚军队,灭亡第一保加利亚王国。由于他的军事胜利,拜占庭军队发展达到鼎盛时期,他也成为拜占庭帝国最后一位杰出的军事天才。

第五节　商人和工匠

一、城市生活

君士坦丁堡活跃的经济生活闻名世界,在将近千年的时期内,这里中心地带建立的巨大商业区一直是全国各地商品和世界各地珍奇货物的集散地。"黄金角"海湾中停泊着来自世界各地的船只,街道上各种肤色的商贾身着各国服装来来往往,他们在集市上用各种语言进行交易,拜占庭金币成为各国商人从事交易的国际硬通货。活跃的商业贸易促使拜占庭帝国的各类手工业迅速发展,大量制作精美的手工艺品成为拜占庭特色的产品,著名的皇家丝织厂和铸币厂设在皇宫内,而兵器和金银加工场则散布在全城不同地方,发达的手工业和商业使君士坦丁堡的经济地位不断提高,成为全国城市生活的代表。除了君士坦丁堡外,拜占庭帝国还有许多大城市,它们在帝国不同地区扮演着政治经济文化中心的角色,并形成了各自的特点。被阿拉伯人征服前的亚历山大不仅是古典文化的中心,也是手工业和商业重镇,其大宗谷物贸易制约着君士坦丁堡的发展。距离首都几个时辰海路的安条克是东方国际贸易的中心,那里的富有养育着一大批著名学者,使之成为探究神学和哲学问题的文化中心。小亚细亚的以弗所规模不大,但却是基督教神学的重镇,当地多所神学学校不断地输出高级教士,那里还是举办基督教大会的中心。塞萨洛尼基原本只是爱琴海北岸的港口城市,但是在拜占庭帝国时期其活跃的工商业使之迅速发展成为帝国第二大城市,成为马其顿地区的首府和当地社会生活的中心。

君士坦丁堡是拜占庭帝国城市生活的缩影,但是如果人们将视线转向普通人的生活,那么在眼前将呈现一幅完全不同于上层社会的图画。君士坦丁堡分布在七座小山丘上,城内大道依地势贯通全城,呈扇形向西展开。富人的房屋多为两层小楼,临街的墙壁上刻有主人的姓名。临街入口的大门多数用铁栅栏防护,其背后是花园,花园的景色从大窗户里一览无遗。一般家庭的庭院里还有狗窝、鸡舍、库房、蓄水池或水井。5世纪以后,楼房建筑日益普及,一楼临街墙壁仍刻有主人的姓名和家族的徽章,二楼则开设出许多窗户,窗口上方或方或圆,均安装小块玻璃厚片,大小不一,富有家庭的玻璃窗长半米以上。二楼普遍修建阳台。根据5世纪泽诺皇帝的法令,街道不得窄于3.65米,阳台必须高于地面4.57米,与对面房屋的距离不小于3米,任何房屋不得侵害邻居的采光权,并要安装下水道和导水沟。除了皇宫使用大理石等名贵材料,多数民居的材料为砖瓦,有的房子用石灰抹墙面,三角形房顶多数用瓦片防雨,只有少数富有家庭在房顶上设阳台。

普通民宅都有大厅作为会客室和起居室,大厅有多根柱子作为装饰和上层房屋的支撑。多间寝室都在二楼,用木楼梯与楼下连接,只有富人家的楼梯使用石头和大理石。室内装修比较简单,石灰墙面上挂有十字架或基督教圣像,也有悬挂风景画和肖像画的。厨房和洗手间设在楼下,围绕着客厅,多为男子的活动空间,而妇女儿童大多在楼上,特别是未婚女孩的房间都在住宅的顶层。在君士坦丁堡寒冷的冬季,富人家靠火炕取暖,一般家庭则围着炭火御寒。厨房天棚都开有天窗,以便排放烧水做饭的炊烟。厕所的废水通过下水道排入大海。几乎家家都有浴室,以便每天洗两次澡。

然而,君士坦丁堡郊区的贫民区的房子却十分破旧简陋,街道曲折狭窄,住宅拥挤不堪。那里的房屋几乎每户一间,顶上无瓦,多为茅草和泥土。邻里之间几乎没有秘密可言,因为家门一开,所有隐私都为过往行人所见。由于缺少排水设备,污水横流。公共厕所臭气熏天,蚊蝇肆虐。5世纪以后出现的五层以上砖瓦住宅建筑,大多是用来租给外地临时雇工居住。其居住条件也十分恶劣,不仅缺乏生活设施,而且跳蚤臭虫在夜间分外活跃。还有一些条件更糟糕的草棚供外来雇工居住。这里和皇宫与富人区形成了强烈的反差,各类罪犯藏匿其间,凶杀盗窃司空见惯,流浪汉常常是城市暴乱的主力军。到5世纪,君士坦丁堡城区的323条街道上都有流浪的乞丐在流窜,20个面包房因救济贫民而人满为患,后来增加了120个面包房。来自全国各地的流浪者不仅给首都带来巨大的社会压力,也造成了极大的社会隐患。

但是,首都民众无论穷富都有机会观看马车比赛。赛车活动要提前多日准备,首先要得到皇帝的批准,再由执政官和市长确定比赛日期,然后张榜公布,在蓝、绿、红、白各赛车协会组织观众和啦啦队的同时,参赛者纷纷报名。比赛用马集中在大皇宫内喂养,以防被对手动手脚。比赛当日清晨,数万观众赶早进入竞技场,皇帝则在大批随从的陪伴下进入赛场包厢休息间,高官显贵和赛车协会的负责人首先向皇帝致敬,赛事组织者和市长要向皇帝汇报准备情况。当所有准备工作完成后,皇帝便缓慢地走进刚刚开启的皇帝包厢,站在前台,面向观众画十字祈祷三次,并将一方白色手帕扔下。这是比赛开始的信号,在万众欢呼声中,从比赛起点奔驰出第一轮赛车。马车为两轮四马,在宽60米,长480米的环形跑道上并驾齐驱。他们分别代表不同的协会,以抓阄的方法决定每天八场比赛的顺序。每场比赛的获胜者将得到胜利桂冠和参加复赛的资格,他们受到英雄般的喝彩和掌声。赛车手多是来自贵族家庭的青年,有些争强好胜的皇帝,如君士坦丁八世甚至以普通车手的身份亲自参加比赛。赛车手身着紧身衣裤,披彩色长披风。妇女禁止观看比赛,个别贵族女青年只得到附近教堂的顶楼上看比赛。每场比赛之间表演各种形式的文艺节目,小丑滑稽表演、杂技魔术、舞蹈和各种戏剧表演均受到热烈欢迎。观看比赛无须买票,由执政官和市政提供财政支持,因此许多下层民众也能享受这种娱乐。

　　戏剧和音乐比赛也在大赛场举行,史料记载的有多次,例如君士坦丁八世、米哈伊尔五世、君士坦丁九世时期都举办过类似的活动。演艺界也有明星,魔术大师非拉莱乌斯是当时家喻户晓的明星,属于君士坦丁堡的富人。喜剧、歌剧、滑稽剧也常在其他剧场或露天场地表演。几乎所有的酒馆饭店都有黄色表演,其演出的时间自然是夜间。外国人无不对君士坦丁堡娱乐生活留下深刻的印象,他们惊叹拜占庭帝国首都的娱乐方式之多样丰富,认为欧洲和亚洲其他地方在这方面远比拜占庭人逊色。除了大型文娱活动,人们平时还要参加宗教庆典、朋友聚会、家庭娱乐等。更常有的是,城市居民与邻里到附近的酒馆小酌聊天。有时甚至家奴和仆人也参加这类休闲活动。拜占庭贵族或富人一直使用家奴和奴仆。6世纪时，10岁的男童可以买10个金币，没有经验的青年仆人的售价为20金币，而受过教育的仆人值50个金币，医生或秘书的价钱为60个金币。教会反对使用家奴，特别严格禁止修道院使用奴隶。

工商业区的街道至少5米宽，石块路面。道路两侧店铺作坊林立，广场均匀分布，那里是顾客购物后休闲的场所，也是争论各种热门话题和传播小道消息的中心。安娜公主的《阿莱克修斯传》记载，当时拜占庭帝国的一名军官被俘后设法逃出土耳其人的监狱，回到君士坦丁堡后直接来到广场，向人们描述自己的惊险经历。著名的奥古斯塔广场附近不仅有首都最大的食品集市和多家书店，而且是公众集会最主要的地点。珠宝首饰商店和钱庄银号集中在大皇宫和君士坦丁广场之间的商业区。

除了固定商店外，城市里还有许多流动商贩，他们推着平板车，沿街叫卖，出售的商品既有高级编织品和成衣、各种鞋帽，也有蔬菜水果、奶制品和日用杂货。占星家、魔术师和相面算命先生也和商贩们一样到处流动。街道上挤满了各种豪华车辆和驴骡，家庭主妇们在奴仆的陪伴下携带刚刚采购到的物品穿行在大街小巷。贵族高官骑着白色高头大马，马鞍辔头描金绣锦，由奴仆拉缰扶鞍。与喧嚣嘈杂的市场集市形成鲜明对照的是大大小小的公共花园，繁茂的树木和盛开的鲜花形成了闹市里一片宁静的空间，老人妇女和孩子们在花坛里各种奇花异草旁享受着其特有的芳香。

像君士坦丁堡这样众多人口聚集的地方很容易发生瘟疫，平时人们得病的机会也很多。有案可查的皇帝们所患疾病就包括肺结核、流行性感冒、关节炎、痛风、癫痫、神经病、心脏病等。为了预防和治疗疾病，拜占庭人建立了各类医疗机构。拜占庭医学是在古典希腊医学基础上发展起来并在民众中普及的科学，医学知识并不仅仅为专业医生所掌握,而且被所有拜占庭知识分子和大多数普通民众所了解。拜占庭人遵循古希腊医生希波克拉底和盖伦的理论,认为血液、黏液、黄胆汁和黑胆汁是人类体质病理分类的基础,所有疾病均出自干、湿、热、冷四气失调,而健康则有赖于这四种体液的适当比例和四气状态的平衡。拜占庭医学著作,如皇帝朱利安的私人医生欧利巴修斯(325—395或396年)的《诊断学》,保罗(? —642年后)的《妇科学》、《毒物学》和《处方》,西蒙(11世纪)的《食谱》和《保健手册》等都是以希波克拉底和盖伦的理论为指导,欧利巴修斯还曾编纂了盖伦全集。拜占庭人注重养生和预防,广为流传的"饮食历书"将一年四季分成干、湿、热、冷几个阶段,详细地罗列宜食和忌食的食物名单。他们认为,疾病是人体各种因素和状态失调的结果,因此治病的关键在于调理,治病的最好办法是休息保温和发汗,养生应重于治病,甚至认为医生的职业完全是一种靠疾病赚钱的行当。因此,民间的土方很受欢迎,例如,用胡椒调理肝脾,用青草去除口臭,一年春夏秋季三次放血,使用按摩和推拿治疗扭伤,用烧灼方法止住大出血,用艾蒿清洁空气,等等。我国古代史书中还记载拜占庭外科医生"善医眼及痢,或未病先见,或开脑出虫"[①]。尽管如此,拜占庭国家仍然重视医院的组织建设,不仅在军队中设立军事医护团,而且大的慈善机构和修道院也附设医院或高级医生团。1112年,皇帝约翰二世建立潘多克拉多修道院时,就建立附属该修道院的小医院,内设10名男医生、1名女医生、12名男助理医生、4名女助理医生、10名男女高级助手、10名男女杂工负责病房,另有5名外科医生和内科医生负责门诊。医院中没有护士,护理工作通常是由住院的病人分担,各科病人混住在一起,病情较轻的病友照顾不能自理的病友。医生不分科室,只分男女,医生似乎是精通各方面疾病的

---

① 《通典》卷一九三,《边防》卷九,《西戎》五。

全科专家。

洗澡是拜占庭人保持清洁的重要手段。君士坦丁堡城内设有八个豪华的公共浴池和153个私人开办的浴池，贵族和富人之家也有自己的浴室。人们每天洗两三次澡，连修道士也每天洗澡，但却遭到修道院长的批评。洗澡者首先在专门的水盆前洗头，洗身体后，在大水池里游泳。这种结合洗澡与健身为一的方式据说由皇帝罗曼努斯三世首倡。大量的用水来自城市蓄水池，有八条密封的引水渠道从城外的河流输送淡水。公共浴池建筑讲究，大多为柱廊拱顶大厅，屋顶开设天窗。浴池内外装修典雅，设备舒适，大水池周围还设有小房间供顾客休息。冷水池与热水池相邻，旁边有专门的大房间用于蒸汽浴，淋浴的喷头用黄铜制造。公共浴池白天对男子开放，夜晚对妇女开放。

事实上，君士坦丁堡人平常是十分忙碌的，他们要随时准备各种必要的家庭活动，例如新生孩子的洗礼、成年子女的婚礼和老人的葬礼等。孩子出生后首先由接生婆洗净包好，几周之内家长要为他做好洗礼的准备，包括选定其教父教母，联系好教堂，购买相关的衣服和礼品，教父教母则要为孩子准备珍贵的十字架挂链。洗礼由神甫主持，要在教父教母的陪伴下将孩子放进经过祝圣的温水，水面上漂浮着厚厚的一层橄榄油。在唱诗班的歌声中，孩子要三次入水，神甫要为他起教名，教父教母给他戴上十字架。教名是孩子自己的名字，其后是其父亲的姓氏。仪式结束后，全体亲属回到孩子家娱乐庆贺。

婚礼是所有拜占庭家庭最重要的节日。结婚的第一步是订婚，首先由双方的父母选择对象。婚约一旦确定不能反悔，双方需要签字画押，毁约行为受到教会的严厉谴责，并受到罚款的处罚。法律规定，男子14岁和女子12岁以下禁止结婚。婚礼当天，所有接到请柬的亲朋好友和当地头面人物都要身着白色盛装准时参加。在欢快的歌声中，新婚洞房悬挂珍贵的布料，摆放贵重的家具。新郎在乐队的伴随下去岳父家请新娘,新娘则身穿结婚礼服等待新郎的到来。她面戴纱巾,头戴长长的婚纱,新婚夫妇由众人簇拥着穿过街道,来到教堂。主教主持的婚礼是整个仪式的高潮,既庄严又喜庆。在宣誓百年结好并交换了结婚戒指后,新婚夫妇还要随众人回家,举行盛大的宴会。男人和女人分开就餐,而后唱歌跳舞,彻夜欢庆。根据法律,新娘的嫁妆始终归女方所有。

君士坦丁堡的公墓设在城郊,富有家庭的墓地使用大理石和黑色玄武岩建造墓室和墓碑,而普通人家的墓地则很简单。墓碑上除了雕刻上逝者的姓名和生卒年月日外,还有亲友或其本人的纪念语言,有的还镶嵌着逝者的画像。死者身着白衣,其亲属则身穿黑色服装。葬礼之后第三、第九和第四十天,所有的亲属要在墓前悼念,高声朗诵亲朋好友的悼词。

二、活跃的国际贸易

拜占庭帝国经济生活最突出的特点是其繁荣的商业贸易和城市手工业。在中古世界历史上几乎没有任何一个城市像君士坦丁堡那样具有得天独厚的商业地理优势,它处于东西、南北多条商路的交会点,扼守东西交通陆桥和南北航道要冲,在15世纪末世界新航路开通以前的中古世界亚欧非三洲的物产交换活动中,拜占庭帝国占据其中的主要份额,获得了无与伦比的商业利益。繁荣的商业贸易离不开相对安定的外部环境,拜占庭帝国在相当长时期里保持的政治稳定使君士坦丁堡的国际贸易获得突出的发展。在公元初的几百年间,罗马帝国商人开辟了东西交通商路,从印度进口香料、香草和珍贵木料,从中国进口丝绸和生丝,向东方出口玻璃和宝石,如《魏略》所记:罗马帝国"又常利得中国丝,解以为胡绫,……大秦(指罗马帝国。——作者注)多金、银、铜、铁、铅、锡、白马……大贝、砗磲、玛瑙、南金、翠爵……符采玉、明月珠、夜光璧、真白珠、琥珀、珊瑚、赤白黑绿青绀缥红紫十种琉璃"[1]。拜占庭帝国继承古代活跃的商业传统,积极发展内外贸易。

当时,东西交通已经开辟,形成多条商路,其中最著名的是陆上的"丝绸之路"和海上的"香料之路"。丝绸之路东起中国长安和洛阳,经过河西走廊,沿塔里木盆地南北两侧向西,翻越帕米尔高原山口,经过中亚地区达到里海东南岸,再分两路向西,一路直抵地中海东岸重要城市安条克,另一路经黑海南岸小亚细亚地区到达君士坦丁堡。在丝绸之路主干线南北两侧分布多条陆路,或相互连通构成交通网,或出孟加拉湾、波斯湾与海上商路连通,或北出天山、里海和黑海进入俄罗斯平原。海上香料之路以中国东南沿海大港口为出发点,首先向南绕过马六甲海峡,向西进入孟加拉湾,这里的港口与中国西南商路相通,再沿近海航道绕过印度次大陆,进入阿拉伯海,而后分两路或从波斯湾上岸逆幼发拉底河而上到达安条克,或从东非沿红海和尼罗河向北进入地中海。这些商路均首先汇集于拜占庭帝国境内各口岸,使君士坦丁堡等一批东地中海城市成为东方货物的交易市场。

拜占庭政府始终重视发展国际贸易,一方面开拓海外市场,鼓励本国商人积极开展外贸活动,保护本国商人在海外的商业利益,维护各条海陆商路的畅通;另一方面建立健全有关国际商业贸易的制度,完善海关体系,创造良好的国际商业环境。例如在丝绸贸易中,拜占庭人为了打破波斯商人的垄断和高额关税,积极发展红海进入印度洋的海路交通和通过黑海、里海、咸海北部的陆路交通,并与阿克苏姆王国和突厥人就此谈判。6世纪是拜占庭帝国东方贸易迅速发展的时期,丝绸原料通过传统的商路源源不断运抵拜占庭帝国设在幼发拉底河中下游流域的尼西比和达拉海关站,然后运往君士坦丁堡、提列和贝鲁图斯的丝

---

[1] 《三国志》卷三十《魏志》,上海古籍书店影印本。

绸加工厂制作成高级服装。而从海路运来的印度香料和染料则在埃及上岸,贩运到地中海沿岸城市。当时的拜占庭商人哥斯马斯(6世纪上半叶)即根据其常年从事东方贸易的经历撰写了著名的《基督教国家风土记》,详细描写锡兰(今斯里兰卡)作为东方货物的集散地的情况,中国的丝绸、印度的棉织物和麝香、东南亚的芦荟、丁香和紫檀木、南亚群岛的胡椒、孟买的青铜器、锡兰的宝石等东方物产均可在此买到,可见当时东方贸易商品种类之丰富。拜占庭帝国为开展对中国的直接丝绸贸易,积极发展与红海进入印度洋出口处的阿克苏姆王国的友好关系,使拜占庭商船在其首都阿都利斯停靠,由此将丝货运送到位于西奈半岛的犹大比拜占庭海关。拜占庭帝国在此设有海关大臣,据记载,他每年出访印度以西各基督教商业据点。而拜占庭商人的足迹则遍及中亚、锡兰和东非沿岸,有的地区甚至建立拜占庭商人特区。由于拜占庭金币长期享受国际货币的信誉,因此,其使用范围远及中国西藏。《隋书·食货志》记载:"河西诸郡或用西域金银之钱,而官不禁"①,这对拜占庭国际贸易活动大有裨益。在红海和印度洋航海贸易中,阿比西尼亚(今埃塞俄比亚)商人对拜占庭人帮助极大,因此,在后来与波斯人的斗争中,两个民族结为盟友。依靠埃塞俄比亚人帮助,拜占庭商人深入非洲内地,以各种手工制品换取黄金。

7世纪中期阿拉伯人兴起后,东地中海沿岸地区遭到巨大破坏,以安条克为中心的叙利亚和以亚历山大为中心的埃及地区的国际贸易陷于停顿,两地的地中海国际贸易中心地位从此丧失。拜占庭商人乘机发展君士坦丁堡的国际商业,将上述两大中心区的商业活动吸引到拜占庭首都。当叙利亚对地中海各地的商业航海停止后,拜占庭人积极打通经黑海向东的商路,此后,又恢复了红海航道。8世纪时,经过小

---

① 《隋书·食货志》卷二四(上海古籍书店影印本)。

亚细亚陆路和从特拉比仲德上船经黑海通向东方的陆路商道再次恢复，包括丝绸在内的远东物产源源不断运抵君士坦丁堡，使之很快进入最繁荣的时期。丝织业也获得突飞猛进的发展，特别是贵重的高级丝织物生产技术迅速提高，进而执地中海丝织业之牛耳，垄断该项贸易。据当时的文献记载称，阿拉伯人、斯拉夫人、匈奴人等纷纷前往拜占庭帝国购买丝织品，有些特殊丝织物，如混合金银丝线的丝织挂毯还返销中国。

拜占庭帝国国际商业发展在9—10世纪达到最高峰。拜占庭商人将活动的重心逐渐转移到黑海，他们在黑海和多瑙河沿岸地区建立许多货站，在经营传统的东方货物交易的同时，注意大宗谷物贸易，因为阿拉伯人对北非和西亚地区的占领，使拜占庭帝国丧失传统的谷物生产地，进而改变了传统的谷物贸易结构，促使拜占庭人发展小亚细亚谷物生产基地。远东地区的商品继续通过黑海进入拜占庭帝国，少量的东方物品通过阿拉伯人控制下的中亚和红海贩运而来。阿拉伯人虽然使巴格达和埃及重新繁荣起来，但是，他们担心无孔不入的拜占庭商人参与竞争，故而限制对拜占庭人的贸易。这使黑海国际商业，特别是拜占庭城市特拉比仲德获得更有利的发展条件，它迅速发展成为东方贸易的主要集散地。拜占庭人收复安条克后，重新恢复东地中海航线，东方物产得以更快到达地中海，与此有关的城市，如巴格达、塞琉西亚、阿勒颇等很快繁华起来。在君士坦丁堡巨大的国际市场里，人们可以买到来自世界各地的物产，例如俄罗斯平原的毛皮、干鱼和奴隶，波罗的海的琥珀，日耳曼人的毛皮和金属，都通过拜占庭第二大城市塞萨洛尼基转运进口。拜占庭帝国在亚平宁半岛的主要商业口岸在意大利南部的巴里，拜占庭商人在此集散从东方转运的货物，贸易范围遍及西欧。但是，拜占庭人在西地中海的商业势力很快就遭到新兴的意大利沿海城市的排挤，比萨和热那亚首先发展成为拜占庭商人的竞争对手。

11世纪是拜占庭帝国国际商业衰落的开端。首先,位于亚得里亚海北岸的威尼斯摆脱了拜占庭帝国的控制,大力发展海上贸易和船队,逐渐夺取亚得里亚海制海权。他们不顾拜占庭政府一再禁止与阿拉伯人从事贸易的法律,开拓海外市场,侵蚀拜占庭商人占有的商业份额,并将发展商业的重点放在加强商船队建设方面,最终取代了拜占庭帝国在亚得里亚海的霸主地位。皇帝瓦西里二世为改善与威尼斯人的关系和获得威尼斯舰队的帮助,给予他们少交海关税的商业特权。此后,威尼斯商人以西欧武器、木材、粗布和奴隶等为主要商品,顺利打入东地中海贸易区。1071年塞尔柱突厥人打败拜占庭人后,拜占庭帝国在小亚细亚沿海地区的商业据点逐步丧失,粮食供应再度引发帝国社会危机。与此同时,诺曼人从西地中海进攻拜占庭帝国,夺取提比斯、科林斯等主要丝织工业中心,将大批丝织工匠和养蚕技师带到西西里,建立起西方丝织业中心。诺曼人对拜占庭丝织业的致命破坏在于,一方面摧毁了拜占庭帝国的丝织业技术力量和设备,另一方面打破了拜占庭人对丝织业的垄断,使其原有的商业优势尽行丧失。

十字军东侵,特别是第四次十字军战争破坏了君士坦丁堡,彻底改变了地中海贸易格局。东方商品不再大批集中到特拉比仲德和君士坦丁堡,也很少经过突厥人占领的小亚细亚地区,而改道拉丁骑士占领的叙利亚各港口,再由意大利商船转运到西方,过去由拜占庭帝国控制的海关关税几乎全部落入意大利航海共和国国库。重视商业利益的威尼斯人在第四次十字军占领君士坦丁堡后瓜分拜占庭帝国遗产过程中,完全控制了东地中海重要航道和主要商站,从而奠定了其称霸东地中海的商业基础。直到帕列奥列格王朝统治时期,为米哈伊尔八世重新控制君士坦丁堡提供军事援助的热那亚人,在拜占庭人的帮助下获得黑海商业主动权,在与威尼斯人争夺黑海国际贸易份额的斗争中占了上风,并得到与威尼斯商人同样享有的各项商业特权,其中包括在君士坦丁堡北部黄金角湾建立配拉商业殖民区。拜占庭商人逐渐被排挤出黑海国际贸易的舞台，他们在塔曼半岛的马特拉卡港和克里米亚半岛的鲁西阿（今刻赤）保留的商站很快就被意大利商人取代，因为，拜占庭帝国政府对国内外商人采取的双重税收标准使他们在竞争中败下阵来。君士坦丁堡国际市场迅速缩小，而配拉商业特区却迅速繁荣，虽然拜占庭帝国传统的手工业作坊继续生产奢侈品和各类贵金属工艺品及武器，但是不再在拜占庭人的市场上出售，而是在意大利人商号中交易。黄金角湾北侧意大利人的码头一派繁忙，而对岸拜占庭人的港口却几近荒凉，只是在配拉各港口泊位尽数被占满而船只又急待进港时才临时停靠拜占庭人的码头。

意大利人在东地中海和黑海国际贸易中迅速兴起的原因是复杂的，但是，拜占庭帝国将航海通道和贸易特权拱手让出是其中重要因素。拜占庭人恢复对君士坦丁堡的控制以后没有积极收回被第四次十字军骑士，特别是威尼斯人夺取的海上交通要冲，相反，为制衡威尼斯人而向热那亚人出让特权，致使本国业已遭到严重破坏的国际商业力量再次处于不平等的竞争地位。例如，意大利商人只需缴纳4%的关税，而拜占庭商人则需缴纳10%的关税。而在意大利人经济特权区配拉市场上，意大利人采取维护本国商人利益的政策使拜占庭人难觅立足之地，同时，为意大利商人提供服务的各海上交通据点在强迫拜占庭人"留下买路钱"时毫不手软。塞萨洛尼基的繁荣时间保持的比君士坦丁堡还要长，这个巴尔干半岛的出海口似乎仍由拜占庭人控制，但是，进出该港口的航道却控制在意大利人手中。在拜占庭人的东方飞地特拉比仲德也是如此，那里继续经营来自波斯和高加索等地的中亚物产，市场比较繁荣，但是，意大利人通过航海运输千方百计将其中一半利润掠夺走。

拜占庭政府利用过境贸易和征收关税曾使国家获得过极大的经济利益，这也是其保持长期繁荣的城市生活的重要因素。历史上，拜占庭人在达达尼尔海峡上的阿比都斯海关和博斯普鲁斯海峡上的伊埃龙海关征收10%的海路进口关税,而在君士坦丁堡海关征收同样比例的出口关税。通关商品都加盖拜占庭帝国政府印玺。11世纪以前,大量的关税收入不仅用于政府各项消费,还被用来改善君士坦丁堡的市场环境,资助发展地方手工业,甚至在本国工商业与外国人竞争中给予保护性补贴,促使拜占庭帝国国际贸易和相关手工业的发展处于良性循环。但是,11世纪以后,政府不仅入不敷出,不能帮助本国工商业在国际竞争中取胜,而且由于其关税政策置本国商人于不利的竞争地位而加速本国工商业的衰败。

外国商人在君士坦丁堡经商期间,受到拜占庭政府的严格监督和周到照顾,他们到达君士坦丁堡或其他城市后,都要向当地主管部门报到,取得一般为期三个月的居留期。在此期间,他们必须在为外国商人划定的市场和固定摊位出售商品,如果其商品在三个月期限内不能全部销售,可以交由拜占庭政府的专业商号统一代理出售,所得卖货收入由君士坦丁堡市长出面管理,等该商人再次到来时归还。拜占庭政府对外国商人的商业活动有明确的立法规定和限制,市场上有国家官员随时检查,以防止违法行为。当意大利商人和罗斯商人先后获得商业特权后,拜占庭帝国严格的管理系统遭到破坏,而混乱的管理加快了其国际商业经济衰败的过程。

三、繁荣的国内工商业

拜占庭帝国繁荣的国际贸易对国内工商业产生极大的带动作用。拜占庭内贸活动主要与日常生活品密切相关,粮食及其他食品交易是内贸的主要项目。7世纪中期以前,拜占庭帝国盛产粮食的农业区在埃及和西亚。阿拉伯人征服北非和西亚地区后,拜占庭粮食主要产地转移到小亚细亚,13世纪以后,色雷斯成为拜占庭帝国最后的粮食基地。一般情况下,食品是从海路运抵各大都市的。作为中古地中海世界最大城市的君士坦丁堡,食品供应是其面临的重大问题。据现代拜占庭学家估计,君士坦丁堡人口最多时达到百万。为解决如此众多居民的口粮,市长和中央政府必须维持稳定的粮食生产和运粮航道畅通。但是,政府对国内贸易采取严格控制的政策限制了商业活动的开展。这些限制主要表现在统一的商业税,包括对丝绸和武器等特殊商品的垄断等方面。就全国商业而言,国际贸易集中在大城市,国内贸易分布在中小城市,各城市形成地区性贸易中心,通过定期与经常性的集市或市集与周围农村发生密切联系。国内贸易几乎不涉及国际贸易的交易项目,而以农副产品交换食盐、布匹、劳动工具等生活用品为主。但是,由于拜占庭农村社会基本上是自给自足的闭塞的社会单位,农民对外界商品的需求比较小,能够提供给外界的农副产品也十分有限,因此国内贸易的范围虽然广泛,但数量不大,缺乏发展的内在动力。

金融业在商业的基础上发展起来,活跃的国内外商业促进了拜占庭金融业的兴起。在拜占庭帝国,几乎所有的物品都可以估价计值,任何形式的财产均能够生息。国家对银行钱庄不加禁止,放贷行为也得到政府支持,正像国家参与并支持商业一样,对金融业只有规范性的要求而不加限制。查士丁尼一世时期,政府根据投资风险的程度不同确定各行业投资利率,比如,在投资风险最大的航海贸易业中,投资利息最高可达到12%,而钱庄银号的放贷利息规定为8%,私人的投资和借贷利息为6%,对最具有承担风险能力的富有者,政府规定其放贷利息为4%,显然,拜占庭人关于"风险"的概念不是单向的,而是包括投资双方承担能力在内的。但是,在计算利率时,我们必须考虑币值的变动问题。当每金镑等于100诺米斯马时,6%的利率相当于每金镑可得6诺米斯马的利息,而当每金镑等于72诺米斯马时,6诺米斯马就相当于8.33%的利率,同理,航海投资12%的利率也变为16.66%。然而,拜占庭货币历史即是不断贬值的过程,由于实行金本位体系的币值持续败坏,金镑纯度和重量的下降导致整个金融计算体系的混乱,进而造成投资方向转移。因为投资利率的不断攀升,一方面使偿还利息的能力普遍受到打击,促成社会对放贷业的仇恨和偏见,进而破坏了投资环境;另一方面使投资方产生极大的不稳定感,投资兴趣逐渐从工商业转向土地。这种转移不利于拜占庭工商业的持久繁荣。

拜占庭商品价格与其币值的稳定有密切关系。考古资料表明,4世纪中期至10世纪中期,拜占庭帝国钱币没有发生贬值现象,汇率稳定。货币分为金、银、铜质,每金镑等于72金诺米斯马,每诺米斯马等于12银米利阿里萨,每米利阿里萨等于12铜弗来。11世纪以后,拜占庭金币开始贬值,出现劣币和伪币,诺米斯马的重量和含金量逐渐下降。科穆宁王朝曾改革币制,发行相当于金诺米斯马的铜诺米斯马,力图扭转币货贬值的局面,遭到失败,最终只是延缓了贬值的速度。13世纪初以后,拜占庭金币迅速贬值,帕列奥列格王朝的金诺米斯马只相当足值诺米斯马的1/6,丧失了国际货币的地位。货币贬值伴随物价上涨,14世纪君士坦丁堡的谷物价格相当于8世纪谷物价格的两倍。

拜占庭政府对工商业的实际控制是通过行会实行的。拜占庭行会与西欧后来出现的自治行会不同,具有官方行会性质,称为"公共行会",源于晚期罗马帝国时代的官方行会,其成员最初是固定职业的行会成员的后裔。行会分别管理官办工商业和私人工商业。按照官办工商业行会习惯法,拜占庭行会成员世代从事同种职业,不许退出行会,其后代子孙和家产(主要指动产)永远归属行会。这种规定显然是防止行会生产技术水平降低和从国家作坊流传到民间,进而维持国家对工商业的长期垄断。但是,行会成员的自然增加经常会造成行会内部劳动力过剩,为此426年的法律允许部分行会成员退职受聘于私人作坊,但是其子孙和动产仍然属于行会。《查士丁尼法典》也明确指出紫色丝绸官服的印染工匠超员,应将他们分散到其他大城市的作坊。7世纪的法律对进入行会做了严格限制,禁止未成年人或手艺尚未成熟的人进入行会,并同时将"等额顶替"作为行会成员子弟入会的重要条件。行会手艺一般是在家庭成员内世代相传,保持较高的水平,很少有将手艺外传的例子。这样做的重要原因之一是由于行会成员享受较高的待遇,他们有时被视为拜占庭工匠中的贵族。学徒的工资很低,多为生活必需品,学徒期为两年。违约终止学徒的任何一方都将受到所在行会的惩罚。

拜占庭行会组织结构在数百年间没有发生大的变化。行会的最高首脑是城市市长,他向国库派遣官员专门管理行会事务,并设立专门的行政监督官和技术检查官。由于行会管理的官办手工业劳动几乎都集中在一起,相当于近代欧洲出现的手工工场,所以管理相对集中。根据考古发掘,我们知道在君士坦丁堡皇宫外院中设有丝绸作坊,负责生产丝绸成衣,并染色;棉布纺织和裁缝作坊也集中在皇宫里,负责生产各色布衣;金银加工和珠宝加工在巨大的皇宫内院占有一席之地。7世纪以前,手工业的相当部分分散在各行省首府,由省长直接控制,产品上缴给皇帝。7世纪以后,拜占庭手工业逐渐集中到君士坦丁堡,其原因是阿拉伯人和其他民族入侵破坏了地方手工业生存的条件,而军区制改革也迫使除武器生产之外的地方手工业工匠向首都集中。至10世纪,拜占庭帝国设在各地的铸币厂逐步取消,地方丝绸工场也转移到首都。

6世纪以后拜占庭帝国私营工商业蓬勃发展,私营手工业中的行会也由政府派员管理,他们按照日趋精细的行业分工进行具体监督。以私营丝织业为例,在君士坦丁堡即有抽丝行会、丝织行会、丝绸印染行会、丝绸成衣行会、进口丝织品行会五个行会。这些行会与官办工商业行会的分工区别在于,官办丝绸业行会经营的是上等优质产品,私营行会只经营二等一般产品,这种品质的丝绸是可以进入市场进行交易的。此外,私营工商业行会成员不是世袭工匠,法律不限制任何人进入行会,只要他符合行会的要求即有资格申请。一般情况下,入会需有本行会成员介绍,并缴纳会费,入会者当为自由人,禁止奴隶入会。对于私营工商业的经营范围,拜占庭帝国立法做了明确的规定,例如,查士丁尼为垄断丝绸贸易,在立法中严禁私营作坊从事高级丝绸服装的制作和买卖,违法者处斩。但是,三百年后利奥四世立法即改变了查士丁尼的垄断政策,允许私营丝绸行业经营"小块"高级丝绸。10世纪初的《市政法》甚至同意私营丝绸行会印染由官办丝绸行会专营的紫色丝绸,但是禁止私人工匠制作成衣。

拜占庭行会的作用比西欧行会发挥得更具体。每个行会按本行业的需要统一购置原料,而后在本行会成员中平均分配。取得原料的工匠在自己的作坊里独立劳动,技术和产品规格是统一的,由于原料是固定的因此产量也是固定的,行业内部几乎没有竞争。私营工商业产品由生产者个人按照政府的统一牌价进行交易。为了杜绝行业内竞争,行会对工匠们的劳动时间和强度也做了规定。例如,面包师和屠夫行会分别规定了他们每天开始工作和关门的时间,面包和各类肉的价格也有统一的规定,即使在粮食紧缺和大饥荒年代,面包和肉类的价格也被压得很低,不允许任何囤积食品的行为。这种强制性的经济立法显然带有稳定社会秩序的政治目的。任何违反行会规定的行为将受到严厉惩罚,其中包括开除会籍,强制停业,如果因报复而犯有纵火罪将受到残废肢体的惩罚。行会作为城市劳工组织还负责从事某些公共劳役,如航运行会有义务进行海上紧急救援。行会法还规定禁止解雇工匠,但是许可自动迁徙,同时为防止偷懒行为,规定任何有能力工作的行会成员必须工作,否则将被安排参加公共劳役,参加政府组织的公共工程或慈善机构的义务劳动。行会制度在拜占庭大中城市里存在到14世纪末,它在稳定拜占庭工商业生产和消费方面发挥了比较重要的作用,使城市经济关系得到调整,部分地保证了城市社会生活的正常运行。

与国际贸易直接相关联的手工业是拜占庭帝国的传统经济部门,奢侈品和武器是其特色产品。这类作坊主要分布在君士坦丁堡等大中城市里,最大的皇家作坊雇用许多工人,在行会的统一管理下,分工精细,产品的技术含量很高,例如高级丝织品和锦缎、金银丝线织的官服、基督教使用的金银器皿、珐琅质圣骨盒、象牙雕刻和宝石镶嵌物都是拜占庭工匠的特色产品,销往世界各地。盛产葡萄的巴尔干半岛是酒类生产基础,传自古希腊的葡萄酒种类繁多,主要出口到北方各民族。武器生产的最大特点是精细,因为用于出口的武器大多是君主和酋长们的饰物。这些产品为拜占庭本国手工业在国际竞争中占得重要一席。但是,为了保持上述产品的价格,拜占庭政府严格限制生产,有些产品甚至禁止上市,如紫色的丝织官服被禁止买卖,只用作皇帝的赠物。968年意大利使节带出君士坦丁堡的丝绸成衣因未能提供皇帝赠赐的证明而被海关没收。7世纪以前,拜占庭帝国在地中海东岸和埃及亚历山大均设有手工业中心,各种地方性产品享誉世界,但是11世纪以后,拜占庭手工业迅速衰败,至帕列奥列格王朝时期,出口的商品极为有限,数量很少。

拜占庭皇帝为满足中央集权政府的庞大开支,很早便建立起完善的经济管理机构。中央和地方政府的主要职能是保证税收,组织生产,管理收支。国库是最重要的部门,由圣库伯爵管辖。国库分不同级别,6世纪查士丁尼时期,全国共设十个国库,其中一、二级国库各三个,三级国库有四个;7世纪时,帝国"圣库"有七个;而12世纪时,共有12个地位相同的国库。除了中央直属的国库外,各省还设立地方国库,它们由中央派驻各地的代表监管,同时也管理分散在各地的存放国库财物的库房。各级国库的机构,其重要职责是征收全国居民的捐税,通过各级行政官吏收缴金银和其他贵金属货币以及实物,其中对城市工商业主的税收是重要的方面。拜占庭税收多种多样,不仅满足朝廷的军政开支,也满足社会福利需要。总体分析,拜占庭税收分为普通税和等级税。普通税最初为实物税,后逐渐演变为实物和货币混合税。实物税的内容是根据君士坦丁堡城市生活的需求和军事后勤的需求而制定的,例如,为满足军服的需求而缴纳的布匹实物,战争中需要的大批战马等。等级税是元老阶层缴纳的土地产业税和城市工商业者缴纳的货币税。除了常规等级税外,逢年过节元老高官和商人们必须向皇帝进献贺礼。这些税收基本上是固定的和直接的,此外,还有大量的间接税,如贸易税、入城税、过境税、不动产转手税、海关税、政府公文使用的印花税、贷款税、公证税、司法税等。纳税是城市居民必须履行的义务。

劳役也是拜占庭普通臣民必须履行的义务。在城市里,臣民的义务包括城市生活多方面的劳务需求,例如市民们每年应出公差参加收缴赋税,协助政府官员督促纳税人完成税收;市民们还有义务监护没有生存能力的孤儿和帮助政府照顾孤寡而失去劳动能力的老人和病残者;在提供这类劳役的时候,市民们被要求承担有关的经济开支。他们还要有组织地轮流为维持城市夜间照明提供燃油,富裕的贵族们还有义务为组织大型竞技比赛提供赞助。此外,诸如城市卫生、城市救火、交通等大多由城市政府向市民摊派。在君士坦丁堡繁华时期,这类劳役义务大约每三至五年轮换一遍。

第六节 知识分子

一、知识分子的培养

君士坦丁堡环境幽雅舒适,经济活动繁荣昌盛,精神生活丰富充实，这一切吸引着整个地中海世界的知识分子。他们纷纷涌入新都，语法学家和哲学家在朝廷的支持下建立起语言学校，传授古希腊和罗马语言知识；艺术工匠则开设作坊，广招学徒，或承包和制作各类急需的艺术品；法学家或受聘担任法律学校的教师或开办事务所，林间绿地常可见师生探讨学问的身影，学堂中不时传出琅琅读书声。公共图书馆里学者们忙着整理古代图书，许多受聘于朝廷或私人的著名学者伏案工作，翻译注释古希腊罗马时代的重要文献。无论贵族子弟还是普通百姓，只要条件允许，都积极学习古希腊语，研究古代哲学和戏剧，钻研古代文法和修辞。

拜占庭人继承古代希腊罗马文化，也继承古希腊人重视教育的传统。拜占庭文化的高度发展与其完善的教育体系有直接联系。在拜占庭帝国，接受良好的教育是每个人的愿望，而缺乏教养被普遍认为是一种不幸和缺点。几乎每个家庭的父母都认为不对子女进行适当的教育是愚蠢的行为，被视为犯罪，只要家庭条件许可，每个孩子都会被送去读书。公众舆论对没有经过教育的人进行辛辣的嘲讽，甚至有些行伍出身未受到良好教育的皇帝和高级官吏也会因为缺乏教养而遭到奚落。

拜占庭帝国社会各阶层均有受教育的机会，王公贵族的子弟几乎都有师从名家的经历。4—5世纪最著名的拜占庭学者阿森尼乌斯（354—445年）受皇帝塞奥多西一世之聘进宫教授两位皇子；9世纪的大学者和君士坦丁堡大教长弗条斯（810—893年）曾任皇帝瓦西里一世子女的宫廷教习；11世纪拜占庭学界顶尖人物普塞罗斯（1018—1081年）是皇帝米哈伊尔七世的教师；皇帝利奥一世甚至为其女单独聘请宫廷教师。社会中下层人家的子弟虽然不能像上层社会子弟那样在家中受教育，但也有在学校学习的机会。我们所知道的许多学者作家都是出身社会下层，其中一些没有进过学堂靠自学成名，例如4世纪最重要的修辞学家利巴尼奥斯(314—393年)即自学成才。

儿童教育从6—8岁开始,孩子们先进入当地的初级学校学习语言。语言课首先包括希腊语音学习,以掌握古代语言的发音和拼写方法为主。10—12岁时,学生们开始学习语法,语法课的目的是使学生的希腊语知识进一步规范化,使之能够使用标准的希腊语进行演讲,能准确地用希腊语读书和写作,特别是学会用古希腊语进行思维。语言课包括阅读、写作、分析词法和句法,以及翻译和注释古典文学的技巧。社会上层和富人家的子弟则是在家中接受早期教育,家教的教师不是在学的学生而是学有所成的出道学人。当时拜占庭教育和学术界尚古之风极盛,普遍存在抵制民间语言,恢复古代语言的倾向,因此,语言课的教材主要是古典作家的经典作品,如荷马的史诗等。一般的要求是每天背诵50行《荷马史诗》,大学者普塞罗斯说,他在14岁时已经能够背诵《伊利亚特》。此外,语言教材还包括基督教经典作品和圣徒传记。语言课除了读书,还包括演讲术、初级语言逻辑、修辞和韵律学,但这种语言课一般要在14岁左右才开始进行。修辞和逻辑课被认为是更高级的课程,安排在语言课之后,使用的教材是亚里士多德和其他古代作家的作品,《圣经》也是必不可少的教材。逻辑学教育通常与哲学教育同时进行,所谓"四艺"即初级算术、几何、音乐和天文也属于中级教育的内容。

中级教育之后,学生分流,一部分进入修道院寻求"神圣的灵感",而另一部分则进入大学继续深造。值得注意的是拜占庭人对拉丁语和"蛮族"知识的排斥,利巴尼奥斯即声称不学"野蛮的"拉丁语,在塞奥多西二世任命的君士坦丁堡大学教授中,希腊语教授多于拉丁语教授。总之,4世纪以后,拜占庭帝国教育界使用的语言是希腊语,拉丁语则保留在法律文献和实用技术领域中,在拜占庭帝国众多教育和学术中心的名单里,贝利图斯法律学校是唯一的拉丁语言中心。

在初级语言、逻辑和哲学教育的基础之上,学生们要在大学里接收高级修辞学和哲学以及"四艺"教育,即算术、几何、音乐、天文的学习。高等修辞课主要通过阅读古代作品来完成,学生们被要求背诵古希腊文史作品,并按照古代写作规范和文风写论文或进行演讲练习。读书是学习的主要方式,例如在哲学课程中,学生必须通读亚里士多德和柏拉图以及新柏拉图哲学家的全部著作,他们还被要求背诵《福音书》。基础教育的目的是培养完善的人格,造就举止优雅、能说会写的人,而高等教育的目的是培养探索真理和传播真理的人。拜占庭大学教授们认为,探索和传播真理的人首先必须是了解和掌握所有知识的人,因此在大学里,学习必须是全面的,无所不包的,普塞罗斯曾自豪地说他已经掌握了哲学、修辞学、几何学、音乐、天文学和神学,总之"所有知识,不仅包括希腊罗马哲学,而且包括迦勒底人、埃及人和犹太人的哲学"①。这种教育囊括知识所有分支的思想体现在教育的全过程中,基础教育更重视百科式的教育。我们今天使用的"百科全书"一词,即来源于拜占庭人基础教育的概念。法律、物理和医药学虽然属于职业教育的内容,但是学生们在大学中可以自由学习。据记载,弗条斯、普塞罗斯等大学者都对医学有相当研究,能够准确诊断出疑难病。无论主张教育分为"百科式基础教育"、"语法教育"和"高级学问"三阶段的普塞罗斯,还是主张各级教育都应包罗万象的马克西姆(580—662年)都认为探索真理必须首先了解所有知识,因此大学学生应学习文学、历史、算学、几何学、地理学、天文学、修辞学,特别是哲学,而神学学习应贯穿教育过程的始终。

一般而言,立志读书做官的人必须经过系统的教育,他首先要接受基础教育,而后在贝利图斯等地的法律学校通过拉丁语言和法律课程,

---

① 〔英〕柏尼斯等:《拜占庭,东罗马文明概述》,第205页。

毕业后最好的学生将继续在君士坦丁堡大学学习,这些学历是普通人仕途升迁必不可少的条件。而希望在法律界发展的学生必须经过良好的基础教育和贝利图斯法律学校的教育,他可以不像其他学生那样从事体育锻炼,也不必取得戏剧课程的成绩。神学课是所有学生的必修课,但是,专门的神学研究不在学校里而是在教会和修道院里进行,对神学问题感兴趣的学生将在修道院里继续深造。

事实上,拜占庭基础教育和大学教育的内容相互交叉,只是深浅程度不同而已。有些学者既是大学教授,也是普通学校教师,例如,4世纪的学者瓦西里(329—379年)在雅典大学教授语法、政治学和历史,同时在当地的职业学校担任算学和医学教师,他还是某些贵族的家庭教师。拜占庭教育机构大体分国立和私立两种,前者包括大学、普通学校,后者只包括普通学校和私人家教。国立学校早在君士坦丁一世统治时期已经出现,正式的大学则是出现在塞奥多西二世时期。国立学校教师由政府支付薪俸,而私人教师则以学生缴纳的学费为主。11—12世纪的拜占庭作家安娜·科穆宁娜在其《阿莱克修斯传》中描述了农村人为送子读书而出卖家中牲畜的事例。在君士坦丁堡大学,皇帝任命10名希腊语言教授、10名拉丁语言教授、10名希腊语演说术教师和多名法学家及哲学家任教。这些学者使该大学成为中古时期地中海和欧洲地区最好的学府。除了首都的国立大学外,在安条克、亚历山大等地也建立了国立高等学府,其中雅典学院以其高深的哲学成就著名,加沙学院以修辞学见长,贝利图斯学校则以法学著称于世。君士坦丁堡第一大学建立于425年,开了皇家大学的先河,其制定的课程和国家聘任教授的制度为后人所坚持,其前身为君士坦丁科学院。君士坦丁堡第二大学是在亚历山大和安条克等文化中心先后丧失以后,拜占庭帝国教育需求空前高涨的背景下,于856年建立的,由于该大学招收大量来自欧洲和西亚的外国留学生而成为名副其实的国际大学。1054

年建立的君士坦丁堡第三大学的办学目标就是培养急需的大批官吏和其他管理人才。这些大学是拜占庭帝国的最高学府，汇集了许多著名的学者，培养出许多杰出人才，他们中有的成为造诣极高的大知识分子。

拜占庭各类学校普遍采取古希腊人的教学方法，提问讨论为主，讲授为辅。学生一般围坐在教师周围，或席地而坐，或坐于板凳上，使用的教材放在膝盖上。教师主要是就教材的内容提出问题，请学生回答或集体讨论，阅读和背诵是基础教育的主要方式，而讨论是高等教育的主要学习方式。在中小学，教师经常使用鞭打等形式的体罚督促学生用功学习，最严厉的惩罚是停止上课和开除学籍。在学生中不乏专事玩耍、声色犬马的贵族子弟，国立学校教师对他们严格管理，而私人教师顾及自己的衣食问题而不加过问。教师的水平、声望、讲授艺术决定听课学生人数的多寡，好教授能够吸引众多学生，像普塞罗斯教授的班上就有来自英格兰岛、阿拉伯半岛、埃塞俄比亚、波斯和两河流域的学生。教学效果是衡量教授水平的唯一标准，而所谓的效果则是看是否培养出杰出的学生。在课堂上，教师要求学生精力集中，不许迟到早退，不许打瞌睡，学习态度要认真，禁止随便提出愚蠢的问题。教师负责组织课堂活动，或要求学生大声朗读和背诵，或要求学生写作和讨论，教师经常提问，但是更多情况下是回答学生的问题。在保存至今的一份11世纪的教学材料上，有关于希腊语语法课、修辞学课、物理课、柏拉图和新柏拉图哲学课的思考题和答案。

学生的作息时间由各学校自己安排，例如，贝利图斯法律学校的课程大多安排在下午，上午的时间留给学生读书预习，准备下午课上讨论的发言提纲。学生中午在学校吃饭，自备饭菜，富有的家庭可以安排家仆送饭。在教育子女成才方面，拜占庭人的父母付出的心血绝不比今天的父母少，我们在8—9世纪的圣徒传记中经常读到母亲们每天早上送子上学的记载。有些名牌学校还为远离家乡的学生提供住宿条件,还依据各自家庭的经济实力决定由几个同学合住。一般情况下,学生同时学习三四门课程,学习和练习都在课堂上完成,几乎没有家庭作业,但是,学生读书的任务量很大,他们可以在大学、普通学校、修道院、教堂、公共图书馆和私人藏书处借阅。

学校既是教育场所,也是研究学问的地方,最著名的教育中心同时也是学术中心。在拜占庭帝国各地兴起许多集教育和学术研究为一体的中心。据考古和文献资料提供的证明,我们知道除了君士坦丁堡外,雅典是古希腊哲学和语言文学的教育中心,埃及亚历山大是"所有科学和各类教育"的中心,贝利图斯是拉丁语和法学教育的中心,塞萨洛尼基是古代文学和基督教神学的教育中心,加沙和安条克是古代东方文学和神学的教育中心,以弗所和尼西亚是基督教神学教育中心。《查士丁尼法典》记载了当时拜占庭帝国"三大法学中心",即君士坦丁堡、罗马和贝利图斯,规定所有的政府官员和法官律师必须获得有关的学历才能任职。据记载,在贝利图斯法律学校中,教师使用拉丁语法学教材,但是完全用希腊语讲授,主要是介绍各派理论和观点,并在对比中做出评价,然后引导学生展开讨论。各个学校均设立图书馆,例如,君士坦丁堡大学图书馆藏书12万册,藏书数量仅次于亚历山大图书馆。

拜占庭帝国的国立、私立和教会三类学校在拜占庭教育事业中均占有重要地位。教会学校由教会和修道院主办,办学的主要目的是培养教会神职人员的后备力量。拜占庭修道院学校办学方式完全不同于西欧修道院,是专门为立志终生为僧的人开办的,因此,在教会学校中只学习语言、《圣经》和圣徒传记。国立大学和普通学校是拜占庭教育的主要基地,对所有人开放,其教授由国家任命和俸养。国立大学的课程在7世纪以前不受任何限制,非基督教的知识也可以传播,其拉丁语教授多来自罗马和北非,医学和自然科学教授多来自亚历山大,哲学教授来自雅典。查士丁尼一世时期,政府加强教育控制,对全国学校进行整顿,取消除君士坦丁堡、罗马和贝利图斯以外的法律学校,关闭雅典学院,停发许多国立学校教师的薪俸。基础教育的责任大多由私塾和普通学校承担。7世纪以后的许多著名学者都是在私塾中完成基础教育,然后进入修道院接受高等教育。很多学者出师以后,自办私人学校。

拜占庭教育事业发展比较曲折,出现过高潮和低潮,其中查士丁尼废黜百家、独尊基督教的政策对拜占庭教育的破坏最为严重。查士丁尼以后的历代皇帝大多支持教育,例如,君士坦丁九世鉴于司法水平的低下,于1045年建立新的法律学校,并要求所有律师在正式开业前必须进入该校接受培训,通过考试。他还任命大法官约翰为该校首席法学教授,任命著名学者普塞罗斯为该校哲学教授。科穆宁王朝创立者阿莱克修斯一世除了大力支持国立大学和普通学校外,还专门开办孤儿学校,帮助无人照料的孤儿接受教育。许多皇帝亲自监督国立大学和学校的工作,检查教学质量,任免教授和教师,对教学效果好的教师增加薪俸,并经常提出一些测试性的问题。在拜占庭皇帝的亲自过问和参与下,学术活动非常活跃。由于拜占庭帝国大多数皇帝接受过系统的教育,因此,他们中很多人成为学者和作家,经常参加神学争论、撰写论文、著书立说、制定法律,这里仅就其中有史可查且学有所成者列举一二。皇帝塞奥非罗斯自幼接受系统教育,精通希腊语和拉丁语,熟悉天文、自然史、绘画,发明过油灯等生活用品,整理和注释古代作品;查士丁尼一世、利奥三世和瓦西里一世均精通法学,亲自参与多部拜占庭法典的制定;马其顿王朝皇帝君士坦丁七世更是一代著名学者,他统治时期,其皇宫成为学术研究的中心,他本人撰写过许多文史著作和百科全书式的作品;米哈伊尔七世甚至视著书立说重于皇帝的职责,完成过多部著作,为了丰富知识,他亲自参加普塞罗斯讲授哲学的课程,在拜占庭古代绘画中至今还保留着"皇帝听课图";阿莱克修斯一世和皇后热衷于神学问题,写过多部神学书籍和论文,他还通过立法大力提倡学习《圣经》,其子女均是名噪一时的作家和学者;曼努埃尔一世撰写的神学论文至今仍用作东正教的教材;末代王朝皇帝米哈伊尔八世亲自撰写自传;约翰六世和曼努埃尔二世则给后人留下了丰富的历史、神学著作和书信。

拜占庭政府高度重视作为学术研究重要条件的图书馆的建设。建国初期,政府即拨专款用于收集和整理古代图书,在各大中城市建立国家图书馆,古希腊时代的许多作品即是在这一时期得到系统整理的。查士丁尼时代推行的思想专制政策摧毁了很多图书馆,其中亚历山大和雅典图书馆的藏书破坏最为严重。但是,民间的藏书仍然十分丰富。著名的贫民诗人普鲁德罗穆斯(1100—1170年)就是广泛借阅民间图书,自学掌握古代语法和修辞,并通过研究亚里士多德和柏拉图的大部分著作,成为知识渊博的诗人。教会图书馆发展迅速,几乎所有教堂和修道院均设立图书馆,这些图书馆后来成为培养大学者的温床,它们至今仍是取之不尽的古代图书的宝藏。拉丁帝国统治时期是拜占庭教育和学术发展停滞的时期,文化上相对落后的西欧骑士在争夺封建领地的战争中,自觉或不自觉地破坏拜占庭学校和图书馆,他们焚烧古书以取暖,其情形类似于4—5世纪时日耳曼人在罗马焚烧刻写罗马法条文的木板取暖。在民族复兴的政治运动中,拜占庭知识界掀起复兴希腊文化的热潮。分散在各地的拜占庭文人学者纷纷集中到反对拉丁人统治的政治中心尼西亚帝国,在拉斯卡利斯王朝的支持下,开展抢救古代图书文物的活动,或游访巴尔干半岛和小亚细亚地区,收集和抄写古代手抄本,或整理和注释古代名著,或建立私塾传授古典知识,组织学术讨论。这些活动奠定了帕列奥列格王朝统治时期的"文化复兴"的基础。著名的学者布雷米狄斯(1197—1269年)是尼西亚帝国时期拜占庭文化的旗手,他培养出包括皇帝塞奥多利在内的许多知识渊博的学者,受到广泛的尊敬。一次,皇后伊琳尼对一位天文学者提出的日环食现象是由于月亮处于地球和太阳之间的说法表示异议,并指责他说蠢话,皇帝因此批评她"用这样的话去说任何一个探讨科学理论的人都是不对的"①。后来,当她学习了有关的天文知识后,公开向他表示道歉。

帕列奥列格时代的拜占庭文化教育活动是民族复兴自救运动的一部分。当时的拜占庭国家已经衰落,国内政治动荡,外敌欺辱,一步步走向灭亡的深渊。拜占庭知识界为挽救民族危亡,在尼西亚帝国文化事业的基础上,开展文化复兴运动,使拜占庭文化教育发展进入又一个辉煌时期,出现前所未有的学者群体。他们积极参与政治宗教事务,同时研究古希腊文史哲作品,从事教育,他们对古典哲学和文学的广博知识令其意大利留学生极为惊讶,这些学者及其弟子中的许多人后来成为意大利文艺复兴运动的直接推动者。直到拜占庭帝国即将灭亡之际,在君士坦丁堡和塞萨洛尼基仍然活跃着许多民间读书团体和学术沙龙,学者们经常在此组织讨论最著名的古希腊文史哲作品。在为数不多的学校里,这里仍然保持较高水平的教育活动,欧洲各地的学生仍继续到这里求学。

二、学者

拜占庭时代的学者活跃在社会生活的各个方面,读书做官者为多,学习为上帝者有之,自娱自乐者也不在少数。当然,学而优则仕的信条则是为整个社会所接受。无论人们读书的目的是什么,拜占庭社会对图书的需求一直非常迫切。

---

① 〔美〕瓦西列夫:《拜占庭帝国史》第2卷,第554—555页。

拜占庭人整理和誊抄古代书籍的工作是在专门的"誊抄社"（Scriptoria）完成的。誊抄古书的范围非常广泛，从语法教材、字典辞书到小说故事集、宗教作品，订货者既有国家图书馆也有私人图书馆，世俗的和教会的书店则向公众出售。4 世纪后期皇帝瓦伦斯就在其图书馆里常年聘请四位希腊语、三位拉丁语誊抄员。誊抄被视为一种艺术，为所有文化人重视，他们像中国文人注重书法一样，从小刻苦练习，因为字写得难看将会遭到人家的耻笑。许多学有所成的知识分子在钻研学问、教授学生的同时，还从事古籍整理与誊写工作。人们普遍认为，这是一项高难度的工作，只有那些学养丰厚的知识分子才能胜任。由于是手工操作且书籍材料昂贵，书的价格不菲，普通人无力购买，因此多数人从图书馆借阅。

拜占庭人最初制作的图书是以埃及纸草为主要原料，成卷轴状。埃及陷落后，官方文件和皇帝命令以及各种证书仍然保持卷轴传统样式。4 世纪后期，羊皮纸出现了。君士坦丁一世就曾下令誊写 50 部羊皮纸《福音书》，发送给他建立的 50 所教堂。根据羊皮纸的词源学研究，人们推测最初的羊皮纸来源于小亚细亚地区，其封面多用小牛的后腿皮，故"小牛"一词逐渐用于图书卷册（vellum）。当然，羊皮纸以山羊皮为主，同时也使用羚羊皮、牛皮、瞪羚皮和绵羊皮。棉布纸和亚麻纸大多来自中国，因价格昂贵很少使用。卷轴书有两种形式，其一是从上至下阅读，其二是从左向右阅读，前者以文件为多，后者以文史哲作品为主。直到后来出现了现代装订形式的书籍，纸张平铺，双面誊写，每册 120—250 页不等。书籍大小不一，书名根据内容确定，例如教堂使用的福音书的标题为"四福音书"，而作为每天一课的福音书的标题为"福音书教材"。普通书的封面以橡树为材料，教会圣坛或皇帝使用的书籍则使用象牙、金、银为材料，或雕刻浮雕，或制作金边，或镶嵌贵重的珍珠宝石和珐琅画。为皇帝制作的图书则需染成紫色，使用金字誊写。

9世纪中期到12世纪初是拜占庭文化发展最繁荣的时期，也是文人学者辈出的时代。大学者弗条斯引领几代人的治学风范，是青年知识分子追随的榜样。传教士希利尔（Cyril）及其兄弟美赛德斯（Methodius）在斯拉夫人地区传教过程中创造了希利尔文字，嗣后成为所有斯拉夫民族文字发展的基础。弗条斯的崇拜者恺撒巴尔达斯（Bardas）建立的新大学吸引了大批欧洲学子前往深造，扩大了古典文化在欧洲其他地区的传播。弗条斯的学生、皇帝利奥六世得老师真传，大力支持学术教育，还亲自撰写神学和文学作品，其宗教诗歌至今为东正教唱诗班所咏诵。君士坦丁七世更是青史留名的文人皇帝，他的大量作品是人们今天了解拜占庭人的珍贵资料。还有普塞罗斯、米哈伊尔七世等一大批著名的知识分子，他们共同创造了这个时期拜占庭文化的辉煌。

让我们以希利尔为例看一看拜占庭大知识分子成长的过程。他于822年出生在塞萨洛尼基一个富有的家庭，原名为君士坦丁。青少年时代，他就充分显示出超群的智慧，在初等和中等学校中已经是闻名遐迩的"神童"了。他14岁时，父亲去世，家庭状况受到较大影响。这件事为朝廷所知，皇帝委托大臣立即致信他的母亲，为他提供免费就读君士坦丁堡大学的机会。进入拜占庭帝国最高学府使希利尔如鱼得水，学习更加刻苦，数月后即通过了语法考试和其他高年级的课程，获得了师从拜占庭帝国最伟大的数学家利奥和大师弗条斯的资格。此后，他学习算术学、修辞学、天文学、音乐等学科。22岁时，他以优异的成绩完成学业，受聘到圣索非亚教堂从事大教长文书工作，同时钻研哲学中的归纳法和演绎法，也涉猎自然科学和高等算术。弗条斯非常欣赏这位得意门生的天赋和能力，在其任大教长期间，委任希利尔为其秘书和助手。随着他对神学问题的研究不断加深，希利尔立志献身教会传教事业，并宣誓晋升神职，改名为希利尔。此后，他晋升为执事，并受聘为母校的哲学教授,这对于年轻的希利尔是巨大的荣誉,也是知识界和国家对其学问的认可,因为君士坦丁堡大学教授需经元老院提名皇帝批准,并有机会与皇帝讨论问题。他在大学任教十多年,而后与其兄弟美赛德斯投入传教事业,为拜占庭文化的传播做出了巨大贡献。①

拜占庭知识界的思想源流主要是古希腊哲学,特别是柏拉图和亚里士多德的哲学。教、俗两界的学者都从古典哲学中寻求精神营养,东正教思想家和理论家无不像古希腊的哲人那样对世界进行哲学的思考。被拜占庭人视为祖先遗产的古希腊智慧受到全社会真诚的崇拜,这不仅是因为所有有文化的人无一不是在背诵阅读古希腊文史哲作品中长大成人的,而且是因为古代先贤对宇宙、世界、人生、世事所采取的那种近乎冷酷的客观态度得到拜占庭人的普遍认同,柏拉图的"理念"和亚里士多德的"体系"与基督教那个外在的一神在思维领域竟然是如此一致,古代学者那客观的"人性"和"理性"也与东正教的伦理有诸多的相似之处。直到11世纪以前,亚里士多德式的思维成为知识界的思想主流。亚里士多德是古希腊哲学的集大成者,他的成就不仅表现在他构建了无所不包的体系,而且反映在他将古人推崇智慧、喜好思辨、求索真理、探究未知的精神具体化为包罗万象的知识领域。也许在基督教神学奠基时代,亚里士多德的哲学特别符合基督那无始无终、无所不在、无所不能、无所不知的品格,因此拜占庭知识界长期致力于亚里士多德哲学与基督教神学的融合。11世纪以后,大学者普塞罗斯引导的新思潮强调人的自然本性,突出人对未知事物的好奇心和求知欲的合理性,主张对基督教神学推演的结论要进行理性的思考,而不可盲目地全盘接受。由于这一思潮对人和理性的强调而被后人冠以"基督教人文主义"。在他的推动下,新柏拉图主义哲学获得长足发展,有关

---

① 参见〔美〕德沃尼克《拜占庭在斯拉夫人中的传教》,新泽西1970年版。

柏拉图的作品受到空前热烈的欢迎,一时间"豪贵之家竞相传写,洛阳为之纸贵"。这是在拜占庭知识界形成的"基督教人文主义"热潮中,成长起新的一代,他们后来都是推动意大利文艺复兴运动兴起的先驱,其中多位是佛罗伦萨等地新柏拉图学院的奠基人,许多意大利人文主义大师是他们的亲传弟子。①

流行文化或通俗文化与高雅文化一样是拜占庭文化的重要组成部分。但是,知识界对此不屑一顾,在拜占庭作家留下的大量作品中,人们几乎找不到相关的专门著作,只能在圣徒传记中寻找蛛丝马迹。"高雅文化"追求的是玄虚深沉的感觉,是拜占庭社会所有知识分子共同推崇的时尚,而流行文化则在中下层民众中受到广泛的欢迎。普通人尊敬学者文人,但是因无法理解他们的思想而采取了敬而远之的态度。

三、通俗文化中人

通俗文化的受众主要是拜占庭城乡广大中下层民众,涉及普通百姓视听的所有方面,诸如小说、故事集、诗歌、音乐、舞蹈和各种形式的表演活动,如果将绘画雕刻和算卦占星也算在内,则流行文化的领域就极大地扩展了。

拜占庭小说兴起较晚,值得一提的成果只有一两部。据现代学者的考证,它们是用叙利亚语翻译成希腊语的印度故事。但是,讽刺散文和杂记是不可忽视的拜占庭文学形式,其寓严肃主题于诙谐幽默的叙述风格来自古希腊文学。拜占庭讽刺散文有三部代表作品,即10世纪的《祖国之友》,12—13世纪的《马扎利斯》和《庄主》,都是抨击时政和

---

① 〔英〕瓦斯特:"红衣主教贝萨隆",转引自〔美〕瓦西列夫《拜占庭帝国史》第2卷,第718—721页。

社会腐败之作。但是,这类散文在讨论重大社会问题时,均采用轻松的笔调,对当时的文学创作产生一定影响,同时代的某些医学、哲学作品也模仿他们的风格。杂记文学的代表作品是6世纪拜占庭商人哥斯马斯的《基督教国家风土记》,其作者早年经商,后出家为修士。他以其游历红海、印度洋各地经商的见闻证明大地是扁平的,其中记述各东方民族的风土人情,地理物产,因此具有很高的资料价值。小说作家在当时可能是家喻户晓的人物,可是他们难登大雅之堂,无缘名列拜占庭文学家队伍。

诗人是介于高雅与通俗两种文化之间的人物,他们的名气比同时的大学者大得多,诗歌特有的激情和灵感赋予诗人更高的知名度。拜占庭诗歌创作从4世纪开始就进入其长盛不衰的发展过程。当时,"卡帕多细亚三杰"之一的格列高利在众多诗人中名声最显赫,其作品富有哲理,思想性强。5世纪的代表性诗人是皇后尤多西亚,她的赞美诗虽然缺乏灵感和激情,但其纯朴幼稚的风格给拜占庭诗坛带来清新之风,更由于她的特殊地位,写诗作赋竟成了一时风气。罗曼努斯是6世纪韵律诗歌的代表人物,他以重音体系结合语句的抑扬顿挫,写出上千首对话式的诗歌,读起来朗朗上口,在民间非常流行。由于他的诗歌可以应答对唱,并附有副歌,因此常常在教堂的仪式活动中被采用。克里特主教安德鲁(660—740年)也创造出将多种韵律诗歌串联在一起的抒情诗体裁,为各个层次的诗人开辟了诗歌创作的新领域。9世纪才高貌美的修女卡西亚(800—867年)曾经拒绝皇帝塞奥非罗斯的求婚,献身于与世隔绝的修道生活和诗歌创作,创造出一种充满虔诚情感的诗歌形式,在拜占庭诗歌发展中占有一席之地。晚期拜占庭出色的诗人中应提到约翰·茂罗普斯(1000—1081年)和塞奥多利·麦多西迪斯(1270—1332年),他们的诗歌表现出浓厚的学术韵味,适应当时复兴古代文化运动的形势。拜占庭诗歌的素材多样,既有歌颂上帝和圣徒的宗教内容,也有颂扬人类美德的内容,而抨击时弊的讽刺诗大多模仿古代希腊作品,讽刺的对象涉及政客的虚伪、战争的残酷以及道德的堕落,特别值得一提的是抒情浪漫诗歌,表现传奇的爱情故事。与诗歌多样化的发展相比,戏剧创作几乎处于停滞状态,反映出拜占庭时代公共娱乐活动的消沉。诗歌的发展还直接促进了拜占庭音乐的进步。从应答对唱的诗歌形式中发展出两重唱的音乐形式,而韵律诗歌对 12 音阶和 15 音阶的形成起了促进作用,重音、和声、对位等音乐形式与诗歌同时发展,而普通百姓平时哼唱的民间歌曲为拜占庭音乐理论的形成奠定了基础。

音乐和舞蹈属于表演艺术,自古便在各个民族宗教活动中产生。古希腊罗马时代,崇尚自然和谐美的人们对音乐舞蹈格外热爱,他们将女神缪斯确定为科学和艺术的保护神,至今后人仍然使用她的名字称呼音乐。著名的古希腊哲学家毕达哥拉斯发现了音阶与数字之间的关系,希腊人还注意到音阶高低与琴弦长短之间的关系。亚里士多德认为音乐来自自然,故能表现世界,形成人的性格。注重娱乐的罗马人在音乐的实践活动中创造了许多新的形式。这一切对拜占庭人影响极大,根据史料的记载,他们在宫廷生活、重大仪式、庆典活动、宗教礼仪、民间节日、婚礼、宴会等多种场合利用音乐营造气氛,烘托其热烈场面或制造庄严情绪。但是,拜占庭时代的有关文献记载虽然很多,却没有保留下完整的乐谱,使后人至今对其乐理知识水平、音阶、旋律、音调所知甚少,目前还处于"推测"阶段。根据大量的文献记载、镶嵌画、插图、雕刻艺术品,人们获得了拜占庭音乐舞蹈艺术的信息。最初,拜占庭人继承了希腊罗马时代表演艺术传统,在宫廷仪式和公众娱乐活动中普遍存在唱歌跳舞的习惯。当然,宫廷歌舞分为庄严的庆典歌舞和娱乐歌舞,前者不是严格意义上的歌舞,而是在皇帝出场时的欢呼表演。拜占庭皇帝专制制度的发展将文武百官对皇帝山呼万岁变成了固定的程序，原来带有颂词的欢呼歌曲演变为单纯的欢呼。皇帝泽诺的大臣和臣民对其遗孀山呼万岁的场面有史可查。后者则带有更多娱乐的因素，常常是在皇宫宴会或皇家婚礼等场合表演的节目，其形式多种多样，没有限制，以营造喜庆气氛为目的。而上层社会享受的舞蹈音乐大多来自于民间，表演者也大多是不为人敬重的"戏子"，他们多数是下层社会出身，有的甚至是奴隶和妓女。

基督教的发展对拜占庭音乐舞蹈戏剧等表演艺术的打击最为沉重，因为基督教神学理论认为，表演艺术是道德堕落的标志，人在上帝面前永远是有罪的，他们不仅因其共同的祖先亚当夏娃偷吃"禁果"而背负"原罪"的十字架，而且又因其与生俱来的喜怒哀乐七情六欲而背负"本罪"的十字架。禁欲是基督教伦理道德的基本要求，歌舞被严格禁止。音乐被认为是信徒向上帝吐露心声的形式，因此成为教会认可的唯一表演艺术形式，这使宗教音乐获得巨大的发展。目前，拜占庭学界所谓的"拜占庭音乐"主要是指东正教音乐。这种音乐是一种无伴奏合唱，内容以唱诗为主，歌词来自《圣经》中的诗篇和教会作家的颂诗。一般而言，唱诗班为教会组织的民间信徒团体，各唱诗班有独立的班长，负责平时的歌唱练习，并在频繁的宗教仪式上按照主教的安排进行表演。音乐的曲调是固定的，是从人们熟悉的民间小调演化来的合唱曲，以复调音乐为主，即反复出现相同的乐调，或变调或和声，逐渐形成规律的唱法。其基本形式为两重唱，高音声部多为领唱，声音华丽委婉，旋律变化较多，而低音声部舒缓平和，基本没有变化，为领唱制造了和谐的背景音乐。在宗教仪式上，唱诗班位于神坛左右，也有站立在主教讲坛左右的安排，两班人马轮流演唱，直到仪式末尾，全体合唱。独唱和合唱应答是最常用的形式，合唱中又有不同声部，单声部逐渐向多声部转变，产生强烈的立体声效果。拜占庭音乐节奏感不明显，无论领唱还是合唱给人的感觉，似乎是在吟诗，每段各句注重合辙押韵，而不注重节律，歌词每个音节与特定音符相对应，可能类似我国古代吟唱诗词的曲调，只是以合唱形式表现。东正教音乐至今保持拜占庭时期的特点，特别是在东正教圣地阿索斯修道院，中古音乐被刻意保留，外国旅行者在当地逗留期间，对这种献给上帝的音乐具有的特殊魅力留下深刻印象。

拜占庭音乐在民间有广泛的基础，民众创造或从古人学习了多种乐器，打击乐器中有铙钹、鼓、拨浪鼓等。前者主体以响铜制造，可能有手柄，与我国古代铙钹不同，其手柄在中央；后者的具体形状不清，推测其大概为小手鼓，表演者一手持鼓，一手击打，发出有节奏的嘚嘚嘚的响声。至于鼓，分为大小多种，薄厚不等。吹奏乐器包括长笛、短笛、号角、喇叭，这类乐器制作的材料不同，笛子多为木制，有横、竖两种，基本样式为中空木管；号角则使用牛角或海螺壳，能发出单一声调，当然，音乐家变换大小粗细不一的号角，同样能够配合其他乐器发出和谐的音响。喇叭的情况不清，它的样子也是上小下大，将气流产生的震动放大，形成特殊的声音效果。拜占庭弦乐乐器主要是从古希腊里拉发展而来。里拉有七根弦，绷在两根曲形框架和一根横架上，其下为乌龟壳和牛皮制成的共鸣箱，属于弹拨乐器，用于吟游诗人的伴奏。拜占庭人的里拉大体相似，支架和共鸣箱不再分体，为了取材方便，木材取代了龟壳。由此发展出来的乐器有竖琴，它的琴弦更多，可以表现出两个音程，因此琴弦框架的样子有所改变。还有类似我国琵琶的乐器苏不拉，六根弦，使用琴弓拉奏，演奏者采取类似小提琴表演方式演奏。这些乐器被禁止在教堂演奏，因此可以推测表演场合是在民间，在日常人民生活节日庆典中。当然，皇宫中"丝木之声"也不会少，学者型皇帝君士坦丁七世在写作时就必须有音乐相伴。

戏剧和舞蹈虽然遭到教会的否定，但是在民间却广泛存在。在欢庆的场合，在音乐声中，人们翩翩起舞是非常自然的事情，是任何人为规定无法限制的。特别是对能歌善舞的东地中海居民来说，舞蹈是他们的传统，几乎成为其生活不可缺少的内容。

算命占星在拜占庭社会一直没有中断，即使这类旁门左道受到东正教的严厉斥责，但在城乡各地，特别是人口集中的城市仍然备受市井小民的青睐。例如占星术受到拜占庭人格外的重视。早在古希腊罗马时代，人们就通过观测星体之间的位置预测未来或解释过去。拜占庭人继承了古典时代的占星术，并完善了占星学体系。他们通过大量实际观测，补充古代遗留下来的星图，使黄道12宫的星位更加准确，更易于理解。他们继续沿用黄道12宫的古典名称，即魔羯、水瓶、双鱼、白羊、金牛、双子、巨蟹、狮子、处女、天秤、天蝎、射手，与我国古代黄道12宫大体相当。拜占庭人在古代星命术、择时占星术和决疑占星术的继承上，发展出总体占星术（或称政治占星术），一方面使这四种占星术在细节上更加完善，另一方面将它们构成一个体系，涉及人类社会生活的各个层次。当人们对个人的前途和命运感到不解时，可以通过其出生年月日时和某行星所在黄道12宫的位置做出预测，即所谓星命术；当人们在采取诸如作战、手术等重要行动之前感到疑惑而犹豫不决时，可以根据天文观测确定最佳时间，即确定黄道吉日，这称为择时占星术；决疑占星术则是根据求签算卦者的提问，对比天文观测和占星天宫图做出解答；而那些涉及社稷民生和国家大计，或预测人类未来的占星术在拜占庭帝国则受到特别的重视，其占星过程和手段更加复杂。拜占庭历法也根据占星术的结论设定许多忌日和吉日。而基督教教会天文学家也从《圣经》中为占星术找到了理论根据，使古典时代产生的这一古老预言方法在笃信基督教的拜占庭社会获得广泛的社会基础。

附录一　主要参考书目

一、原始资料

1. Agathias, *The Histories*, trans. by J. D. Frendo, in Corpus Fontium Historiae Byzantinae 2A, Berlin 1975 ; A. Cameron, "Agethias on the Sassanians", *Dumbarton Oaks Papers* 23—24 (1969), 67—183.
2. Ammianus Marcellinus, *The Roman History of Ammianus Marcellinus, During the Reigns of Emperor's Constantius, Julian, Jovianus, Valentinianm and Valens*, trans. by C. Young, London 1862.
3. "An Important Short Chronicle of the Fourteenth Century", *Byzantion* 13 (1938), 335—362.
4. Anna Komnene, *The Alexiad*, trans. by E. Dawes, London 1928; trans. by E. Sewter, N. Y. Penguin 1969.
5. Basil Ⅰ, *The Procheiros Nomos*, trans. by E. Freshfield, Cambridge 1928.
6. *Brachea Chronika*, ed. S. Lampros & K. Amantos, Athens 1932.
7. *Byzantium, Europe and the Early Ottoman Sultans, 1373—1513: an anonymous Greek chronicle of the seventeenth century*. trans. by M. Philippides, New Rochelle, N. Y. 1990.
8. Constantine Ⅶ, *Vom Bauernhof auf den kaiserthron: Leben des Kaisers Basileios Nikephoros, Short History, Nikephoros, Patriarch of Constantinople: text, translation, and commentary*, trans. by C. Mango, Washington, D. C. 1990.
9. Constantine Manassas, *Breviarium historiae metricum*, ed. I. Bekker, Corpus Scriptores Historiae Byzantinae, Bonn 1837.
10. Constantine Ⅶ, *De administrando imperio*, trans. by J. Jenkins, Washington DC. 1967.
11. *Corpus Notitiarum Episcopatuum Ecclesiae Orientalis Graecae*, ed. E. Gerland, Is-

tanbul 1931.
12. Cosmas, *The Christian Topography of Cosmas Indicopleustes*, Cambridge 1909.
13. *Crusaders as Conquerors: The Chronicle of Morea*, trans. by H. Lurier, N. Y. 1964.
14. Doukas, *Decline and Fall of Byzantium to the Ottoman Turks*, trans. by H. Magoulias, Detroit 1975.
15. *Emperors, Patriarchs and Sultans of Constantinople*, trans. by M. Philippides, Brookline 1990.
16. Ephraim Ainios, *Ephraen Aenii Historia chronica*, ed. O. Lampsides, Athens 1990.
17. Eunapios of Sardis, *The Fragmentary Classicising Historians of the Later Roman Empire: Eunapius, Olympiosorus, Priscus, and Malchus*, ed. by R. Blockley Liverpool 1981—1983.
18. Eusebios of Caesarea, *Ecclesiastical History*, trans. by K. Lake and J. Oulton, Loeb Classical Library, 2 Vols, London 1997.
19. Eusebios of Caesarea, *An Ecclesiastical History to the Twentieth Year of the Reign of Constantine*, trans. by C. Cruse, London 1847.
20. Eusebios of Caesarea, *The History of the Church from Christ to Constantine*, trans. by G. Williamson, N. Y. Penguin 1965.
21. Eusebios of Caesarea, *Ecclesiastical History*, trans. by A. Mcgiffert and E. Richardson, N. Y. 1890.
22. Eustathios of Thessalonika, *The Capture of Thessalonica*, trans. by J. Melville-Jones, Canberra 1988.
23. Evagrios Scholastikos, *A History of the Church in Six Books, from A. D. 431 to A. D. 594, A New Translation from the Greek: with an Account of the Author and his Writings*, trans. by E. Wlaford, London 1854.
24. *Farmer's Law*, trans. by W. Ashburner, *Journal of Hellenic Studies*, 32 (1912), 87—95.
25. George Akropolites, *Chonike Sungraphe*, trans. by R. Magdalino, in typescript.
26. George Pachymeres, *De Michaele et Andronico Palaeologis*, ed. I. Bekker, Bonn 1835; *Relations historiques*, Corpus Fontium Historiae Byzantinae, trans. by V. Lautent, Paris 1984.
27. George Sphrantzes, *The Fall of the Byzantine Empire*, trans. by M. Philippides, Amherst 1980.
28. George Hamartolos, *Chronicle*, ed. C. Boor, Leipzig 1905.
29. *Georgii Syncelli Ecloga Chrono graphica*, ed. A. Mosshammer, Leipzig 1984.

30. *Ioannis Scylizes Continuatus*, ed. E. Tsolakes, Thessalonica 1968.
31. Joel, *Chronogrphia Compendia*, ed. I. Bekker, Corpus Scriptores Historiae Byzantinae, Bonn 1836.
32. John Anagostes, *Sphrantzes*, Corpus Scriptorium Historiae Byzantinae, by I. Bekker, Bonn 1838.
33. John Kanonas, *Chronikon*, Corpus Scriptorium Historiae Byzantinae, by I. Bekker, Bonn 1838.
34. John Lydos, *On the Magistracies of the Roman People*, trans. by T. Carney, Lawrence 1971.
35. John of Nikiu, *The Chronicle of John, Bishop of Nikiou*, trans. by R. Charles, London and Oxford 1916.
36. John Skylitzes, *Byzanz, wieder ein Weltreich: das Zeitalter der Makedonischen Dynastie*, trans. by H. Thurn, Graz 1983.
37. John Zonaras, *Epitome Historiarum*, ed. M. Pindar, Corpus Scriptores Historiae Byzantinae, Berlin 1841 ; English trans. by M. Dimaio, Missouri-Columbia 1977.
38. Joseph Genesios, *Basileion*, ed. C. Lachmon, Corpus Scriptorum Historiae Byzantinae, Bonn 1828.
39. Joseph Genesios, *Byzanz am Vorabend neuer Grosse: Uberwindung des Bilderstreites und der innenpolitischen Schwäche* (813—886)... Vienna 1989.
40. Justinian, *The Digest of Justinian*, trans. by Th. Mommsen and P. Krueger, Philadelphia 1985.
41. Justinian, *The Institutes of Justinian*, trans. by A. Thomas, Amsterdam 1975.
42. Justinian, *Corpus Jurus Civilis, Codes Justinianus*, ed. P. Krueger, Berlin 1895.
43. Justinian, *Corpus iuris civilis. The Civil Law*, including the Enactments of Justinian and the Constitutions of Leo, trans. by S. Scott, Cincinnati 1932.
44. J. Kantakouzenos, *Historiarum*, ed. L. Schopen, Bonn 1828—1832 ; *Geschichte, Johannes Kantakuzenos ubersetzt und erlautert*, trans. by G. Fatouros and T. Krischer, Stuttgart 1982—1986.
45. J. Kinnamos, *Deeds of John and Manuel Comnenus*, trans. by C. Brand, N. Y. 1976.
46. W. L. Langer, *An Encyclopedia of World History*, London 1972.
47. Laonikos Chalkokondyles, *Euro pa in XV Jahrhundert von Byzantinern gesehen*, Graz 1954.
48. Leo the Deacon, *History*, trans. by A. M. Talbot, in typescript.

49. Leo III and Constantine V, *Ecloga: A Manuel of Later Roman Law*, trans. by E. Freshfield, Cambridge 1927.
50. Leo VI, *Basilicorum libri LX*, ed. H. Scheltrma and N. van Wal, Groningen 1988.
51. Leo VI, *The Book of the Eparch*, trans. by E. Freshfield, Cambridge 1938.
52. Leontios Makhairos, *Recital Concerning the Sweet Land of Cyprus*, trans. by R. Dawkins, Oxford 1932.
53. Λέοντος, *Βασιλικά*, Αθήνα 1910.
54. J. Malalas, *The Chronicle of John Malalas*, trans. by E. Jeffreys et al, Melbourne 1986.
55. Marcellinus, *The Chronicle of Marcellinus: a translation and commentary (with a reproduction of Mommsen's edition of the text)*, Sydney 1995.
56. Menander, *The History of Menander the Guardsman*, trans. by R. Blockley, Liverpool 1985.
57. Michael Attaliates, *Historia*, trans. by G. Dennis, typescript in Dumbarton Oaks Library.
58. Michael Glykas *Annals*, ed. I. Bekker, Corpus Scriptores Historiae Byzantinae, Bonn 1836.
59. Michael Panaretos, *Chronicle*, ed. O. Lampsides, Athens 1958.
60. Michael Psellos, *Fourteen Byzantine Rulers*, trans. by E. R. Sewter, N. Y. Penguin 1966.
61. Michael Psellos, *The History of Psellus*, ed. J. B. Bury, London 1899.
62. Nikephoros the Younger, *Materials for a History*, trans. by Paul Gautier, Brussels 1975.
63. Nikephoras Gregoras, *Historia Byzantine*, ed. L. Schopen and I. Bekker, Bonn 1829—1830; *Historia Rhomaike Nikephoros Gregoras*, trans. by J. van Dieten, Stuttgart 1973.
64. Niketas Choniates, *City of Byzantium*, *Annals of Niketas Choniates*, trans. by H. Magoulias, Detroit 1984.
65. *Notitiae dignitatum*, ed. O. Seeck, Berlin 1876.
66. Olympiosorus, *The Fragmentary Classicising Historians of the Later Roman Empire: Eunapius, Olympiosorus, Priscus, and Malchus*; C. Gordon, *The Age of Attila: Fifth Century Byzantium and the Barbarians*, University of Michigan Press 1960.
67. Philostratus and Eunapius, *The Lives of the Sophists*, trans. by W. Wright, Loeb Classical Library, London 1922.

68. Priscus, *The Fragmentary Classicising Historians of the Later Roman Empire*: *Eunapius, Olympiosorus, Priscus, and Malchus*; C. Gordon, *The Age of Attila*: *Fifth Century Byzantium and the Barbarians*, University of Michigan Press 1960.
69. Procopios, *The Wars, the Buildings, the Secret History*, trans. by H. Dewing, London, Loeb Classical Library 1914—1935.
70. Procopios, *History of the Wars, Secret History and Building*, trans. ed. and abridged A. Cameron, N. Y. 1967.
71. Procopios, *The Secret History*, trans. by G. Williamson, Harmondsworth 1981.
72. Procopios, *The Secret History*, trans. by R. Atwater, N. Y. 1927.
73. *Rhodian Sea Law*, trans. by E. Freshfield, Bambridge 1927.
74. *Scriptores post Theophanem*, ed. I. Bekker, Corpus Scriptores Historiae Byzantinae, Berlin 1838.
75. Socrates, *The Ecclesiastical History of Socrates, surnamed Scholasticus, or the Advocate*, ed. by Migne, London 1853.
76. Sozomenos, *A History of the Church in Nine Books, from AD 324 to AD 440*, trans. by E. Walford, London 1846.
77. Sozomenos, *The World of the Emperor Julian*, trans. by W. Wright, London 1913—1923.
78. Sylvester Syropoulos, *Les"Memoires" du Grand Ecclesiarche de l'Eglise de Constantinople Sylvestre Syropoulos sur le concile de Florence* (1438—39), trans. by V. Laurent, Rome 1971.
79. Symeon, *Politico—historical works of Symeon, Archbishop of Thessalonica*, by D. Balfour, Vienna 1979.
80. Symeon Logothetes, *The Chronicle of Symeon Logothetes*, trans. by W. Hanak, pringting.
81. "The Ecclesiastical History, Dialogues and Letters of Theodoret", *Nicene and Post Nicene Fathers*, N. Y. 1893.
82. *The Notitia Dignitatem or Register of Dignites*, trans. by W. Fairley, Philadelphia 1899.
83. "The Short Chronicle of Lesbos 1355—1428", *Lesbiaca* 5 (1966), 123—144.
84. Theodore Skoutariotes, *Chronicle*, ed. K. Sathas, Paris 1894.
85. Theodoret of Cyrrhus, *A History of the Church, in Five Books from AD 322 to the Death of Theodore of Mopsuestia, AD 427*, London 1843.
86. Theodosios, *Codex Theodosianus*: *The Theodosian Code and Novels, and the Sir-*

mondian Constitutions, trans. by C. Pharr and T. Davdson, Princeton 1952.
87. Theophanes, *Fragmenta Historicorum Greacorum*, IV, ed. C. Muller, Paris 1959.
88. Theophanes, *The Chronicle of Theophanes*, trans. by H. Turtledove, Philadelphia 1982.
89. Theophylact, *The History of Theophylact of Simocatta: An English Translation with Introduction and Notes*, trans. by Michael. Whitby and Mary Whitby, Oxford 1986.
90. Zosimos, *The History of Count Zosimus, Sometime Advocate and Chancellor of the Roman Empire*, trans. By J. Buchanan and H. Davies, San Antonio TX 1967; trans. by R. Ridley, Canberra 1982.

二、外文论著

1. Aggelopoulos, *Εκκλησιαστικη Ιστορια*, Θεσσαλονικη 1987.
2. A. Archupus, *Holy Mountain*, Thessaloniki 1981.
3. H. Ahrweiler, *Byzance et la mer, la marine de guerre, la politique et les institutions maritimes de Byzance aux VIIE-XVesiècles*, Paris 1966.
4. P. J. Alexander, *The Patriarch Nicephorus of Constantinople*, Oxford 1958.
5. Constantine Amantos, *Ιστορία του Βυζαντινού Κράτους*, Αθήμα 1939—1947.
6. A. Andreades, *Ιστορία της Ελληνικησδημόσιας Οικονομίας*, Αθήνα 1918.
7. M. Angold, *The Byzantine Government in Exile*, Oxford 1975.
8. A. Arnakys, *The Early History of the Ottomans*, Athens 1947.
9. P. Aube, *Les empires nomands d'Orient, XI—VIII e siècle*, Paris 1983.
10. M. T. W. Arnheim, *The Senatorial Aristocracy in the Later Roman Empire*, Oxford 1972.
11. A. E. R. Boak and J. E. Dunlop, *Two Studies in Later Roman and Byzantine Administration*, N. Y. 1924.
12. J. Barker, *Manuel II Palaeologus* (1391—1425), N. Y. 1979.
13. T. D. Barnes, *Constantine and Eusebius*, Cambridge 1981.
14. N. H. Baynes and H. Moss, *Byzantium. An Introduction to East Roman Civilization*, Oxford 1948.
15. H. G. Beck, *Geschichte der byzantinischen Volksliteratur*, Munich 1971.
16. M. Bejannins, *Studies of History of Ancient Roman Economy and Administration*, Oxford 1974.
17. A. R. Bellinger, *Catalogue of the Byzantine Coins in Dumbarton Oaks Collection and in the Whittemore Collection*, Washington 1966.

18. S. Borsari, *Venezia e Bisanzio net XII secolo*, Venice 1988.
19. L. Brehier, *The Life and Death of Byzantium*, Amsterdam 1977.
20. L. Brehier, *Les institutions de l'Empire byzantin*, Paris 1946.
21. L. Brehier, *La civilisation byzantine*, Paris 1946.
22. A. Brilliantov, *Emperor Comstantine the Great and the Edict of Milan*, London 1937.
23. R. Browning, *The Byzantine Empire*, London 1980.
24. R. Browning, *Byzantium and Bulgatia*, Berkeley 1975.
25. R. Byron, *The Byzantine Achievement: A Historical Perspective*, London 1929.
26. J. B. Bury, *History of the Later Roman Empire*, London 1923.
27. J. B. Bury, *History of the Eastern Roman Empire*, London 1912.
28. J. Burchhardt, *The Day of Constantine the Great*, California 1983.
29. *The Cambridge Medieval History*, ed. by J. M. Hussey, Cambridge 1978.
30. J. B. Bury, *The Constitution of the Later Roman Empire*, Cambridge 1910.
31. J. B. Bury, *The Imperial Administrative System in the Nine Century*, N. Y. 1911.
32. Edward Miller, Cynthia Postan, M. M. Postan, *Cambridge History of European Economy*, Cambridge 1952.
33. C. Chapman, *Michael Paleologue restaurateur de l'Empire byzantin 1261—82*, Paris 1926.
34. P. Charanis, *Social Economic and Political Life in the Byzantine Empire*, Collected Studies, London 1973.
35. R. Chevallier, *Roman Roads*, Los Angeles 1976.
36. M. Clauss, *Des magistor officiorumin der Spatantike*, Munich 1980.
37. F. Dvornik, *Byzantine Missions among the Slavs*, New Brunswick, N. J. 1970.
38. F. Dvorink, *Early Christian and Byzantine Political Philosophy*, Washington 1966.
39. Ch. Diehl, *Histoire de l'Empire byzantin*, Paris 1930.
40. Ch. Diehl, *Byzantine. Grandeur et decadence*, Paris 1920.
41. F. Dolger, *Das Kaiserjahr der Byzantiner*, Munich 1949.
42. G. Downey, *A History of Antioch in Syria*, Princeton 1961.
43. S. B. Fletcher, *A History of Architecture*, London 1975.
44. M. M. Fox, *The Life and Times of Basil the Great as Revealed in His Works*, Washington D. C. 1939.
45. F. Gabrieli, *Arab Historians of the Crusades*, London 1984.
46. D. J. Geanakoplos, *Byzantium. Church, Society and Civilization Seen through Con-*

temporary Eyes, Chicago-London 1984.

47. D. J. Geanakoplos, *Constantinople and the West. Essays on the Late Byzantine (Palaeologan) and Italian Renaissances and the Byzantine and Roman Churches*, Medina 1989.
48. D. Geanakoplos, *Emperor Michael Palaeologus and the West*, Cambridge 1959.
49. Edward Gibbon, *The History of the Decline and Fall of the Roman Empire*, London 1905—1906.
50. R. C. Gregg, *Athanasius: The Life of Antony and the Letter to Marcellinus*, N. Y. 1980.
51. Μ. Γρηγόριου-Ιωαννίδου, Στρατολογία και εγγεία στρατιωτική ιδιοκτησία στο Βυζάντιο, Θεσσαλονίκη 1989.
52. V. Grumel, *La Chronologi*, Paris 1958.
53. A. Guillou, *La civilisation byzantine*, Paris 1974.
54. A. Guillou, *Regionalisme et independance dans l'Empire byzantin au VIIe siècle*, Roma 1969.
55. H. M. Gwatkin, *Studies of Arianism*, Cambridge 1900.
56. George Finlay, *A History of Greece from the Conquest to the Present Time*, London 1877.
57. J. F. Haldon, *Byzantine Praetorians. An administrative, institutional and social survey of the Opsikion and Tagnata*, Bonn 1984.
58. J. F. Haldon, *Byzantium in the 7th Century*, Cambridge 1990.
59. A. Harvey, *Economic Expansion in the Byzantine Emipire 900—1200*, Cambridge 1990.
60. Carlton Hayes and Frederick Clark, *Medieval and Early Modern Times*, N. Y. 1966.
61. K. J. Hefele, *A History of the Councils of the Church*, London 1896.
62. M. F. Hendy, *Studies in the Byzantine Monetary Economy*, Cambridge 1985.
63. G. F. Hertzberg, *Geschichte der Byzantiner und des Osmanischen reiches bis gegen ende des 16. Jahrhunderts*, Berlin 1883.
64. Karl Hopf, *Geschichte Griechenlands vom Beginne des Mittelalters bis auf die neuere Zeit*, Leipizig 1867.
65. W. Hummel, *Katalog der byzantinischen*, Munich 1982.
66. J. H. Humphrey, *The Archaeology of Vandal and Byzantine Carthage*, *New Light of Ancient Carthage*, ed. J. Pedley, Annapolis 1980.
67. J. M. Hussey, *The Orthodox Church in the Byzantine Empire*, Oxford 1986.

68. A. H. M. Jones, *The Later Roman Empire* (284—602), Oxford 1964.
69. *Book 7 of the Collection*, ed. A. Jomes, N. Y. 1986.
70. I. Karagiannopulos, *Το Βυζαντινού Κράτος*, Θεσσαλονίκη 1983.
71. I. Karagiannopulos, *Ιστορία Βυζαντινού Κρατουσ*, Θεσσαλονίκη 1992.
72. I. Karagiannopulos, *Η Πολιτική Θεωρία τνω Βυζαντινών*, Θεσσαλο νύκη 1988.
73. I. Karayannopulos, *Πηγαί της βυζαντινής Ιστορίας*, Θεσσαλονίκη 1978.
74. I. Karayannopulos *Χαρταί μέσης Βυζαντινής Περιώδου*, Θεσσαλονίκη 1976.
75. I. E. Karayannopulos, *Les Slaves en Macedoine*, Athens 1989.
76. A. P. Kazhdan, *The History of the Byzantines*, N. Y. 1985.
77. B. Z. Kedar, *Crusade and Mission: European Approaches toward the Muslims*, Princeton 1984.
78. R. R. khawam, *L'univers culturel des chretiens d'Orient*, Paris 1987.
79. Th. K. Korres, 〈Ugron pur〉, *Ένα'Οπλο της Βυζαντινης Ναυτικής Τακτικής*, Θεσσαλονίκη 1985.
80. J. S. Kortes, *Church and State in Russia*, N. Y. 1940.
81. K. Krumbacher, *Geschichte der byzantinischen Litteratur von Justinian bis zum ende des ostromischen reiches*, Munich 1891, Athens 1973.
82. W. L. Langer, *An Encyclopedia of World History*, London 1972.
83. S. Lampros, *Ιστορία της Ελλσάδος μετ 'ειήνων από των αρχαιό τατων χρόνων μέχρι της Κωνσταντινούπολεως*, Αθήνα 1886—1908.
84. P. Lemerle, *Histoire du Byzance*, Paris 1948.
85. P. Lemerle, *The Agrarian History of Byzantium*, Galway University Press 1979.
86. J. H. W. C. Liebeschuetz, *Antioch: City and Imperial Administration in the Later Roman Empire*, Oxford 1972.
87. R. J. Lilie, *Handel und Polotok zwischen dem byzantinischen Reich und den italienischen Kommunen Venedig Pisa und Genua in der Epoche der Komnenen und der Angeloi*, Amsterdam 1984.
88. Zacharia von Lingenthal, *Jus graeco-romanum*, Leipzig 1856—1884.
89. Zacharia von Lingenthal, *Geschichte des griechish-romischen Rechts*, Berlin 1892.
90. Zacharia von Lingenthal, *Historiae juris griechish-romischen delineatio*, Heidelberg 1839.
91. A. Lombard, *Constantin V, empereur des Romains* (740—775), Paris 1902.
92. F. Loofs, *Nestorius and his Place in the History of Christian Doctrine*, N. Y. 1914.

93. R. S. Lopes, *The Byzantine Economy in the Early Middle Ages*, London 1978.
94. A. Maalouf, *The Crusades through Arab Eyes*, London 1984.
95. L. Mackinney, *Medical Illustrations in Medieval Manuscripts*, Los Angeles 1965.
96. I. J. Maksimovic, *The Byzantine Provincial Administration*, Amsterdam 1988.
97. F. Malìngkoudes, *Οι Σλάβοι στην Μεσαιωνική Ελλάδα*, Αθήνα 1988.
98. B. Mango, *Byzantium: The Empire of New Rome*, London 1980.
99. C. Mango, *Byzantium and its Image*, London 1984.
100. N. P. Matshs, *Βυζαντινόν Δικαιόν*, Αθήνα 1983.
101. J. Meyendorff, *Byzantium and the Rise of Russia. A Study of Byzantine—Russian Relations in the Fourteenth Century*, Cambridge 1981.
102. A. Moffatt, *Classical, Byzantine and Renaissance Studies*, Canberra 1984.
103. G. P. Mojeska, *Russian Travelers to Constantinople in the Fourteenth Century*, Washington 1984.
104. Montesquieu, *Considerations sur les causes de la grandeur des Romains et de leur decadence*, N. Y. 1882.
105. B. Morrisson, *Catalogue des monnaies byzantine de la Bibliotheque Nationale (491—1204)*, Paris 1970.
106. J. M. Mussey, *The Orthodox Church in the Byzantine Empire*, Oxford 1986.
107. B. N. Neranth-Barmazh, *Το Βυζάντιο και η Δύση* (1354—1369), Θεσσαλονίκη 1982.
108. P. E. Niavis, *The Reign of the Byzantine Emperor Nicephorus I*, Athens 1987.
109. B. M. Nicol, *The Last Centuries of Byzantium*, 1261—453, London 1972.
110. B. M. Nicol, *The Immortal Emperor*, Cambridge 1992.
111. B. M. Nicol, *Studies in Later Byzantine History and Prosopography*, Cambridge 1985.
112. D. M. Nicol, *The Byzantine Family of Kantakouzenos*, Washington 1968.
113. D. M. Nicol, *Church and Society in the Last Century of Byzantuim*, Cambridge 1979.
114. B. M. Nicol, *Byzantium and Venice. A Study in Diplomztic and Cultural Relations*, Cambridge 1988.
115. W. Norden, *Das Papsttum und Byzanz*, Berlin 1903.
116. P. J. Nordhagen, *Mosaics from Antiquity to the Middle Ages*, London 1966.
117. D. Obolensky, *The Byzantine Commonwealth: Eastern Europe 500—1453*, Grestwood 1982.

118. D. Obolensky, *The Bogomils*, Cambridge 1948.
119. N. Oikonomidis, *Byzantine Lead Seals*, Washington D. C. 1985.
120. N. Oikonomides, *The Etymology of Theme'*, Byzantina 1975, XVI.
121. C. W. Oman, *The Byzantine Empire*, London 1892.
122. C. W. Oman, *The History of the Art of War*, London 1898.
123. C. W. Oman, *A History of the Art of War in the Middle Ages*, London 1924.
124. G. Ostrogorsky, *History of the Byzantine State*, Oxford 1956.
125. G. Ostrogorsky, *Quelques problemes d'histoire de la paysannerie byzantine*, Bruxelles 1956.
126. Paparrigopoulos, *Histoire de la civilisation hellenique*, Paris 1878.
127. H. W. Parke, *Greek Oracles*, London 1967.
128. J. R. Partington, *History of Greek Fire and Gunpowder*, Cambridge 1960.
129. F. Paschoud, *Cinq etudes sur Zosime*, Paris 1975.
130. E. Peterson, *Der Monotheismus als politisches Problem*, Liepzig 1939.
131. H. Pohlsander, Crispus: Brilliant Career and Tragic End, *History*, 33 (1984), p. 79—106.
132. B. Prawer, *Crusaser Indtitutions*, N. Y. 1980.
133. R. D. Qeocarhs, *Αρχαία και Βυζαντινή Οικονομικη Ιστορία*, Αθήνα 1983.
134. D. T. Rice, *Art of the Byzantine Era*, London 1963.
135. T. Rice, *Everyday Life in Byzatium*, London 1967.
136. B. Richards, *The Popes and the Papacy in the Early Middle Ages*, London 1979.
137. B. Richards, *Consul of God: the Life and Times of Gregory the Great*, London 1980.
138. J. Riley, *The First Crusade and the Idea of Crusading*, London 1986.
139. B. Roth, *Geschichte des Byzantinischen Reiches*, Leipzig 1904.
140. B. Roth, *Sozial und Kulturgeschichte des Byzantinischen Reiches*, Berlin 1913.
141. S. Runciman, *Byzantine Civilization*, London 1933, 1959.
142. S. Runciman, *The Medieval Manichee*, Cambridge 1955.
143. S. Runciman, *The Emperor Romanus Lecapenus and His Reign. A Study of Tenth Century*, Cambridge 1929.
144. S. Runciman, *A History of the Crusades*, Cambridge 1951.
145. S. Runciman, *A History of the First Bulgarian Empire*, London 1930.
146. S. Runciman, *The Fall of Constantinople*, Cambridge 1965.
147. G. Schlumberger, *Sigillographie de l'Empire byzantin*, Paris 1884.

148. G. Schlumberger, *Epopee byzantine*, Paris 1911.
149. F. Schulz, *History of Roman Legal Science*, Oxford 1953.
150. I. Sevcenko, *Society and Intellectual Life in Late Byzantium*, London 1981.
151. Shahid, *Byzantium and the Arabs in the Fourth Century*, Washington 1984.
152. E. Siberry, *Criticism of Crusading*, Oxford 1985.
153. G. C. Soulis, *The Serbs and Byzantium during the Reigh of Tsar Stephen Dusan*, Washington D. C. 1985.
154. L. S. Stavrianos, *A Global History: The World to 1500*, London 1970.
155. E. Stein, *Geschichte des spatromischen Reiches*, Vienna 1928.
156. E. Stein, *Der Beginn des byzantinischen Bilderstreites und seine Entwicklung*, Munchen 1980.
157. E. Stein, *Histoire du Bas-Empire*, Paris 1949.
158. J. Ph. Thomas, *Private Religious Foundations in the Byzantine Empire*, Washington 1987.
159. W. T. Treadgold, *The Byzantine State Finances in the Eighth and Ninth Centuries*, N. Y. 1982.
160. A. A. Vasiliev, *History of the Byzantine Empire*, Wisconsin 1958.
161. Voltaire, *Le pyrrhonisme de l'histoire*, Paris 1930.
162. S. Vryonis, *Byzantine Imperial Authority*, Paris 1982.
163. E. Wellesz, *A History of Byzantine Music and Hymnography*, Oxford 1961.
164. R. L. Wolff, *Studies in the Latin Empire of Constantinople*, London 1976.
165. W. Wroth, *Catalogue of the Imperial Byzantine Coins in the British Museum*, London 1908.
166. Αικ. Χριστοφιλοπούλου, *Βυζαντινή Ιστορία*, Αθήνα 1988.
167. E. A. Zachariadou, *Trade and Crusade, Venetian Crete and the Emirates of Menteshe and Aydin〈1300—1415〉*, Venedig 1983.
168. Δ. Ζακυθηνός, *Βυζαντινή Κείμενα*, Αθήνα 1960.
169. I. Zepos, *Ius Graeco-Romanum*, Athens 1931.

三、中文原始资料论著

1. 〔古罗马〕奥古斯丁:《忏悔录》,周士良译,商务印书馆1987年版。
2. 〔古希腊〕柏拉图:《理想国》,郭斌和等译,商务印书馆1997年版。
3. 〔美〕伯恩斯等:《世界文明史》,罗经国等译,商务印书馆1955年版。
4. 〔法〕布瓦松纳:《中世纪欧洲生活和劳动(五至十五世纪)》,潘源来译,商务印书馆 1985 年版。
5. 〔古罗马〕查士丁尼:《法学总论》,张企泰译,商务印书馆 1997 年版。
6. 〔古罗马〕查士丁尼:《法学阶梯》,徐国栋译,中国政法大学出版社 1999 年版。
7. 陈志强:《独特的拜占庭文明》,中国青年出版社 1998 年版。
8. 陈志强:《拜占庭学研究》,人民出版社 2001 年版。
9. 陈志强:《拜占庭军区制和农兵》,载《历史研究》1996 年第 5 期。
10. 陈志强:《拜占庭职官考辨》,载《西学研究》,商务印书馆 2003 年版。
11. 陈志强:《拜占庭皇帝继承制度特点研究》,载《中国社会科学》1999 年第 1 期。
12. 丁玫:《罗马法契约责任》,中国政法大学出版社 1998 年版。
13. 〔美〕杜兰:《世界文明史》,孙兴民等译,东方出版社 1999 年版。
14. 〔德〕恩格斯:《自然辩证法》,《马克思恩格斯选集》人民出版社 1985 年版。
15. 范明生:《晚期希腊哲学和基督教神学》,上海古籍出版社 1998 年版。
16. 〔古罗马〕盖尤斯:《法学阶梯》,黄风译,中国政法大学出版社 1996 年版。
17. 〔法〕戈岱司编:《希望拉丁作家远东古文献辑录》,耿昇译,中华书局 1987 年版。
18. 〔英〕吉本:《罗马帝国衰亡史》,黄宜思、黄雨石译,商务印书馆 1997 年版。
19. 哈全安:《古典的伊斯兰文明》,中国青年出版社 1999 年版。
20. 〔美〕海斯、穆恩:《世界史》,中央民族学院研究室译,北京三联书店 1975 年版。
21. 《后汉书·西域传》,上海古籍出版社 1986 年版。
22. 《旧唐书·西戎传》卷一九八,上海古籍出版社 1986 年版。
23. 〔古罗马〕凯撒:《高卢战记》,任炳湘译,商务印书馆 1997 年版。
24. 乐峰:《东正教史》,中国社会科学出版社 1999 年版。
25. 〔英〕雷诺兹等:《剑桥艺术史》,钱乘旦等译,中国青年出版社 1994 年版。
26. 〔俄〕列夫臣柯:《拜占庭史》,葆煦译,生活·读书·新知三联书店 1962 年版。
27. 《〈罗斯法典〉译注》,王钺译注,兰州大学出版社 1987 年版。
28. 〔美〕罗斯托夫采夫:《罗马帝国社会经济史》,马雍等译,商务印书馆 1985 年版。
29. 罗竹风主编:《宗教经籍选编》,华东师范大学出版社 1996 年版。
30. 吕大吉:《西方宗教学说史》,中国社会科学出版社 1994 年版。
31. 《马克思恩格斯全集》,人民出版社 1963 年版,1975 年版,1985 年版。
32. 《马克思恩格斯选集》,人民出版社 1972 年版。
33. 马克垚主编:《世界历史》(中古部分),北京大学出版社 1994 年版。
34. 马克垚:《西欧封建经济形态研究》,人民出版社 1985 年版。
35. 〔意〕马基雅维里:《佛罗伦萨史》,李活译,商务印书馆 1997 年版。

36.《毛泽东选集》,人民出版社 1968 年版。
37.〔英〕麦克曼勒斯主编:《牛津基督教史》,张景龙等译,贵州人民出版社 1995 年版。
38.〔法〕孟德斯鸠:《罗马盛衰原因论》,婉玲译,商务印书馆 1997 年版。
39. 苗力田主编:《亚里士多德全集》,中国人民大学出版社出版 1999 年版。
40.〔埃及〕莫赫塔尔主编:《非洲通史》第 2 卷,北京中国对外翻译出版公司 1985 年版。
41.〔美〕穆尔:《基督教简史》,商务印书馆 1981 年版。
42.〔意〕彭梵得:《罗马法教科书》,黄风译,中国政法大学出版社 1998 年版。
43. 任继愈主编:《宗教大词典》,上海辞书出版社 1998 年版。
44.《三国志·魏志》,上海古籍出版社 1986 年版。
45.《圣经》,中国基督教协会 1994 年版。
46. 孙津:《基督教与美学》,重庆出版社 1997 年版。
47.〔意〕斯奇巴尼选编:《民法大全选译·公法》,张洪礼译,中国政法大学出版社 1999 年版。
48.〔意〕斯奇巴尼选编:《民法大全选译·人法》,黄风译,中国政法大学出版社 1995 年版。
49.〔意〕斯奇巴尼选编:《契约之债与准契约之债》,丁枚译,中国政法大学出版社 1998 年版。
50.〔意〕斯奇巴尼选编:《家庭》,费安玲译,中国政法大学出版社 1995 年版。
51.〔意〕斯奇巴尼选编:《遗产继承》,费安玲译,中国政法大学出版社 1995 年版。
52.〔意〕斯奇巴尼选编:《司法管辖权审判诉讼》,黄风译,中国政法大学出版社 1992 年版。
53.〔意〕斯奇巴尼选编:《正义和法》,黄风译,中国政法大学出版社 1992 年版。
54.〔意〕斯奇巴尼选编:《债·私犯之债》,米健译,中国政法大学出版社 1992 年版。
55.〔意〕斯奇巴尼选编:《物与物权》,范怀俊译,中国政法大学出版社 1993 年版。
56.〔意〕斯奇巴尼选编:《债·私犯之债(Ⅱ)和犯罪》,徐国栋译,中国政法大学出版社 1998 年版。
57. 苏联科学院:《世界通史》,北京编译社等译,生活·读书·新知三联书店 1961 年版。
58.《隋书·食货志》,上海古籍出版社 1986 年版。
59.〔古罗马〕塔西佗:《编年史》,王以铸等译,商务印书馆 1997 年版。
60.〔古罗马〕塔西佗:《历史》,王以铸译,商务印书馆 1997 年版。

61.〔古罗马〕塔西佗:《阿古利可拉传》,马雍译,商务印书馆1997年版。
62.〔美〕汤普逊:《历史著作史》,上卷,第一分册,谢德风译,商务印书馆1997年版。
63.〔美〕汤普逊:《中世纪经济社会史》,耿淡如译,商务印书馆1984年版。
64.〔美〕汤普逊:《中世纪晚期欧洲经济社会史》,徐家玲等译,商务印书馆1992年版。
65.《通典》卷一九三《边防》卷九《西戎》五。
66.《〈往年纪事〉译注》,王钺译注,甘肃民族出版社1994年版。
67.〔英〕韦尔斯:《世界史纲》,吴文藻等译,人民出版社1982年版。
68.〔美〕沃森:《民法法系的演变及形成》,李静兵等译,中国政法大学出版社1997年版。
69.吴于廑、齐世荣主编:《世界史》,高等教育出版社1996年版。
70.〔古希腊〕希罗多德:《历史》,王以铸译,商务印书馆1997年版。
71.〔古罗马〕西塞罗:《西塞罗三论》,徐奕春译,商务印书馆1995年版。
72.〔古罗马〕西塞罗:《论义务》,王焕生译,中国政法大学出版社1999年版。
73.〔古罗马〕西塞罗:《论共和国论法律》,王焕生译,中国政法大学出版社1997年版。
74.〔美〕希提:《阿拉伯通史》,马坚译,商务印书馆1995年版。
75.夏征农主编:《辞海》,上海辞书出版社1980年版。
76.〔古希腊〕修昔底德:《伯罗奔尼撒战争史》,谢德风译,商务印书馆1997年版。
77.徐怀启:《古代基督教史》,华东师范大学出版社1996年版。
78.徐家玲:《早期拜占庭和查士丁尼时代研究》,东北师范大学出版社1998年版。
79.杨人楩:《非洲通史简编》,人民出版社1984年版。
80.杨真:《基督教史纲》,三联书店1979年版。
81.于可主编:《世界三大宗教及其流派》,湖南人民出版社1988、2001年版。
82.赵敦华:《基督教哲学1500年》,人民出版社1995年版。
83.周枏:《罗马法原论》,商务印书馆1996年版。
84.朱寰主编:《世界中古史》,吉林人民出版社1981年版。
85.朱寰主编:《亚欧封建经济形态比较研究》,东北师范大学出版社1996年版。
86.朱庭光主编:《外国历史名人传》,中国社会科学出版社1983年版。
87.〔意〕朱塞佩:《罗马法史》,黄风译,中国政法大学出版社1998年版。

附录二　拜占庭帝国皇帝年表

中文译名	外文原名	在位时间
君士坦丁一世	Constantine Ⅰ	324—337 年
君士坦丁二世	Constantine Ⅱ	337—340 年
君士坦斯一世	Constans Ⅰ	337—350 年
君士坦提乌斯	Constantius Ⅱ	337—361 年
朱利安	Julian	361—363 年
卓维安	Jovian	363—364 年
瓦伦提尼安	Valentinian	364—375 年
瓦伦斯	Valens	364—378 年
塞奥多西一世	Theodosios Ⅰ	379—395 年
阿尔卡迪奥斯	Arkadios	395—408 年
塞奥多西二世	Theodosios Ⅱ	408—450 年
马尔西安	Marcian	450—457 年
利奥一世	Leo Ⅰ	457—474 年
利奥二世	Leo Ⅱ	473—474 年
泽诺	Zeno	474—491 年
瓦西里斯库斯	Basiliskos	475—476 年
阿纳斯塔修斯一世	Anastasios Ⅰ	491—518 年
查士丁一世	Justin Ⅰ	518—527 年
查士丁尼一世	Justinian Ⅰ	527—565 年
查士丁二世	Justin Ⅱ	565—578 年
提比略一世	Tiberios Ⅰ	578—582 年
莫里斯	Maurice	582—602 年
福卡斯	Phokas	602—610 年
伊拉克略一世	Herakleios Ⅰ	610—641 年
君士坦丁三世	Constantine Ⅲ	641—641 年
伊拉克略纳斯	Heraklonas	641—641 年

君士坦斯二世	Constans II	641—668 年
君士坦丁四世	Constantine IV	668—685 年
查士丁尼二世	Justinian II	685—695，705—711 年
利昂提奥斯	Leontios	695—698 年
提比略二世	Tiberios II	698—705 年
腓力皮克斯	Philippilos	711—713 年
阿纳斯塔修斯二世	Anastasios II	713—715 年
塞奥多西三世	Theodosios III	715—717 年
利奥三世	Leo III	717—741 年
君士坦丁五世	Constantine V	741—775 年
利奥四世	Leo IV	775—780 年
君士坦丁六世	Constantine VI	780—797 年
伊琳尼	Irene	797—802 年
尼基弗鲁斯一世	Nikephoros I	802—811 年
斯达乌拉焦斯	Stauracios	811—811 年
米哈伊尔一世	Michael I	811—813 年
利奥五世	Leo V	813—820 年
米哈伊尔二世	Michael II	820—829 年
塞奥非罗斯	Theophilos	829—842 年
米哈伊尔三世	Michael III	842—867 年
瓦西里一世	Basil I	867—886 年
利奥六世	Leo VI	886—912 年
亚历山德尔	Alexander	912—913 年
君士坦丁七世	Constantine VII	913—920，945—959 年
罗曼努斯一世	Romanos I	920—944 年
斯蒂芬和君士坦丁	Stephen、Constantine	944—945 年
罗曼努斯二世	Romanos II	959—963 年
尼基弗鲁斯二世	Nikephoros II	963—969 年
约翰一世	John I	969—976 年
瓦西里二世	Basil II	976—1025 年
君士坦丁八世	Constantine VIII	1025—1028 年
罗曼努斯三世	Romanos III	1028—1034 年
米哈伊尔四世	Michael IV	1034—1041 年
米哈伊尔五世	Michael V	1041—1042 年
邹伊	Zoe	1042—1050 年

君士坦丁九世	Constantine IX	1042—1055 年
塞奥多拉	Theodora	1042—1056 年
米哈伊尔六世	Michael VI	1056—1057 年
依沙克一世	Isaac I	1057—1059 年
君士坦丁十世	Constantine X	1059—1067 年
罗曼努斯四世	Romanos IV	1068—1071 年
米哈伊尔七世	Michael VII	1071—1078 年
尼基弗鲁斯三世	Romanos III	1078—1081 年
阿莱克修斯一世	Alexios I	1081—1118 年
约翰二世	John II	1118—1143 年
曼努埃尔一世	Manuel I	1143—1180 年
阿莱克修斯二世	Alexios II	1180—1183 年
安德罗尼库斯一世	Andronicus I	1183—1185 年
依沙克二世	Isaac II	1185—1195 年
阿莱克修斯三世	Alexios III	1195—1203 年
阿莱克修斯四世	Alexios IV	1203—1204 年
阿莱克修斯五世	Alexios V	1204—1204 年
塞奥多利一世	Theodore I	1204—1221 年
约翰三世	John III	1221—1254 年
塞奥多利二世	Theodore II	1254—1258 年
约翰四世	John IV	1259—1261 年
米哈伊尔八世	Michael VIII	1259—1282 年
安德罗尼库斯二世	Andronicus II	1282—1328 年
米哈伊尔九世	Michael IX	1294—1320 年
安德罗尼库斯三世	Andronicus III	1328—1341 年
约翰五世	John V	1341—1391 年
约翰六世	John VI	1347—1354 年
安德罗尼库斯四世	Andronicus IV	1376—1379 年
约翰七世	John VII	1390—1390 年
曼努埃尔二世	Manuel II	1391—1425 年
约翰八世	John VIII	1425—1448 年
君士坦丁十一世	Constantine XI	1449—1453 年

附录三　拜占庭帝国重要历史地图

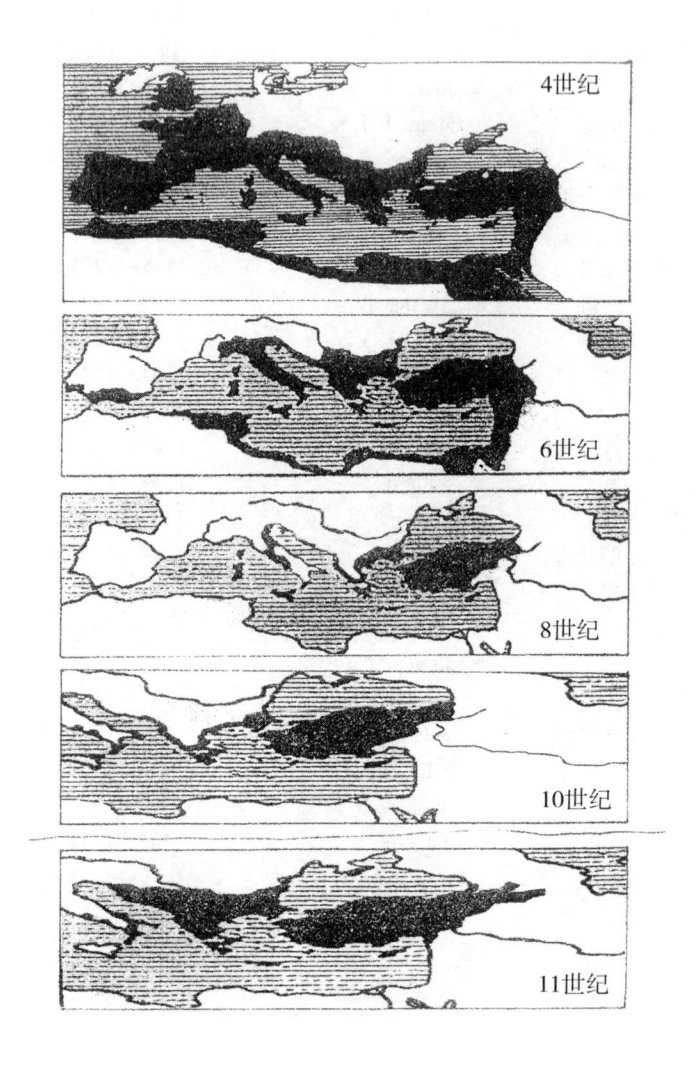

附录四 拜占庭帝国疆域变化图

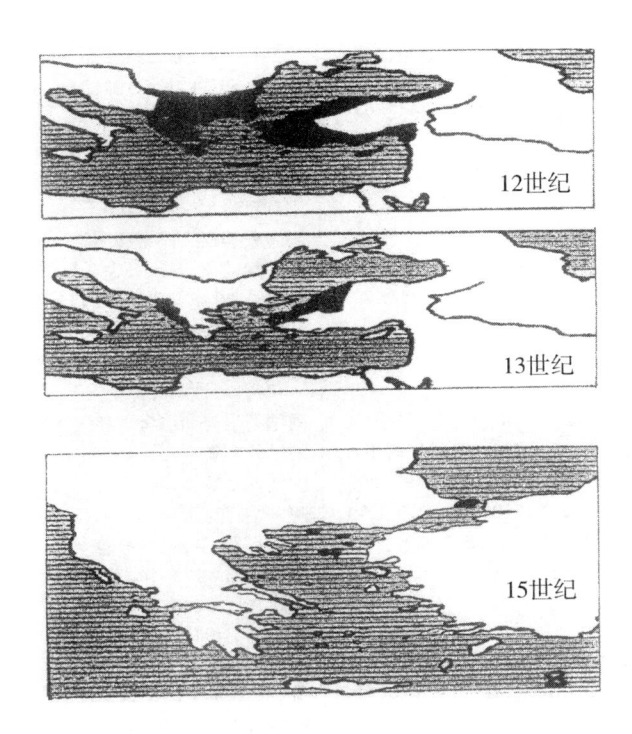

12世纪

13世纪

15世纪

人名地名索引

阿波加斯特斯　98,99
阿代缪斯　155
阿尔巴尼亚　5,11,54,228,230,234,235,
　313
阿尔卡迪奥斯　93
阿尔塔巴斯多斯　184
阿嘎塞阿斯　21,148
阿克罗包利迪斯　33,34,47,48
阿克罗颇立塔　284,285
阿克洛伊农　187,188
阿克苏姆　126,422,423
阿奎利亚　98,99
阿拉伯　9,11,12,18,38,41,42,99,113,
　125,145,153,154,158,160,161,166,
　169,171—183,186—190,195,197,200,
　209,210,214,217,220,224,229,230,
　235—239,252,254,280,352,354,382,
　404,405,409—411,413,415,422—425,
　427,430,466
阿拉伯半岛　171,172,174,342,396,438
阿拉贡　304,306
阿拉里克　93,101,102,141
阿拉塞乌斯　102
阿莱克修斯　29,30,31,45,46,250,251,
　259,264—268,278,289,298,379,411,
　418,437
阿莱克修斯二世　251,252,258
阿莱克修斯三世　48,258,259,265—268,
　276,278
阿莱克修斯四世　259,267,268
阿莱克修斯五世　259,268,269
阿莱克修斯一世　29,31,45,46,247,250,
　251,254,255,258,261,400,411,440,441
阿兰　59,98,136,183,399
阿里斯河　158
阿里乌　19,69,78,79,94,96,97,128,130,
　362,364,365
阿利雅得尼　105,106
阿米安努斯・马赛林努斯　16
阿莫尼欧斯　17
阿纳多利亚　11,64,155,158,161,183,
　187,188,211,212,248,250,262,314,318
阿纳斯塔修斯　31,105,106,110—112,120,
　121,195,196,199
阿纳斯塔修斯二世　155,183
阿纳托利亚　76
阿纳托留斯　104
阿萨纳里克　102
阿塞拜疆　168,187
阿瑟欧斯　123
阿森二世　286—288
阿斯巴　104,105,186
阿索斯圣山　388,389
阿塔利亚人米哈伊尔　28
阿塔纳修斯　130,380
阿特洛巴提尼　168
阿提卡　38,41,102,141,273,294
阿提拉　17,19
阿瓦尔　9,11,115,133,144,146,152,166,
　170,182
埃弗莱姆　48
埃及　5,6,11,12,16,19,24,41,42,54,60,
　85,89,95,107,123,128,130,136,146,
　148,151,152,161,167,176,177,181,

人名地名索引

190,209,228,257,264—266,268,304,
323,338,341,342,352—354,366,380—
382,396,423,424,427,432,436,439,
443,465

埃里亚斯 155

埃麦萨 175

埃塞俄比亚 41,113,125,366,423,438

埃瓦格留斯 21,22

爱琴海 11,38,39,42,55,57,82—84,153,
158,177,189,195,198,200,232,233,
236,262,271,273,275,277,286,297,
298,305,312,321,322,356,388,396,
409,410,415

安德列 48,194

安德鲁 447

安德罗尼库斯二世 288,291,299—301,
303,308,309

安德罗尼库斯三世 35,36,291,292,299—
301,303

安德罗尼库斯一世 252,258

安苴鲁斯 244,258,263,285,288

安卡拉 277,294,308

安娜 29—32,45,237,238,251,258,261,
267,292,296,301,418,437

安茹的查理 304,377

安赦米奥斯 131

安条克 8,16,18,21,22,30,41,45,60,69,
78,87,96,97,105,106,108,113,125,
126,128,129,149,152,171,175,181,
189,191,196,229,236,252,254,257,
262,272,273,278,284,343,364,365,
369,374,375,415,422—424,437,439

奥多亚克 104,141

奥尔加 237

奥格斯堡 2

奥赫利德 230,234,235

奥克利 231

奥林匹多罗斯 15—19

奥马尔 176,186,187

奥普西金 155,158,163,402

奥斯曼土耳其 9,10,38,292,294,301—
303,305—308,311—315,317,318,377,
389,408

奥松·迪·拉·利赫 271,273

奥托二世 239

奥托一世 221,231,238,239

巴比伦城 176

巴达尼斯 211,212

巴尔达斯·福卡斯 229,237

巴尔达斯·斯科莱鲁 221,222,229

巴尔干半岛 10—13,35,54,55,71,92,
102,103,108,111,113,136,141,152,
153,158,166,200,214,224,228,230,
231,241,245,246,259,264,273,285—
288,296,302,305—308,312,313,353,
377,379,389,402,426,432,441

巴勒斯坦 5,10,11,14,20,54,108,128,
130,145,152,167,174,178,232,257,
272,273,334,341,342,381,382,396,414

巴耶札德

柏拉图 15,43,362,385,436,438,441,
445,446,463

柏扎思 1,82,321

拜库斯 310

拜占庭城 1,4,40,60,82—84,87,298,
321,322,424,446

保加利亚 5,10,27,30,142,143,153,155,
170,186—188,200,217,220—222,224,
226—235,237,238,259,277,278,283,
286—289,295—297,301,304,305,312,
313,367,378,398,405,414

保加罗菲格 228

鲍尔温 270—273,275,277,287—289,304

鲍格米勒派 364,367,378

贝德里亚纳 111

贝利撒留 20,113,114,122,132—143,
147,344,369,409,412,413

贝利图斯 108,435—440

贝鲁特 108

贝塞利亚 18

本尼狄克特七世 231

比萨 259,424

比塞尼亚 277,343

彼得 97,191,234,256,275,286,330,375,

402
彼特罗三世 304
宾都斯山 231
波赫蒙德 257
波斯 9,11,16,18,20—23,65,82,112,
114,115,125,126,128,132—135,137,
138,142,144,146,147,152,153,158,
162,165—170,172,174—176,180,209,
233,241,277,327,342,347,365,367,
396,397,405,406,412,413,422,423,
426,438
波希尼亚 312
伯赫蒙德 261,313
伯利斯 226,227
伯罗奔尼撒 12,35,36,47,54,102,127,
141,153,236,267,271,273,283,285,
360,466
伯尼法斯 264—267,270—274,287
博斯普鲁斯海峡 1,57,60,61,79,82—84,
144,152,158,169,188,189,196,237,
257,267,271,274,275,277,314,321,
322,383,396,427
不列颠 3,53,63,65,68,71,89
布雷恩努斯 31
布雷米狄斯 33,283—285,441
布鲁萨城 276
布瓦依普 175
布希考特 306
查理曼 185,210,211
查士丁 4,9,11,20—23,41,44,50,51,91,
96,98,100,111—126,128—133,135—
137,139—149,151,153—155,159,161,
162,165,166,170,183,194,239,240,
328,333—343,345,361,366,369,383,
384,396—399,401,409,412,413,428,
429,431,432,439—441,464
查士丁二世 23,114,144,145
查士丁娜 96,98
查士丁尼 20,21,41,50,51,91,100,111—
126,128—133,135—137,139—149,154,
155,161,170,183,194,239,240,328,
334,336—343,345,361,366,384,398,

399,401,409,412,413,429,431,432,
439—441,464
查士丁尼二世 44,153—155,183
查士丁尼一世 4,9,11,20,22,41,50,111,
112,114—117,119,121,123,128,129,
131,132,136,141,143,145,147,149,
151,153,154,159,161,162,165,166,
239,333,335,339,369,383,396,397,
399,401,409,412,413,428,440
察尔西顿 1,24,82,129,152,169,170,
251,363,366,369—371,383
车绳 237,343,409
达尔马提亚 89
达拉斯 133—135,179,181,412
达尼埃尔 383,387
大马士革 97,144,174,175,181,221,257
大门德雷斯河 277,278
大摩拉瓦河 233
大扎卜河 169
代基蒙 138,139,412
戴基乌斯 57
戴克里先 3,18,53,61,63,67,69,75,78,
83,89,122,159,334,335,337,341,395
丹德罗 266—271,273
德班特 187
德布鲁察 230,232
德意志 38,259,262,264—266,410
狄奥菲鲁斯 50,51
迪马修斯 99
迪米特里 319
底比斯 16,27,271
底格拉诺盖达 168
底格里斯河 133,169,175,176,232
底拉西乌姆 234,235,262,271
底亚纳 187,188
地中海 1,2,4,6—13,16,25,39,55,57,
60,61,82,83,86—88,106,107,125,126,
130,132,133,135—137,139,142,143,
150,157,166,169,172,175,181,189,
227,236,247,252,254—257,260,265,
270,271,278,280,282,298,305,311,
321,327,342,349,351,357,358,361,

393,402,405,408—410,412,422—426,428,432,434,437,451

第涅伯河　57

东哥特　11,20,57,58,104,105,132,137,140—142,144,413

杜卡斯　29,31,36,37,241,244,247—251,268,288,311,374

顿河　57

多罗塞乌斯　51

多瑙河　10,11,30,45,57,58,70,93,101,102,115,136,142—144,146,152,159,170,186,213,224,228,231—233,238,249,256,287,288,313,408,409,424

俄罗斯　38,57,221,238,284,288,422,424

额梅纳斯山　175

潘诺尼亚　89

凡湖　168

菲拉德菲亚　278

菲里比科斯　146

菲力浦二世

菲利吉亚　102,188,200

腓力皮克斯　155

佛罗伦萨　39,56,306,377,446,464

弗拉基米尔　222,227,237,238

弗拉维塔　102

弗条斯　227,242,373,434,436,444

福卡斯　26,27,146,151,220,221,229,230,237,241,335

福斯达　64,67

伽勒俐　53,61,63,67,69—72

盖利摩尔　137—139

高加索　23,136,154,168,170,180,183,187,230,232,426

高卢　11,53,63,65—68,70,71,73,75,89,98,136,464

戈尔狄亚努斯　57

哥里高拉斯　35,297

哥斯马斯　125,126,423,447

哥特　11,18,20,57—59,69,84,91—93,98—105,126,132,136,137,140—142,144,146,147,293,364,398,399,413

格拉提安　94,98

格利高里　371,375

哈德连　50,116

哈里　12,176,178,179,181,182,186—189,202,221,342,354,388,410

哈立德　174,175

海拉迪欧斯　17

海伦　218,292,301

海帕提亚　108

荷马　32,46,285,435

赫勒比库斯　97

赫勒斯滂海峡　153,271,273

赫罗尼姆斯·沃尔夫　2

黑海　10—12,32,48,57,65,82—84,89,136,143,158,168,177,186,224,228,230,232,237,274,295,297,298,311,312,321,322,356,393,408,409,422—426

亨利六世　262,264

红海　125,126,171,408,409,422—424,447

宏伯特　242,376

洪诺留　366

侯尼雅迪斯　32,33,47,48

侯斯罗埃斯　134,135,167—169,412

霍诺留斯　93

基奈尤斯　95

基维莱奥冬　158,409,410

加拉大　267,297,308,312

加利尼科斯　179,180,404,405

加沙　17,18,108,381,437,439

加泰罗尼亚　398,400

加提鲁修　37

迦太基　78,122,136,146,151,155,157,158,177,186,239,338,343,401,402

君士坦丁　1—3,6,8—10,14—16,18,24—29,38,39,43,45,46,50,53,58,61—86,88—94,96,100,106,110,114,119,122,128—130,133,140,144,146,153,157,159,160,178,179,184,185,187,188,191,196—201,203,212,217—221,223,226—228,237,247—249,254,294,300,306,309,314—318,321—326,332—335,

338—340,344,345,369,370,372,374,
379,382,384,385,387,394,395,397,
398,400,408,409,417,418,437,440,
443,444,450

君士坦丁八世 222,223,417

君士坦丁堡 1,2,5—12,15,17,18,20—
25,27—29,32—35,37—42,44—46,48,
49,65,78,79,84,86—90,96—98,102—
104,106—108,112,113,116,119,120,
122,126,129—132,139—145,147,151,
152,154,155,158,167—171,175,177—
182,184,186—188,193—199,201,212—
215,217,223,226—230,232,237,240,
242,247,250—252,254,258—260,262—
276,281,283,284,286—292,294—298,
300,302—305,308,310,312—326,331,
333—336,338—341,343,352,363—366,
368,369,371—376,378,382,384,385,
387,390,391,393,394,396,398—400,
407,409—411,413—418,420—430,
432—435,437—440,442,444,445

君士坦丁二世 64,65,335,409

君士坦丁九世 28,45,223,254,417,440

君士坦丁六世 184,185,197,212,345

君士坦丁·曼纳萨斯 46

君士坦丁娜 146

君士坦丁七世 25—27,38,43,50,157,
160,217—221,228,237,332,333,440,
444,450

君士坦丁十世 247—249

君士坦丁十一世 10,39,294,306,314—
318,400

君士坦丁四世 153,178,179,387

君士坦丁五世 24,184,185,188,196,
198—201,203,226,372

君士坦丁一世 2,3,6,8—10,15,18,58,
62—65,82—84,86,88,90,91,93,94,96,
110,114,119,128—130,159,191,321,
322,325,326,334,335,338—340,344,
369,370,382,384,385,394,397,408,
437,443

君士坦斯二世 153,154,177,178

君士坦提乌斯 53,63,66,67,70,71

君士坦提乌斯二世 18,64,65

卡布特瓦达 137,138

卡尔西丹 139

卡拉布里亚

卡帕多细亚 108,121,122,158,167,187,
188,274,343,447

卡塔喀隆 45

卡西亚 447

恺撒 11,14,18,20,22,30,43,53,63—65,
67,75,97,112—114,167—169,175,184,
232,337,341,444

坎塔库震努斯 35,292,300,301,346

康拉德三世 262

柯普特 12,41,88,107,366

科孚岛 39,46,319

科林斯 57,127,228,231,262,425

科鲁姆 226

科穆宁 30,31,48,241,247,248,250,258,
278,288,437

科穆宁王朝 29,31,46,244,247,250,252,
254,258,276,277,287,288,319,429,440

克巴德 169

克莱芒市 254

克莱蒙特 227,274

克劳狄 57,63

克里米亚 57,136,143,237,409,426

克里斯普斯 64,75

克里特 57,189,220,236,410,447

克里特岛 11,186,189,271,273

克罗地亚 170

克门条罗斯 146

库斯鲁 278

拉丁 7,8,12,13,17,22,25,34,47,100,
108,127,239,242,257,263,268—278,
282—291,304,310,311,335,336,340,
376,377,395,425,435—437,439—441,
443,464

拉多米尔 234,235

拉克坦提乌斯 75

拉利沙 231

拉斯迪斯拉夫 226

人名地名索引　477

拉斯卡利斯　276—283,285,286,288,374,441
拉文纳　11,61,122,141,142,144,153,155,157,158,193,194,238,338,343,375,401,402
莱伯第　138
莱斯伯斯岛　37,198,271,273,286
莱提亚　89
莱茵河　136
郎吉诺斯　105
劳尼哥斯·查克孔迪利斯　38,39
黎巴嫩　5
李锡尼　58,61,63,64,71—73,75,76,78,96
里昂　291,310,377,378
里底亚　50
里西岩　177
利昂提奥斯　154,155
利奥二世　105
利奥六世　26,43,44,51,185,217,228,235,240,333,373,444
利奥三世　166,183,184,186—188,192,195,196,199—203,371,375,409,410,440
利奥四世　42,184,185,189,431
利奥条斯·马克海罗斯　38
利奥五世　25,26,43,198,200,211,213
利奥一世　104,105,326,383,398,434
两河流域　11,54,133,134,136,143,167,174,177,186,188,189,236,365,402,438
卢卡斯·诺塔拉斯　310
鲁菲努斯　93
鲁思塔姆　176
路易二世　235,238
路易七世　262
伦巴底　9,11,115,144,146,153,158,375,398,413
罗马　1—13,16—19,21,22,24—35,37—48,50,51,53—65,68—70,73,74,77—80,82—89,91—95,97—99,103—109,111—120,123,125—133,136,140—146,149,153,155,157,159,162,163,166,

170,172,191—193,196,197,199,201,202,209,211,217—219,221,222,226,228,230,231,238—242,256,257,263,265,266,269,272,280,283,286,294,297,305,309—311,314,321—328,330,331,334—341,343—345,347,354,355,357,361,362,365,366,368—384,388,392,393,395,396,401,402,405—413,421,429,434,436,439—441,448,451,463—466
罗马尼亚　5,232,306,312
罗曼努斯　43,149,166,218—220,223,228,229,234,236,245,249,315,316,318,347,420,447
罗曼努斯二世　43,219—221,414
罗曼努斯四世　28,46,249,254,400
罗斯　14—19,25—29,38,43,45,49,54,55,57,60,146,168,169,198,213,214,217,220—222,235,237,238,246,249,284,285,288,398,400,405,413,422,424,427,434—436,438,440,444,445,447,464
马尔基亚努堡　232
马尔马拉海　83,85,152,179,181,259,277,288,302,312,315,321,322,332,394
马尔西安　19,22,104,129
马耳他岛　235
马格里布　11,136,143,151,177
马克西米安　53,61,63,67,70,71
马克西姆　95,98,387,436
马克辛迪乌斯　63,71—73,75
马库　168,402
马利卡河　233,287
马其顿　7,10,11,25—27,29,33,43,61,65,89,93,101,102,142,143,152,215,216,223,224,226,228,233,235—245,248,257,271,273,281,283,287,300,301,309,313,351,364,378,382,415,440
马赛林努斯·戈麦斯　22
麦地那　173,174
麦加　173,174
麦莱斯　239

麦利迪尼 232
麦森布利亚 183
麦兹乔斯 178
曼南德尔 22—24,148
曼努埃尔 31,32,39,46,251,252,278, 293,294,300,302,303,305—309,312, 441
曼努埃尔一世 30,31,46,47,251,258, 262,400,441
曼兹克特 254
毛里塔尼亚 89
茂罗普斯 447
梅里奇河 233
梅利克沙 254
美赛德斯 227,444,445
美索不达米亚 11,114,133,135,171,172, 175,396,412
蒙特菲拉特 264,267,270
米底亚 57,61,65,83,168,343
米哈伊尔八世 33,289—291,303,304, 308,309,377,425,441
米哈伊尔二世 25,26,43,198,200,212, 289
米哈伊尔·格雷卡斯 46
米哈伊尔九世 292,300,309
米哈伊尔·克利多布鲁斯 40
米哈伊尔三世 25,26,32,43,44,195,198, 213,216,227,373
米哈伊尔四世 44,223,333
米哈伊尔一世 210,212,248,376
米兰 7,61,62,72,75,95,96,157,306, 384,385
米鲁廷 291,308
米奈尔维娜 64
米斯特拉 38,39,274,313
敏德尔河 278
摩拉维亚 226,227,288
莫埃思亚 230,232
莫里斯 22—24,146,148,401
莫利亚 12,47,295,296,313,314
莫森诺堡 232
莫斯雷马萨 186,187

木拉瓦河 233
穆罕默德 172—174,178,314,316—319
穆罕默德二世 37,40,313—315
穆拉德二世 38
穆桑尼 175
穆维雅 177—179,181,182
那不勒斯 141,153,413
纳尔西斯 141,142,413
纳齐安城人格列高利 97
纳瓦斯河 176
奈斯多斯海湾 232
南菲宏 277,278
南斯拉夫 3,5,38,54,170,284
尼格尔 83
尼古拉斯 217,218,228,230,286,373,374
尼哈温德 176
尼基弗鲁斯 24,25,27,29—31,109,184, 198,201,210—212,220,221,226,231, 234,250,410
尼基弗鲁斯二世 27,219—221,236,240
尼基弗鲁斯三世 29,30,46,250
尼科米底亚 57,61,65,83
尼罗河 10,143,174,176,353,422
尼尼微 169
尼西亚 8,12,19,23,32—34,57,62,78, 79,81,82,94,96,98,112,120,128,187, 193,195,197,198,254,267,274—289, 296,306,307,362—364,369,374,384, 412,439,441,442
聂斯脱利 19,128,130,364—366,369
诺里库 89
帕臣涅格 228,229,235,238,411
帕列奥列格王朝 12,34,35,48,288—290, 294—297,299,301—303,305—311,319, 374,376—378,400,412,425,429,432, 441
帕米尔高原 177,422
帕特拉 39,171,172
潘非罗斯 14
皮鲁西姆 176
普拉西利亚 99,100
普莱松 38

人名地名索引

普里斯哥　15,17,19
普里斯科斯　146
普鲁德罗穆斯　441
普罗柯比　20,21,23,42,112,113,122,
　　126,131,132,143,147—149,334,336,
　　338,344,396,399,405,406,412
普罗克比亚　211
普塞罗斯　27—29,45,249,434—436,438,
　　440,444,445
乔浮利·迪·威利哈冬　271
乔鲁赫河　168
乔万尼·贵斯亭尼安尼　314,316,318
乔治·木扎伦　289
乔治·帕西迈利斯　34,35
乔治·斯弗兰齐斯　39
热那亚　37,39,255,259,289,292,297—
　　299,302,303,308,309,313—315,317,
　　400,424—426
日耳曼　7,11,53,56,57,62,70,91,92,
　　100,132,133,136,140,157,162,188,
　　250,365,375,395,397,401,413,424,441
日耳曼尼基亚　183
日耳曼努斯　195,196,199,371
撒丁　136
撒尔迪斯　15
萨哈尔巴拉兹　167,168,170
萨卡里亚河　278
萨莫斯岛　271,273,286
塞奥多杜斯　198
塞奥多拉　113,114,121,122,129,130,
　　148,154,195,198,213,214,219,223,
　　224,274,305,333,334,369,373,413
塞奥多里克　104,105,141
塞奥多利　35,42,47,276—279,281,282,
　　284,286,287,372,385,387,442,447
塞奥多利二世　33,277,282,283
塞奥多利特　18,19
塞奥多西二世　17,18,91,93,99,100,105,
　　108,129,130,369,394,435,437
塞奥多西三世　155
塞奥多西乌堡　167,168
塞奥多西一世　3,18,90,94,110,129,140,
　　369,370,434
塞奥发尼斯　22—24,26,27,42—44,158,
　　163
塞奥发诺　217,219—221,238,373
塞奥非拉克多斯　211
塞奥非拉克特　24,42,148
塞奥克里多斯　111,112
塞尔基奥　371
塞尔维斯特　39,40
塞尔维亚　10,36,170,220,229,233,259,
　　288,291,295,297,301,302,304,308,
　　313,398
塞克勒　212,213
塞拉基尼
塞鲁斯　19
塞米斯条斯　108
塞浦路斯　5,11,38,57,177,189,191,197,
　　236,262,372,396
塞萨洛尼基　3,32,37,38,45,64,76,83,
　　101,108,155,159,204,227,228,231,
　　233,236,270,271,273,286,287,294—
　　296,298—300,302,308—310,338,343,
　　347,368,378,379,388,395,407,415,
　　424,426,439,442,444
塞萨洛尼基人尤斯塔修斯
塞瓦斯第亚
塞瓦斯托波尔　237
塞维鲁　67,71,83,136
色雷斯　7,19,48,59,65,83,89,93,101,
　　102,113,142,152,153,158,183,186,
　　226,228,232,233,238,257,262,268,
　　271,273,277,278,281,283,286—289,
　　291,295,296,301,307—309,313,321,
　　331,352,396,397,412,413,427
沙木埃尔　230,231,233,234,414
韶德兹　303
士瓦本的菲力浦
斯达乌拉焦斯　210,212
斯底里霍　93
斯蒂芬　218
斯科比亚城　234
斯科普杰　22

斯科普里 234
斯拉夫 3,5,7—9,11—13,25,27,38,41,43,44,54,144,152—154,158,163,166,170,182,209,214,221,226,227,230,232,235,239,242,246,259,274,281,284,306,307,353,358,360,367,378,379,394,398,424,444,445
斯洛文尼亚 142
斯米尔纳 21,277
斯特拉波 1,24,82
斯特利蒙河 234
斯提利赫 99
苏克拉底 17,18,99
苏里曼 187,188,254
索非亚 83,115,131,145,146,149,150,198,227,232,242,269—271,274,276,310,317,318,326,330,376,387,390,391,444
索卓门诺斯 15,16,18,99
塔尔苏斯 72
塔拉修斯 42,197
塔隆尼狄斯 231
塔西佗 1,16,82,91,465,466
塔依纳斯 103
太巴列湖 175
泰尼多斯岛 296,302,303
泰西封 133,168,169,176,181
特耳维尔 226
特拉比仲德 12,39,48,168,274,295,319,424—426
特兰索克萨尼亚 176
特里卡马洛 139,412
特利亚狄察 231
特洛伊 27,83
提比利斯 23
提比利亚湖 257
提比略 22,23,115,146,154,155,183,397,401,409
帖木尔 294,308
突尼斯 5,139,235
图拉真 170
土耳其 5,9,10,36—40,167—169,179,

181,187,202,246,280,291,292,294,300—303,305—318,377,378,389,391,394,398,400,408,418
托马斯 51,319,360
托马斯·莫罗西尼 271
瓦尔纳 306
瓦尔特 256
瓦拉西察山 234
瓦兰吉亚 237,246,298,312,313,398,400
瓦伦斯 18,101,443
瓦伦提安 98
瓦西里·利卡番努斯 221,229
瓦西里二世 10,27,221,222,229—237,243,245,287,333,400,414,425
瓦西里盖斯 250
瓦西里斯库斯 105,387
瓦西里一世 25,26,43,44,216,217,235,237—239,242,434,440
汪达尔 11,20,93,105,132,135—142,147,151,158,364,402,409,412
威尼斯 7,37,38,86,238,239,255,259,260,262,263,265—273,276,296—298,303,305,306,308,309,313,315,317,400,411,425,426
维奥尔·杜康 2
维丁 233
维尔西亚 231,233
维基利乌斯 130
维斯杜拉河 57
维塔里安 112
乌尔班 254,314,408
乌尔罕 305,307
西班牙 11,12,38,53,65,68,70,89,96,136,144,146,153,177,191,262,291,295,297,304,309,398,409,413
西哥特人 57,58,93,100,104,141,144,146,153,413
西科莱克特 138
西莱夫基亚 181
西留斯 176
西蒙 37,38,44,148,227—229,291,419
西西里 11,31,45,136,137,141,153,189,

人名地名索引　　481

193,195,201,235,238,239,304,375,
377,410,425
希尔德里切　137
希腊　1—5,7,8,12—14,16,17,19,21,24,
27,28,30,32,34,36—39,41,46,47,51,
54—57,59,61,73,82,84,87,88,95,97,
102,103,105—110,117,121,127,135,
141,144,148,149,157,165,166,178—
181,185—187,191,195,197,200,202,
209,211,227,228,231,233,234,237,
239,241,262,267,271,272,274,276—
278,281—287,289,294,304,306,309,
313—316,319,321,322,326,327,336—
340,347,352,353,359—362,376,386,
388,389,399,404,405,407,411,414,
418,419,432,434—443,445,446,448,
450,451,463,464,466
希利尔　13,19,227,379,444,445
希罗多德　1,38,82,466
锡兰　125,423
小亚细亚　6,7,10—13,21,25,27,28,32,
37,54,55,57,59,60,72,83,92,101,103,
104,108,128,136,145,148,152—155,
158,162—164,166—168,171,175,177,
179,180,186—189,197,200,211,214,
222,230,231,236,237,241,245,248—
251,254,257,261,267,269,271,273,
276—278,280,281,283,286,288,291,
296,305—307,311,312,321,352—354,
356,360,361,366,367,377,382,395,
396,399,402,404,409—411,413,415,
422,424,425,427,441,443
匈奴　19,58,59,91,98,104,113,140,170,
424
匈牙利　16,45,184,220,228,229,238,
249,251,266,288,305,306,313,314,
398,408
叙拉古城　178
叙利亚　5,6,10—12,18,19,21,41,54,60,
108,109,128,130,133,144,145,152,
167,171,172,174,175,177—179,183,
187—189,200,230—232,236,254,257,

272,273,341,353,365,366,379,381,
382,396,404,414,423,425,446
薛西斯一世　82
雅典　3,4,15,17,32,38,48,49,55,57,84,
85,100,109,130,148,166,185,210,271,
273,282,309,322—324,334,347,362,
382,437,439—441
雅穆克河畔　175
雅赛里布　173
亚得里亚海　104,234,262,266,271,287,
425
亚得里亚纳堡　16,233,277,300,301,307,
315
亚德兹那丹　174
亚里士多德　47,285,362,435,436,441,
445,448,465
亚历山大　8,13,17,19,43,44,60,61,69,
81,84,87,88,95,97,107—109,113,123,
125,126,128—130,152,176,181,196,
263,265,322,341,343,364,366,369,
374,375,380,391,413,415,423,432,
437,439,441
亚历山德尔　218
亚美尼亚　7,12,18,23,133,154,158,169,
170,177,178,180,186—189,200,211,
221,222,232,237,246,254,360,366,
367,379,396,402
亚平宁半岛　89,141,239,396,424
耶路撒冷　8,87,108,129,144,152,169,
175,181,196,236,257,266,269,272,273
耶斯提泽德三世　176
伊奥尼亚海　238
伊本·瓦卡斯　175
伊比利亚　89,99,101,161
伊庇鲁斯　11,12,230,231,233—235,267,
274,285—289,295,304
伊格纳条斯　242,373
伊拉克略一世　9,151,153,158,161,167,
175,178,214,366,370,387,401,402
伊利里亚　22,53,67,75,89,104,338,396,
401,412
伊琳尼　24,184,185,187,189,197,209,

伊留波利斯城　176
伊帕迪奥斯　121,122
伊彭城　139,412
伊塞多利　131
伊塞亚
伊斯格河　232
伊苏里亚　7,12,103—105,122,154,183—185,190,195,199,202,212,213,239,399,410
依沙克二世　258,259,262,268
以弗所　19,37,57,84,128,129,149,189,250,286,322,363,366,415,439
意大利　5,6,8,11,12,31,32,37,39,40,48,65,67,71—73,75,89,98,102,104,105,115,122,136,140—142,144,146,153,157,177,178,197,201,211,217,230,231,234,235,238,239,242,252,255,256,259,262—264,271,280,291,294,297,298,301,310,313,315,338,342,343,352,369,375,378,379,402,413,424—427,432,442,446
印度　60,125—127,155,177,421—423,446,447
英诺森三世　259,263—266,272,376
尤多西亚　100,217,223,248,249,373,447
尤菲罗西尼　213
尤金尼乌斯　98,99
尤兰德　275,286
尤纳比欧斯　15,17,19
尤西比乌斯　14,15,18,65,69,70,72,73,75,76,78—81,110,191
幼发拉底河　10,11,158,159,168,169,232,236,254,396,422
约翰　15,16,22,27,29—31,35,36,38,41,42,44—46,50,73,103,109,121,122,149,165,213,219—221,235,236,238,

210,212,250,251,259,264,277,386,442
249,251,252,258,263,275,277,279,282,283,286—290,292—294,296,299—303,305—310,312,346,362,371,374,375,377—379,391,398,419,440,441,447
约翰·阿纳哥斯迪斯　38
约翰·杜卡斯　249
约翰二世　29,30,251,258,391,419
约翰·赫利索斯托姆　103,109
约翰·吉米斯基
约翰·金纳莫斯　31
约翰·卡诺那斯　38
约翰·库尔库阿斯　236
约翰·莱多斯　50
约翰六世　35,36,292,301,302,305,309,379,441
约翰·马拉拉斯　15,16,41,149
约翰·斯基利奇斯　44,45,374
约翰五世　36,292—294,296,301—303,305,307—310,312,378
约翰一世　219,221,238,398
约翰·仲纳拉斯　45,46
约克　66
约瑟芬　306,310,377
约瑟夫　25,26
泽诺　103—105,141,370,415,449
扎拉　266
直布罗陀海峡　11,136,143,177
中国　13,23,24,60,64,81,117,125—128,172,173,214,272,337,354,362,421—424,443,464—466
朱利安　15,16,18,43,65,100,108,133,149,419
卓埃尔　47
卓维乌斯　95
邹伊　26,217,218,222,223,228,373,374
左西莫斯　17,64,67,73,75,80,99,101